시험에 나오는 것만 공부한다!

시나공
토익

KB106666

파트
5,6
실전문제집

강진오, 강원기 지음

길벗
이지:톡

시나공 토익
파트 5, 6 실전문제집

초판 1쇄 발행 | 2024년 6월 17일

지은이 | 강진오, 강원기
발행인 | 이종원
발행처 | (주)도서출판 길벗
브랜드 | 길벗이지톡
출판사 등록일 | 1990년 12월 24일
주소 | 서울시 마포구 월드컵로 10길 56(서교동)
대표 전화 · 02)332–0931 | **팩스** · 02)323–0586
홈페이지 · www.gilbut.co.kr | **이메일** · eztok@gilbut.co.kr

기획 및 책임편집 · 고경환 | **디자인** · 윤석남 | **제작** · 이준호, 손일순, 이진혁
마케팅 · 이수미, 장봉석, 최소영 | **유통혁신** · 한준희 | **영업관리** · 김명자, 심선숙 | **독자지원** · 윤정아

전산편집 · 한효경
인쇄 · 정민 | **제본** · 정민

ISBN 979-11-407-0826-0 03740
(길벗 도서번호 301176)

정가 20,000원

독자의 1초를 아껴주는 정성 길벗출판사

(주)도서출판 길벗 | IT교육서, IT단행본, 경제경영, 교양, 성인어학, 자녀교육, 취미실용
www.gilbut.co.kr

길벗스쿨 | 국어학습, 수학학습, 어린이교양, 주니어 어학학습, 학습단행본
www.gilbutschool.co.kr

토익 고득점의 시작은
파트 5, 6을 15분 안에 푸는 것!

서울 시내 대형 어학원에서 대표 강사로 10년 이상 토익 강의를 하면서 수많은 수강생과 만나왔습니다. 고득점을 만들어주기 위해 서로 많은 이야기를 나눴고 그러면서 얻은 수험생들의 고충과 노하우를 알게 됐습니다. 이런 소중한 경험을 그대로 수강생들에게 돌려주기 위해 노력해 왔고 이 책도 그 노력의 일부라고 생각합니다.

정기 토익의 핵심만 골라 담은 파트 5, 6 20세트 훈련!

이 책은 아직도 토익 고득점의 핵심인 파트 5, 6를 20세트 담은 문제집입니다. 한 세트를 15분 안에 풀어야 파트 7을 풀 시간을 충분히 할애할 수 있기 때문에 파트 5, 6에 중요성은 반복해서 강조해도 모자람이 없습니다. 각각의 세트는 실제 토익 문제 유형과 난이도, 출제자의 의도를 파악해서 실전과 가장 비슷하게 구성했고, 변별력 있는 문제로 구성했습니다.

저자가 직접 카카오톡으로 관리해 드립니다!

수험생들이 혼자 공부를 하다 보면 모르는 문제가 생기고 어딘가에 물어봐야만 해결되는 경우가 있습니다. 이 책에선 제 개인 카카오톡 아이디를 공개해서 이 책을 구매한 수험생들이 모르는 문제를 저에게 직접 물어볼 수 있게 했습니다. 거기에 제가 스스로 시험을 보며 업데이트해온 저만의 자료도 아낌없이 카카오톡을 통해 보내 드립니다. 현장에서 수험생들이 아쉬움을 느끼는 점을 몸소 체험해 왔다고 자부하기 때문에 정말 '도움이 되는' 자료라고 확신합니다.

'토익'의 노하우를 다 풀어놓은 충실한 해설!

개인적으로 지금까지 집필한 책 중에서 해설집에 가장 많은 심혈을 기울였다고 자부합니다. 제 강의 내용을 해설에 그대로 옮겨오려고 노력했고 도움이 되는 팁을 하나라도 더 넣기 위해 여러 번 퇴고했습니다. 문제의 핵심 포인트를 잘 이해할 수 있도록 한글 부분에 많은 신경을 썼습니다.

힘든 작업이었지만 자신 있게 이 책을 세상에 내놓을 수 있게 해준 도서출판 길벗 임직원분들에게 심심한 감사를 드리며, 이 책이 수험생에게 조금이라도 도움이 되기를 간절히 기도해 봅니다. 감사합니다.

2024년 봄
저자 일동

이 책의 특징 및 활용 방법

1 까다로운 문제만 선별한 실전문제 20회분!

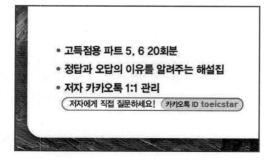

최신 경향을 반영한 20회분 실전문제

최근 실제 토익 출제 경향을 반영한 파트 5, 6 20회분을 수록했습니다. 이 책에 실린 문제만 풀어도 파트 5, 6은 만점을 받을 수 있습니다.

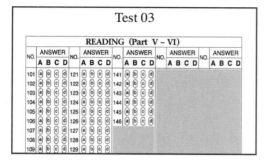

저자 직접 답변 '카카오톡 1:1 관리 서비스' 제공!

직접 수강생들을 가르치며 여태까지 수백 명의 고득점을 배출한 저자분이 질문에 직접 답변해 드립니다. 이제 이해되지 않는 부분이 있으면 이 책의 표지에 공개한 '카카오톡' 아이디를 등록하고 저자분께 직접 물어보세요. 덤으로 저자가 수강생들에게만 주는 자료도 보내드립니다.

정답표 제공

도서 뒤에 수록된 정답표를 활용해서 실전처럼 답안지 마킹을 연습해 볼 수 있게 했습니다. 실전처럼 정해진 시간에 마킹하는 연습을 하며 실전에 익숙해지세요.

2 상세하고 명쾌한 해석과 해설로 핵심을 파악하세요!

108. With the purchase of any new cosmetic product from CoCo, a stylish gift bag will be ------- for free.

(A) you
(B) your
(C) yours
(D) yourself

- -

해설 be 동사 뒤에 위치해야 하는 인칭대명사를 선택하는 문제로 무엇보다 be 동사 뒤에 명사 보어가 위치하려면 앞에 오는 주어와 동일 대상(동격 관계)이 형성되어야 한다는 전제 조건을 충족시켜야 한다. 그러므로 선물 가방이 당신하고 동격일 수 없고, 주격 혹은 목적격 대명사로 쓰이는 you와 재귀대명사 yourself는 동사 뒤에서 목적어로 쓰이거나 혹은 완전한 절의 구조에서 수식어인 부사로 쓰이는 만큼 이들 모두 오답이라고 할 수 있다. 아울러 소유격 대명사 your 역시 단독으로 사용이 불가하니 이 또한 오답이다. 따라서 빈칸에는 선물 가방이 무료로 당신의 것이 될 것이란 문맥을 만들 수 있는 소유대명사 yours가 와야 한다. **정답** (C)

표현 정리 purchase 구매, 구입, 구매하다 cosmetic 화장품 for free 무료로, 공짜로

해석 CoCo 사의 새로운 화장품을 구입하시면 멋진 선물 가방이 무료로 제공됩니다.

유형 파악 및 해설
정답뿐만 아니라 오답도 제대로 이해되도록 상세한 해설과 용법을 쉽게 풀어냈습니다. 저자가 수업 시간에만 알려주는 고난도 문제 풀이법도 넣어서 고득점을 목표로 하는 수험생을 배려했습니다.

표현 정리
본문에서 나온 어휘 중 실제 토익에서 출제율이 높거나 어려운 단어만을 선별해서 정확한 의미와 함께 실었습니다.

해석
영문의 의미를 명확하게 전달한 해석을 제공하여 해석이 잘 되지 않는 문장의 구조를 파악하는 데 도움이 될 수 있게 구성했습니다.

토익 시험 소개

TOEIC이란?

TOEIC은 Test Of English for International Communication의 앞 글자들을 따서 만든 용어로서, 영어가 모국어가 아닌 사람들을 대상으로 하여 언어의 주 기능인 의사소통 능력을 평가하는 시험입니다. 주로 비즈니스와 일상생활 같은 실용적인 주제들을 주로 다루고 있으며, 듣고 이해하는 Listening 분야와 읽고 파악하는 Reading 분야로 나뉩니다. 이 두 부분은 각각 495점의 배점이 주어지며, 총 만점은 990점입니다. 특히 Listening은 미국뿐만 아니라 영국, 호주의 영어 발음까지 섞여 나오기도 합니다.

시험의 구성

구성	Part	내용	문항 수	시간	배점
Listening Comprehension	1	올바른 사진 설명 찾기	6	45분	495점
	2	질문에 알맞은 대답 찾기	25		
	3	짧은 대화 내용 찾기	39		
	4	긴 연설문 내용 찾기	30		
Reading Comprehension	5	문법 / 어휘 빈칸 채우기(문장)	30	75분	495점
	6	문법 / 어휘 빈칸 채우기(지문)	16		
	7	1개 장문의 주제와 세부사항 찾기	29		
		2개 장문의 주제와 세부사항 찾기	10		
		3개 장문의 주제와 세부사항 찾기	15		
Total		7 Part	200	120분	990점

토익 출제 분야

토익은 국제적으로 통용되는 비즈니스와 특정 문화에 국한되지 않는 일상생활에 관한 내용을 다룹니다.

	일반 업무	구매, 영업/판매, 광고, 서비스, 계약, 연구/개발, 인수/합병
비즈니스	제조	생산 공정, 품질/공장 관리
	인사	채용, 지원, 승진, 퇴직, 급여
	통신	공지, 안내, 회의, 전화, 이메일, 팩스, 회람, 인트라넷, 협조
	재무/회계	투자, 세금 신고, 환급/청구, 은행
	행사	기념일, 행사, 파티, 시상식
일상생활	문화/레저	영화, 공연, 박물관, 여행, 쇼핑, 외식, 캠핑, 스포츠
	구매	주문/예약, 변경/취소, 교환/환불, 배송
	건강	병원 예약, 진료, 의료보험
	생활	고장, 보수, 생활 요금, 일정

토익 접수 및 응시, 성적 확인

토익 접수

접수기간 및 접수처 확인: TOEIC 위원회 홈페이지 / 응시료 : 48,000원

① 인터넷 접수

해당 회 접수기간에 TOEIC 위원회 홈페이지(www.toeic.co.kr)에서 언제든 등록이 가능합니다. 사진은 jpg 파일로 준비하면 됩니다.

② 특별 추가 접수

특별 접수기간 내에 인터넷 접수로만 가능하며 응시료가 52,800원입니다.

토익 응시 준비물

* 성적은 정해진 성적 발표일 오전 6시부터 토익위원회 홈페이지를 통해 조회할 수 있습니다. 신분증은 주민등록증, 운전면허증, 공무원증, 기간 만료 전의 여권, 만 17세 미만의 중고생에 한 해 학생증 등도 인정됩니다. 수험번호는 수험장에서도 확인할 수 있습니다. 필기도구는 연필 종류면 다 되지만 사인펜은 사용할 수 없습니다.

시험 시간 안내

시간	내용
AM 09:30 ~ 09:45 (PM 02:30 ~ 02:45)	답안지 배부 및 작성 오리엔테이션
AM 09:45 ~ 09:50 (PM 02:45 ~ 02:50)	휴식 시간
AM 09:50 ~ 10:05 (PM 02:50 ~ 03:05)	1차 신분증 검사
AM 10:05 ~ 10:10 (PM 03:05 ~ 03:10)	문제지 배부 및 파본 확인
AM 10:10 ~ 10:55 (PM 03:10 ~ 03:55)	LC 시험 진행
AM 10:55 ~ 12:10 (PM 03:55 ~ 05:10)	RC 시험 진행(2차 신분 확인)

* 오전 시험 기준 9시 50분까지는 입실해야 하며, 고사장의 상황에 따라 위의 시간은 약간 변할 수 있습니다.

성적 확인 및 성적표 수령

성적은 정해진 성적 발표일 오전 6시부터 토익위원회 홈페이지를 통해 조회할 수 있습니다. 성적표는 선택한 방법으로 수령이 가능하며 최초 발급만 무료입니다.

파트별 유형 및 전략

단문 빈칸 채우기 (30문제)

문장의 빈칸에 알맞은 보기를 골라 채우는 유형. 늦어도 12~15분 안에 다 풀어야 파트 7에 시간을 더 할애할 수 있습니다. 문법(어형)과 어휘 문제로 구성되어 있습니다.

Example

107. When two organizations enter into a business -------, there is transfer of sensitive data between them.

    (A) agreed
    (B) agreement
    (C) agreeable
    (D) agreeing

    정답 (B)

108. Effective next month, KepCo is implementing its "Use Earth Smartly" campaign with the aim of reducing electricity usage.

    (A) influence
    (B) anticipation
    (C) usage
    (D) progress

    정답 (C)

장문 빈칸 채우기 (16문제)

파트 6는 지문에 있는 4개의 빈칸에 알맞은 보기를 골라 채우는 유형. 늦어도 8~10분 안에 다 풀어야 파트 7에 시간을 더 할애할 수 있습니다.

Example

Questions 135-138 refer to the following notice.

If your baggage was damaged while being carried or supported by airport employees or by the airport baggage handling system, please ------- it to the airport baggage office on Level
       135.
1. According to regulations, domestic travelers must report damage within 48 hours of their actual time of arrival. International travelers must submit a damage report within seven days

of a(n) ------- baggage incident. -------. Office personnel will review reports and evaluate all
    136.   **137.**
damage claims. Please be advised that the airport baggage office is only responsible for

damaged baggage ------- by the airport staff and the airport baggage handling system.
      138.

135. (A) bring
     (B) bringing
     (C) brought
     (D) brings

136. (A) overweight
     (B) unattended
     (C) forgotten
     (D) mishandled

137. (A) Please fill out a baggage damage claim form as directed.
     (B) The new baggage handling system is innovative and efficient.
     (C) The airport will expand next year to accommodate the increasing demand for air travel.
     (D) The airport baggage office will be temporarily closed to travelers while it is renovated.

138. (A) cause
     (B) caused
     (C) will cause
     (D) causing

정답 135. (A) 136. (D) 137. (A) 138. (B)

파트 5, 6 출제 경향

❶ 파트 5, 6은 전체적으로는 문법과 어휘, 그리고 파트 6에서 문장 삽입을 묻는 문제들이 추가되어 있습니다. '문법'과 '어휘' 부분은 변화가 거의 없습니다. 간혹 어휘 문제로 새로 등장하는 단어들이 보일 뿐, 특이점들은 많이 발견되지 않습니다. 따라서, 토익이 시작된 시점으로부터 변하지 않고 출제되는 기존의 유형들을 확실하게 다짐과 동시에, 드물지만 새로 추가되는 유형들을 익혀 둔다면 충분한 대비가 될 것입니다.

❷ 전체적인 비율은 크게 달라지지 않았습니다. 다만, 문법 출제 패턴들 중에 명사 부분의 가산/불가산 구분, 수일치, 문제를 읽지 않아도 답이 나오는 숙어 및 관용 표현, 가정법, 생략, 도치 등의 유형들이 많이 사라지고, 질문 내용을 다 읽어야 풀 수 있는 세련된 형태들이 많이 등장하고 있다는 점이 특이점입니다. 꾸준히 출제되는 문법 유형 중에 최근에도 자주 나오는 유형들을 정리하면 다음과 같습니다.

• 관계사나 접속사/부사/전치사 혼합형 문제
• 자동사/타동사를 구분하는 문제
• 문맥을 통해 대명사의 격을 고르는 파트 6문제
• 문맥을 통해 특정 시제를 고르는 파트 6문제
• 부사절접속사들 사이의 차이점 구분 문제
• 사람/사물 또는 수식/보어로 형용사를 구분하는 문제
• 복합어나 하나인 명사 앞의 형용사나 소유격을 고르는 문제
• 생활영어와 접목된 약간 까다로운 전치사 문제
• 재귀대명사의 강조용법 문제
• 관계사/의문사를 구분하고 들어가야 하는 wh– 문제
• 보기들 중에 동의어가 많이 제시되는 부사 어휘/연결사 문제

파트 5, 6 고득점 전략

❶ 어휘 〉 문법 요즘 파트 5, 6의 추세는 문법보다는 어휘 문제에 힘을 주고 있습니다. 문법은 중3, 고1 정도의 수준이면 다 해결이 가능한 정도인 반면, 어휘 문제들은 갈수록 고급 어휘들과 여러 표현들이 출제되고 있습니다. 실제 시험에서 덩어리 표현과 단어들 간의 어울림(콜로케이션) 그리고 기본적인 전치사와 접속사 어휘에 대해 물어보는 유형이 많으므로 주의하셔야 합니다. 특히, 고득점으로 가는 길목에서 기본 전치사 의미 문제에서 의외로 고전하는 경우가 많으니 기본 전치사들도 꼼꼼히 익혀두는 것이 좋습니다.

❷ 기본에 충실하자. 파트 5에서 101~115번, 파트 6에서 1번째, 2번째 지문은 평이한 문제와 지문으로 구성이 됩니다. 이 부분에서 틀리면 감점이 크게 되므로, 이 부분에서는 실수로 틀리는 문제들이 없도록 해야 합니다. 어려운 문제들은 잘 맞추는 수험생들 중에 점수가 왜 안 오르나 고민을 하거나, 맞은 개수는 많은데 점수가 생각보다 안 나오는 학생들은 특히 이 부분에 신경을 써야 합니다.

❸ 시간을 확인하자. 파트 5, 6에서 문제 푸는 시간을 최대한 절약하여, 여유 시간을 독해에 배분하도록 하여야 합니다. 토익의 파트 5, 6 문제들은 난이도가 어렵다기보다는 시간적 압박으로 오답을 유도해 내는 유형들이 종종 있으므로, 이런 문제들에 대해 시간을 흘려보내서 파트 7에서 시간이 모자라는 한계를 극복해야 합니다.

❹ 이렇게 하면 안 된다! 고득점을 바란다면, 최소 하루 3시간 한 달 이상의 기간을 잡고 학습해야 합니다. 또한, 기초학습자가 중급자가 되는 데 1달에서 2달이 걸렸다면, 중급자가 고급자가 되는 데는 동일한 노력을 들인다면 두배 이상의 기간이 걸리게 될 것이므로, 기간을 줄이기 위해서는 두배 이상의 학습량과 노력이 필요합니다. 기초, 중급자의 점수의 기본이 스킬이라면, 고급자의 점수의 근간은 노력과 시간투자입니다.

❺ 경험치를 쌓자. 토익의 출제 분야는 지극히 한정적입니다. 이를 잘 이용하기 위해서는 이 출제 분야에 해당되는 지문들과 그 배경지식에 많이 노출되는 것이 효율적입니다. 특히, 파트 6에서는 출제되었던 유형들의 지문들만 많이 접해 보면 내용의 큰 변화 없이 정기 시험장에서도 유사한 지문을 보게 될 것이고, 정답 유추가 용이합니다. 다시 한번 강조하자면 토익은 국제적인 의사소통을 위한 영어 실력을 측정하는 시험이므로, 비즈니스 환경에서 잘 쓰이는 지문들만 부지런히 익혀 두면 이에 근거해 출제되는 지문의 내용들을 수월하게 파악할 수 있습니다.

목차

TEST

01

적정 풀이 시간 15분

15 min

시작 시간 ___시 ___분

종료 시간 ___시 ___분

목표 개수 _____ / 46

실제 개수 _____ / 46

- 파트 5부터 6까지 중간에 멈추지 말고 풀어 보세요.
  문제를 풀 때는 실전처럼 답안지에 마킹하세요.

READING TEST

In the Reading test, you will read a variety of texts and answer several different types of reading comprehension questions. The entire Reading test will last 75 minutes. There are three parts, and directions are given for each part. You are encouraged to answer as many questions as possible within the time allowed.

You must mark your answers on the separate answer sheet. Do not write your answers in your test book.

PART 5

Directions: A word or phrase is missing in each of the sentences below. Four answer choices are given below each sentence. Select the best answer to complete the sentence. Then mark the letter (A), (B), (C), or (D) on your answer sheet.

101. Mr. Bahadur, the president of Air Pacific, ------- all the safety precautions implemented by our staff next week.

(A) reviewing
(B) has reviewed
(C) reviewed
(D) will review

102. During the business management seminar, questions were ------- answered by the facilitator.

(A) prompt
(B) promptly
(C) prompts
(D) prompting

103. Ms. Alpha stressed that if a company improves its office environment, ------- will almost certainly increase.

(A) product
(B) productive
(C) productivity
(D) productively

104. BioGreen Motors is recruiting sales ------- to work at its new branch in Almaty.

(A) representative
(B) representatives
(C) represented
(D) representing

105. Mrs. Del Carmen's team has been preparing ------- the final project presentation.

(A) to
(B) by
(C) on
(D) for

106. Ms. Arman is interested in investing in Quartile Petroleum as the company's dividends have been ------- increasing.

(A) gradually
(B) probably
(C) remotely
(D) ideally

107. The advertising manager insisted multiple times that ------- Marco or Ray had made a serious mistake.

(A) so
(B) either
(C) both
(D) neither

108. The managers who presented new research proposals graciously accepted ------- criticism.

(A) constructive
(B) construction
(C) constructively
(D) constructing

109. ------- hiring two new staff members, our office continues to struggle to meet deadlines.

(A) So that
(B) In spite of
(C) Due to
(D) Moreover

110. The payment made to Mr. Snook was ------- hastily by the Finance Department.

(A) purchased
(B) encouraged
(C) interviewed
(D) processed

111. The logistics team is ------- for the transportation of guests between the hotel and the conference venue.

(A) response
(B) responsibility
(C) responded
(D) responsible

112. The staff of the newly elected chief executive officer assembled in the lobby ------- 9:00 A.M.

(A) between
(B) before
(C) within
(D) for

113. The finance forum should only be attended by the chief financial officer, so ------- else from the business office is allowed to enter.

(A) no one
(B) another
(C) other
(D) any

114. The adoption of CorePlus software has made a ------- difference in the overall functioning of our business operations.

(A) various
(B) communal
(C) tentative
(D) considerable

115. Shop Clothing Line hired Ace Event Planning ------- its anniversary party.

(A) organize
(B) organized
(C) to organize
(D) organizes

116. After studying in a post-graduate program, Mr. Powers is ------- the current director of the project development team.

(A) ever
(B) also
(C) now
(D) too

117. Alex Evans, ------- company designs co-working spaces, will be one of the keynote speakers.

(A) his
(B) that
(C) whose
(D) this

118. Tech News Today editor-in-chief Susan Toreno has produced more than 200 issues of the magazine during her -------.

(A) tenure
(B) visit
(C) output
(D) investment

119. Massive Builders, Inc. ------- applications for the position of chief architect until the end of this month.

(A) are accepted
(B) being accepted
(C) will be accepting
(D) has been accepted

120. To ------- to the queries Mr. Vasquez posted in our community group, please contact him at his personal e-mail address.

(A) respond
(B) expand
(C) answer
(D) receive

GO ON TO THE NEXT PAGE

121. The Accounting Department agreed to equipment upgrades for security officers to help them carry out their duties more -------.

(A) effect
(B) effective
(C) effectively
(D) effectiveness

122. Raven Electronics provides ------- in multiple languages in its general safety manual.

(A) references
(B) instructions
(C) subscriptions
(D) documents

123. Carlos Garcia is ------- for promotion to advertising unit head when Stella Areva retires.

(A) valuable
(B) necessary
(C) decisive
(D) eligible

124. Octagon Media, Inc. reported that its financial ------- improved during the fourth quarter.

(A) debate
(B) center
(C) status
(D) course

125. ------- consult with someone in the Legal Department, you must make an appointment through the secretary.

(A) So that
(B) In order to
(C) As long as
(D) Even though

126. CEO Jeff Armada would like the board to ------- the proposal to restructure the company's budget.

(A) nominate
(B) specialize
(C) remind
(D) evaluate

127. The Dorance Corporation offers generous benefits packages ------- competitive salaries for all new hires.

(A) in case of
(B) on top of
(C) in view of
(D) ahead of

128. Since extra funds remain, the organizing committee has decided that lunch ------- with conference admission.

(A) includes
(B) has included
(C) to be included
(D) will be included

129. Please demonstrate how to safely and ------- use the tools to improve productivity.

(A) efficiently
(B) occasionally
(C) extremely
(D) recently

130. Mr. Banzo aims to ensure that the company's branch offices share a ------- vision toward satisfying their diverse clients.

(A) common
(B) multiple
(C) confidential
(D) generous

PART 6

Directions: Read the texts that follow. A word or phrase is missing in part of each text. Four answer choices for each question are given below the text. Select the best answer to complete the text. Then mark the letter (A), (B), (C), or (D) on your answer sheet.

Questions 131-134 refer to the following letter.

Dear Dr. Janneth,

Warm greetings!

The Alderson Pharmaceutical Company will be hosting the 20th Alderson Pharmaceutical Conference on October 30-31 in Burlington. The conference will be attended by thousands of health professionals. The ------- of the conference will be "Innovation: Pharmaceuticals Today
131.
and Tomorrow." -------, we would like to invite you to be our guest speaker during the opening
132.
ceremony on October 30 at 9:00 A.M. We would be grateful if you could ------- the impact drug
133.
innovations have had on your practice.

-------. If you have any questions, you may contact us at 108-555-8080.
134.

Sincerely,

Shawn Johnson
Head Organizer

131. (A) theme
(B) venue
(C) speaker
(D) schedule

132. (A) Similarly
(B) On the contrary
(C) For this reason
(D) To begin with

133. (A) discusses
(B) discuss
(C) discussing
(D) discussion

134. (A) Pharmaceutical companies are finding new ways to invent new drugs.
(B) Scientists in various fields of study will attend to participate in the event.
(C) Please let us know if you will be able to speak at this special event.
(D) Multiple medical experts advised us when we made this decision.

Planet Body Fitness Center will commemorate its 10th anniversary next week. To celebrate, we will be having special -------. Existing members can get 50% off their June membership fee if
135.
they pay in advance. -------, new members can get a three-month trial membership for the price
136.
of two months.

Mark Peterson, a famous fitness coach, will visit our gym on Monday for a free special training session for 50 people. -------. Sign up on our Web site to reserve your spot. A confirmation
137.
e-mail or text message will be sent to each ------- participant before the event.
138.

135. (A) promotions
(B) directions
(C) purposes
(D) restaurants

136. (A) As a result
(B) Otherwise
(C) Nonetheless
(D) Likewise

137. (A) Space is available on a first-come, first-served basis.
(B) Members are not allowed to take part in the event.
(C) We encourage you to bring a special gift.
(D) It will be the last day our fitness center remains open.

138. (A) concerned
(B) registered
(C) rewarded
(D) discounted

Questions 139-142 refer to the following e-mail.

Subject: Refund Request
Date: May 9
From: Fortunado Travels and Activities
To: Cao Sang Nguyen

Dear Mr. Nguyen,

We are very sorry to hear that you need to cancel your trip. Thank you for explaining the ------- **139.** that led to you sending your cancelation request.

We have forwarded your request to our relevant team to process the cancelation. -------, we still **140.** have to contact the activity provider to lift the cancelation restrictions in order for us to issue a full refund.

Please be advised that it could take longer than normal to process your request due to an unusual number of inquiries at this time. -------. Your patience with this unexpected delay is **141.** highly -------. **142.**

Sincerely,

Pia A.
Fortunado Support Team

---

139. (A) meaning
(B) principle
(C) situation
(D) acquisition

140. (A) However
(B) Even if
(C) Besides
(D) In fact

141. (A) The relevant team cannot process the refund.
(B) You have yet to confirm the details of the account.
(C) We were unable to agree to the amount requested.
(D) We will get back to you as soon as we have an update.

142. (A) appreciate
(B) appreciating
(C) appreciative
(D) appreciated

GO ON TO THE NEXT PAGE

Questions 143-146 refer to the following book review.

I recently came across Jimmy Watson's book *A Man's Target*. The book offers ------- to readers
143.

on how to achieve their goals. One of the things that ------- me the most is the idea that what
144.

you do in life is more important than what you have. I want to mention two other important

things that I learned from the book. First, you have to be ------- in your intentions. Your goals
145.

must be well defined in order for you to have sufficient direction to pursue them. Second, you

should focus on getting better rather than on trying to be perfect. -------. This book made me
146.

think twice about my goals in life and helped me change my mind.

Donell Wells

143. (A) conduct
(B) advice
(C) security
(D) support

144. (A) interest
(B) interesting
(C) interestingly
(D) interested

145. (A) specific
(B) specified
(C) specification
(D) specifically

146. (A) Believing in ourselves doesn't make
us develop new skills.
(B) Freedom is very important for us to
express ourselves in a natural way.
(C) Accepting the fact that you can
change will allow you to make better
choices.
(D) The book is available at bookstores
nationwide at a very low price.

TEST
02

적정 풀이 시간 15분

15
min

시작 시간 ___시 ___분

종료 시간 ___시 ___분

목표 개수 _____ / 46

실제 개수 _____ / 46

- 파트 5부터 6까지 중간에 멈추지 말고 풀어 보세요.
  문제를 풀 때는 실전처럼 답안지에 마킹하세요.

READING TEST

In the Reading test, you will read a variety of texts and answer several different types of reading comprehension questions. The entire Reading test will last 75 minutes. There are three parts, and directions are given for each part. You are encouraged to answer as many questions as possible within the time allowed.

You must mark your answers on the separate answer sheet. Do not write your answers in your test book.

PART 5

Directions: A word or phrase is missing in each of the sentences below. Four answer choices are given below each sentence. Select the best answer to complete the sentence. Then mark the letter (A), (B), (C), or (D) on your answer sheet.

101. Albert Green just sent his ------- for the position of assistant manager in the Marketing Department.

(A) apply
(B) applied
(C) application
(D) applicant

102. The restaurant offers new dishes like pasta, pizza, ------- seasonal drinks.

(A) then
(B) but
(C) and
(D) as well

103. Important files should be placed in folders so that they are ------- accessible to employees.

(A) easily
(B) nearly
(C) lastly
(D) originally

104. During his four-decade career, painter Steven Albright produced numerous ------- pieces.

(A) except
(B) exception
(C) exceptional
(D) exceptionally

105. The Sales Department was commended after several of ------- teams exceeded this month's financial targets.

(A) its
(B) it
(C) it's
(D) itself

106. Victoria's Pastries recently opened a new location ------- a kilometer of our office building.

(A) with
(B) within
(C) into
(D) for

107. Capital Markets employees can ------- their official company ID card to enter the conference.

(A) present
(B) select
(C) appeal
(D) design

108. Ms. Evans cannot attend the conference today ------- she is on a business trip.

(A) unless
(B) since
(C) despite
(D) instead

109. If the client dislikes the revisions, we will go back to the ------- design and work from there.

(A) competitive
(B) native
(C) stylish
(D) original

110. Mr. Hernandez's agents are exhibiting their report ------- after the introduction of the product.

(A) shortly
(B) short
(C) shortest
(D) shorten

111. The Dayton Six produced an ------- album of traditional folk songs adapted for modern audiences.

(A) approximate
(B) imaginary
(C) entire
(D) interested

112. You must complete the form before ------- it to the registration committee.

(A) submit
(B) submitting
(C) submitted
(D) submitter

113. The department head is allowing some employees to work ------- this winter.

(A) evenly
(B) closely
(C) broadly
(D) remotely

114. The company's most ------- outlet will receive a bigger budget in the next year.

(A) profitable
(B) profit
(C) profiting
(D) profitably

115. The Kingswood neighborhood recreational facility has been ------- updated to include smart technology.

(A) completely
(B) complete
(C) completion
(D) to complete

116. Consumers have backordered the K250 wireless charger, and it is not even the ------- model.

(A) late
(B) latest
(C) later
(D) lately

117. In each assessment, intern Larry Bowen has shown considerable ------- in his problem-solving skills.

(A) standards
(B) amounts
(C) discounts
(D) improvements

118. Perry Helton drafted a report that ------- the specifics behind the company's new investment strategy.

(A) submits
(B) explains
(C) responds
(D) publishes

119. The ancient artifacts found by Dr. Collins are ------- stored at the Newhall Museum.

(A) roughly
(B) concisely
(C) securely
(D) recently

120. Please book a dinner caterer for June 18 since the program is predicted to ------- until at least 7:00 P.M.

(A) finish
(B) carry
(C) begin
(D) run

GO ON TO THE NEXT PAGE

121. Mildred Williams, a journalist at
Star Studio Magazine, quoted a -------
source in her most recent article.

(A) reliable
(B) frequent
(C) realistic
(D) dependent

122. Karen Williams's design, ------- obtained
the most votes from the staff, will be
used as a poster.

(A) who
(B) whose
(C) which
(D) what

123. The committee recommends that basic
dental insurance and a vision plan
be offered ------- the other employee
benefits.

(A) together
(B) alongside
(C) except
(D) against

124. Zen Construction has earned the
------- of hundreds of clients over the
years because of the quality of its work.

(A) trust
(B) skill
(C) task
(D) right

125. Contact Pickett Nutrition today to have
a ------- dietitian assist you with meal
planning.

(A) qualified
(B) qualifying
(C) qualifies
(D) qualification

126. The Sandoval Shopping Center is
------- the businesses that remain open
on holidays.

(A) beyond
(B) among
(C) about
(D) onto

127. The artistic ------- extended the special
project deadline since the animators
already have so much work currently.

(A) direct
(B) director
(C) direction
(D) directly

128. Training for the new software system will
start ------- technicians finish installing it
on all of our computers.

(A) with
(B) upon
(C) within
(D) once

129. ------- of the company's training process
is needed to give all employees a more
equitable opportunity to improve their
skills.

(A) Achievement
(B) Qualification
(C) Reduction
(D) Modification

130. The first meeting in July will ------- once
the reports from June are submitted.

(A) conduct
(B) have conducted
(C) be conducted
(D) be conducting

PART 6

Directions: Read the texts that follow. A word or phrase is missing in part of each text. Four answer choices for each question are given below the text. Select the best answer to complete the text. Then mark the letter (A), (B), (C), or (D) on your answer sheet.

Questions 131-134 refer to the following e-mail.

From: cherrich@fabmail.com
To: admin@charlottewatson.com
Date: November 19
Subject: Proposal
Attachments: Sample Articles, Résumé

Dear Ms. Watson,

I read on your Web site that you need ------- editing your blogs. I can definitely help with that,
131.

and I can start right away. Since you mostly write about travel, health, wellness, and food,

I would fit right in. I have three years of experience writing and editing for a lifestyle magazine;

-------, I think I would be a useful addition to your team.
132.

I'm highly ------- for this role because I'm detail oriented and skilled at research, and I can ably
133.

reconstruct sentences. I'm an incredibly quick learner, too, so I won't require extensive training.

-------. I've also included my résumé. I hope to hear back from you soon.
134.

Sincerely,

Cheryl Richardson

131. (A) assist
(B) assisting
(C) assistant
(D) assistance

132. (A) however
(B) meanwhile
(C) therefore
(D) additionally

133. (A) suitable
(B) flexible
(C) profitable
(D) successful

134. (A) I enjoy reading your blog posts quite a lot.
(B) It would truly be an honor to work with you.
(C) I'm fairly inexperienced in this field.
(D) I'm attaching some of the published articles I have written.

GO ON TO THE NEXT PAGE

Questions 135-138 refer to the following memo.

To: All Staff
From: John Hicks, Head of Product Management
Date: May 21
Subject: Eisner Smartwatch

As you all know, we recently ------- some samples of our smartwatch prototype to a select
                                  135.
group of technology enthusiasts. Their feedback has been primarily negative. Because of this,

we have decided to delay the mass ------- of the watch that was originally planned to start
                                    136.
next month. -------. The product development team will carefully study the comments from the
            137.
product testers. Hopefully, that will help us to identify which ------- we need to make.
                                                                  138.

135. (A) send
     (B) sent
     (C) are sending
     (D) will send

136. (A) production
     (B) produce
     (C) producing
     (D) productively

137. (A) Otherwise, we don't need to worry.
     (B) It was a tough decision to make.
     (C) It is said to have a short battery life.
     (D) The alarm function does not work.

138. (A) expectations
     (B) instructions
     (C) documents
     (D) adjustments

Questions 139-142 refer to the following e-mail.

To: Athena Saulsbury
From: Alpha Cable Team
Date: June 18
Subject: Cable Installation

Dear Ms. Saulsbury,

Thank you for choosing to ------- to the Alpha Cable premium plan. Our assigned technician
         139.
visited your home at the time you requested, ------- he was unable to install the service since no
         140.
one answered the door. Please call ------- hotline or simply respond to this e-mail to let us know
         141.
when it would be convenient for us to complete the installation. -------. Thank you.
         142.

Respectfully,

Cody Gray
Alpha Cable Representative

139. (A) subscribe
(B) transfer
(C) conform
(D) suggest

140. (A) if
(B) as
(C) but
(D) so

141. (A) your
(B) his
(C) our
(D) their

142. (A) Your bill will be sent via mail each month.
(B) Credit card and debit card payments are accepted.
(C) There are 140 channels in your plan.
(D) We will work around your availability.

GO ON TO THE NEXT PAGE

In celebration of our fifth year in business, Sole Gate ------- our biggest anniversary sale to
143.
date. Sneakers, sandals, boots, and slippers will be discounted up to 70%. Buy-one-get-one-

free promotions will be offered for socks, laces, and shoe cleaners. The ------- will run from
144.
August 21 to 28. It will take place ------- all our locations as well as on our Web site. Previews of
145.
discounted items will be shared on our social media pages. -------. See you soon!
146.

143. (A) hold
(B) would hold
(C) will be holding
(D) would have held

144. (A) bus
(B) sale
(C) play
(D) session

145. (A) like
(B) near
(C) except
(D) at

146. (A) Merchandise is scheduled to arrive
soon.
(B) You may call that number for inquiries.
(C) Check them out and leave your
feedback.
(D) A radio advertisement will be released.

TEST
03

적정 풀이 시간 15분

15 min

시작 시간 ___시 ___분

종료 시간 ___시 ___분

목표 개수 _____ / 46

실제 개수 _____ / 46

- 파트 5부터 6까지 중간에 멈추지 말고 풀어 보세요.
  문제를 풀 때는 실전처럼 답안지에 마킹하세요.

READING TEST

In the Reading test, you will read a variety of texts and answer several different types of reading comprehension questions. The entire Reading test will last 75 minutes. There are three parts, and directions are given for each part. You are encouraged to answer as many questions as possible within the time allowed.

You must mark your answers on the separate answer sheet. Do not write your answers in your test book.

PART 5

Directions: A word or phrase is missing in each of the sentences below. Four answer choices are given below each sentence. Select the best answer to complete the sentence. Then mark the letter (A), (B), (C), or (D) on your answer sheet.

101. The professional basketball recruiter has been asking for recommendations from the coaches -------.

(A) they
(B) them
(C) their
(D) themselves

102. After providing an inaccurate piece of information, the CEO ------- apologized to the investor.

(A) person
(B) personal
(C) personally
(D) personalize

103. The client is requesting that one of the ------- make changes to the floorplans.

(A) architect
(B) architects
(C) architectural
(D) architecture

104. The marketing manager mostly ------- tasks to sales associates but sometimes to interns, too.

(A) creates
(B) approves
(C) converts
(D) assigns

105. Ellisville residents have arranged a town hall meeting ------- upcoming events to be held in the town square.

(A) to discuss
(B) discusses
(C) discussed
(D) discussing

106. Pritchett Closets handles payments and other financial matters ------- as much as possible.

(A) accidentally
(B) previously
(C) extremely
(D) electronically

107. The ------- of Dynex brand tools is well known throughout the construction industry.

(A) durable
(B) durables
(C) durability
(D) durably

108. The shoes and the bags you ordered from New Jersey will be delivered ------- a week.

(A) toward
(B) under
(C) within
(D) between

109. Ticketholders are ------- to ask for refunds since the concert was postponed.

(A) expect
(B) expecting
(C) expected
(D) expectation

110. The charitable organization's president resigned, so the vice president will ------- take over.

(A) regularly
(B) commonly
(C) dominantly
(D) immediately

111. Customers believe that submitting an application online is ------ than visiting a branch office.

(A) simple
(B) simply
(C) simpler
(D) simplest

112. The date of the conference has been moved, ------- giving us more time to perfect our presentation.

(A) thus
(B) but
(C) and
(D) nor

113. The new batch of trainees will have to use ------- IDs until their permanent ones arrive.

(A) temporary
(B) slight
(C) lasting
(D) extensive

114. Ms. Jackson will meet with the potential client in ------- conference room tomorrow.

(A) we
(B) our
(C) us
(D) ourselves

115. Even with competitors ------- adopting mobile banking applications, Hoppers Bank sticks to traditional ways.

(A) exactly
(B) rapidly
(C) equally
(D) highly

116. The lecture series will feature speakers associated with several leading cultural -------.

(A) practices
(B) challenges
(C) differences
(D) institutions

117. Every piece of furniture has been carefully crafted to meet clients' ------- specifications.

(A) desire
(B) desired
(C) desiring
(D) desires

118. The storyline of the movie will be ------- in the same way as the novel that it was originally based on.

(A) construct
(B) construction
(C) constructed
(D) constructing

119. Most sales associates have already exceeded their monthly targets ------- Mr. Kim is still trying to hit his.

(A) unless
(B) whereas
(C) even if
(D) such as

120. The technical crew made ------- to the audio system to improve the sound quality.

(A) revisions
(B) adjustments
(C) destinations
(D) interruptions

GO ON TO THE NEXT PAGE

121. For every dollar charged to your STAR credit card, you will ------- one STAR Rewards point.

(A) inform
(B) bring
(C) start
(D) earn

122. The band that won the contest creatively blended different musical genres to create the most ------- style of its own.

(A) precise
(B) official
(C) faithful
(D) unique

123. Our coordinator already paid in full for the venue ------- the event is still months away.

(A) although
(B) since
(C) whether
(D) even

124. The charity auction will be held at the art museum on Johnson Avenue ------- the shopping center.

(A) opposite
(B) among
(C) except
(D) into

125. You can get unlimited swimming pool access ------- you subscribe to an annual membership at our fitness gym.

(A) owing to
(B) instead of
(C) as though
(D) provided that

126. This video does an excellent job of ------- the proper way to use a digital camera and to edit photos.

(A) demonstrating
(B) repairing
(C) enhancing
(D) recognizing

127. To continuously generate sales, Robertson Shoes regularly releases new products with ------- prices.

(A) compete
(B) competitive
(C) competing
(D) competitively

128. Scottsdale High School students were each given a new laptop ------- they could submit their work efficiently.

(A) as well
(B) though
(C) so that
(D) in order to

129. Gastone Corporation managers encourage ------- between team members to achieve goals.

(A) cooperation
(B) certification
(C) supplement
(D) consideration

130. Consumers are highly ------- about the upcoming launch of a new ice cream flavor by Snow Candy.

(A) pleasant
(B) domestic
(C) enthusiastic
(D) reasonable

PART 6

Directions: Read the texts that follow. A word or phrase is missing in part of each text. Four answer choices for each question are given below the text. Select the best answer to complete the text. Then mark the letter (A), (B), (C), or (D) on your answer sheet.

Questions 131-134 refer to the following article.

Koo's Kitchen Cooking Show Partners with Kitchen Equipment Leader

NEW YORK CITY — Koo's Kitchen, a popular primetime cooking show, signed a partnership with Food Wizard. Food Wizard is a popular brand ------- for its high-grade kitchen utensils,
        131.
gadgets, and appliances.

The partnership will ensure that Food Wizard products are solely used on the show once the filming of its new season -------. Bethany Ramirez, the vice president of Food Wizard, shared
        132.
that she eagerly agreed to the deal provided that her company's products have primetime exposure.

Henson Kooper, more famously known as Chef Koo, also expressed excitement. He stated, "Since I started cooking, I have used the company's products in my personal kitchen. -------."
        133.
The new season of Koo's Kitchen will ------- every Tuesday at 7:00 P.M. starting on July 6.
        134.

131. (A) know
(B) known
(C) knowing
(D) is known

132. (A) begin
(B) begins
(C) will begin
(D) began

133. (A) Cooking is more than just a hobby for me.
(B) Now you know the reason I got into this field in the first place.
(C) I look forward to using them on the show as well.
(D) Viewers will be able to learn simple, delicious recipes.

134. (A) finish
(B) debut
(C) arrive
(D) air

Questions 135-138 refer to the following notice.

MT Cafeteria Notice: Menu Updates

Maier Technology's cafeteria will soon begin serving a wider variety of beverages. This ------- **135.** was made in response to a company-wide survey. Employees indicated they want more coffee and tea options. -------. **136.**

On August 2, we will open a new beverage counter with a new beverage menu. Baristas will be hired to staff the counter from 7:00 A.M. to 4:00 P.M. ------- **137.** can make different types of coffee, juices, teas, and smoothies. Bottled and fountain drinks will also be sold.

We hope this development will satisfy employees and promote ------- in the workplace. **138.**

---

135. (A) purchase
(B) decision
(C) request
(D) quality

136. (A) Coffee can be purchased by the kilogram.
(B) Please make your selection ahead of time.
(C) Other noncaffeinated drinks were requested as well.
(D) We look forward to hearing food suggestions too.

137. (A) They
(B) You
(C) She
(D) He

138. (A) efficient
(B) efficiency
(C) efficiently
(D) more efficient

Questions 139-142 refer to the following e-mail.

To: Gilbert Layman <gillayman@bnvc.com>
From: Christine Raymond <craymond@chambleeconstruction.com>
Subject: Information
Date: May 3

Dear Mr. Layman:

On behalf of Chamblee Construction, I would like to congratulate you for being accepted as our newest intern. Our architecture team is excited to ------- with you. We understand that you
                                                                                                                139.
are still studying for exams to get your architectural license, ------- we are open to a flexible
                                                                                          140.
scheduling arrangement.

Your new hire orientation with Human Resources is scheduled for Monday, May 24, from 9:00 A.M. to 1:00 P.M. -------. That way, I can ------- introduce you to the team before the orientation
                                                  141.   142.
starts.

Respectfully,

Christine Raymond

139. (A) travel
(B) move
(C) study
(D) work

140. (A) so
(B) but
(C) ever
(D) while

141. (A) Bring your own notebook and pen.
(B) Please arrive a few minutes early.
(C) We ask that you wear casual attire.
(D) Seating is on a first-come, first-served basis.

142. (A) brief
(B) briefed
(C) briefly
(D) briefing

Bedford Business Conference

Friday – Saturday, June 12-13

The Bedford Business Conference is a 2-day event that ------- lectures by many well-known
143.

entrepreneurs who started their businesses from scratch. They will talk about what got them

started, how they thrived, and the secrets to their success. ------- it is a business conference,
144.

there will also be small business booths. The booths will be open during the entire event.

------- by the booths and learn what other entrepreneurs are up to. Tickets are available at
145.

bedfordbizcon.com. -------. You'll save 20% off the regular ticket prices.
146.

143. (A) feature
(B) features
(C) featured
(D) will be featured

144. (A) Although
(B) When
(C) Unless
(D) Since

145. (A) Stop
(B) Visit
(C) Install
(D) Return

146. (A) Buy yours before March 1 to get an
early-bird discount.
(B) Anyone can set up a booth outside
the lecture hall.
(C) This event is sponsored by the
Bedford Commerce Council.
(D) We'll teach you how to take your
business to the next level.

TEST

04

적정 풀이 시간 15분

15 min

시작 시간 ___시 ___분	목표 개수 _____ / 46
종료 시간 ___시 ___분	실제 개수 _____ / 46

- 파트 5부터 6까지 중간에 멈추지 말고 풀어 보세요.
  문제를 풀 때는 실전처럼 답안지에 마킹하세요.

READING TEST

In the Reading test, you will read a variety of texts and answer several different types of reading comprehension questions. The entire Reading test will last 75 minutes. There are three parts, and directions are given for each part. You are encouraged to answer as many questions as possible within the time allowed.

You must mark your answers on the separate answer sheet. Do not write your answers in your test book.

PART 5

Directions: A word or phrase is missing in each of the sentences below. Four answer choices are given below each sentence. Select the best answer to complete the sentence. Then mark the letter (A), (B), (C), or (D) on your answer sheet.

101. ------- any of our branches to get more information about this ongoing promotion.

(A) Visiting
(B) Visited
(C) Visits
(D) Visit

102. The office supplies are set to arrive at noon tomorrow, ------- there might be a slight delay.

(A) that
(B) when
(C) but
(D) so

103. ------- seven hundred thousand copies of the album were sold on the first day of its release.

(A) Approximately
(B) Especially
(C) Routinely
(D) Absolutely

104. Human Resources wants all employees to visit the office ------- it is handing out access cards.

(A) unless
(B) whether
(C) though
(D) since

105. The board members who witnessed your presentation were very -------.

(A) impressed
(B) impress
(C) impressive
(D) impression

106. Food delivery is one of the most ------- used features of this phone application.

(A) wider
(B) widest
(C) wide
(D) widely

107. Basic ------- like food, water, and toiletries will be provided to everyone for free.

(A) ideas
(B) entries
(C) needs
(D) facilities

108. If you ever need a copy of the ------- list of requirements, just give me a call.

(A) complete
(B) occasional
(C) constructive
(D) renewable

109. After being given a detailed ------- of the item, the waitress found it in the restaurant's lobby.

(A) describes
(B) description
(C) descriptive
(D) descriptively

110. When it reopens, the bakery will be relocated ------- the library and across from the museum.

(A) next
(B) beside
(C) without
(D) upon

111. Before ------- this purchasing agreement, be sure to read over the details carefully.

(A) signs
(B) signed
(C) signing
(D) sign

112. It is a good thing we arrived at the airport in advance because Mr. Peterson's flight ------- arrived early.

(A) promptly
(B) carefully
(C) unexpectedly
(D) commonly

113. No one should enter the meeting room until the board has finished its ------- discussion.

(A) confidential
(B) confide
(C) confiding
(D) confidentiality

114. Most nursing school graduates prefer to ------- to big hospitals rather than to small clinics.

(A) qualify
(B) indicate
(C) remain
(D) apply

115. Several community groups have been calling for the ------- of controversial business tax credits.

(A) eliminates
(B) elimination
(C) eliminated
(D) eliminating

116. Any questions ------- changes or cancelations should be directed to your team supervisor.

(A) regarding
(B) regard
(C) regards
(D) regarded

117. Our customers ------- purchase an annual subscription will receive special offers and benefits.

(A) which
(B) whom
(C) whose
(D) who

118. It is ------- to pass an exam before getting interviewed for a specific position.

(A) necessitate
(B) necessity
(C) necessary
(D) necessarily

119. The subway station might reopen ------- schedule since the renovations are already done.

(A) ahead of
(B) along with
(C) instead of
(D) on behalf of

120. Before a miniature model can be created, the concept design must receive ------- from the head architect.

(A) approve
(B) approved
(C) approvingly
(D) approval

GO ON TO THE NEXT PAGE

121. The VIP client's feedback regarding her accommodations turned out to be ------- positive.

(A) frequently
(B) eternally
(C) extremely
(D) quickly

122. Even though the water park promotes many different fun activities, customer safety is still the most important -------.

(A) factor
(B) priority
(C) member
(D) decision

123. Unless otherwise -------, all contest participants must pay a separate entry fee for each short film submitted.

(A) indicated
(B) expanded
(C) delivered
(D) marked

124. By the second quarter of next year, Luciano Books ------- the sequel to *Rainbow's Sunset*.

(A) publishes
(B) will have published
(C) is publishing
(D) will be published

125. New hires might find it difficult to ------- with some job requirements while still undergoing training.

(A) comply
(B) proceed
(C) compare
(D) postpone

126. It is expected that the paint used in the mural will slowly fade ------- because of constant exposure to the snow.

(A) apart from
(B) over time
(C) in advance
(D) at first

127. To maintain our ------- advantage in the fast-food market, we need to regularly review and update our menu.

(A) competitive
(B) decorative
(C) alternative
(D) instructive

128. Recent technological innovations have caused the demand for factory workers to decrease -------.

(A) dramatic
(B) dramatically
(C) more dramatic
(D) drama

129. Thanks to the timely ------- of the repair technicians, our assembly line was down for only half an hour.

(A) direction
(B) response
(C) statistics
(D) documents

130. We need ------- proof that the medicine is safe before it can be released on the market.

(A) regular
(B) energetic
(C) severe
(D) absolute

PART 6

Directions: Read the texts that follow. A word or phrase is missing in part of each text. Four answer choices for each question are given below the text. Select the best answer to complete the text. Then mark the letter (A), (B), (C), or (D) on your answer sheet.

Questions 131-134 refer to the following article.

Second Horton Hardware Soon to Open

CENTERVILLE, INDIANA — A new hardware store is set to open in Centerville on Monday, August 9.

The Horton Group announced ------- it will locate the new Horton Hardware branch, its second in
                131.
the area, at 92 Davidson Street. The company also shared that it plans to hire ------- 40 people
                132.
at the new location. This news ------- as a welcome surprise since employment opportunities are
       133.
limited in Centerville.

A company spokesperson wrote the following in a press release: "It's high time that we added a location where we could serve this beautiful community. The company is excited about this new venture. -------. Please stay tuned for forthcoming job announcements."
    134.

---

131. (A) as well
    (B) instead
    (C) that
    (D) while

132. (A) at least
    (B) such as
    (C) along with
    (D) rather than

133. (A) makes
    (B) comes
    (C) works
    (D) appears

134. (A) We will be selling customized furniture at affordable prices.
    (B) The plans call for the creation of a spacious parking lot.
    (C) A grand opening event is being planned for next month.
    (D) We look forward to developing the local labor force.

GO ON TO THE NEXT PAGE

TORONTO, ONTARIO (October 13) — Waynesboro Electronics ------- its newest product
135.

today: a pair of state-of-the-art wireless earphones. At a special event, the company's head

of product development Janice Doherty, announced that the new equipment will hit stores by

mid-November. ------- its sleek design, some of the product's features and functionalities were
136.

also mentioned. -------. In addition, the earphones can easily connect to a variety of popular
137.

electronic devices ------- they are smartphones, tablets, or laptops. Waynesboro is expecting
138.

high demand for this product once testers provide reviews for it.

135. (A) launch
(B) will launch
(C) was launched
(D) launched

136. (A) As for
(B) Rather than
(C) Aside from
(D) Because of

137. (A) The company was established twenty
years ago.
(B) It comes with built-in microphones
and a charging case.
(C) There are twelve store locations within
the state.
(D) The price range has yet to be
announced.

138. (A) in order that
(B) although
(C) now that
(D) whether

Questions 139-142 refer to the following memo.

To: All Employees
From: Larry Bishop, Operations Manager
Date: June 21
Subject: Phone Line Update

Please be informed that beginning on July 5, at 9:00 A.M., we will be ------- our phone lines
139.
to a new service provider. The entire process will take approximately 2 full days—one day to

uninstall our current lines and another for the new lines to be installed. All of our desk phones

will be replaced with new units as well. This means that we won't have phone access during the

-------. -------. An announcement regarding this change was posted on our Web site and social
140. **141.**
media pages to let our customers know. If you have any questions, please direct them to your

managers.

We humbly ask for everyone's -------. Thank you.
142.

---

139. (A) ordering
(B) removing
(C) switching
(D) servicing

140. (A) transition
(B) discussion
(C) shipment
(D) performance

141. (A) The new phone units will be more
advanced than our current ones.
(B) A total of four technicians will be
assigned to each floor.
(C) We terminated the contract with the
previous service provider.
(D) Please use your mobile phones for
calls during that time.

142. (A) patient
(B) patients
(C) patience
(D) patiently

The Proper Way to Diet: Eating for Your Body Type

The initial step in planning a proper diet is first to determine what kind of body type you have.

Knowing this piece of ------- can provide you with hints about your hormones and metabolism.
143.

-------, you will be able to identify the type and quantity of the proteins and the carbohydrates
144.

you need to process. Even if you're eating well and working out regularly, there is still a

possibility that you won't get your desired results when you don't align these actions with the

needs of your body type.

-------. Several Web sites offer guides to help you determine your body type. Online guides can
145.

be a useful starting point. However, visiting a licensed dietitian is the best way to get an -------
146.

assessment and personalized advice.

---

143. (A) training
(B) regulation
(C) investment
(D) information

144. (A) However
(B) Otherwise
(C) As a result
(D) Meanwhile

145. (A) Workout routines must also be based on this information.
(B) There are three main body types and three hybrid body types.
(C) Research about this was published seventeen years ago.
(D) Hydration can help with improving the body's metabolism.

146. (A) accurate
(B) accuracy
(C) accurately
(D) accuracies

TEST

05

적정 풀이 시간 15분

15 min

시작 시간 ___시 ___분

종료 시간 ___시 ___분

목표 개수 _____ / 46

실제 개수 _____ / 46

- 파트 5부터 6까지 중간에 멈추지 말고 풀어 보세요.
  문제를 풀 때는 실전처럼 답안지에 마킹하세요.

In the Reading test, you will read a variety of texts and answer several different types of reading comprehension questions. The entire Reading test will last 75 minutes. There are three parts, and directions are given for each part. You are encouraged to answer as many questions as possible within the time allowed.

You must mark your answers on the separate answer sheet. Do not write your answers in your test book.

PART 5

Directions: A word or phrase is missing in each of the sentences below. Four answer choices are given below each sentence. Select the best answer to complete the sentence. Then mark the letter (A), (B), (C), or (D) on your answer sheet.

---

101. Mr. Franklin confirmed his attendance at the awards ceremony -------.

(A) he
(B) him
(C) himself
(D) his

102. Maureen Wilson was nominated as best actress for her ------- portrayal of Teresa Johnson in *Worthington Heights*.

(A) exceptional
(B) exceptionally
(C) except
(D) exception

103. After having several adjustments made to the bookshelf, it was ------- installed in the library.

(A) successful
(B) successfully
(C) succeed
(D) success

104. Castlehouse Publishing plans to release updated ------- of several classic books.

(A) positions
(B) opinions
(C) editions
(D) partitions

105. Mr. Keaton will be featured in a documentary for his research ------- the development of electric motors.

(A) on
(B) with
(C) by
(D) since

106. You will be able to use this software securely both in the office and ------- from our satellite office.

(A) broadly
(B) especially
(C) remotely
(D) eventually

107. The meeting venue is far from the hotel, so you might want to consider ------- a taxi instead of walking.

(A) take
(B) taken
(C) to take
(D) taking

108. Dover residents believe that ------- the new movie theater opens, the Milford Theater will always be full.

(A) during
(B) since
(C) from
(D) until

109. The number of additional people we invite to the event will depend on how many ------- seats are left.

(A) durable
(B) available
(C) strong
(D) heavy

110. Mr. and Mrs. Erickson were both regular ------- to the opinion pages of the local newspaper.

(A) contributors
(B) contribution
(C) contributing
(D) contributed

111. The revisions that the architects are working on are ------- completed.

(A) yearly
(B) deeply
(C) hugely
(D) nearly

112. Fletcher Communications is offering the new streaming service to existing customers ------- charging an additional fee.

(A) about
(B) without
(C) beside
(D) except

113. When traveling for her job, Kate Moore prefers to do ------- hair rather than hire a professional stylist.

(A) she
(B) her own
(C) hers
(D) herself

114. Mr. Williams ------- to address the issue regarding the schedule once he's back from his business trip.

(A) created
(B) reacted
(C) followed
(D) promised

115. Passengers need to pass through the construction area to board trains ------- from Platform 2.

(A) depart
(B) departing
(C) departs
(D) departed

116. The director of the Macon Institute submitted his ------- after failing to meet the fundraising target.

(A) resignation
(B) interruption
(C) determination
(D) statement

117. The hospital's directors are still trying to figure out ------- more beds need to be added to the emergency ward.

(A) then
(B) only
(C) if
(D) still

118. By making a fifty-percent down payment, you will be able to ------- your purchase of the item you want.

(A) security
(B) secure
(C) securely
(D) securing

119. Printing will begin ------- the final draft of the book is approved by the publisher.

(A) as soon as
(B) so that
(C) unless
(D) rather than

120. Louis Hernandez is looking for a dishwashing soap supplier so that he can ------- his convenience store.

(A) sell
(B) return
(C) advertise
(D) stock

GO ON TO THE NEXT PAGE

121. Sales associates are encouraged to provide free product samples to ------- customers.

(A) rewarding
(B) satisfying
(C) necessary
(D) potential

122. Your order ------- in about ten minutes, so please have your payment ready when you answer the door.

(A) delivered
(B) will be delivered
(C) has delivered
(D) delivering

123. ------- the department head approves our budget, we will be able to begin purchasing supplies for the project.

(A) As long as
(B) Meanwhile
(C) Thus
(D) In order to

124. The number of respondents to this week's survey has doubled ------- to last week's.

(A) compare
(B) comparing
(C) compared
(D) comparison

125. Tour participants were ------- to take photos at each of the famous destinations they visited.

(A) capable
(B) pleasant
(C) necessary
(D) eager

126. Based on early attendance numbers, it appears that state fair revenue will be -------- higher this year.

(A) substance
(B) substantial
(C) substantially
(D) substantiate

127. Offering focused on-the-job training for new hires has ------- in higher employee retention at the company.

(A) followed
(B) resulted
(C) suggested
(D) produced

128. Due to the significant investment we made in new equipment, ------- at our factory has increased by 25% this year.

(A) amount
(B) output
(C) conduct
(D) motivation

129. We should include a project update on the agenda so that it can be ------- during the meeting.

(A) discussed
(B) discussion
(C) discuss
(D) discussing

130. The venue is an hour away, and the event starts at 6:00 P.M., so we should ------- leave before 5:00 P.M.

(A) closely
(B) considerably
(C) definitely
(D) equally

PART 6

Directions: Read the texts that follow. A word or phrase is missing in part of each text. Four answer choices for each question are given below the text. Select the best answer to complete the text. Then mark the letter (A), (B), (C), or (D) on your answer sheet.

Questions 131-134 refer to the following advertisement.

Assistant Chef Cooking App

Are you tired of having to follow impossibly difficult online recipes? Then ------- the Assistant
                                                                              131.

Chef Cooking App today. You will get ------- to thousands of recipes submitted by professional
                                       132.

and amateur chefs. Plus, the app has an interactive space where account holders can share

recipes, giving everyone a variety of ways to cook each dish. With Assistant Chef, you never

have to worry about lacking certain ingredients since the app includes a feature that suggests

------- ingredients. -------. Once that ends, you can continue using Assistant Chef for only $9.99
 133.   **134.**

a month.

131. (A) to download
     (B) downloading
     (C) being download
     (D) download

132. (A) access
     (B) accesses
     (C) accessing
     (D) accessed

133. (A) renovation
     (B) proximity
     (C) testimonial
     (D) substitute

134. (A) There is a forum feature that you can
         participate in.
     (B) Users can comment on any of the
         recipes in the app.
     (C) Sign up for a free one-month trial now.
     (D) This app currently has over 50,000
         subscribers.

SODA SPRINGS (December 4) – Famous international makeup brand Artois revealed a new

program this week ------- the Re-Artois. Showing its commitment to sustainability, the brand is
                       135.

working to ------- the harmful environmental effects its packaging might cause. By ------- any
              136.   **137.**

5 empty makeup packages, customers will receive one free lipstick of their choice. -------.
                                                                                    138.

Special Re-Artois counters will be set up at these locations starting on December 6. For more

information, you may visit the Artois Web site.

135. (A) called
(B) calling
(C) calls
(D) to call

136. (A) beautify
(B) reduce
(C) continue
(D) operate

137. (A) return
(B) returned
(C) returning
(D) returns

138. (A) This program will be carried out at participating department stores.
(B) A special collaboration with our sponsor will be announced soon.
(C) Retail personnel have already been trained in the new procedures.
(D) A huge amount of plastic waste currently ends up in landfills.

Questions 139-142 refer to the following e-mail.

To: Andrea Greene Lunsford
From: Polyxus Motor Company
Subject: Vehicle Repair Update
Date: September 9

This message is in reference to the repairs you requested for your 2020 Polyxus Destiny sedan, some of ------- are ongoing. We are happy to inform you that the steering wheel has been
139.
realigned, the driver's side automatic window has been fixed, and the passenger seat's recliner handle has been reattached. -------, some replacement parts are still on order. Once they arrive,
140.
we will complete the ------- repairs. The delay was caused by a miscommunication between our
141.
supplier and the courier assigned to deliver the parts. Nevertheless, we take full responsibility for the setback and apologize for the inconvenience. -------. Should the situation change before
142.
then, we will update you. We thank you for your patience.

139. (A) each
(B) some
(C) which
(D) such

140. (A) However
(B) In addition
(C) For instance
(D) By comparison

141. (A) temporary
(B) remaining
(C) expensive
(D) resistant

142. (A) We will make sure to handle your vehicle with a great deal of care.
(B) Additional problems are sometimes discovered during the repair process.
(C) Your invoice has been updated to reflect the reduction in costs.
(D) We anticipate finishing the job by September 23 at the latest.

Questions 143-146 refer to the following e-mail.

To: All Locust Insurance Company Employees
From: Janet J. Brown
Date: February 28
Subject: Business Seminar

As you know, there will be a business seminar conducted by Francis Lane in our building's

main conference hall on May 25. I am writing to announce that we ------- Mr. Lane to conduct a
143.

second talk on May 26 for those who cannot attend his talk the day before. This ------- means
144.

there will be more seats available, so we are permitting employees to invite up to two guests

each for the event. I have attached an online spreadsheet to this e-mail where everyone can list

their names, ------- their guests' names, under the date they prefer to attend. -------. If you have
145.   **146.**

a strong preference for one date over the other, I strongly encourage you to register right away.

143. (A) schedule
(B) might schedule
(C) have scheduled
(D) would have scheduled

144. (A) facility
(B) addition
(C) presenter
(D) equipment

145. (A) across from
(B) in case of
(C) except for
(D) along with

146. (A) Seating will be filled on a first-come,
first-served basis.
(B) Mr. Lane's book will be available for
purchase on the day.
(C) There will be a question-and-answer
session during the event.
(D) Volunteers have played a major role in
organizing this event.

TEST

06

적정 풀이 시간 15분

15 min

시작 시간 ___시 ___분   목표 개수 _____ / 46

종료 시간 ___시 ___분   실제 개수 _____ / 46

- 파트 5부터 6까지 중간에 멈추지 말고 풀어 보세요.
  문제를 풀 때는 실전처럼 답안지에 마킹하세요.

READING TEST

In the Reading test, you will read a variety of texts and answer several different types of reading comprehension questions. The entire Reading test will last 75 minutes. There are three parts, and directions are given for each part. You are encouraged to answer as many questions as possible within the time allowed.

You must mark your answers on the separate answer sheet. Do not write your answers in your test book.

PART 5

Directions: A word or phrase is missing in each of the sentences below. Four answer choices are given below each sentence. Select the best answer to complete the sentence. Then mark the letter (A), (B), (C), or (D) on your answer sheet.

101. The OH46 ------- outsells all the newer models despite having been released 2 years ago.

(A) continue
(B) continued
(C) continually
(D) continuing

102. Small businesses tend to ------- much faster to inquiries than larger ones do.

(A) leave
(B) resign
(C) locate
(D) reply

103. Mr. Anderson will ------ all concerns regarding office assignments tomorrow.

(A) address
(B) addressed
(C) addressing
(D) be addressed

104. During the debate, Ms. Niles provided ------- evidence to support her arguments.

(A) excel
(B) excelling
(C) excellent
(D) excellence

105. Kindly visit our social media pages to discover all the ------- being offered by our company.

(A) advice
(B) preparation
(C) comments
(D) opportunities

106. Georgia Britt will start writing ------- next romance novel by the end of the month.

(A) her
(B) she
(C) hers
(D) herself

107. The bakery will be opening ------- a few minutes to serve you fresh coffee and pastries.

(A) on
(B) to
(C) in
(D) at

108. The restaurant manager reported that prices of several ingredients have risen ------- in the past month.

(A) sharpen
(B) sharply
(C) sharper
(D) sharpest

109. The building receptionist will give you instructions on how to ------- an application form.

(A) consist
(B) obtain
(C) perform
(D) inquire

110. Mrs. Stewart ------- donated some used clothing and grocery items to the shelter.

(A) too
(B) also
(C) very
(D) currently

111. Tourists should have enough time to ------- all sections of the natural history museum.

(A) lease
(B) explore
(C) feature
(D) return

112. The publisher is preparing to reprint more ------- of the magazine's previous issue given how fast it sold out.

(A) tasks
(B) treats
(C) copies
(D) solutions

113. A professional trainer will be teaching us ------- to perform basic audio and video editing.

(A) who
(B) what
(C) how
(D) where

114. Arlene Briar asked the team manager to adjust the deadline to submit the financial -------.

(A) report
(B) reporting
(C) reported
(D) reportedly

115. Andromeda Langston is a highly ------- artist and the most influential one in her generation.

(A) regard
(B) regarded
(C) regarding
(D) regardless

116. ------- of the two assistant managers wanted to be in charge of organizing the year-end sale.

(A) None
(B) Most
(C) Other
(D) Neither

117. We are sending this e-mail ------- that the company will give employees a paid holiday on Thursday, May 13.

(A) announces
(B) announced
(C) to announce
(D) will announce

118. The case was investigated by government lawyers as ------- as possible given the short time frame.

(A) remarkably
(B) gracefully
(C) commonly
(D) thoroughly

119. Government-funded health clinics are eligible to provide free checkups and vitamin ------- to patients.

(A) supplements
(B) supplemented
(C) supplementing
(D) supplementary

120. Read the ------- descriptions of our current tour offerings below and then visit our Web site for complete details.

(A) rapid
(B) sharp
(C) brief
(D) narrow

GO ON TO THE NEXT PAGE

121. Kristi Day was ------- recognized for her writing contributions to several major movie scripts.

(A) public
(B) publicly
(C) publicized
(D) publicity

122. After building its ------- for punctually completing projects, Tiara Interiors has been getting more clients.

(A) house
(B) monument
(C) argument
(D) reputation

123. The ------- of Mr. Smith's argument was that associates should have more of a role in day-to-day operations.

(A) substance
(B) substances
(C) substantial
(D) substantially

124. The interns must learn to ------- the quantities of basic construction materials needed for each project.

(A) estimate
(B) estimated
(C) estimating
(D) be estimated

125. ID badges must be worn by all the employees ------- the chemical manufacturing plant.

(A) as regards
(B) between
(C) alongside
(D) throughout

126. ------- the event is still a few months away, the organizer has finished booking all the suppliers.

(A) Even though
(B) Provided that
(C) According to
(D) As soon as

127. The phone technician walked Mr. Kim through performing some troubleshooting steps -------.

(A) precise
(B) precisely
(C) precision
(D) most precise

128. ------- the recommendation of his lawyer, David Brown renewed his company's contract with Davenport Energy.

(A) Within
(B) As for
(C) Among
(D) Against

129. Globus's skincare line consists ------- of products made from organic ingredients and features extracts from plants, fruits, and vegetables.

(A) solely
(B) lastly
(C) additionally
(D) particularly

130. The acceptance of your internship is completely ------- on the results of your examination and interviews.

(A) exempt
(B) reliant
(C) favorable
(D) effective

PART 6

Directions: Read the texts that follow. A word or phrase is missing in part of each text. Four answer choices for each question are given below the text. Select the best answer to complete the text. Then mark the letter (A), (B), (C), or (D) on your answer sheet.

Questions 131-134 refer to the following e-mail.

To: All Youngtown Residents
From: Department of Public Works and Highways
Date: August 8
Subject: Road Maintenance on Cambridge Drive

Dear Youngtown Residents,

Please be ------- that roadwork will be occurring on Cambridge Drive beginning on Thursday,
      131.
August 29, and continuing for 2 or 3 days. As a result, Scooter Lane will be closed to vehicles.

-------, Historia Crescent will still remain accessible to residents. Sidewalks will remain open on
132.
affected streets. For that reason, pedestrian traffic is likely to be unaffected.

This project is part of a larger ------- to improve the transportation system of Youngtown City.
          133.
-------. Thank you.
134.
For any questions regarding this roadwork, please contact 555-6757.

Sincerely,

Ronnie Robinson
Chairman

131. (A) advise
(B) advised
(C) advising
(D) to advise

132. (A) Therefore
(B) Moreover
(C) Since then
(D) However

133. (A) initiative
(B) preview
(C) importance
(D) explanation

134. (A) Some construction noise might be
heard by nearby residents.
(B) Stores and other establishments in the
area might need to close.
(C) We ask for your patience and
cooperation during the construction.
(D) Streetlights will still be fully functional
throughout the construction.

Questions 135-138 refer to the following article.

New Football Facility in the Works
By Ariel Meeks

EAST CLARK (January 29) — An update on the final phase of construction of East Clark's new football facility was provided by the board of trustees this morning. The ------- of work is now
135.
estimated to be early June.

The property, ------- to cover around 60,000 square meters, will be the new home for East
136.
Clark's local football team. The team will finally have a full-size practice field. With over 13,000 square meters of floor space, the building will include a gym, a players' lounge, locker rooms, and equipment rooms ------- meeting rooms and other offices. -------.
137. **138.**

This project was made possible by the city, along with local corporate sponsors, after the East Clark Eagles football team won back-to-back national championships in the last two years.

135. (A) position
(B) orientation
(C) application
(D) completion

136. (A) expects
(B) expecting
(C) expected
(D) is expected

137. (A) as well as
(B) in place of
(C) although
(D) with reference to

138. (A) The local team is especially excited about the development.
(B) The grounds will also include an indoor training center.
(C) Additional coaches and trainers will be hired soon.
(D) The upcoming season is scheduled to start in a few months.

Questions 139-142 refer to the following advertisement.

Northport Music Academy

Do you dream of performing on the big stage? -------. We ------- a variety of music courses for
                                         139.   **140.**

over 20 years. Our critically acclaimed faculty members are known globally. Our academy is

committed to educating students in effective methods, which are tailored to their specific needs,

to help them reach their goals. In fact, 95% of our alumni now work ------- in the music industry.
                                                           141.

Northport Music Academy's next term starts next fall. Visit www.northportmusicacademy.com

to learn about entry requirements, enrollment statistics, and current courses -------. E-mail info@
                                                          142.

northportmusicacademy.com for inquiries or scheduling appointments.

---

139. (A) You can study for a certificate or an actual degree.
    (B) The Northport Music Academy can help you get there.
    (C) Scholarships are provided to a number of students each term.
    (D) Musical instruments can be borrowed for free.

140. (A) are teaching
    (B) had been teaching
    (C) have been teaching
    (D) will have been teaching

141. (A) quickly
    (B) reasonably
    (C) separately
    (D) professionally

142. (A) to offer
    (B) offering
    (C) offered
    (D) offers

February 18

James M. Stetoe
2807 Eagle Lane

Dear Mr. Stetoe,

We would like to invite you to be a guest speaker at the 21st annual Marcell City Career Fair.

The event ------- a platform for experts from different fields to discuss challenges,
      143.
opportunities, and achievements in their respective fields. We anticipate that high school and

college students, along with career changers, will make up the majority of the audience.

We would be honored to have someone of your background represent the field of architecture.

-------. Other business and academic experts, both local and international, will be giving brief
 144.

------- as well. The talks will be followed ------- question-and-answer sessions.
 145.   **146.**

We hope that you consider our request, and we look forward to your reply soon.

Sincerely,

Pauline Reid
Organizing Committee

---

143. (A) provides
(B) provided
(C) have provided
(D) will provide

144. (A) There will be free accommodations for all conference speakers.
(B) This event is sponsored by famous brands and businesses.
(C) Your work is well known and respected in our community.
(D) The coordinator of the event will be in touch with you soon.

145. (A) trips
(B) visits
(C) awards
(D) lectures

146. (A) to
(B) by
(C) in
(D) on

TEST
07

적정 풀이 시간 15분

15 min

시작 시간 ___시 ___분

종료 시간 ___시 ___분

목표 개수 _____ / 46

실제 개수 _____ / 46

- 파트 5부터 6까지 중간에 멈추지 말고 풀어 보세요.
  문제를 풀 때는 실전처럼 답안지에 마킹하세요.

In the Reading test, you will read a variety of texts and answer several different types of reading comprehension questions. The entire Reading test will last 75 minutes. There are three parts, and directions are given for each part. You are encouraged to answer as many questions as possible within the time allowed.

You must mark your answers on the separate answer sheet. Do not write your answers in your test book.

PART 5

Directions: A word or phrase is missing in each of the sentences below. Four answer choices are given below each sentence. Select the best answer to complete the sentence. Then mark the letter (A), (B), (C), or (D) on your answer sheet.

101. To keep fragile items safe, Mr. Truman stores ------- in a glass cabinet behind the counter.

(A) them
(B) theirs
(C) they
(D) themselves

102. Most guests prefer to book a deluxe room ------- it is more expensive than a standard room.

(A) since
(B) although
(C) despite
(D) provided

103. Citizens are patiently waiting for Adrian Leonard to ------- announce his resignation during a press conference.

(A) timely
(B) publicly
(C) annually
(D) typically

104. ------- the supervisor or the manager can approve or decline leave requests.

(A) Every
(B) All
(C) Either
(D) Both

105. A ------ client visited the office and requested a price quote for the short-term rental of an apartment unit.

(A) similar
(B) potential
(C) permanent
(D) responsive

106. Passengers may pay their ------ by using bus passes that can be purchased at the main bus station.

(A) fares
(B) sales
(C) treats
(D) items

107. The resort offers a ------- range of services to its guests, including a day spa, fitness classes, and cruises.

(A) widen
(B) widely
(C) width
(D) wide

108. Frank Rhodes and his family live ------- the area where the new post office building will be constructed.

(A) toward
(B) including
(C) throughout
(D) near

109. The sales associates are very ------- about the bonuses to be offered to the top sellers.

(A) enthusiastic
(B) enthusiast
(C) enthusiasm
(D) enthusiastically

110. The North Bend Library has many part-time employees ------ study at the university nearby.

(A) which
(B) who
(C) where
(D) whose

111. Because West Liberty is such a big insurance -------, it has several offices within the state.

(A) firmly
(B) firmer
(C) firmness
(D) firm

112. The applicant's final interview went ------- despite her lack of experience.

(A) smooth
(B) smoothing
(C) smoothly
(D) smoother

113. The implementation of the new incentive program will begin ------- May 17.

(A) in
(B) at
(C) on
(D) to

114. Customers must immediately inform management if they ------- any defects with the items.

(A) consider
(B) occupy
(C) discover
(D) support

115. After reading the entire manuscript, the editor recognized a writing style ------- to that of another author.

(A) discreet
(B) original
(C) structural
(D) similar

116. Allied Coffeehouse ------- its highly anticipated seasonal menu by the end of the month.

(A) has been released
(B) will release
(C) is released
(D) released

117. The company's sales statistics are ------- looking positive, but there are definitely areas in need of improvement.

(A) hardly
(B) lastly
(C) shortly
(D) generally

118. Newly hired interns will require assistance in ------- some of the documents they need to review.

(A) locate
(B) located
(C) locating
(D) location

119. Teresa Halcomb's managerial ------- gives her the authority to change a product's supplier.

(A) role
(B) plan
(C) view
(D) source

120. If anyone wishes to ------- a meeting with me, please do so before I leave for vacation on Tuesday.

(A) regard
(B) arrange
(C) consult
(D) provide

GO ON TO THE NEXT PAGE

121. The majority of the Burnette Museum's financial ------- come from foreign countries.

(A) contributions
(B) contributed
(C) contributing
(D) contributor

122. Government letters are delivered to residents ------- on their current residential address.

(A) base
(B) based
(C) basing
(D) bases

123. The department head will decide which design will ------- as the poster for the year-end gathering.

(A) use
(B) be using
(C) be used
(D) be to use

124. Kindly ------- the IT Department if you experience any technical issues with your computers.

(A) contacts
(B) contact
(C) contacted
(D) contacting

125. Your recommendation will be very ------- to my application for the senior manager position.

(A) overdue
(B) entitled
(C) cheerful
(D) helpful

126. Factory personnel are advised to read the ------- instructions carefully for the machines that will be delivered by the end of the day.

(A) assembly
(B) response
(C) connection
(D) guidance

127. Once the security team arrives, they will be ------- at each of the venue's entrances.

(A) invited
(B) submitted
(C) positioned
(D) concluded

128. ------- the branch manager, only the store owner has access to the safety box in the office.

(A) Except
(B) Among
(C) Despite
(D) Besides

129. One of the board members ------- asked that the plan to close the Bedford branch be reconsidered.

(A) vigorously
(B) randomly
(C) voluntarily
(D) correctly

130. The Department of Labor and Employment reports ------- in the percentage of unemployed citizens.

(A) increased
(B) increases
(C) increasing
(D) increasingly

PART 6

Directions: Read the texts that follow. A word or phrase is missing in part of each text. Four answer choices for each question are given below the text. Select the best answer to complete the text. Then mark the letter (A), (B), (C), or (D) on your answer sheet.

Questions 131-134 refer to the following article.

SYDNEY (May 23) — The famous American fast-food chain Easy Eats is ------- coming to
131.
Australia. Fans have been trying for years to convince the company to open a location here.

-------. Apart from that, the restaurant serves dinner salads, creamy milkshakes, and ice cream
132.
sundaes. A statement by an Australian representative of the restaurant revealed that there are

plans to ------- open multiple branches across the country.
133.

Interviews with Easy Eats representatives suggest that the Sydney branch will be located in the

midst of the business district and have the ------- to seat up to 200 patrons at a time. The grand
134.
opening is planned for January of next year.

131. (A) partly
(B) eagerly
(C) constantly
(D) finally

132. (A) The restaurant's normal hours of
operation are 6:00 A.M. to 10:00 P.M.
(B) Service crews will begin to be hired a
month before the grand opening.
(C) Easy Eats is well known for its freshly
grilled burgers and potato-based
sides.
(D) Some items on the menu will be
replaced with their corresponding
local versions.

133. (A) event
(B) events
(C) eventual
(D) eventually

134. (A) capacity
(B) amount
(C) duration
(D) quality

Questions 135-138 refer to the following testimonial.

It is natural to be quite skeptical when shopping for homeowner's insurance. Too often, critical details are hard to obtain. I've read reviews, listened to sales pitches, and done my own research, ------- I've always had difficulty selecting an insurance policy. FlexStar Insurance
135.
changed that. The company's Web site clearly explains product coverage options, payment plans, and the claims process. For that reason, I was able to make an ------- decision. My policy
136.
provided the exact level of coverage for my needs. In addition, FlexStar makes it ------- for me
137.
to automatically charge my monthly premiums to my credit card. -------.
138.

- John J. Rodden
Civil Engineer

135. (A) but
(B) so
(C) if
(D) or

136. (A) inform
(B) informed
(C) informative
(D) information

137. (A) easy
(B) clear
(C) different
(D) sufficient

138. (A) Regular payment of my household bills has helped me save money.
(B) I was influenced by my friends and colleagues who had FlexStar insurance.
(C) Reviewing your homeowner's insurance policy is an important part of the process.
(D) This combination of transparency and convenience makes FlexStar the best among its competitors.

Questions 139-142 refer to the following announcement.

Attention: All Birmingham Residents

Birmingham is proud ------- our fourth annual charity bake sale. On November 8, our town hall
139.
building will be ------- with tables displaying different baked goods made by our residents.
140.
Cakes, cupcakes, brownies, cookies, and other treats will be available for purchase. Picnic

tables will be set up for you to enjoy your sweets in the venue ------- several local bands perform
141.
on stage. There will be a photo booth where you can have your pictures taken with your friends

and family for $5 per set. -------. As this is an all-volunteer event, every dollar spent will go a long
142.
way.

139. (A) announce
(B) announced
(C) announcing
(D) to announce

140. (A) filled
(B) familiar
(C) compared
(D) associated

141. (A) only
(B) during
(C) as if
(D) while

142. (A) More information about the musical
performances will be posted soon.
(B) Mrs. Johnson is in charge of baking
and selling carrot cakes.
(C) All proceeds from the event will
be donated to the Little Angels
Orphanage.
(D) We cannot guarantee photos will be
included on our Web site.

Questions 143-146 refer to the following notice.

This is to inform all Plymouth ------- that the Heroes Marathon will be held on Sunday, May 22, in
143.

our city. -------. Access to the marathon route will be restricted to runners and support staff from
144.

5:00 A.M. to 11:00 A.M. Please see the attached map of the marathon route to determine which

alternative roads you can take.

We encourage everyone in the neighborhood to show their support by cheering on the

participants. -------, volunteers are needed to staff beverage stations. If you are interested in
145.

lending a hand, please call 555-4040.

Thank you in advance for your understanding. We appreciate your ------- and apologize for any
146.

inconvenience.

143. (A) reside
(B) resident
(C) residents
(D) residential

144. (A) Marathon registration is available on
our Web site.
(B) Meteorologists are forecasting clear
skies that day.
(C) Some roads will be closed during the
event.
(D) The Plymouth Sports Center is
sponsoring the marathon.

145. (A) However
(B) In addition
(C) Therefore
(D) As a result

146. (A) invitation
(B) reservation
(C) cooperation
(D) confirmation

TEST
08

적정 풀이 시간 15분

15 min

시작 시간 ___시 ___분

종료 시간 ___시 ___분

목표 개수 _____ / 46

실제 개수 _____ / 46

· 파트 5부터 6까지 중간에 멈추지 말고 풀어 보세요.
  문제를 풀 때는 실전처럼 답안지에 마킹하세요.

READING TEST

In the Reading test, you will read a variety of texts and answer several different types of reading comprehension questions. The entire Reading test will last 75 minutes. There are three parts, and directions are given for each part. You are encouraged to answer as many questions as possible within the time allowed.

You must mark your answers on the separate answer sheet. Do not write your answers in your test book.

PART 5

Directions: A word or phrase is missing in each of the sentences below. Four answer choices are given below each sentence. Select the best answer to complete the sentence. Then mark the letter (A), (B), (C), or (D) on your answer sheet.

101. Please inform the client of ------ options and answer any questions she may have.

(A) she
(B) her
(C) herself
(D) hers

102. It will take the new interns a couple of months to be completely ------- with all their duties.

(A) familiar
(B) typical
(C) sensible
(D) noticeable

103. The application has a feature that allows you to submit ------- anonymously.

(A) complaints
(B) complains
(C) complaining
(D) complain

104. Jaden is moving all of his professional equipment ------- his old office to his new one.

(A) around
(B) before
(C) from
(D) upon

105. Jackson Parker has ------- invested in dozens of new technology companies over the past decade.

(A) profit
(B) profitably
(C) profits
(D) profitable

106. The Kensington Street branch will not be able to ------- its goals without hiring additional staff.

(A) regulate
(B) perform
(C) achieve
(D) recognize

107. Mr. Conner is a ------ of the board of trustees at a famous advertising firm.

(A) selection
(B) variety
(C) range
(D) member

108. For ------- reasons, no one should disclose any personal information, including banking details.

(A) safer
(B) safely
(C) safe
(D) safety

109. We are permitting customers to continue shopping for fifteen more minutes ------- the store has technically closed.

(A) unless
(B) only if
(C) even though
(D) in general

110. The manager is looking for an employee to go to the store to purchase some office -------.

(A) supplies
(B) supplied
(C) suppliers
(D) supplying

111. The GetGo Travel Agency ------- airline ticket prices to rise next week since it's the start of the peak travel season.

(A) expects
(B) expect
(C) expected
(D) is expected

112. Please help attendees find their ------- seats at least ten minutes prior to the start of the performance.

(A) assign
(B) assigns
(C) assigning
(D) assigned

113. Consumer ------- of the new products are quite positive based on the data provided by the research center.

(A) tendency
(B) presence
(C) perceptions
(D) drawback

114. You will be working ------- the creative director to design a layout for our new Web site.

(A) toward
(B) among
(C) throughout
(D) alongside

115. Marietta Motors always has its car mechanics thoroughly ------- used vehicles before they are made available to customers.

(A) transfer
(B) retrieve
(C) examine
(D) purchase

116. Richard started his career as a sales associate at GFS and ------- became the store manager at its Freeport location.

(A) carefully
(B) intently
(C) closely
(D) eventually

117. Robin will be leading the Brighton branch ------- a new head manager is hired.

(A) despite
(B) instead
(C) until
(D) finally

118. We need to hire more people to keep up with the high ------- of orders.

(A) volume
(B) majority
(C) price
(D) benefit

119. The company picnic has been postponed until a later date ------- unforeseen weather conditions.

(A) aside from
(B) after all
(C) since
(D) because of

120. Cheshire Financial has ------- been ranked among the top investment advisors in the nation.

(A) consisted
(B) consistent
(C) consistency
(D) consistently

121. It is ideal for Sephia Enterprises to ------- with Landskip Incorporated to avoid bankruptcy.

(A) contact
(B) merge
(C) allow
(D) expect

122. Mr. Perkin's team of associates is finding it ------- difficult to reach this month's sales targets.

(A) suddenly
(B) increasingly
(C) thoughtfully
(D) annually

123. We are looking for attractive, ------- employees to promote our latest products at trade shows.

(A) outgoing
(B) physical
(C) alternative
(D) satisfied

124. How ------- a proposal is prepared and presented can increase its chances of being accepted.

(A) careful
(B) carefully
(C) cared
(D) care

125. The customer feedback ------- in the presentation was gathered by conducting interviews at the end of the year.

(A) shown
(B) are shown
(C) show
(D) will show

126. The new uniforms have already been distributed to the IT, Production, and Sales departments, -------.

(A) commonly
(B) extremely
(C) respectively
(D) usefully

127. ------- who wish to participate in the weekend ski trip may sign up at the Human Resources office.

(A) Those
(B) Them
(C) Anyone
(D) They

128. The training team has prepared an ------- video for trainees to watch on their first day of work.

(A) optional
(B) acceptable
(C) educational
(D) ambitious

129. The new intern is very eager to learn the company's ------- marketing strategies.

(A) aggressive
(B) aggression
(C) aggressively
(D) aggressions

130. Ms. Hicks can troubleshoot technical issues rapidly ------- communicate with customers effectively.

(A) furthermore
(B) as well as
(C) unless
(D) therefore

Directions: Read the texts that follow. A word or phrase is missing in part of each text. Four answer choices for each question are given below the text. Select the best answer to complete the text. Then mark the letter (A), (B), (C), or (D) on your answer sheet.

Questions 131-134 refer to the following e-mail.

To: All employees <staff@MDF.com>
From: Cleo C. Martin <cmartin@MDF.com>
Subject: Recruitment Incentive Program
Date: September 17

Since we urgently need to hire more employees, the recruitment team ------- a new incentive
131.
program where you can receive awards for new employee referrals. You will have a chance to

get movie tickets, a new watch, a new smartphone, or a $300 cash bonus. The referral award

you receive ------- on how many people you refer and how well they do in the application
132.
process. -------. That will increase your chances of getting a larger award.
133.

We will be providing more information regarding this program. An e-mail will go out sometime

next week. -------, you can contact the recruitment team for clarifications.
134.

Best of luck,

Cleo C. Martin
Recruitment Head

131. (A) creates
(B) was created
(C) has created
(D) would have created

132. (A) disposes
(B) catches
(C) spends
(D) depends

133. (A) Make sure you refer the strongest
candidates you can find.
(B) The recruitment office is located on
the first floor.
(C) We suggest that you practice prior to
your job interview.
(D) Share your recruitment stories with us
via e-mail.

134. (A) Nevertheless
(B) Meanwhile
(C) Similarly
(D) On the other hand

Questions 135-138 refer to the following article.

JACKSONVILLE, FL — Custom Sound Communications ------- the sixth annual One Sound
135.
Concert Series at Jacksonville City Fields. The event is being held to raise money for local

nonprofits. Chief among these are local environmental conservation organizations.

Featuring eight hours of musical artists every Saturday in November, the series continues to

grow in -------. This year's lineup includes Natalie Reinhart, the Tiger Bunnies, Mandy Harper,
136.
Tyler Gonzales, Virgo Avenue, and many more. ------- by well-known local celebrities are also to
137.
be anticipated.

-------. Visit www.customsoundcommunications.com or contact 555-6245 to do so. There is a
138.
$2 per ticket processing fee for online sales.

135. (A) present
(B) presents
(C) presented
(D) have presented

136. (A) popularity
(B) transit
(C) condition
(D) personality

137. (A) Appear
(B) Appearing
(C) Appearance
(D) Appearances

138. (A) See the attached poster for a
complete list of food vendors.
(B) Tickets can be purchased for
individual dates or for the entire
series.
(C) A book signing will occur at the end of
every concert.
(D) All concerts will begin at 10:00 A.M.
unless otherwise noted.

To: Christine Nielson <chnielson@WFGD.com>
From: The Scheduling Team <schedules@WFGD.com>
Date: September 1
Subject: Leave Application

Dear Ms. Nielson,

We regret to inform you that your ------- for vacation leave has been declined. The scheduling
139.
office noticed that you asked for time off during a time when the company has several important

deadlines. Your manager indicated that he needs his entire staff to work full time through the

end of next month. -------, workloads are expected to lighten up after that.
140.

We appreciate your understanding and ------- you to resubmit your vacation request sometime
141.
after October 31 and before the end of the year. -------.
142.

Sincerely,

The Scheduling Team

---

139. (A) request
(B) requests
(C) requested
(D) requesting

140. (A) On the one hand
(B) Finally
(C) However
(D) For example

141. (A) announce
(B) encourage
(C) terminate
(D) promote

142. (A) It will almost certainly be approved
during that time frame.
(B) The company has been experiencing
a staff shortage.
(C) A high volume of transactions will take
place at that time.
(D) Kindly consult with your manager
about your new work assignment.

Questions 143-146 refer to the following article.

Science Exhibit at the Newark Museum

In ------- with the University of New Jersey (UNJ), the Newark Museum has opened a new exhibit
143.
showcasing different branches of science. UNJ's Dean of Sciences Jessie Walker believes that

this will help ------- enrollment in science classes and degree-granting programs. Photographs,
144.
videos, models, articles, research data, and experiment samples will be on display at the

exhibit. Selected faculty and staff from the university will give presentations about their scientific

specialties ------- the next twelve months. -------. It can also be found on the UNJ's social media
145. **146.**
pages.

---

143. (A) generosity
(B) partnership
(C) recognition
(D) appreciation

144. (A) increase
(B) increasing
(C) increased
(D) increasingly

145. (A) over
(B) from
(C) around
(D) onto

146. (A) The Physics Department will most
likely gain the most applicants.
(B) Many high schools have booked field
trips to the museum.
(C) A complete schedule is posted on the
museum's Web site.
(D) The new school year will begin in
mid-August and end next May.

TEST

09

적정 풀이 시간 15분

15
min

시작 시간 ___시 ___분   목표 개수 _____ / 46

종료 시간 ___시 ___분   실제 개수 _____ / 46

- 파트 5부터 6까지 중간에 멈추지 말고 풀어 보세요.
  문제를 풀 때는 실전처럼 답안지에 마킹하세요.

READING TEST

In the Reading test, you will read a variety of texts and answer several different types of reading comprehension questions. The entire Reading test will last 75 minutes. There are three parts, and directions are given for each part. You are encouraged to answer as many questions as possible within the time allowed.

You must mark your answers on the separate answer sheet. Do not write your answers in your test book.

PART 5

Directions: A word or phrase is missing in each of the sentences below. Four answer choices are given below each sentence. Select the best answer to complete the sentence. Then mark the letter (A), (B), (C), or (D) on your answer sheet.

101. ESI, a renowned recycling firm, covers the cost of shipping plastic waste from our facilities to -------.

(A) they
(B) themselves
(C) theirs
(D) them

102. Ms. Hammond -------- that we deliver another set of office furniture to a different address.

(A) request
(B) to request
(C) have requested
(D) requested

103. Several of our new sports video games have ------- sold since we released them last month.

(A) wisely
(B) wrongly
(C) barely
(D) gravely

104. Our employee benefits packages are ------- more generous than those offered by our competitors.

(A) substantially
(B) substantial
(C) substance
(D) substances

105. I've asked the interior designer to convert my old office ------- a storage room.

(A) by
(B) into
(C) upon
(D) through

106. On mornings ------- it's particularly cloudy, Ms. Figgs makes sure to bring an umbrella in case it rains.

(A) since
(B) although
(C) when
(D) before

107. The interns are ------- efficient at doing paperwork and going through past case files.

(A) shortly
(B) instead
(C) once
(D) quite

108. The editor-in-chief explained in an e-mail that the second ------- of the book's epilogue needs to be revised.

(A) section
(B) meeting
(C) award
(D) reception

109. Please give me a call once you find out ------- Mr. Wallace can come in to the office or not.

(A) whether
(B) whenever
(C) before
(D) rather

110. When ------- insurance plans, customers should consider their expenses and incomes now and in the future.

(A) choose
(B) chosen
(C) choosing
(D) being chosen

111. Our company performed a major upgrade in July to ------- that your Web site is compatible with the latest devices.

(A) accept
(B) decline
(C) arrange
(D) ensure

112. ------- the agency's representatives was selected to be finalists in the competition.

(A) Neither
(B) Nothing
(C) None of
(D) Nowhere

113. Each piece of protective clothing we make is ------- crafted to fit the customer's specific requests.

(A) careful
(B) carefully
(C) care
(D) caring

114. For seven years now, the layout of the Web site has ------- each time a new major product line was released.

(A) changed
(B) designed
(C) inquired
(D) retained

115. The company encourages all employees to work ------- to achieve their office-wide goals.

(A) cooperatively
(B) cooperating
(C) cooperative
(D) cooperation

116. Charles Parrett's experiences working at Excalibur Industries sound very much ------- my own.

(A) like
(B) than
(C) too
(D) also

117. The operations manager will be giving a ------- introductory speech before we proceed with the program.

(A) practical
(B) constant
(C) common
(D) brief

118. Please be informed that the conference rooms will be unavailable ------- the day on May 21.

(A) among
(B) concerning
(C) throughout
(D) within

119. ------- a new copier can be purchased soon, we will have to keep using the faulty one we currently have.

(A) Now that
(B) Unless
(C) Since
(D) As if

120. The engineering team is required to make weekly visits to the construction ------- that we're working on.

(A) crew
(B) site
(C) process
(D) material

121. Before writing the article about foreign currency markets, the journalist conducted ------- research on the topic.

(A) extending
(B) extensive
(C) extension
(D) extensively

122. Hobby Shack has been offering promotions all month in an ------- to attract more shoppers.

(A) activity
(B) response
(C) ability
(D) effort

123. Feeling strong anxiety is a ------- response to having to deliver a speech in front of a huge crowd.

(A) natural
(B) positive
(C) commercial
(D) mutual

124. The building design ------- by the client and the head engineer, so construction can begin soon.

(A) approved
(B) had approved
(C) was approved
(D) will approve

125. Ms. Albert encouraged her fellow investors to ------- money to various charitable institutions.

(A) relate
(B) indicate
(C) request
(D) donate

126. Alaniz Couture's selection for the fashion show is most definitely the ------- to watch out for this season.

(A) collecting
(B) collective
(C) collection
(D) collectively

127. Although Director Hudgins makes most of the scene decisions, she gives actors ------- freedom.

(A) considering
(B) consideration
(C) considerably
(D) considerable

128. The agreement between the two parties was ------- and will have to be discussed further in the coming months.

(A) applicable
(B) tentative
(C) attractive
(D) competitive

129. The CEO is impressed by the three board members who ------- a new employee appreciation program.

(A) propose
(B) proposes
(C) proposing
(D) proposed

130. The repair shop charges low prices for replacement parts and ------- gives its customers free car washes.

(A) even
(B) such
(C) thus
(D) soon

PART 6

Directions: Read the texts that follow. A word or phrase is missing in part of each text. Four answer choices for each question are given below the text. Select the best answer to complete the text. Then mark the letter (A), (B), (C), or (D) on your answer sheet.

Questions 131-134 refer to the following article.

SOUTHFIELD (December 1) — With winter fast approaching, HerFits has announced that its

mobile application will soon add a new feature that ------- users to shop for clothes, footwear,
                                                          131.

and accessories by the season. This added function will allow customers to ------- find clothes
                                                                               132.

that match the current season. -------, if a user applies the "winter" filter and searches for
                               133.

leggings, the application will only recommend products suited for cold weather. The updated

version of the HerFits application is slated to launch on December 5. -------. The HerFits mobile
                                                                      134.

application is compatible with all operating systems.

131. (A) enables
(B) authorizes
(C) improves
(D) introduces

132. (A) easy
(B) easily
(C) easier
(D) ease

133. (A) However
(B) With that said
(C) For instance
(D) In addition

134. (A) Online payments may be delayed at the start of each season.
(B) Be sure to get yours today before they sell out.
(C) New items and collections will be available on the first Monday of each month.
(D) Users will need to download it to access the new feature.

To: All Staff <staff@pennshipping.ca>
From: Mark Mayfield <m_mayfield@pennshipping.ca>
Subject: Award Ceremony
Date: November 13

Dear Employees,

This is to formally announce that a date for the year-end award ceremony has been finalized.

The event will be held ------- the Grand Ballroom of the Wexford Hotel and will celebrate the
           135.
exceptional year our company has had. Awards will be given to employees whose contributions

most helped our company ------- its goals. A registration spreadsheet will be sent out in another
                136.
e-mail within the next couple of days. -------. Be sure to do so before November 25 ------- we
                          137.   **138.**
need a final headcount by the end of the month. More details will be announced soon.

Sincerely,

Mark Mayfield
Human Resources, Events Committee

135. (A) on
(B) to
(C) in
(D) for

136. (A) achieve
(B) achieved
(C) achieving
(D) achieves

137. (A) Please input your name and other needed information once you receive it.
(B) There'll be performances by some of our employees and other musical guests.
(C) Award winners are expected to deliver a short speech after receiving their trophies.
(D) There will be a photo booth situated right outside the Grand Ballroom.

138. (A) until
(B) as
(C) though
(D) while

Questions 139-142 refer to the following information.

Here at the Boardhurst Computer Academy, we offer an intensive training program that is

------- on helping people with different backgrounds acquire the skillsets needed to launch or
  139.

advance their careers as Web developers.

In a six-month program, students ------- all the technical know-how needed to build Web sites.
                                    140.

Our hands-on program teaches students how to develop an ------- Web site from start to finish.
                                                            141.

Students also receive coaching on presentation skills and tips on how to stay up to date with

new technology.

-------. For example, upon completion of the program, graduates can join the Boardhurst alumni
  142.

community. This network has helped many new graduates kickstart their careers.

139. (A) proposed
(B) focused
(C) exposed
(D) updated

140. (A) gain
(B) gained
(C) will gain
(D) has gained

141. (A) entire
(B) entirely
(C) entities
(D) entity

142. (A) The academy will also connect our students with job opportunities.
(B) The cost of tuition will depend on which specific program is chosen.
(C) The faculty is composed of professionals who have years of experience.
(D) A certificate will be awarded to each person who finishes the program.

GO ON TO THE NEXT PAGE

TEST 09

Questions 143-146 refer to the following article from a company newsletter.

Paperback Genie, a free Web site that is home to 60,000+ e-books, has released a mobile application. Users can now ------- all the e-books available on the Web site via their mobile
143.
device. Our team of developers worked hard to put this mobile application together. It displays links to authors' Web sites and other information. Each book that a user downloads within the app ------- resizes its pages to fit the device being used. We've added an optional messaging
144.
feature that allows users to communicate with one another. This is perfect for those who want to reach out to others reading the same material, yet it can be disabled for those who prefer their privacy. -------. We hope you will support us in our new -------.
145.   **146.**

143. (A) access
(B) accesses
(C) accessing
(D) accessible

144. (A) automatize
(B) automatic
(C) automaticity
(D) automatically

145. (A) A new author will be featured on our Web site every month.
(B) We are looking to add other customizable features soon.
(C) You may still download books directly to your device.
(D) We will respond to your message within 24 hours.

146. (A) edition
(B) policy
(C) venture
(D) product

TEST
10

적정 풀이 시간 15분

15
min

시작 시간 ___시 ___분	목표 개수 _____ / 46
종료 시간 ___시 ___분	실제 개수 _____ / 46

- 파트 5부터 6까지 중간에 멈추지 말고 풀어 보세요.
  문제를 풀 때는 실전처럼 답안지에 마킹하세요.

In the Reading test, you will read a variety of texts and answer several different types of reading comprehension questions. The entire Reading test will last 75 minutes. There are three parts, and directions are given for each part. You are encouraged to answer as many questions as possible within the time allowed.

You must mark your answers on the separate answer sheet. Do not write your answers in your test book.

PART 5

Directions: A word or phrase is missing in each of the sentences below. Four answer choices are given below each sentence. Select the best answer to complete the sentence. Then mark the letter (A), (B), (C), or (D) on your answer sheet.

101. Although you may send ------- your article by mail, the preferred means of submission is e-mail.

(A) we
(B) ourselves
(C) our
(D) us

102. The purpose of the quality control process is to make sure our products ------- meet our high standards.

(A) consisted
(B) consistent
(C) consistently
(D) consistency

103. In order to make a payment to another person's account, you must have the account holder's -------.

(A) authorize
(B) authorizes
(C) authorities
(D) authorization

104. The CEO has invited a number of investors to a ------- meeting in his office.

(A) private
(B) multiple
(C) reliable
(D) previous

105. Each of the new interns was given a new planner so that they can ------- manage their schedules.

(A) efficiently
(B) most efficient
(C) efficient
(D) efficiency

106. For inquiries and orders, please contact or ------- us during our regular store hours.

(A) visit
(B) visiting
(C) visited
(D) to visit

107. If you are considering ------- any expensive gadgets, it's always ideal to examine their functions first.

(A) buy
(B) buying
(C) to buy
(D) buys

108. Dr. Campbell has asked his secretary to ------- him about patient appointments.

(A) remind
(B) display
(C) arrange
(D) announce

109. Mr. McAllen will go ------- to the airport after conducting the promotional interviews.

(A) recently
(B) solely
(C) directly
(D) basically

110. Jessie Baker ------- to the Creekside branch to replace the manager there by the end of the month.

(A) will transfer
(B) to transfer
(C) transferred
(D) has been transferred

111. The design team is planning to work overtime every day ------- the project gets completed.

(A) by
(B) about
(C) beside
(D) until

112. Each food truck in Kinney Street Park has its own ------- dining area for customers.

(A) designate
(B) designates
(C) designating
(D) designated

113. Please ------- your attendance to the event by responding via text message or e-mail.

(A) reply
(B) welcome
(C) display
(D) confirm

114. The merger between the Arroyo Corporation and Grande Industries contributed to the new company's -------.

(A) decision
(B) meeting
(C) growth
(D) travel

115. The new movie ------- gained numerous viewers even in its first week of release.

(A) quickened
(B) quicken
(C) quicker
(D) quickly

116. The board of trustees was very ------- with the event team's proposal presentation.

(A) satisfaction
(B) satisfied
(C) satisfying
(D) satisfactory

117. It is necessary for all volunteers to follow the detailed ------- for distributing donations.

(A) products
(B) statements
(C) courtesies
(D) guidelines

118. The restaurant ran out of ingredients for chicken salad, ------- it still has ingredients to make other kinds of salads.

(A) if
(B) and
(C) so
(D) but

119. The bank manager ------- branch achieves the highest score will receive a special award.

(A) who
(B) whom
(C) which
(D) whose

120. We have been receiving a(n) ------- high number of complaints from customers about excessive waiting times.

(A) adversely
(B) unusually
(C) immediately
(D) thoughtfully

GO ON TO THE NEXT PAGE

121. Much of the information in this database is confidential and can only be ------- by authorized personnel.

(A) access
(B) accessibility
(C) accessed
(D) accessing

122. Train passengers are asked to place their luggage in the racks ------- their seats.

(A) through
(B) since
(C) above
(D) without

123. The ------- score on the evaluation will be based on measures of attendance, performance, communication, and cooperation.

(A) distinctive
(B) updated
(C) overall
(D) excellent

124. The movie production company provides ------- support to actors working on its projects.

(A) substantiate
(B) substantial
(C) substance
(D) substantially

125. Kenton Gas Products has worked hard over the past decade to become the ------- supplier of many manufacturers.

(A) energetic
(B) primary
(C) cautious
(D) former

126. Hemlock Furniture has gained a reputation ------- a corporate leader in environmental sustainability.

(A) for
(B) as
(C) at
(D) by

127. Because of ------- in receiving necessary materials, production has slowed down considerably at our factory.

(A) concepts
(B) knowledge
(C) information
(D) delays

128. Danica Shalimar thanked the event coordinator for ------- her colleagues' expectations on how the banquet dinner would turn out.

(A) agreeing
(B) describing
(C) exceeding
(D) showing

129. During a ------- of the new technology, Mr. Jules showed visual examples of how it works.

(A) discussing
(B) discussion
(C) discussed
(D) discusses

130. After mixing the milk, the butter, and the potatoes, ------- blend in the other ingredients by hand.

(A) actually
(B) basically
(C) gradually
(D) technically

PART 6

Directions: Read the texts that follow. A word or phrase is missing in part of each text. Four answer choices for each question are given below the text. Select the best answer to complete the text. Then mark the letter (A), (B), (C), or (D) on your answer sheet.

Questions 131-134 refer to the following e-mail.

To: Dallas Wilson <dwilson@HJcompany.net>
From: Rose Gilmore <r.gilmore@jourrapide.com>
Date: May 28
Subject: Order #6786

Dear Mr. Wilson:

We noticed that you attempted to purchase six large black jackets on our Web site. Your interest

in our products is ------- appreciated. -------, our Web site shopping cart can only process four
                        131.   **132.**

of the same item per transaction. Because of this, two items in your shopping cart were not

included in your final purchase.

We are sending this e-mail in case you overlooked the error message regarding the maximum

product quantity per transaction. -------. The two products ------- in your cart will be reserved
                                  133.   **134.**

for you for another 48 hours. Simply log back into your shopping cart to complete the purchase.

Thank you and have a great day.

Sincerely,
Rose Gilmore
Customer Relations

131. (A) soon
    (B) hardly
    (C) greatly
    (D) shortly

132. (A) However
    (B) Likewise
    (C) Meanwhile
    (D) Even so

133. (A) You will have to use another payment method for the transaction.
    (B) Please reply to this e-mail with your credit card information for purchase.
    (C) There is still time to purchase the additional items.
    (D) We suggest choosing other colors or styles instead.

134. (A) remain
    (B) remains
    (C) remained
    (D) remaining

Questions 135-138 refer to the following information sheet.

Product Information Sheet

The MicroChef electric pressure cooker is designed for use in residential settings. Consisting of a stainless-steel pot and lid, a silicone gasket, and a metal/plastic exterior, the ------- is very
135.
durable. -------. MicroChef's digital control panel has five auto-settings along with a manual
136.
thermostat and a manual timer. It is easy for users to ------- cooking temperatures and times.
137.
MicroChef can handle everything from breakfasts to soups, dinners, and desserts. In addition, there is a vibrant online community of users who share thousands of recipes. The product is available in 3-liter and 5.75-liter versions. Suggested retail prices are $80 and $110, -------.
138.

---

135. (A) facility
(B) appliance
(C) process
(D) furniture

136. (A) Cleanup is a breeze thanks to a nonstick inner pot.
(B) Be sure to check with the manufacture before experimenting.
(C) Register your product to ensure full warranty coverage.
(D) Personal favorites of mine are meat and vegetable stews.

137. (A) adjusts
(B) adjusted
(C) adjusting
(D) adjust

138. (A) respect
(B) respective
(C) respectively
(D) respecting

Questions 139-142 refer to the following article.

VINCENNES (December 31) — Bernardo Sports Apparel and Voyager Footwear have partnered
to sponsor the Vincennes Wildcats in their pursuit of the national championship. This ------- **139.**
came about when employees at both companies heard about a community-led fundraiser
seeking to buy the football team new uniforms. Vincennes Wildcats head coach was stunned
when ------- from the leading sports brands approached him with the offer of free uniforms
140.
and footwear. "I couldn't believe it," he said. "-------. Not only that, but I am honored that two
141.
leading brands are associating themselves with our team." The Wildcats are ------- to play the
142.
Charleston Heat in the quarterfinals next week.

139. (A) update
(B) storage
(C) effort
(D) impact

140. (A) represent
(B) representing
(C) representative
(D) representatives

141. (A) Team uniform designs must be
approved by the league.
(B) Nobody ever notified me of the
changes.
(C) Our players are among the strongest
in their division.
(D) The generosity of Bernardo and
Voyager is heartwarming.

142. (A) schedule
(B) scheduled
(C) scheduling
(D) schedules

Questions 143-146 refer to the following article.

ST. LOUIS (February 12) — Buck Alley Bus Line ------- to add several new routes to its existing
143.

ones with the approval of the mayor's office. The additional routes come just two weeks after

the ------- of the company's new bus terminal on Java Lane. The new routes will provide a more
144.

direct means for those living in Southside neighborhoods to get downtown. -------. Southside
145.

commuter Alicia Kelly commented, "The new routes will save me time and money ------- I no
146.

longer have to take multiple buses to and from work." Buck Alley Bus Terminal on Java Lane

officially opens on October 21.

143. (A) will decide
(B) was decided
(C) has decided
(D) deciding

144. (A) opening
(B) opens
(C) open
(D) openness

145. (A) The old Buck Alley Bus Terminal will continue its operations.
(B) Residents in those areas welcome the new transportation option.
(C) The fares for new routes will be slightly higher than usual.
(D) The bus terminal is looking to hire some staff members and bus drivers.

146. (A) although
(B) when
(C) because
(D) whether

TEST

11

적정 풀이 시간 15분

15 min

시작 시간 ___시 ___분

종료 시간 ___시 ___분

목표 개수 _____ / 46

실제 개수 _____ / 46

- 파트 5부터 6까지 중간에 멈추지 말고 풀어 보세요.
  문제를 풀 때는 실전처럼 답안지에 마킹하세요.

In the Reading test, you will read a variety of texts and answer several different types of reading comprehension questions. The entire Reading test will last 75 minutes. There are three parts, and directions are given for each part. You are encouraged to answer as many questions as possible within the time allowed.

You must mark your answers on the separate answer sheet. Do not write your answers in your test book.

PART 5

Directions: A word or phrase is missing in each of the sentences below. Four answer choices are given below each sentence. Select the best answer to complete the sentence. Then mark the letter (A), (B), (C), or (D) on your answer sheet.

---

101. Mr. Harada was impressed by Ms. Kim's interview, but he was still uncertain about whether to employ -------.

(A) she
(B) hers
(C) her
(D) herself

102. The hotel's much-anticipated grand opening is tentatively scheduled ------- May 1, pending final confirmation.

(A) to
(B) for
(C) in
(D) within

103. The director of the department responded ------- to most of the e-mails sent by recent customers.

(A) quick
(B) quicker
(C) quickly
(D) quickness

104. The recently ------- manager approached the problem by delegating small tasks to each member of his staff.

(A) hired
(B) hiring
(C) hires
(D) hire

105. The historic structure in Smith Square, ------- you will be touring, is noticeable from a significant distance.

(A) that
(B) whose
(C) which
(D) what

106. ------- for the position must be submitted in writing and sent via express mail to the manager by May 12.

(A) Apply
(B) Applying
(C) Applicants
(D) Applications

107. For a high-quality voice recording, say the message ------- into the microphone.

(A) clear
(B) clearly
(C) cleared
(D) clearing

108. Jonathan Foxworthy ------- introduced his mentor at the company awards banquet last Friday.

(A) steadily
(B) cordially
(C) currently
(D) jointly

109. The marketing team reported ------- progress in enhancing awareness of our product brand.

(A) steady
(B) steadily
(C) steadiness
(D) steadiest

110. A spokesperson from the government agency explained the new ------- in clear and simple terms.

(A) impressions
(B) regulations
(C) contractors
(D) representatives

111. The quality and variety of gourmet food ------- at our hotels was much better than originally expected.

(A) offered
(B) was offered
(C) has offered
(D) offers

112. ------- the lengthy negotiations, up-to-date information about the company's new policy was communicated to employees.

(A) Following
(B) Except
(C) Besides
(D) Such as

113. The city of Davenport is extending its light rail system, ------- service to some of its largest suburbs.

(A) provide
(B) provides
(C) provided
(D) providing

114. After you complete the registration form, kindly deposit it in the ------- located at the end of the counter.

(A) bank
(B) receptacle
(C) application
(D) building

115. Ms. Fellini obtained the highest level of certification, but she still struggled to secure permanent -------.

(A) employ
(B) employs
(C) employee
(D) employment

116. ------- the fitness club offers a wide range of benefits, it is rated as the best in the city.

(A) In fact
(B) Although
(C) Given that
(D) In the meantime

117. The increase in sales is -------, but the managers would like to see them improve even more.

(A) encouraging
(B) disappointing
(C) contrasting
(D) challenging

118. Contract workers ------- to fill out the attached enrollment form and deliver it to the Human Resources Department.

(A) requires
(B) requiring
(C) are required
(D) have required

119. Consumer spending is expected to increase substantially ------- strong consumer confidence in an economic recovery.

(A) because
(B) since
(C) such as
(D) due to

120. Semana, Inc. designs product packaging that ------- the demands of the current market.

(A) admits
(B) meets
(C) features
(D) conducts

GO ON TO THE NEXT PAGE

121. Mr. Tyler ------- handles the classification of expense reports since he is currently the only person qualified to conduct these tasks.

(A) randomly
(B) collaboratively
(C) indefinitely
(D) personally

122. Lunar Products improved its product quality control ------- implementing a more effective manufacturing process.

(A) despite
(B) along
(C) by
(D) until

123. Only personnel with security clearances are granted access to extremely sensitive and ------- company documents.

(A) excited
(B) confidential
(C) communal
(D) accessible

124. When painting the interior walls, it is ------- for painters to use warm tones to ensure the rooms have an inviting atmosphere.

(A) advise
(B) advises
(C) advising
(D) advisable

125. This two-day seminar will ------- employees with information on the fundamental principles and essential skills.

(A) provide
(B) expose
(C) announce
(D) allow

126. Please return all reference materials to the circulation desk ------- departing the library.

(A) before
(B) since
(C) according to
(D) so that

127. Due to inclement weather, America Airline has had to ------- direct flights to several cities.

(A) depart
(B) function
(C) reroute
(D) book

128. The new brochures have been efficiently and ------- distributed to all of our branch offices.

(A) expensively
(B) financially
(C) possibly
(D) evenly

129. Our strategic investments in natural resources have ------- outperformed those made in the telecommunications sector.

(A) consisted
(B) consistent
(C) consistency
(D) consistently

130. In just two years, the Bigelow Café has become a ------- for local arts and culture.

(A) promotion
(B) hub
(C) festival
(D) donation

PART 6

Directions: Read the texts that follow. A word or phrase is missing in part of each text. Four answer choices for each question are given below the text. Select the best answer to complete the text. Then mark the letter (A), (B), (C), or (D) on your answer sheet.

Questions 131-134 refer to the following e-mail.

To: Doug Sauter
From: Alan Payton
Subject: Reminder
Date: October 8

Dear Mr. Sauter,

I am writing to remind you that the maintenance agreement for your company's copy machines

will ------- at the end of the month. No action needs to be taken. Your contract will automatically
　　　131.
renew.

As you may know, Office Solutions, Inc. offers several maintenance -------. -------. If you would
　　　　　　　　　　　　　　　　　　　　　　　　　　　　132.　　**133.**
like to discuss the other ------- available to you, feel free to give me a call.
　　　　　　　　　134.
Thank you again for choosing Office Solutions, Inc.

Sincerely,

Alan Payton
Accounts Manager

---

131. (A) expire
(B) achieve
(C) negotiate
(D) acquire

132. (A) packages
(B) package
(C) packaged
(D) packaging

133. (A) Thank you for sending your most recent payment to us.
(B) Your rental agreement was already processed last month.
(C) We are looking to extend the contract by another year.
(D) This is a great time to review your specific needs.

134. (A) payments
(B) options
(C) technicians
(D) machines

The Costello Chamber of Commerce is pleased to announce that world-renowned entrepreneur and writer Alexander Peters ------- a speech on Friday, March 8. Mr. Peters is the founder of
135.
Caesar Systems, a leader in Internet search engine design. -------.
136.

The event is the first in our spring lecture series ------- current topics in business. This is a
137.
members-only event. Following the event, members are invited to join Mr. Peters for dinner at the Galloping House restaurant. David Eberly, the store's owner, has ------- agreed to give our
138.
members a 10% discount on food and drink orders.

To register, please call 555-2304.

135. (A) gave
(B) giving
(C) given
(D) will give

136. (A) We were founded almost twenty years ago.
(B) Internet companies are on the rise globally.
(C) Please give him a warm welcome.
(D) He is also the author of three books.

137. (A) explore
(B) explores
(C) exploring
(D) explored

138. (A) frequently
(B) generously
(C) accurately
(D) periodically

Questions 139-142 refer to the following notice.

On February 15, our mobile and Internet banking service will be upgraded. The new versions

will make it even more ------- for you to get the banking services you need. Once the newly
        139.

improved system is in place, you will be able to easily take care of all your financial needs on

a variety of -------. Whether you are using a smartphone, a laptop, or a home computer, the
      140.

experience will be the same.

Customers who want to learn more about the changes to come ------- one of our workshops.
        141.

The workshops will be held at all of our branch locations during the first three weeks of January.

-------. There, you can also find additional information about the many exciting changes to
142.

come.

139. (A) convenient
    (B) convenience
    (C) conveniences
    (D) conveniently

140. (A) materials
    (B) devices
    (C) services
    (D) information

141. (A) attended
    (B) attending
    (C) can attend
    (D) will have attended

142. (A) Get a loan at a great rate from our
        Lending Department.
    (B) Visit our Web site for the complete
        schedule.
    (C) Come in today and open an account
        with us.
    (D) Use our Web site to check your
        account balance.

Questions 143-146 refer to the following newsletter notice.

The Vinemont Free Press is an independent community newsletter published by the Friends of Vinemont, a nonprofit organization founded in 1998. Our publication aims to inform the ------- of
143.
Vinemont about issues affecting the community. Anyone living in Vinemont is invited to ------- to
144.
the Vinemont Free Press. ------- sending a submission, please contact the editor at 555-0343 for
145.
guidance and instructions.

The current circulation is approximately 2,000 copies, and the newsletter is delivered to local libraries, community centers, and senior centers every Tuesday. Advertising space is available to local groups and businesses. -------. For complete details, call our Advertising Department at
146.
555-1903.

143. (A) reside
(B) residents
(C) resided
(D) residential

144. (A) contribute
(B) advertise
(C) purchase
(D) distribute

145. (A) Although
(B) In addition
(C) Before
(D) In spite of

146. (A) Popular past issues highlighted special festivals and holidays.
(B) Local arts groups have been among our strongest supporters.
(C) We encourage you to tell your friends and neighbors about us.
(D) Rates vary depending on the type of advertisement.

TEST

12

적정 풀이 시간 15분

15 **min**

시작 시간 ___시 ___분

종료 시간 ___시 ___분

목표 개수 _____ / 46

실제 개수 _____ / 46

- 파트 5부터 6까지 중간에 멈추지 말고 풀어 보세요.
  문제를 풀 때는 실전처럼 답안지에 마킹하세요.

READING TEST

In the Reading test, you will read a variety of texts and answer several different types of reading comprehension questions. The entire Reading test will last 75 minutes. There are three parts, and directions are given for each part. You are encouraged to answer as many questions as possible within the time allowed.

You must mark your answers on the separate answer sheet. Do not write your answers in your test book.

PART 5

Directions: A word or phrase is missing in each of the sentences below. Four answer choices are given below each sentence. Select the best answer to complete the sentence. Then mark the letter (A), (B), (C), or (D) on your answer sheet.

101. Hotel guests are asked to check in by using ------- phones instead of proceeding to the front desk.

(A) they
(B) their
(C) theirs
(D) themselves

102. The value of Natron Enterprises' stock surged by an estimated 75 percent ------- the last quarter.

(A) while
(B) about
(C) over
(D) with

103. Our goal is to provide you with comprehensive service ------- complete satisfaction during your stay.

(A) then
(B) so
(C) but
(D) and

104. Mr. Jordan's report ------- the requirements and objectives of every client in detail.

(A) outline
(B) outlines
(C) outlining
(D) was outlined

105. ------- the Park Office Complex, make a left turn at Stanton Street and keep going past the municipal library.

(A) Locates
(B) Located
(C) Location
(D) To locate

106. The new overpass, ------- at reducing rush-hour traffic, is highly appreciated by commuters.

(A) aimed
(B) installed
(C) protected
(D) serviced

107. Customers not interested in receiving e-mails ------- special offers will be removed from this list.

(A) regard
(B) regards
(C) regarded
(D) regarding

108. Corporate consultants Alex Thompson and Jae Park specialize in their ------- fields of marketing and product design.

(A) accidental
(B) surrounding
(C) consecutive
(D) respective

109. If you intend to participate in the workshop, please submit a registration form no ------- than March 31.

(A) late
(B) lately
(C) later
(D) lateness

110. Guests should sign in at the lobby and wear name tags while in the ------- area.

(A) repeated
(B) applied
(C) designated
(D) terminated

111. ------- a comprehensive review of all the applications, Mr. Winter decided to appoint Ms. Kimble to the administrative assistant position.

(A) After
(B) Until
(C) Since
(D) While

112. When the financial error was detected, the company ------- conducted an investigation to identify the source.

(A) prompt
(B) prompted
(C) prompting
(D) promptly

113. The Web site of Stellar Media will be temporarily ------- during the network upgrade next week.

(A) functional
(B) unavailable
(C) completed
(D) beneficial

114. Business Care can help software developers ------- their ideas into marketable products.

(A) transform
(B) transforms
(C) transformed
(D) transformation

115. Even though the city itself can't compare to New York, my stay in Atlanta was ------- the best part of my trip.

(A) definitely
(B) definite
(D) definitive
(D) defined

116. Before ------- with the online transaction, please ensure that you verify your account balance today.

(A) proceed
(B) proceeds
(C) proceeding
(D) proceeded

117. To maintain workflow -------, we request that employees provide a written notice at least two weeks in advance of their vacation.

(A) continuity
(B) reluctance
(C) compassion
(D) difference

118. Visitors must present appropriate identification to our staff ------- entry into the facility.

(A) to
(B) for
(C) as
(D) about

119. The new software update aims to enhance security measures ------- critical and sensitive data.

(A) to be safeguarded
(B) safeguarded
(C) safeguards
(D) to safeguard

120. If you wish to leave your feedback on our newest household appliance, ------- go to our Web site.

(A) kindly
(B) highly
(C) commonly
(D) broadly

GO ON TO THE NEXT PAGE

121. The King Suites project, ------- 200 guest rooms with affordable pricing, is expected to be finished by the end of the week.

(A) feature
(B) features
(C) featuring
(D) featured

122. Employees are required to use the Heim Street entrance while maintenance work is ------- in the main lobby.

(A) temporary
(B) proposed
(C) scheduled
(D) underway

123. ------- the initial budget allocation was limited, the project team managed to deliver high-quality results.

(A) Although
(B) Despite
(C) But
(D) In case

124. New company regulations take effect in June, providing ample time for employees to ------- to changes.

(A) adapt
(B) submit
(C) choose
(D) execute

125. The company's market value rose by 15% this quarter, ------- due to its investment strategy.

(A) extremely
(B) mainly
(C) densely
(D) punctually

126. Michael Nguyen compiled an ------- set of instructions on optimizing smartphone features.

(A) extending
(B) extensive
(C) extension
(D) extensively

127. Mr. Lee announced that he will ------- not be attending the board of directors' meeting next month.

(A) regretfully
(B) comparably
(C) frequently
(D) immediately

128. Two weeks prior to its official -------, a brief clip from Cameron Crowe's upcoming movie premiered on Film Daily Review.

(A) decision
(B) release
(C) version
(D) responsibility

129. Ms. Johnson urgently requested information on the estimate before ------- to purchase the product.

(A) responding
(B) deciding
(C) considering
(D) activating

130. The employee handbook outlines the responsibilities and preferred qualifications for the job ------- described.

(A) task
(B) requirement
(C) comparison
(D) strategy

PART 6

Directions: Read the texts that follow. A word or phrase is missing in part of each text. Four answer choices for each question are given below the text. Select the best answer to complete the text. Then mark the letter (A), (B), (C), or (D) on your answer sheet.

Questions 131-134 refer to the following invitation.

You and a guest are cordially invited to join us for dinner in celebration of the 50th anniversary of

the ------- of the Caspar Business Association.
    131.

The Caspar Business Association ------- the needs of the local business community since 1971.
                   132.

------- year, we commemorate the civic engagement of our member businesses by presenting
133.

the Eagle Awards. This year's recipients include Gogol Printing, Yates Engineering, and DC

Accounting. -------.
    134.

Formal attire is required.

RSVP to Heather White at 555-9303 by March 3.

131. (A) found
(B) founded
(C) founding
(D) founder

132. (A) serves
(B) serving
(C) has been serving
(D) would have served

133. (A) Next
(B) Each
(C) All
(D) Last

134. (A) Please join us in recognizing their commitment to the community.
(B) You have contributed to our economic growth and vitality.
(C) Please indicate which food you would prefer for dinner.
(D) Let's celebrate the achievements of our hotel staff.

From: Julian Montgomery
To: All Team Members
Attachment: Presentation

Attached to this e-mail is a presentation ------- our upcoming project milestones, which will be
135.
implemented by the end of this quarter. The presentation includes detailed information on our

strategic goals for this project as well as a breakdown of the tasks and responsibilities of each

team member.

-------. Based on their input, we have designed a comprehensive plan that will ensure a
136.
successful project delivery. -------, we understand that some adjustments may be required as
137.
we move forward with the project.

After reviewing the presentation, you may still have questions regarding the project milestones.

If you need ------- assistance, please feel free to reach out to me at 555-7892.
138.

---

135. (A) correcting
(B) criticizing
(C) explaining
(D) proposing

136. (A) Some team members are interested in
the project's budget.
(B) We maintain a positive work culture
for all team members.
(C) A few team members actively
participated in project discussions.
(D) Learning about new project strategies
can be valuable.

137. (A) For instance
(B) Nonetheless
(C) Therefore
(D) Since then

138. (A) adding
(B) addition
(C) additional
(D) additionally

Questions 139-142 refer to the following letter.

June 10

Current Customer
123 Elm Street

Dear Customer,

We are excited to introduce our new customer loyalty program. This program is ------- to reward
139.
your continued support and to save you money on your future purchases.

Starting next month, eligible customers will receive a special loyalty card. The new loyalty cards
are easily ------- by their distinctive gold color and our company logo.
140.

-------. Cardholders will enjoy exclusive discounts, early access to new products, and special
141.
promotions.

For more details on how to sign up and take advantage of ------- program, please visit our Web
142.
site at www.examplestore.com/loyalty.

Sincerely,

Lisa Anderson
Customer Relations Manager
Example Store

139. (A) consolidated
(B) inspected
(C) designed
(D) registered

140. (A) recognizing
(B) recognizable
(C) recognize
(D) recognizably

141. (A) Share the card with friends and family
members for collective benefits.
(B) Show the card to coworkers for them
to enjoy offers.
(C) Keep the card with you for quick
access to program perks.
(D) Display the card in a visible location
as a reminder.

142. (A) some
(B) this
(C) them
(D) another

GO ON TO THE NEXT PAGE

To: Jennifer Collins
From: Alex Turner
Re: Equipment Rental
Date: November 12

Dear Ms. Collins,

Thank you for your inquiry about equipment rental. The ------- is still available.
                                                        143.

This state-of-the-art video camera is perfect for capturing high-quality footage in a variety of

settings. It's designed for both amateur and professional use, making it a versatile choice. The

camera comes with a range of accessories, ------- a tripod and an external microphone.
                                                    144.

-------. It's a great opportunity for any filmmaker or content creator.
145.

If you'd like to ------- the equipment or have any further questions, please don't hesitate to
                    146.
contact me at 555-6789.

Alex Turner
Equipment Rentals Manager
TechWave Productions

---

143. (A) device
(B) availability
(C) reservation
(D) manufacturer

144. (A) include
(B) included
(C) including
(D) includes

145. (A) We offer competitive rates with long-term discounts.
(B) You can find similar equipment at other rental agencies as well.
(C) I recommend renting a second camera for backup.
(D) Make sure to read the user's manual for proper operation.

146. (A) buy
(B) stay
(C) reserve
(D) describe

TEST

13

적정 풀이 시간 15분

15
min

시작 시간 ___시 ___분

종료 시간 ___시 ___분

목표 개수 _____ / 46

실제 개수 _____ / 46

- 파트 5부터 6까지 중간에 멈추지 말고 풀어 보세요.
  문제를 풀 때는 실전처럼 답안지에 마킹하세요.

In the Reading test, you will read a variety of texts and answer several different types of reading comprehension questions. The entire Reading test will last 75 minutes. There are three parts, and directions are given for each part. You are encouraged to answer as many questions as possible within the time allowed.

You must mark your answers on the separate answer sheet. Do not write your answers in your test book.

PART 5

Directions: A word or phrase is missing in each of the sentences below. Four answer choices are given below each sentence. Select the best answer to complete the sentence. Then mark the letter (A), (B), (C), or (D) on your answer sheet.

101. Dynamic Reliefs ------- customers discounts on a first-come, first-served basis for some of its most popular products.

(A) offers
(B) offer
(C) offering
(D) will be offered

102. Mr. Anderson has worked ------- to attract investors to his real estate development projects.

(A) diligent
(B) diligence
(C) diligently
(D) more diligent

103. All employees are required to stay at their workstations and to handle calls ------- the arrival of the workers on the next shift.

(A) whenever
(B) along
(C) so that
(D) until

104. Despite the promising appearance of the proposal, we need to carefully review the details before ------- a final decision.

(A) looking
(B) making
(C) handling
(D) meeting

105. According to the economic forecast, Horizon Innovations' profits are expected to ------- in the upcoming quarter.

(A) increases
(B) increase
(C) increasing
(D) increasingly

106. Edgewood officials cleared most of the snow from the highway ------- some equipment shortages.

(A) despite
(B) although
(C) in case of
(D) in order that

107. John Anderson urged employees to send their maintenance requests directly to ------- department.

(A) he
(B) his
(C) him
(D) himself

108. The administration intends to ------- additional resources to departments to enhance their productivity.

(A) contain
(B) allocate
(C) postpone
(D) suspend

109. Several members of the Olympus Innovations product design team will move to the research laboratory ------- the plan is complete.

(A) once
(B) even
(C) until
(D) otherwise

110. Apex Tech's CEO is skeptical about the ------- with Thompson Machines due to its financial troubles.

(A) merger
(B) avenue
(C) omission
(D) resource

111. Employees who ------- their sales quotas by the end of the month will be given a bonus.

(A) exceeds
(B) exceed
(C) exceeding
(D) was exceeding

112. As explained in the director's policy, employees ------- on the new software system starting next month.

(A) trained
(B) have been training
(C) has trained
(D) will be trained

113. The eagerly ------- opening of the new Horizon Air Hub will attract travelers to this modern complex with its shopping mall.

(A) interfered
(B) awaited
(C) instructed
(D) regarded

114. Following the unexpected incident in the lab, employees at Retex Supply were directed to ------- observe their workstations.

(A) close
(B) closing
(C) closed
(D) closely

115. Before registering for a training session, employees at Style Craft should obtain ------- from their immediate supervisors.

(A) connection
(B) foundation
(C) permission
(D) admiration

116. According to postings on online message boards, the new certification exam is ------- harder than the previous one.

(A) consider
(B) considered
(C) considerable
(D) considerably

117. Client interaction is undeniably more rewarding than the routine tasks ------- with office paperwork.

(A) associate
(B) associates
(C) association
(D) associated

118. Because of Asian countries' heavy ------- on trade, their economies are strongly affected by changes in the price of oil.

(A) amount
(B) equipment
(C) reliance
(D) impact

119. Vision Motors aims to enhance ------- image by discontinuing the production of older vehicles and focusing on modernization.

(A) it
(B) its
(C) theirs
(D) them

120. Since the new receptionist was hired just a month ago, she is ------- new to our company.

(A) overly
(B) thoroughly
(C) relatively
(D) respectively

GO ON TO THE NEXT PAGE

121. Linda planned to work with the software development team ------- make the most of her internship.

(A) while
(B) since
(C) as long as
(D) in order to

122. In response to frequent requests from our customers, Photon Dynamics is now offering ------- weekday hours to serve them better.

(A) extend
(B) extending
(C) extended
(D) extension

123. Before discussing the proposed expansion, our company will decide if we are ------- of managing it.

(A) capable
(B) proficient
(C) alert
(D) qualified

124. The Professional Office Workers Association is ------- to supporting office staffers in their professional development.

(A) prepared
(B) scheduled
(C) dedicated
(D) distributed

125. The audience members ------- applauded each performer and expressed their appreciation of the outstanding show.

(A) enthusiast
(B) enthusiastically
(C) enthusiastic
(D) enthusiasm

126. Please ensure that you submit your proposals ------- 5:00 P.M. this Friday for timely review and consideration.

(A) for
(B) to
(C) by
(D) in

127. The seminar begins with an ------- three-day workshop designed for individuals seeking career advancement.

(A) introduction
(B) introduced
(C) introductory
(D) introduce

128. Proceeds from the fundraiser will help ------- the construction of the center's new children's learning library.

(A) finance
(B) financed
(C) financial
(D) finances

129. The conference rooms are reserved in advance for scheduled meetings, but the break rooms are ------- accessible to employees throughout the day.

(A) suddenly
(B) confidentially
(C) previously
(D) typically

130. The curator will take ------- of the artwork displayed at the new art gallery opening this Saturday at 10:00 A.M.

(A) inventory
(B) coverage
(C) property
(D) exhibition

PART 6

Directions: Read the texts that follow. A word or phrase is missing in part of each text. Four answer choices for each question are given below the text. Select the best answer to complete the text. Then mark the letter (A), (B), (C), or (D) on your answer sheet.

Questions 131-134 refer to the following e-mail.

To: johndoe@cloudinno.com
From: marketing@datafusionsystems.com
Date: June 15
Subject: Winner Announcement

Dear Mr. Doe,

My name is Sarah Johnson. I'm the marketing manager at Data Fusion Systems. I am writing to

inform you that your survey entry ------- in this month's prize draw. As a result, you have won a
                                    131.

brand-new tablet. Congratulations!

You can claim your prize at our company's headquarters. -------, we can arrange to have the
                                                        132.

tablet shipped to your preferred address. If you choose the latter option, please provide us with

the address to ------- you would like the tablet delivered.
               133.

-------. Your feedback is valuable to us.
  134.

Sincerely,
Sarah Johnson

131. (A) selected
     (B) will be selected
     (C) has selected
     (D) was selected

132. (A) Therefore
     (B) Lastly
     (C) Alternatively
     (D) Additionally

133. (A) which
     (B) what
     (C) whose
     (D) when

134. (A) This is the final time we will be
         contacting you.
     (B) Please consider taking part in future
         surveys.
     (C) We have received numerous survey
         responses.
     (D) Your survey entry was randomly
         chosen.

GO ON TO THE NEXT PAGE

Questions 135-138 refer to the following article.

BioMed Pharmaceuticals has announced that ------- plans to launch a new line of healthcare
135.
products next quarter. "Our strategy has been to introduce one new product category every
year," said company president Emily Roberts. "So far, we have exceeded our -------." The
136.
company has expanded into six new markets in the past year.

Medical professionals are ------- about the announcement. They anticipate that these new
137.
products will provide valuable treatment options for patients.

The company recently acquired a research and development company specializing in innovative
drug formulations. -------. Work is scheduled to be completed in fewer than two months.
138.

135. (A) it
(B) we
(C) this
(D) another

136. (A) supplier
(B) ability
(C) export
(D) target

137. (A) excites
(B) excited
(C) exciting
(D) excitement

138. (A) Preliminary clinical trials have shown
promising results.
(B) Researchers have begun testing the
new formulations.
(C) Integrating the acquired company's
expertise is essential.
(D) Customers will benefit from advanced
medical solutions.

Questions 139-142 refer to the following e-mail.

To: All Team Members
From: Susan Chen
Date: January 20
Subject: Office Relocation Guidelines

This e-mail serves to inform all team members about our upcoming office relocation. We've

outlined new guidelines to ensure a ------- transition for everyone. The guidelines ------- that
            139.   **140.**

every team member is required to pack all personal items by the end of the week.

Upon your ------- to the office, you will be provided with details about your new workspace and
            141.

its setup. -------.
         142.

The new office relocation guidelines aim to make the transition as hassle-free as possible. Your

cooperation in adhering to these guidelines is greatly appreciated.

139. (A) entire
(B) affordable
(C) mandatory
(D) smooth

140. (A) states
(B) state
(C) stated
(D) statement

141. (A) employment
(B) acceptance
(C) return
(D) evacuation

142. (A) Please follow these instructions
diligently.
(B) Office supplies can be ordered upon
request.
(C) The updated phone extension
directory will be shared.
(D) Training sessions will be held next
week.

GO ON TO THE NEXT PAGE

Questions 143-146 refer to the following article.

Since the inception of the Wellness Program in Rivertown, overall health and fitness levels

------- by 10% with a notable increase in employee participation. Last year, four coordinated
143.

------- were launched to promote healthy lifestyles among Rivertown's workforce. Within
144.

months, many employees reported positive changes in their health and well-being.

"We had expected positive outcomes from the Wellness Program in Rivertown," said program

spokesperson Sarah Davis, "but the results have exceeded our expectations." Approximately

55% of Rivertown's employees are actively engaging in the program's activities.

The Wellness Program has ------- introduced a new set of fitness classes for employees in the
145.

nearby town of Harborville. These classes aim to encourage physical fitness and well-being, and

they have received a warm reception. -------.
146.

143. (A) have improved
(B) will improve
(C) improving
(D) would have improved

144. (A) meetings
(B) exhibits
(C) objections
(D) initiatives

145. (A) recently
(B) merely
(C) extremely
(D) nearly

146. (A) Participants can track their progress
by using the program's app.
(B) The local economy in Rivertown is
flourishing.
(C) A significant number of Rivertown
residents have joined the program.
(D) The fitness classes in Harborville have
gained widespread popularity.

TEST

14

적정 풀이 시간 15분

15 min

시작 시간 ___시 ___분	목표 개수 _____ / 46
종료 시간 ___시 ___분	실제 개수 _____ / 46

- 파트 5부터 6까지 중간에 멈추지 말고 풀어 보세요.
  문제를 풀 때는 실전처럼 답안지에 마킹하세요.

READING TEST

In the Reading test, you will read a variety of texts and answer several different types of reading comprehension questions. The entire Reading test will last 75 minutes. There are three parts, and directions are given for each part. You are encouraged to answer as many questions as possible within the time allowed.

You must mark your answers on the separate answer sheet. Do not write your answers in your test book.

PART 5

Directions: A word or phrase is missing in each of the sentences below. Four answer choices are given below each sentence. Select the best answer to complete the sentence. Then mark the letter (A), (B), (C), or (D) on your answer sheet.

101. Courageous Aches is providing price reductions on several of its best-selling items -------- the end of the month.

(A) since
(B) until
(C) between
(D) while

102. Office supplies can be purchased by ------- contacting the Purchasing Department.

(A) direct
(B) direction
(C) directed
(D) directly

103. Travelers must complete ------- visa applications 30 days before departing for an overseas trip.

(A) them
(B) their
(C) they
(D) themselves

104. Instead of recruiting an extra administrative staff member, additional duties were distributed ------- the current members of the office staff.

(A) under
(B) among
(C) past
(D) beyond

105. Department heads are requested to perform a yearly evaluation of each staff member's -------.

(A) performs
(B) perform
(C) performer
(D) performance

106. The project deadline had to be postponed until next week ------- unforeseen extra tasks being assigned.

(A) although
(B) due to
(C) since
(D) because

107. The city council's focused campaign ------- to enhance public awareness of the new environmentally friendly waste management system.

(A) aims
(B) accepts
(C) ensures
(D) distinguishes

108. Entrance into highly sensitive areas of the office is restricted to ------- individuals only.

(A) approve
(B) approved
(C) approving
(D) approval

109. ------- we expect a high volume of customers this weekend, our staff is preparing additional inventory for the store shelves.

(A) As
(B) Therefore
(C) Although
(D) In fact

110. Her dedication and hard work were a significant ------- to the team's success during the project.

(A) practice
(B) contribution
(C) admission
(D) distinction

111. Visual Vortex is relocating some employees while others will remain at the ------- site.

(A) present
(B) presented
(C) presenting
(D) presenter

112. Following our telephone discussion earlier today, Mr. Davis ------- to take part in the professional development training course.

(A) permits
(B) will permit
(C) has been permitted
(D) permitting

113. The workshop will ------- employees on how to utilize the latest digital system after the company merger.

(A) guide
(B) comply
(C) respond
(D) recommend

114. ------- helpful information about the meeting last week, Ms. Porter feels obliged to attend the seminar.

(A) Having received
(B) Being received
(C) Receive
(D) To have received

115. The marked ------- in employee productivity at the Pepper Pulp Company is a result of the recent seminar on optimizing work efficiency.

(A) qualification
(B) contract
(C) directory
(D) improvement

116. All team members at the Harper Group must conform to the regulations and procedures ------- in the employee guidebook.

(A) outline
(B) outlines
(C) outlined
(D) outlining

117. The Chicago Sun Today will commend team members ------- performances exceeded expectations during the awards presentation.

(A) what
(B) where
(C) who
(D) whose

118. All employees are required to attend the mandatory training sessions in ------- with company policy.

(A) accordance
(B) recognition
(C) attraction
(D) education

119. Ms. Johnson will be featured presenting delicious recipes ------- a global audience on television.

(A) about
(B) within
(C) beside
(D) to

GO ON TO THE NEXT PAGE

120. The CEO acknowledged the need for transparency in financial reporting and decided to introduce a new system -------.

(A) generally
(B) originally
(C) promptly
(D) previously

121. The new Web site design ensures that information is easily ------- to users with diverse needs.

(A) instructional
(B) effective
(C) constant
(D) accessible

122. The marketing strategy Mr. Kenwood is currently working on will help further ------- the image of our electronics division.

(A) improves
(B) improving
(C) improve
(D) improved

123. Transparent and clear communication among staff members is ------- for the success of small and large organizations alike.

(A) crucial
(B) reluctant
(C) apologetic
(D) confident

124. A few council members suggested sending out the meeting minutes to attendees two days ------- the scheduled meeting.

(A) rather
(B) before
(C) since
(D) while

125. Acme Innovations' success in the project is heavily ------- on the cooperation of its team members.

(A) depend
(B) dependable
(C) dependent
(D) dependence

126. The company's profits increased ------- after implementing the new business strategy.

(A) equally
(B) currently
(C) usually
(D) dramatically

127. Data breaches can be ------- if employees regularly update their passwords and undergo cybersecurity training.

(A) increased
(B) evaluated
(C) prevented
(D) sustained

128. The newly ------- tech hub in the downtown area is quickly becoming the go-to destination for startups in the region.

(A) establish
(B) established
(C) establishes
(D) establishment

129. Employees -------- for a raise should also consider applying for a promotion next month.

(A) able
(B) eligible
(C) responsible
(D) possible

130. The new software update is designed to improve efficiency -------, reducing unnecessary processes.

(A) formerly
(B) exactly
(C) substantially
(D) plentifully

PART 6

Directions: Read the texts that follow. A word or phrase is missing in part of each text. Four answer choices for each question are given below the text. Select the best answer to complete the text. Then mark the letter (A), (B), (C), or (D) on your answer sheet.

Questions 131-134 refer to the following notice.

Public Announcements

We welcome announcements from our local community members. Announcements should be no more than 150 words. Attachments, ------- photos and documents, will not be accepted.
131.

Announcements should pertain to a community event or news within the town. Submissions must contain the organizer's full name, organization, and contact number. We will not publish ------- announcements.
132.

Due to the volume of submissions, we are unable to ------- reply to every announcement sent to us. -------.
133.
134.

Please note that because of space restrictions, not all announcements received will be published.

131. (A) include
(B) includes
(C) including
(D) included

132. (A) enclosed
(B) inaccurate
(C) intimate
(D) anonymous

133. (A) person
(B) personal
(C) personality
(D) personally

134. (A) Instead, an automated e-mail will be sent.
(B) Newspapers are still a source of information.
(C) Your opinion is important to our community.
(D) However, you are free to write to the editor.

John Smith
123 Elm Street,
Greenwood, CA 45678

Dear Mr. Smith,

Thank you for submitting your application for a Greenwood Education Fund Scholarship. We

------- your completed application along with all the required materials.
    135.

This year's applications will be reviewed by our scholarship committee in the coming weeks.

-------. If you are selected as a finalist, you will be contacted, and an interview will be arranged.
136.
Finalists will be notified in July.

The Greenwood Education Fund is dedicated to ------- educational programs that empower
                                              137.
local students. We firmly believe in the value of education for our community.

If you have any inquiries about your application or the evaluation -------, please contact me at
                                                                   138.
1-888-555-1141.

Sincerely,
Emily Johnson

---

135. (A) receive
(B) were received
(C) have received
(D) could receive

136. (A) Past scholarships have benefited
numerous students.
(B) A panel of judges will evaluate the
applications.
(C) We appreciate your interest in the
Greenwood Education Fund.
(D) Local teachers are strongly
encouraged to apply for a scholarship.

137. (A) support
(B) supports
(C) supportive
(D) supporting

138. (A) process
(B) competition
(C) committee
(D) opportunities

Questions 139-142 refer to the following information.

Tech Innovations is relocating soon!

------- June 1, you can find us in Suite 5 of the Thompson Tower at 123 Innovation Avenue.
139.

With a ------- location, we will have the space we need for expansion. Later this year, we will be
140.

launching new product lines, and our team will be growing.

Sarah Martinez and her team of software engineers will be joining us. Sarah has worked in

software development for over a decade and is excited to bring her expertise to our company.

-------.
141.

------- our office will have a new look and you'll see some fresh faces, our commitment to
142.

providing excellent tech solutions remains unchanged.

139. (A) Before
(B) Within
(C) As of
(D) Until

140. (A) closer
(B) sunnier
(C) exact
(D) larger

141. (A) We are unable to accept new clients.
(B) We look forward to collaborating with Sarah.
(C) We have reached our maximum capacity.
(D) We appreciate your patience during our transition.

142. (A) Although
(B) Until
(C) After
(D) Since

GO ON TO THE NEXT PAGE

To: jillharris@mytravelclub.com
From: membership@adventurelife.com
Subject: Your Membership
Date: September 10

Dear Ms. Harris,

I am writing to remind you that your Adventure Life membership will ------- on October 1. The
143.
current one-year membership fee for exclusive travel benefits is $149. ------- you do nothing, we
144.
will automatically renew your membership and charge your credit card that amount.

I also want to tell you about an exciting offer we have for our members. -------. It includes full
145.
access to our top-tier travel services, including personalized travel itineraries and promotional
packages on adventure tours around the world.

If you wish to take advantage of this special offer, respond to this e-mail no ------- than
146.
September 30.

Sincerely,

Robert Anderson
Membership Services Coordinator

143. (A) end
(B) extend
(C) inform
(D) return

144. (A) In fact
(B) While
(C) If
(D) As soon as

145. (A) We encourage you to participate in our travel-themed contests.
(B) You can get a two-year premium membership for just $249.
(C) We look forward to reading your travel stories in our magazine.
(D) You are invited to attend a travel exhibition as one of our representatives.

146. (A) late
(B) latest
(C) lateness
(D) later

TEST

15

적정 풀이 시간 15분

15 min

시작 시간 ___시 ___분 목표 개수 _____ / 46

종료 시간 ___시 ___분 실제 개수 _____ / 46

- 파트 5부터 6까지 중간에 멈추지 말고 풀어 보세요.
  문제를 풀 때는 실전처럼 답안지에 마킹하세요.

READING TEST

In the Reading test, you will read a variety of texts and answer several different types of reading comprehension questions. The entire Reading test will last 75 minutes. There are three parts, and directions are given for each part. You are encouraged to answer as many questions as possible within the time allowed.

You must mark your answers on the separate answer sheet. Do not write your answers in your test book.

PART 5

Directions: A word or phrase is missing in each of the sentences below. Four answer choices are given below each sentence. Select the best answer to complete the sentence. Then mark the letter (A), (B), (C), or (D) on your answer sheet.

101. Before the meeting starts, organize all the presentation slides to make it easier to present ------- during the session.

(A) they
(B) their
(C) them
(D) themselves

102. The DCI Corporation anticipates a significant increase in its client base ------- its aggressive marketing efforts.

(A) follows
(B) followed
(C) following
(D) follow

103. The electrician from Victory Appliance is scheduled to ------- your office tomorrow for the repair of the faulty light fixtures.

(A) go
(B) visit
(C) inquire
(D) stop

104. In order to secure an allocated parking spot, employees ------- to register their vehicles at the transportation office.

(A) require
(B) requires
(C) required
(D) are required

105. The new head of the Hind Paper Firm ------- served as the chief financial officer for a more sizable company.

(A) formerly
(B) particularly
(C) currently
(D) attentively

106. The Chapman Housing Authority is committed to developing ------- housing for all residents of Spokane.

(A) afford
(B) affording
(C) affordable
(D) affordably

107. Next week, Mr. Potter's team's marketing proposal will ------- an evaluation for approval by his direct supervisor.

(A) transfer
(B) supply
(C) publicize
(D) undergo

108. Within the next two days, Redwood City is expected to unveil a recently established facility ------- professional development training.

(A) for
(B) with
(C) about
(D) throughout

109. After an extensive three-week negotiation process, Vibrant Designs ------- concluded a deal to acquire Big Sky Vision.

(A) success
(B) successful
(C) successfully
(D) succeed

110. Although the team leader expressed confidence in the strategy, its long-term feasibility is quite ------- among industry experts.

(A) helpful
(B) sensible
(C) distinctive
(D) debatable

111. ------- communication between executives and employees, the board of directors recommends organizing frequent social events.

(A) Enhance
(B) Enhancement
(C) To enhance
(D) Enhanced

112. As one of the city's busiest roads, Cramer Boulevard leads ------- to the train station in Marston.

(A) relatively
(B) directly
(C) widely
(D) openly

113. The press conference scheduled for next week is expected to announce a significant ------- in cancer research.

(A) element
(B) development
(C) reflection
(D) distraction

114. To be ------- for a position in accounting at ATC, Inc., candidates must submit a résumé and three letters of reference.

(A) consider
(B) considered
(C) considerable
(D) consideration

115. To minimize expenses, employees are advised to choose the subway over company vehicles ------- commuting within the city.

(A) instead
(B) when
(C) but
(D) otherwise

116. The long-awaited launch of the museum is likely to attract tourists to this cultural ------- in the city.

(A) availability
(B) attraction
(C) reputation
(D) analysis

117. Harwood Consulting in New York is actively searching for ------- individuals to become part of our sales team.

(A) enthusiast
(B) enthusiasm
(C) enthusiastic
(D) enthusiastically

118. Smith & Associates is consistently prepared to offer its clients ------- legal consultation.

(A) expert
(B) adverse
(C) satisfied
(D) multiple

119. Recent surveys have shown that the online promotional campaign ------- enhanced consumer perceptions of our brand.

(A) effect
(B) effective
(C) effected
(D) effectively

GO ON TO THE NEXT PAGE

120. Mr. Warren, the president of Ventura Ltd, presided over the committee meeting and the debate at noon and 2:30 P.M., -------.

(A) respectively
(B) vaguely
(C) financially
(D) routinely

121. ------- the completion of the selection process, some members of the product design team will transition to the research laboratory.

(A) As
(B) Against
(C) Beside
(D) Upon

122. Failure to submit all necessary documents before the deadline will ------- the rental agreement.

(A) void
(B) maintain
(C) provide
(D) complete

123. Please find a copy of our total building costs detailed in the project proposal enclosed ------- this letter.

(A) with
(B) for
(C) between
(D) from

124. Greystoke Product Graphics, situated in Hazelton, is a comprehensive ------- and print service provider.

(A) designs
(B) design
(C) designer
(D) designed

125. Due to intense competition, individuals without the requisite professional education are no longer ------- consideration.

(A) under
(B) besides
(C) across
(D) alongside

126. Despite concerns ------- about alterations to the company's benefits plan, the vice president did not respond.

(A) placed
(B) raised
(C) designed
(D) reviewed

127. After ------- all online job applications, the personnel manager at America Airlines chose five candidates.

(A) evaluate
(B) evaluated
(C) evaluating
(D) evaluation

128. Every month, a tech support ------- visits to conduct maintenance on the copy machines on the second floor.

(A) represent
(B) representing
(C) representatives
(D) representative

129. To evaluate your ------- for the position, we request a detailed list of your professional certifications and relevant experience.

(A) references
(B) performances
(C) satisfaction
(D) qualifications

130. The project will commence on schedule ------- the required funding is secured by next month.

(A) provided that
(B) meanwhile
(C) as though
(D) as for

Directions: Read the texts that follow. A word or phrase is missing in part of each text. Four answer choices for each question are given below the text. Select the best answer to complete the text. Then mark the letter (A), (B), (C), or (D) on your answer sheet.

Questions 131-134 refer to the following e-mail.

To: Emily Harrison
From: David Miller
Re: Reservation Inquiry
Date: June 10

Dear Ms. Harrison,

Thank you for your inquiry about ------- room #235 at the Pine View Hotel for your upcoming trip.
                                    131.
It is situated on the second floor with a beautiful view of the lake. -------, I must mention that the
                                                                        132.
hotel restaurant is closed for renovations.

The hotel staff ensures the room is cleaned thoroughly between guests, and fresh linens and

towels are provided. For your convenience, there is a coffee maker in the room. -------.
                                                                                  133.

Please let ------- know if and when you would like to confirm the reservation.
            134.

Sincerely,

David Miller

131. (A) purchasing
(B) booking
(C) managing
(D) financing

132. (A) Therefore
(B) Since then
(C) However
(D) Moreover

133. (A) Additionally, the room includes complimentary Wi-Fi.
(B) I can arrange a tour for you with sufficient notice.
(C) You will need to bring your own bedding for the stay.
(D) Fortunately, there is no heating or cooling system in the room.

134. (A) you
(B) them
(C) him
(D) us

GO ON TO THE NEXT PAGE

Questions 135-138 refer to the following press release.

LOS ANGELES – AxiomSoft Technologies has announced that it will ------- a new software
                                                         135.

development platform for app developers by the end of the year named AppCraft.

Here's how it works. App developers can access AppCraft after registering with their details and

agreeing to the terms of use. This platform provides a range of tools and resources, enabling

developers to create, test, and publish applications efficiently. -------.
                                                     136.

The pricing for this service is yet to be determined but ------- to be competitive within the
                                      137.

industry. AppCraft can be accessed through a Web browser, and multiple templates and -------
                                                                  138.

are available to enhance app development.

135. (A) expand
     (B) adapt
     (C) introduce
     (D) discontinue

136. (A) Users can access customer support
          as needed.
     (B) Accessing AppCraft is a
          straightforward process.
     (C) Computer software has advanced
          tremendously.
     (D) Developers set up guidelines for code
          reviews.

137. (A) expect
     (B) has expected
     (C) expecting
     (D) is expected

138. (A) theories
     (B) features
     (C) objectives
     (D) payments

From: Jennifer Patterson
To: Maria Hernandez
Sent: Thursday, June 15, 3:45 PM

Dear Ms. Hernandez:

I am writing to extend my sincere apology for sending you the wrong order. We ------- our
139.

records, and as you indicated, you ordered the 2023 Complete Catalog, not the 2023 Spring

Collection. -------.
140.

The ------- order has been sent to your home address. If you do not receive it within 3-5
141.

business days, please let me know.

To make up for our error, we would like to ------- you a 20% discount on your next purchase. It
142.

is our way of expressing that we are sorry.

Sincerely,

Jennifer Patterson
Customer Service Manager

---

135. (A) review
(B) have reviewed
(C) will review
(D) would have reviewed

136. (A) The new collection features a variety
of colors and designs.
(B) We recommend you check your order
twice.
(C) Such an error in shipment cannot
always be foreseen.
(D) Your additional item will be dispatched
next week.

137. (A) correct
(B) recent
(C) professional
(D) invalid

138. (A) renew
(B) cancel
(C) apply
(D) offer

TEST 15

December 10

Ethan Davis
123 River Road, Apt 5B
Rhodes, TX 54321

Dear Resident,

I am writing to inform you that your monthly utilities payment for December is -------. As per
143.

our housing contract, utility bills ------- on the first of each month. A grace period of five days is
144.

provided, but after 5:00 P.M. on the fifth of the month, a late fee of $20 will be incurred.

If you are facing an ------- financial situation that prevents you from paying on time, please reach
145.

out to our housing management. We can discuss options such as a payment plan to help you

through this period.

-------.
146.

Sincerely,

Emily Anderson
Rhodes Housing Management

143. (A) appreciative
(B) accessible
(C) overdue
(D) redundant

144. (A) to be
(B) have been
(C) will have been
(D) are to be

145. (A) unexpected
(B) unexpecting
(C) unexpectedness
(D) unexpectedly

146. (A) Thank you for sending your most
recent payment.
(B) We look forward to your prompt
attention to this matter.
(C) The housing lease agreement is
typically for one year.
(D) Residents are encouraged to attend
community meetings.

TEST
16

15 min

시작 시간 ___시 ___분

종료 시간 ___시 ___분

목표 개수 _____ / 46

실제 개수 _____ / 46

- 파트 5부터 6까지 중간에 멈추지 말고 풀어 보세요.
  문제를 풀 때는 실전처럼 답안지에 마킹하세요.

In the Reading test, you will read a variety of texts and answer several different types of reading comprehension questions. The entire Reading test will last 75 minutes. There are three parts, and directions are given for each part. You are encouraged to answer as many questions as possible within the time allowed.

You must mark your answers on the separate answer sheet. Do not write your answers in your test book.

PART 5

Directions: A word or phrase is missing in each of the sentences below. Four answer choices are given below each sentence. Select the best answer to complete the sentence. Then mark the letter (A), (B), (C), or (D) on your answer sheet.

101. Numerous urban ------- have expressed strong opposition to the proposed public transportation system.

(A) planned
(B) planners
(C) planning
(D) plans

102. Ms. Rodriguez acknowledges your ------- to fostering a culture of innovation through your dedicated work.

(A) adjustment
(B) extension
(C) destination
(D) commitment

103. If the conference room is occupied right now, please wait a moment as it will ------- be available again soon.

(A) mostly
(B) formerly
(C) likely
(D) newly

104. Reservations for the conference room ------- by the facilities management team on a first-come, first-served basis.

(A) accepted
(B) will be accepting
(C) are accepting
(D) are being accepted

105. The company's board of directors is focused on the long-term ------- of emerging markets.

(A) develop
(B) developed
(C) development
(D) developmental

106. Business consultant Ken Ogata assists managers in ------- valuable feedback to their employees.

(A) improving
(B) providing
(C) responding
(D) removing

107. Those ------- submit their ideas by the end of the week will receive additional benefits in December.

(A) whoever
(B) who
(C) whose
(D) when

108. Please be aware that the form ------- submitted lacked the necessary documentation for processing.

(A) her
(B) hers
(C) herself
(D) she

109. All expense reports must ------- a detailed breakdown of costs along with attached receipts.

(A) describe
(B) revise
(C) estimate
(D) include

110. The software update for the company's mobile app is in its final stages and is ------- complete.

(A) near
(B) nearby
(C) nearly
(D) nearest

111. Customer records will no longer be stored in a physical format but will ------- be digitized for easier access.

(A) also
(B) instead
(C) next
(D) then

112. Company employees must seek approval from their supervisor ------- borrowing office equipment.

(A) as
(B) when
(C) because
(D) since

113. Several international markets have become more ------- to investors over the last quarter.

(A) functional
(B) operational
(C) profitable
(D) eligible

114. Due to upcoming budgetary restrictions, our company must adjust its practices ------- the facilities.

(A) concern
(B) concerned
(C) concerning
(D) concerns

115. The Tempura Corporation's strategy team devised a plan to ------- boost profitability during the downturn.

(A) margins
(B) marginal
(C) marginalize
(D) marginally

116. The majority of products sold at Green Mart are sourced from local suppliers located next to ------- distribution center.

(A) its
(B) itself
(C) them
(D) their

117. After productive negotiations, representatives from both companies have reached a ------- agreement.

(A) multiple
(B) formal
(C) helpful
(D) mutual

118. Ms. Patel ------- the mandatory safety training for all employees in her department.

(A) complete
(B) was completed
(C) being completed
(D) has completed

119. Companies are adopting automated systems in an ------- to reduce operational costs.

(A) arrangement
(B) impact
(C) effort
(D) investment

120. To meet its growing needs, the hospital decided to ------- its medical equipment provider.

(A) secure
(B) secures
(C) secured
(D) securing

GO ON TO THE NEXT PAGE

121. ------- the current inclement weather conditions, the event may be rescheduled for tomorrow.

(A) As
(B) About
(C) Given
(D) Until

122. RCM Motors' new cars will be more fuel efficient than ------- produced by other manufacturers.

(A) them
(B) those
(C) this
(D) it

123. Although the presentation ended later than expected, -------, the audience remained engaged throughout.

(A) fortune
(B) fortunate
(C) fortunately
(D) more fortunate

124. Résumés submitted without references will be deemed ------- and not considered for the position.

(A) instant
(B) notable
(C) urgent
(D) invalid

125. The new app will make travel information ------- to tourists on their smartphones.

(A) accessing
(B) accessible
(C) access
(D) accessibly

126. Financial professionals must manage investments ------- the interests of their clients.

(A) in accordance with
(B) as a result of
(C) as opposed to
(D) in place of

127. ------- losing funding, the organization thrived through innovative solutions.

(A) Rather
(B) Despite
(C) Because
(D) Since

128. Maintenance staff members are required to restrict mobile phone use to assigned work ------- during office hours.

(A) tasks
(B) applications
(C) relationships
(D) placements

129. The quality, reliability, and performance of a product can only be accurately ------- after rigorous and comprehensive testing procedures.

(A) determined
(B) considered
(C) rejected
(D) informed

130. Our projections suggest that interest in electric vehicles will ------- increase as more charging infrastructure becomes available.

(A) gradually
(B) currently
(C) correctly
(D) additionally

PART 6

Directions: Read the texts that follow. A word or phrase is missing in part of each text. Four answer choices for each question are given below the text. Select the best answer to complete the text. Then mark the letter (A), (B), (C), or (D) on your answer sheet.

Questions 131-134 refer to the following e-mail.

To: Emily Davis <emily@emailco.com>
From: SKY Tech Solutions <info@skytech.com>
Subject: User Survey
Date: May 5

Dear Ms. Davis,

Thank you for choosing SKY Tech Solutions. We value customers like ------- and want your
                                                                                    131.
experience to be exceptional.

Please consider ------- a quick survey to help us understand your experience. Your ------- will
                      132.   **133.**
guide us in making improvements where needed. You can begin the survey by clicking on the

link below.

Start Survey

Upon completion of the survey, you can enter a drawing to win a $50 gift card.

-------.
  134.

TEST 16

131. (A) you
(B) your
(C) yours
(D) yourself

132. (A) taking
(B) to take
(C) took
(D) takes

133. (A) donation
(B) transaction
(C) choice
(D) input

134. (A) Thank you for your order.
(B) We appreciate your participation.
(C) Please keep this e-mail for your records.
(D) Your payment has been processed.

MEMO

From: Lisa Jones, HR Director
To: All Staff Members
Date: February 10
Subject: Training Announcement

I'm writing to inform you about an upcoming training program. This initiative ------- various
135.
teams within our organization. It's designed to improve your skills and knowledge in your

respective roles.

-------, these training sessions will be conducted during working hours. -------. Your cooperation
136.   **137.**
in attending these sessions is greatly appreciated.

Please review the attached schedule for details on training dates, times, and locations. If you

have any questions or concerns, please feel free to contact the HR Department.

We believe these training sessions will benefit your professional -------.
138.

---

135. (A) affects
(B) affected
(C) affecting
(D) will be affected

136. (A) However
(B) In contrast
(C) Furthermore
(D) Otherwise

137. (A) We are renovating the office for the
rest of the day.
(B) We want to thank you for your help
yesterday.
(C) We are working to minimize
disruptions to your daily routines.
(D) We will continue to request feedback
from employees.

138. (A) development
(B) procedure
(C) opinion
(D) communication

March 15

Mr. Daniel Sullivan
789 Willowbrook Lane, Suite 5B
Chicago, IL 60601

Dear Mr. Sullivan:

We are delighted to inform you about your new role and transfer. ------- April 1, you will assume
139.
the position of project manager at NF Solutions' Chicago office. In this capacity, you will report

------- to Senior Project Director Karen Brown.
140.

Furthermore, we are pleased to offer you relocation assistance to facilitate your move. -------.
141.
Please keep all relevant receipts and promptly submit them to the HR Department.

The entire NF Solutions team congratulates you on this exciting step in your career. If you have

any inquiries or need support, please don't hesitate to contact me. Best wishes for your -------.
142.

Sincerely,

Oliver Anderson

139. (A) Effected
(B) Effective
(C) Effectiveness
(D) Effectively

140. (A) creatively
(B) directly
(C) evenly
(D) similarly

141. (A) We will cover transportation and
accommodations.
(B) Your salary and benefits package will
be discussed later.
(C) The cost of living is lower in your new
location.
(D) Arrange your own transportation to
work.

142. (A) investment
(B) application
(C) transition
(D) business

Questions 143-146 refer to the following e-mail.

From: Sarah Mitchell <smitchell@innovatecorp.com>
To: David Anderson <davida@emaillink.net>
Date: Monday, June 10

Dear Mr. Anderson:

We appreciate your inquiry regarding our products at the Innovate Corporation. Your interest and questions are important to us. -------, we regret to inform you that the product you inquired
143.
about is currently out of stock.

To keep our customers informed, we regularly update product availability on our Web site at www.innovatecorp.com/products. -------.
144.

In the meantime, should you decide to make a purchase, please ------- the other options on our
145.
Web site. We have a wide range of high-quality products that may meet your needs.

Thank you for considering the Innovate Corporation, and we look forward to ------- you soon.
146.

Sincerely,

Sarah Mitchell

---

143. (A) However
(B) Otherwise
(C) To this end
(D) Additionally

144. (A) Most customers prefer online shopping.
(B) New product launches are scheduled for next month.
(C) We can offer a discount on other products.
(D) Visit our Web site for real-time stock status.

145. (A) offer
(B) examine
(C) revise
(D) approve

146. (A) assist
(B) assists
(C) assisting
(D) assisted

TEST

17

적정 풀이 시간 15분

15
min

시작 시간 ___시 ___분   목표 개수 _____ / 46

종료 시간 ___시 ___분   실제 개수 _____ / 46

- 파트 5부터 6까지 중간에 멈추지 말고 풀어 보세요.
  문제를 풀 때는 실전처럼 답안지에 마킹하세요.

In the Reading test, you will read a variety of texts and answer several different types of reading comprehension questions. The entire Reading test will last 75 minutes. There are three parts, and directions are given for each part. You are encouraged to answer as many questions as possible within the time allowed.

You must mark your answers on the separate answer sheet. Do not write your answers in your test book.

PART 5

Directions: A word or phrase is missing in each of the sentences below. Four answer choices are given below each sentence. Select the best answer to complete the sentence. Then mark the letter (A), (B), (C), or (D) on your answer sheet.

101. Mr. Garcia made photocopies of the financial report before the board meeting, so he left ------- in the conference room.

(A) it
(B) any
(C) them
(D) another

102. All visitors to the building must provide ------- identification to the receptionist at the front desk.

(A) valid
(B) rigorous
(C) internal
(D) numerous

103. A recent study has shown that the products ------- by Lion Group Fashions are of the quality the company asserts.

(A) was designing
(B) design
(C) was designed
(D) designed

104. A $20 fee will be incurred in your account ------- you request a new ATM card.

(A) although
(B) then
(C) soon
(D) if

105. Mr. Jones, who has just been promoted to a higher position at his firm, ------- to attend the seminar next month.

(A) decide
(B) decided
(C) deciding
(D) decisive

106. Mr. Anderson volunteered to pick up the customers at the airport so that ------- could update them before the seminar.

(A) he
(B) his
(C) him
(D) himself

107. Customers are frequently informed that electronic devices must be ------- with care to avoid any damage.

(A) handled
(B) responded
(C) arrived
(D) equipped

108. The FX Corporation's latest smartphone model, the Stellar, is ------- acknowledged for its advanced features and performance.

(A) general
(B) generally
(C) generality
(D) generalness

109. Dr. Smith is the only surgeon at the clinic and is ------- to the community's health care.

(A) extraneous
(B) dependent
(C) essential
(D) professional

110. Ms. Brown had to reexamine the application forms to figure out ------- candidate would be the most fitting for the role.

(A) some
(B) another
(C) each
(D) which

111. As part of the annual review process, all employees are expected to define one ------- for their personal development.

(A) strength
(B) goal
(C) possession
(D) observation

112. The artwork deteriorated over time as it was ------- stored in a damp room.

(A) previously
(B) perfectly
(C) consequently
(D) exactly

113. Candidates ------- to submit their résumés by the end of the week.

(A) planning
(B) plans
(C) will be planned
(D) are planning

114. When mixed at the recommended -------, Turbo Clean detergent excels at removing grease and grime.

(A) concentrating
(B) concentration
(C) concentrates
(D) concentrated

115. The manager initially intended to examine records carefully to search ------- errors.

(A) from
(B) with
(C) for
(D) upon

116. Employees in the Marketing Department were tasked with ------- all the advertising materials under the supervision of their supervisor.

(A) check
(B) checks
(C) checked
(D) checking

117. The production site will not be ------- until it acquires more resources from other companies.

(A) operates
(B) operation
(C) operational
(D) operationally

118. Following Monday's meeting, it became evident that the new president is a ------- valued addition to the company.

(A) highly
(B) diligently
(C) sharply
(D) evenly

119. The preparation of this type of quick and simple recipe can be completed in ------- an hour.

(A) by
(B) about
(C) for
(D) within

120. All software ------- should be proficient in the latest programming languages for the project.

(A) architect
(B) architecture
(C) architecturally
(D) architects

121. Tech Gear opened its latest research center in Silicon Valley, a ------- that has proven to be very strategic.

(A) location
(B) position
(C) distribution
(D) direction

122. The process enhancement team is collaborating ------- than anticipated with different departments.

(A) effective
(B) effectively
(C) more effectively
(D) most effectively

123. All participants in the conference are ------- invited to the gala dinner to celebrate the successful event.

(A) cordially
(B) previously
(C) recently
(D) strongly

124. Stricter access controls were put in place ------- unauthorized access has been a problem.

(A) since
(B) Instead
(C) until
(D) although

125. For candidates seeking positions in our organization, similar prior experience is -------.

(A) preferable
(B) probable
(C) worthy
(D) dependable

126. ------- the chefs at the competition, Chef Smith was recognized as the most innovative in his culinary creations.

(A) Following
(B) Among
(C) For
(D) Along

127. Sales of the new electric car model soared shortly after its launch ------- the remarkable features it offered.

(A) since
(B) until
(C) due to
(D) in spite of

128. The manager strongly ------- all employees to adopt the effective strategies used by top-performing team members.

(A) advised
(B) indicated
(C) explained
(D) commented

129. The coastal town of Tidewater, ------- by Portuguese settlers in the 1600s, is now a popular tourist destination.

(A) appeared
(B) settled
(C) deserved
(D) originated

130. The ------- of the promotional vouchers will be postponed because the printer encountered an issue this morning.

(A) opposition
(B) exception
(C) distribution
(D) function

PART 6

Directions: Read the texts that follow. A word or phrase is missing in part of each text. Four answer choices for each question are given below the text. Select the best answer to complete the text. Then mark the letter (A), (B), (C), or (D) on your answer sheet.

Questions 131-134 refer to the following memo.

Date: June 15
To: All Employees
From: Susan Armstrong, HR Manager
Subject: Training Reminder

Dear Team,

Mandatory training is set to begin. Your first session is on Monday, June 25, at 9:00 A.M. Please

------- to your supervisor, Carl Taylor, at 8:30 A.M. -------, bring your photo ID for direct deposit
    131.   **132.**
setup.

All employees ------- to attend a 6-hour orientation session. Kindly confirm by signing and dating
               133.
the attached form. -------.
              134.

Thank you for your cooperation.

Sincerely,

Susan Armstrong
HR Manager

131. (A) attend
    (B) agree
    (C) answer
    (D) report

132. (A) In short
    (B) In addition
    (C) Nevertheless
    (D) Namely

133. (A) required
    (B) are required
    (C) will be requiring
    (D) had been required

134. (A) You can fax or e-mail it back to me.
    (B) We appreciate your feedback regarding this matter.
    (C) Thank you for your patience in resolving this issue.
    (D) I look forward to interviewing you.

Questions 135-138 refer to the following letter.

John Smith
123 Maple Street
Newark, NJ 07101

June 3

Dear Mr. Smith,

I am writing to ------- you that the minimum payment on your balance is overdue. This is the third
     135.
time we have attempted to contact you regarding your rent payment. The initial invoice was sent

on April 15. This was followed by a ------- notice mailed on May 15. Since we have not received
     136.
a minimum payment, we are forced to take action. -------. To avoid eviction, call our residential
     137.
customer line at 555-7890. A ------- will discuss your payment options with you.
     138.

Sincerely,

Sarah Johnson
Property Management

135. (A) inform
(B) respond
(C) recommend
(D) announce

136. (A) monthly
(B) false
(C) lengthy
(D) second

137. (A) Your apartment lease will be terminated on June 15.
(B) Thank you for your prompt payment yesterday.
(C) Your bill has been adjusted for payments received.
(D) We will remind you again in one month's time.

138. (A) represent
(B) representing
(C) representative
(D) representation

146

From: Ava Chang
To: Mailing List
Subject: Science Expo
Date: May 3

Hello, everyone.

Please be our ------- at the Science Expo on Saturday, June 12. This exciting event ------- at
139. **140.**
Carter Park from 10:00 A.M. to 6:00 P.M.

The Science Expo will showcase cutting-edge research projects by local scientists along with

------- by renowned speakers. Additionally, there will be interactive science workshops,
141.
a children's discovery area, technology demonstrations, and more!

You don't want to miss this informative event for all ages. Tickets can be purchased at the

entrance or on our Web site at www.scienceexpocarterpark.org.

-------.
142.

Sincerely,

Ava Chang

139. (A) volunteer
(B) performer
(C) sponsor
(D) guest

140. (A) taking place
(B) took place
(C) takes place
(D) will be taken place

141. (A) presented
(B) presenting
(C) presenter
(D) presentations

142. (A) Thank you so much for purchasing them.
(B) Remember to bring a blanket and a picnic lunch.
(C) We look forward to seeing you there.
(D) Our Web site will be launched soon.

Questions 143-146 refer to the following information.

Bloomington Adventure Rentals

Embark on a thrilling adventure with Bloomington Adventure Rentals and discover the hidden

gems of our city. ------- you're planning to traverse the historic downtown or explore the
       143.

scenic trails along the Serene River, Bloomington Adventure Rentals can help you create an

unforgettable experience. -------. Our cruiser bikes are perfect for leisurely rides. In addition,
       144.

if you're seeking an off-road excursion, we have rugged mountain bikes.

------- with each bike is essential safety gear, such as a helmet and a sturdy lock, as well as a
145.

bottle of water to keep you refreshed during your ride. We are also delighted to provide you with

directions to our favorite biking ------- in town.
       146.

---

143. (A) Either
(B) Whether
(C) Then
(D) Unless

144. (A) We can adjust the seat and the handlebars to ensure a perfect fit.
(B) We offer bicycles tailored to every rider's needs.
(C) Our rental office is located near the shopping district.
(D) Many residents commute to work on our paved bike trails.

145. (A) To include
(B) Including
(C) Included
(D) Inclusion

146. (A) seasons
(B) discounts
(C) inspections
(D) spots

TEST

18

적정 풀이 시간 15분

15 **min**

시작 시간 ___시 ___분

종료 시간 ___시 ___분

목표 개수 _____ / 46

실제 개수 _____ / 46

• 파트 5부터 6까지 중간에 멈추지 말고 풀어 보세요.
  문제를 풀 때는 실전처럼 답안지에 마킹하세요.

READING TEST

In the Reading test, you will read a variety of texts and answer several different types of reading comprehension questions. The entire Reading test will last 75 minutes. There are three parts, and directions are given for each part. You are encouraged to answer as many questions as possible within the time allowed.

You must mark your answers on the separate answer sheet. Do not write your answers in your test book.

PART 5

Directions: A word or phrase is missing in each of the sentences below. Four answer choices are given below each sentence. Select the best answer to complete the sentence. Then mark the letter (A), (B), (C), or (D) on your answer sheet.

101. At the meeting, participants are encouraged to voice ------- opinions and ideas freely.

(A) their
(B) theirs
(C) them
(D) themselves

102. Announcements regarding the sale will be distributed to neighborhoods ------- the metropolitan area.

(A) about
(B) across
(C) under
(D) opposite

103. Mr. Smith's handcrafted chairs are designed for a ------- decorated dining room.

(A) neat
(B) neatness
(C) neaten
(D) neatly

104. Government agencies are ------- when it comes to sharing classified information with external parties.

(A) rewarded
(B) implemented
(C) provided
(D) restricted

105. Despite the heavy rain in the region, this weekend is ------- the perfect time for an outdoor barbecue.

(A) definitely
(B) definite
(D) definitive
(D) defined

106. All incoming e-mails are subject to content ------- by our filters to ensure security.

(A) instance
(B) verification
(C) assignment
(D) exception

107. ------- of the company's branches will be temporarily closed for renovation.

(A) Several
(B) Ones
(C) Every
(D) Other

108. Inventory levels are ------- monitored to track changes in stock, demand, and product availability.

(A) early
(B) periodically
(C) readily
(D) lastly

109. Mr. Jenkins, who is retiring after 30 years of dedicated service, ------- at the farewell party.

(A) has recognized
(B) will be recognized
(C) recognized
(D) recognizing

110. TechPro produces high-performance computers that function -------, even in challenging environments.

(A) relied
(B) reliable
(C) reliably
(D) reliability

111. For the third quarter in a row, the tech company's sales are projected to ------- those of the previous quarter.

(A) enter
(B) enhance
(C) support
(D) exceed

112. The software program, developed by the IT team, is ------- being tested for quality and performance.

(A) presently
(B) recently
(C) mutually
(D) exponentially

113. Jane negotiated the contract persistently ------- the client agreed to the terms.

(A) besides
(B) as a result
(C) until
(D) by

114. The project's success was ------- due to the team's innovative ideas and collaboration.

(A) largely
(B) large
(C) largest
(D) largeness

115. Employees of nonprofit organizations may be exempt ------- paying certain fees as a perk of their positions.

(A) except
(B) following
(C) for
(D) from

116. Applicants must provide a portfolio that is ------- in examples of their artistic work.

(A) abundant
(B) frequent
(C) eventful
(D) skilled

117. All customer inquiries will be ------- to the support team during the CEO's business trip.

(A) produced
(B) removed
(C) directed
(D) fluctuated

118. The manager is not sure if his team member can complete the project report by -------.

(A) hers
(B) her
(C) her own
(D) herself

119. At the safety workshop, attendees were informed about which chemicals are ------- and require special precautions.

(A) obvious
(B) sensitive
(C) flexible
(D) potential

120. With daily practice, language learners progress faster than ------- with limited interactions.

(A) this
(B) them
(C) those
(D) that

GO ON TO THE NEXT PAGE

121. The restaurant's reputation was ------- damaged after reports of food poisoning were spread.

(A) habitually
(B) considerately
(C) respectfully
(D) slightly

122. The cost of the lunch specials is ------- that of the nearby restaurant.

(A) toward
(B) much
(C) lower
(D) below

123. ------- the construction crew worked overtime, they would still be unable to finish the project ahead of schedule.

(A) Beside
(B) With
(C) Even if
(D) In case

124. Travelers need to make ------- to arrive at the airport at least two hours before their flight.

(A) contributions
(B) arrangements
(C) transactions
(D) destinations

125. The instructions provided in this guide are intended ------- a helpful resource for beginners learning the basics of photography.

(A) as
(B) if
(C) as well as
(D) now that

126. We would like to congratulate Mr. Johnson on ------- the student of the month award.

(A) win
(B) wins
(C) winning
(D) won

127. Please be advised that the conference room reaches full capacity daily, typically around 10:00 and ------- at other times.

(A) occasion
(B) occasions
(C) occasional
(D) occasionally

128. The restaurant's management decided to expand the menu to include several ------- cuisines.

(A) profession
(B) professions
(C) professional
(D) professionally

129. Employers must accept that flexible work hours for employees with families is an important -------.

(A) factor
(B) ability
(C) composition
(D) skill

130. During a storm, residents should seek shelter in ------- areas in the event of severe weather conditions.

(A) eventual
(B) designated
(C) constant
(D) advanced

Directions: Read the texts that follow. A word or phrase is missing in part of each text. Four answer choices for each question are given below the text. Select the best answer to complete the text. Then mark the letter (A), (B), (C), or (D) on your answer sheet.

Questions 131-134 refer to the following e-mail.

To: Emily Mitchell
From: David Anderson
Re: Upcoming Event
Date: April 5

Emily,

Before I head out for my vacation, I want to remind you that we ------- two vital presentations
                                                                           131.

next week. The first covers the marketing campaign for our new product launch, and the second

focuses on last quarter's financial reports.

I'll be sending them to you ------- for review. If you ------- any inaccuracies or omissions, please
                               132.   **133.**

inform me immediately. -------.
                        134.

If you have any questions, e-mail me. I'll be on vacation but reachable via e-mail.

Best regards,
David

131. (A) anticipated
(B) are anticipating
(C) are anticipated
(D) will have anticipated

132. (A) thoroughly
(B) compactly
(C) shortly
(D) regularly

133. (A) announce
(B) notice
(C) move
(D) prefer

134. (A) We should reschedule the presentations.
(B) Let's reconsider our approach to the project.
(C) It's important to meet the deadlines.
(D) Your attention to detail is greatly appreciated.

John Smith
123 Oak Street
Rivertown, NY 12345

Dear Mr. Smith,

Welcome to the Fitness Club Plus. This letter officially ------- your membership. As a fitness
135.

enthusiast, you are sure to enjoy our state-of-the-art facilities and expert trainers. Our fitness

programs are carefully designed by certified trainers, nutritionists, and athletes, ensuring that

you receive the best guidance and support. Access to special workshops and events is available

------- to club members. -------.
136.   **137.**

Should you decide to ------- your membership, please contact our membership services. You
                        138.

will not be billed for any remaining months.

Sincerely,

Lisa Davis

---

135. (A) confirm
(B) confirms
(C) confirmed
(D) is confirmed

136. (A) exclusive
(B) exclusiveness
(C) exclusively
(D) exclusivity

137. (A) Membership offers various advantages
and additional benefits.
(B) Your feedback is crucial to our club's
development.
(C) Some sessions may have limited
availability due to high demand.
(D) You can share your fitness tips with
other members at any time.

138. (A) cancel
(B) send
(C) renew
(D) apply

Dear Team,

The Marketing Association's annual conference is scheduled for November 12 at 9:00 A.M. in the conference hall at the City Plaza Hotel. We encourage all marketing members to attend. It's a great opportunity to stay ------- on industry trends. -------, it's your chance to network with
139.   **140.**
experienced professionals.

-------. We will be discussing the latest marketing strategies and digital trends. We also want to
141.
hear your feedback on the upcoming marketing campaign. Finally, Sarah Miller will provide an overview of the association's financial report.

We look forward to seeing ------- there.
142.

Sincerely,

John Roberts
President, Marketing Association

139. (A) updates
(B) updated
(C) updating
(D) update

140. (A) In contrast
(B) Meanwhile
(C) Although
(D) Moreover

141. (A) Marketing is a challenging field.
(B) Active participation can enhance your career.
(C) Key topics are on the agenda.
(D) Registration is required for attendance.

142. (A) it
(B) him
(C) you
(D) them

TEST 18

Questions 143-146 refer to the following article.

Sunset Harbor just received acclaim from readers of a well-known lifestyle magazine.

Lifestyle Explorer featured our coastal town for the first time in its annual Best Coastal Retreats survey. Readers of the magazine ranked Sunset Harbor as their fifth favorite coastal retreat in the region. The top ten retreats ------- in the magazine's September issue.
143.

The magazine conducted the survey last summer and invited subscribers to nominate their favorite coastal retreat. A list of 15 finalists was ------- featured on the magazine's Web site.
144.

-------. The categories included accommodations, dining, recreational activities, and local
145.
landmarks.

The ------- from *Lifestyle Explorer* is likely to boost our local tourism industry. Last year, visitors
146.
spent $1.8 billion in Sunset Harbor and the surrounding areas.

143. (A) profile
(B) profiled
(C) are profiling
(D) will be profiled

144. (A) then
(B) still
(C) also
(D) barely

145. (A) Readers rated each coastal retreat in over twenty categories.
(B) Special offers were made available to participants.
(C) Local businesses have reported increased profits.
(D) Awards will be presented at a forthcoming ceremony.

146. (A) administration
(B) intention
(C) recognition
(D) testimonial

TEST

19

적정 풀이 시간 15분

15 min

시작 시간 ___시 ___분

종료 시간 ___시 ___분

목표 개수 _____ / 46

실제 개수 _____ / 46

- 파트 5부터 6까지 중간에 멈추지 말고 풀어 보세요.
  문제를 풀 때는 실전처럼 답안지에 마킹하세요.

READING TEST

In the Reading test, you will read a variety of texts and answer several different types of reading comprehension questions. The entire Reading test will last 75 minutes. There are three parts, and directions are given for each part. You are encouraged to answer as many questions as possible within the time allowed.

You must mark your answers on the separate answer sheet. Do not write your answers in your test book.

PART 5

Directions: A word or phrase is missing in each of the sentences below. Four answer choices are given below each sentence. Select the best answer to complete the sentence. Then mark the letter (A), (B), (C), or (D) on your answer sheet.

101. Tourists in the national park ------- to follow the environmental guidelines.

(A) require
(B) required
(C) are required
(D) will require

102. The software company delivered ------- improvements to its product.

(A) equivalent
(B) original
(C) substantial
(D) satisfied

103. The company reviewed the rental ------- for its new office space.

(A) agreement
(B) compliment
(C) difference
(D) supplement

104. Ms. Anderson requires support for a critical task ------- should be finished by the end of the week.

(A) when
(B) where
(C) whatever
(D) that

105. The museum requests that patrons present tickets ------- entry to the special exhibition hall.

(A) for
(B) with
(C) about
(D) as for

106. The restaurant's menu options did not ------- the dietary preferences of the customers.

(A) met
(B) meets
(C) meet
(D) meeting

107. The engineer examined the project plan and stated that time management is ------- important for its success.

(A) eagerly
(B) critically
(C) commonly
(D) precisely

108. Enhancing the capabilities of our customer support team's ------- resulted in higher customer satisfaction.

(A) presence
(B) tendency
(C) operation
(D) intention

109. Management requires that all expense reports be submitted to the Accounting Department via e-mail for ------- processing.

(A) time
(B) times
(C) timely
(D) timing

110. The device is designed to precisely ------- the temperature in the room for optimal comfort.

(A) measures
(B) measure
(C) measuring
(D) measurable

111. The insurance company will ------- medical expenses for policyholders who require emergency treatment.

(A) inform
(B) proceed
(C) instruct
(D) reimburse

112. The hospital installed a new heart rate ------- device in every patient's room.

(A) monitors
(B) monitoring
(C) monitored
(D) to monitor

113. Membership privileges extend to complimentary services offered in the gym's facilities ------- those available online.

(A) now that
(B) instead
(C) when
(D) as well as

114. Caroline Wong, the firm's main ------- in Hong Kong, has extensive experience in international trade.

(A) branch
(B) location
(C) distribution
(D) representative

115. ------- implementing its new customer loyalty program, the Tech Hub Electronics Store has witnessed a boost in customer engagement.

(A) Yet
(B) Since
(C) Furthermore
(D) Nevertheless

116. Employees are eligible for a pay raise ------- achieving their performance targets.

(A) among
(B) upon
(C) until
(D) within

117. He made the workflow more efficient and boosted productivity by ------- prioritizing tasks.

(A) formerly
(B) typically
(C) roughly
(D) effectively

118. When filling out the form, please indicate the preferred time when you would like the package to be -------.

(A) purchased
(B) delivered
(C) maintained
(D) specified

119. ------- considered challenging, the company managed to complete the project ahead of schedule.

(A) Although
(B) Unless
(C) Without
(D) After all

120. The quality of this product is outstanding ------- to the cheaper alternatives available on the market.

(A) associated
(B) compared
(C) acquired
(D) consisted

121. If you submit the project ------- earlier, the team will be able to finish the necessary revisions in time.

(A) propose
(B) proposing
(C) proposal
(D) proposer

122. Mr. Sanders was ------- the head of the Marketing Department following Ms. Johnson's departure.

(A) named
(B) employed
(C) decided
(D) promoted

123. Ms. Miller, an expert in environmental science, was ------- to lead the panel discussion at the sustainability conference.

(A) selected
(B) selection
(C) selecting
(D) selectively

124. Despite having a list of potential conference speakers, ------- received an invitation to present at the event.

(A) none
(B) another
(C) little
(D) someone

125. The InnoNex Corporation, known for its innovative products, has now become the industry leader, leaving its competitors behind -------.

(A) usually
(B) rarely
(C) overall
(D) responsibly

126. The renowned chef collaborated with a prominent restaurant to showcase ------- culinary expertise.

(A) his
(B) him
(C) he
(D) himself

127. In the event of technical problems or any issues that require assistance, ------- the IT Department.

(A) to contact
(B) contacting
(C) contacts
(D) contact

128. Environmentalists value the ------- practices of this eco-friendly company.

(A) tradition
(B) traditions
(C) traditional
(D) traditionally

129. A significant advantage of living in a major city is the increased ------- of job opportunities.

(A) collection
(B) dependence
(C) demand
(D) availability

130. A ------- assessment of the company's financial health will be conducted by the auditors.

(A) relatable
(B) preliminary
(C) unanimous
(D) spacious

PART 6

Directions: Read the texts that follow. A word or phrase is missing in part of each text. Four answer choices for each question are given below the text. Select the best answer to complete the text. Then mark the letter (A), (B), (C), or (D) on your answer sheet.

Questions 131-134 refer to the following e-mail.

To: All Employees
From: Laura Michaels
Date: March 15
Subject: Annual Team-Building Event

Hello,

I'm writing to remind you about our upcoming annual team-building event. This year's event

------- at the Greenfield Park on Saturday, March 25. Tickets are $40 per person and include
131.

entry, lunch, and one drink. -------.
                              132.

The event will feature various -------. Enjoy outdoor games, a scavenger hunt, and team
                              133.

challenges. There will also be a prize giveaway at the end of the day. The grand prize is a

weekend getaway ------- two at the Riverbend Retreat.
                134.

Thank you,

Laura

---

131. (A) held
    (B) is being held
    (C) was held
    (D) will be held

132. (A) Prizes will also be distributed at the event.
    (B) Thank you for everything you do for us.
    (C) This is to ensure the safety of the participants.
    (D) Additional meals may be purchased at the event.

133. (A) discussions
    (B) efforts
    (C) projects
    (D) activities

134. (A) with
    (B) for
    (C) in
    (D) through

Welcome to the Green Valley Law Firm! We understand that selecting legal representation is a crucial decision. We are dedicated to ------- you and your legal needs with top-notch services.
135.

At the Green Valley Law Firm, our team of legal experts offers a broad range of services covering various legal -------, including family law, real estate, criminal defense, and estate planning.
136.
When you choose us, you gain access to an entire team of legal professionals working on your behalf.

-------. Check with your employer to confirm if the Green Valley Law Firm is on its approved list
137.
of law firms. This ensures our services align with any benefits or recommendations provided by your employer.

To start working with our -------, contact us at 1-888-555-9774.
138.

135. (A) provide
(B) provides
(C) providing
(D) provision

136. (A) domains
(B) goals
(C) solutions
(D) objectives

137. (A) We specialize in real estate development and investment.
(B) We accept clients from a wide range of industries.
(C) We have offices in multiple cities for your convenience.
(D) Please complete a client intake form before your initial consultation.

138. (A) profession
(B) professional
(C) professionals
(D) professionally

Dear Mr. Rodriguez,

How would you like to experience even faster Internet speeds ------- also enhancing your
139.
online security? With our upgraded high-speed connection, you can enjoy seamless streaming,

gaming, and secure browsing even during peak usage hours.

Next month, Net Guard will launch our advanced online security platform, which offers all of our

------- premium security features.
140.

-------, we'd like to invite you to upgrade to our high-speed service for just $5 more per month!
141.
Act now and secure this special rate for 24 months!

-------.
142.

Thank you for choosing Net Guard!

Sincerely,

Maria Hernandez
Marketing Director
Net Guard

139. (A) and
(B) until
(C) while
(D) whereas

140. (A) institutions
(B) designers
(C) subscribers
(D) representatives

141. (A) Celebration
(B) To celebrate
(C) Celebrated
(D) Celebrate

142. (A) You may want to upgrade your
software for added protection.
(B) We appreciate your sincere feedback.
(C) We look forward to working with you
to resolve this.
(D) Sign up for this limited-time offer at
www.netguard.com.

TEST 19

Dear Ms. Mitchell:

Thank you for ------- the construction materials for our new project so quickly. The building
143.
supplies that we received are exactly what we needed. The electrical components, on the other

hand, are not quite what I had anticipated.

When I coordinated the project details with your team, I indicated the technical requirements for

the electrical system. I had ------- mentioned the need for high-voltage connectors and surge
144.
protectors. -------.
145.

We have always had a great experience working with your company, so I am somewhat

surprised at this -------. I'm returning the electrical components and request that you provide the
146.
correct ones without delay.

Sincerely,

John Anderson

143. (A) shipping
(B) purchasing
(C) overseeing
(D) inquiring

144. (A) efficiently
(B) specifically
(C) comprehensively
(D) routinely

145. (A) Unfortunately, the components were
not installed properly in the system.
(B) The components arrived without the
necessary documentation.
(C) Nevertheless, the components
were compatible with our existing
equipment.
(D) However, the components that arrived
did not meet these requirements.

146. (A) discrepancy
(B) decision
(C) assessment
(D) protocol

TEST
20

적정 풀이 시간 15분

15
min

시작 시간 ___시 ___분

종료 시간 ___시 ___분

목표 개수 _____ / 46

실제 개수 _____ / 46

- 파트 5부터 6까지 중간에 멈추지 말고 풀어 보세요.
  문제를 풀 때는 실전처럼 답안지에 마킹하세요.

In the Reading test, you will read a variety of texts and answer several different types of reading comprehension questions. The entire Reading test will last 75 minutes. There are three parts, and directions are given for each part. You are encouraged to answer as many questions as possible within the time allowed.

You must mark your answers on the separate answer sheet. Do not write your answers in your test book.

PART 5

Directions: A word or phrase is missing in each of the sentences below. Four answer choices are given below each sentence. Select the best answer to complete the sentence. Then mark the letter (A), (B), (C), or (D) on your answer sheet.

101. Your reservation will be confirmed upon receipt of ------- payment.

(A) you
(B) your
(C) yours
(D) yourself

102. Visitors are allowed in the exhibit hall ------- showing their entry pass at the registration desk.

(A) later
(B) because
(C) after
(D) until

103. The chef uses only ------- ingredients in the preparation of his signature dishes.

(A) appropriate
(B) accountable
(C) additional
(D) applicable

104. In our organization, successful employees ------- for their exceptional dedication to team projects.

(A) respect
(B) respected
(C) are respecting
(D) are respected

105. Next week, Ms. Rodriguez will introduce our business to a group of international ------- interested in our innovative products.

(A) invests
(B) invested
(C) investment
(D) investors

106. Lisa Nguyen will handle inquiries ------- Mr. Patel is away on business.

(A) due to
(B) despite
(C) about
(D) while

107. To meet the growing demand for eco-friendly transportation, upgrades to the public transportation system are -------.

(A) expressed
(B) motivated
(C) anticipated
(D) qualified

108. Some ------- for the experiment were inadvertently missing from the supply store.

(A) assistants
(B) concepts
(C) components
(D) estimates

109. In the upcoming workshop, we will decide which projects we are ------- of completing within the set timeframe.

(A) capable
(B) focused
(C) important
(D) responsible

110. Brochures can be obtained from our information desk to ------- visitors about our tourist attractions.

(A) educate
(B) educates
(C) educational
(D) educationally

111. Green Tech Innovations will move to its new facility once the ------- of the solar panels is finished.

(A) construct
(B) constructs
(C) constructing
(D) construction

112. If the weather conditions in the area remain unfavorable, then we ------- the outdoor event this weekend.

(A) have canceled
(B) will cancel
(C) being canceled
(D) are canceled

113. Upon finishing the report, Ms. Patel will submit the document for ------- to the department head.

(A) revisions
(B) transcripts
(C) investments
(D) nominations

114. All sensitive documents must be ------- only by authorized personnel.

(A) handled
(B) notified
(C) comprised
(D) regarded

115. At the conference, the keynote presentation starts at 9:00 A.M., and ------- is encouraged to attend.

(A) several
(B) everyone
(C) some
(D) many

116. Our customer service team collaborates ------- with clients to resolve their inquiries.

(A) extremely
(B) readily
(C) hardly
(D) potentially

117. ------- the conference room, the marketing team discussed their upcoming campaign strategies.

(A) Inside
(B) Among
(C) Between
(D) About

118. We prefer candidates who demonstrate an ------- grasp of market trends and consumer behavior.

(A) intuit
(B) intuitive
(C) intuition
(D) intuitively

119. Several restaurants in the city will offer special menu items ------- the Valentine's Day weekend.

(A) when
(B) past
(C) while
(D) during

120. Sarah Thompson, one of the Nova Corporation's managers, will be back at headquarters after an ------- business trip abroad.

(A) extend
(B) extended
(C) extending
(D) extension

GO ON TO THE NEXT PAGE

121. The distribution of the monthly newsletter to subscribers has been ------- due to technical issues.

(A) raised
(B) transferred
(C) postponed
(D) maintained

122. We train our sales ------- to provide exceptional customer service and to assist clients with their purchasing decisions.

(A) associated
(B) associating
(C) associates
(D) association

123. The company's cutting-edge products are all ------- recognized by industry experts.

(A) highly
(B) neatly
(C) efficiently
(D) mostly

124. The HR Department conducts regular training sessions to explain ------- the company's new software works.

(A) because of
(B) how
(C) as if
(D) what

125. The flight was delayed an hour ------- the adverse weather conditions at the airport.

(A) in order to
(B) so that
(C) whereas
(D) as a result of

126. The application form for the scholarship must be submitted by the deadline and ------- a letter of recommendation.

(A) include
(B) includes
(C) included
(D) including

127. The building inspector is currently assessing ------- the foundation of the house meets safety standards.

(A) since
(B) otherwise
(C) whether
(D) for instance

128. Although the company does not offer cash refunds, a damaged item may be exchanged for one of equal -------.

(A) color
(B) sale
(C) duration
(D) value

129. ------- in 1950, Smithson Motors has been manufacturing reliable vehicles for decades.

(A) Arranged
(B) Designated
(C) Established
(D) Located

130. The attached instructions provide a precise explanation of the steps for ------- assembling the bookshelf.

(A) partially
(B) clearly
(C) lately
(D) securely

Directions: Read the texts that follow. A word or phrase is missing in part of each text. Four answer choices for each question are given below the text. Select the best answer to complete the text. Then mark the letter (A), (B), (C), or (D) on your answer sheet.

Questions 131-134 refer to the following e-mail.

To: Jane Harlow
From: Mark Wilson
Date: November 5
Subject: Project Update

Dear Ms. Harlow,

Thank you for the productive meeting we had last week. I appreciate all your suggestions on

how we can enhance customer ------- at our organization. I presented ------- to our department
           131.   **132.**

heads this morning. They all agreed that we need to make changes to improve customer

satisfaction.

------- you recommended, we are planning to establish a customer feedback program to gather
133.

their insights and ideas. Customers can provide feedback through an online survey. -------.
                                                            134.

I will keep you updated on the progress of these initiatives.

Best regards,
Mark Wilson

131. (A) training
    (B) benefit
    (C) participation
    (D) efficiency

132. (A) it
    (B) others
    (C) them
    (D) many

133. (A) Just as
    (B) While
    (C) Until
    (D) Even though

134. (A) Customers should report any technical issues to the IT Department.
    (B) If anyone's idea is implemented, that person will receive a modest bonus.
    (C) Thanks to the feedback, we have saved a considerable amount of money.
    (D) Issues regarding online surveys will be handled with utmost care.

To: All team members
From: John Harris
Re: Meeting Schedule Update
Date: November 15

Starting on Monday, December 5, our team's new meeting schedule will be implemented.

-------, all team members will need to adjust their calendars accordingly. This schedule change
135.

will only affect our internal team meetings; it will not impact our client meetings.

-------. From that point onward, our previous meeting times will no longer be valid for internal
136.

meetings. ------- for this updated schedule can be found in the shared drive's "Meeting
137.

Calendar" folder.

For any inquiries or clarifications, please contact Jane Roberts. Your ------- in adhering to this
138.

updated schedule is greatly appreciated.

John Harris

---

135. (A) As a result
(B) In fact
(C) However
(D) On the other hand

136. (A) Some employees should attend the
meetings with clients.
(B) Last month, we decided to revise our
project timeline.
(C) Team members will have two weeks
to adapt.
(D) The company's Web site will be
redesigned as well.

137. (A) Abbreviations
(B) Complaints
(C) Solutions
(D) Guidelines

138. (A) cooperates
(B) cooperative
(C) cooperating
(D) cooperation

John Stevens
234 Oak Street
Seattle, WA 98101

Dear Mr. Stevens,

I am writing to introduce you to an exciting new culinary magazine called *Foodie Delights*,

------- by Gourmet Creations. *Foodie Delights'* mission is to provide a diverse collection of
139.

recipes and culinary tips to inspire passionate food lovers. We have no affiliations with any food

corporations or advertisers. -------. And we aim to stay that way!
                             140.

Every month, *Foodie Delights* features a variety of mouthwatering recipes, articles on culinary

trends, and exclusive interviews with renowned chefs and food enthusiasts, all available for you

------- on our Web site. Additionally, you can enjoy daily food-related blogs, cooking videos, and
141.

other fresh content.

------- today and enjoy a 15% discount by using the code GCFOODIE.
142.

Warm regards,

Emily Thompson
Editor-in-Chief
Gourmet Creations

139. (A) publishes
(B) published
(C) publishing
(D) publication

140. (A) That means we charge you a lot of money.
(B) That keeps us completely independent.
(C) That limits our ability to cover important issues.
(D) That allows you to get discounts on every purchase.

141. (A) to access
(B) are accessing
(C) are accessed
(D) will have accessed

142. (A) Subscribe
(B) Invest
(C) Consider
(D) Renew

Digital Mate Tech is a software development company headquartered in San Francisco, California. We take pride in providing professional and amateur ------- with cutting-edge
143.
software solutions and IT services. Whether you run a tech startup or are a tech-savvy individual, you can trust that you will always receive top-notch assistance at a competitive price ------- you
144.
choose Digital Mate Tech. Our experienced team of experts can assist you in finding the right software solution quickly. -------.
145.

Experience immediate access to our diverse range of software solutions upon purchase or download. Our platform ensures fast and secure access to our software, allowing you to explore and utilize our ------- range of services instantly.
146.

Discover further details about our company and learn about our software and services at www. digitalmatetech.com.

143. (A) programmers
(B) programming
(C) programmed
(D) programs

144. (A) before
(B) even if
(C) when
(D) how

145. (A) We are committed to developing software programs.
(B) Shipping and handling fees apply.
(C) We welcome your thoughts and suggestions.
(D) Our support team is available all year round.

146. (A) comprehends
(B) comprehensive
(C) comprehending
(D) comprehensiveness

시나공 토익 파트 5, 6 실전 문제집

Test 01

Test 02

READING (Part V ~ VI)

NO.	ANSWER	NO.	ANSWER	NO.	ANSWER	NO.	ANSWER
	A B C D		A B C D		A B C D		A B C D
101	ⓐ ⓑ ⓒ ⓓ	121	ⓐ ⓑ ⓒ ⓓ	141	ⓐ ⓑ ⓒ ⓓ		
102	ⓐ ⓑ ⓒ ⓓ	122	ⓐ ⓑ ⓒ ⓓ	142	ⓐ ⓑ ⓒ ⓓ		
103	ⓐ ⓑ ⓒ ⓓ	123	ⓐ ⓑ ⓒ ⓓ	143	ⓐ ⓑ ⓒ ⓓ		
104	ⓐ ⓑ ⓒ ⓓ	124	ⓐ ⓑ ⓒ ⓓ	144	ⓐ ⓑ ⓒ ⓓ		
105	ⓐ ⓑ ⓒ ⓓ	125	ⓐ ⓑ ⓒ ⓓ	145	ⓐ ⓑ ⓒ ⓓ		
106	ⓐ ⓑ ⓒ ⓓ	126	ⓐ ⓑ ⓒ ⓓ	146	ⓐ ⓑ ⓒ ⓓ		
107	ⓐ ⓑ ⓒ ⓓ	127	ⓐ ⓑ ⓒ ⓓ				
108	ⓐ ⓑ ⓒ ⓓ	128	ⓐ ⓑ ⓒ ⓓ				
109	ⓐ ⓑ ⓒ ⓓ	129	ⓐ ⓑ ⓒ ⓓ				
110	ⓐ ⓑ ⓒ ⓓ	130	ⓐ ⓑ ⓒ ⓓ				
111	ⓐ ⓑ ⓒ ⓓ	131	ⓐ ⓑ ⓒ ⓓ				
112	ⓐ ⓑ ⓒ ⓓ	132	ⓐ ⓑ ⓒ ⓓ				
113	ⓐ ⓑ ⓒ ⓓ	133	ⓐ ⓑ ⓒ ⓓ				
114	ⓐ ⓑ ⓒ ⓓ	134	ⓐ ⓑ ⓒ ⓓ				
115	ⓐ ⓑ ⓒ ⓓ	135	ⓐ ⓑ ⓒ ⓓ				
116	ⓐ ⓑ ⓒ ⓓ	136	ⓐ ⓑ ⓒ ⓓ				
117	ⓐ ⓑ ⓒ ⓓ	137	ⓐ ⓑ ⓒ ⓓ				
118	ⓐ ⓑ ⓒ ⓓ	138	ⓐ ⓑ ⓒ ⓓ				
119	ⓐ ⓑ ⓒ ⓓ	139	ⓐ ⓑ ⓒ ⓓ				
120	ⓐ ⓑ ⓒ ⓓ	140	ⓐ ⓑ ⓒ ⓓ				

READING (Part V ~ VI)

NO.	ANSWER	NO.	ANSWER	NO.	ANSWER	NO.	ANSWER
	A B C D		A B C D		A B C D		A B C D
101	ⓐ ⓑ ⓒ ⓓ	121	ⓐ ⓑ ⓒ ⓓ	141	ⓐ ⓑ ⓒ ⓓ		
102	ⓐ ⓑ ⓒ ⓓ	122	ⓐ ⓑ ⓒ ⓓ	142	ⓐ ⓑ ⓒ ⓓ		
103	ⓐ ⓑ ⓒ ⓓ	123	ⓐ ⓑ ⓒ ⓓ	143	ⓐ ⓑ ⓒ ⓓ		
104	ⓐ ⓑ ⓒ ⓓ	124	ⓐ ⓑ ⓒ ⓓ	144	ⓐ ⓑ ⓒ ⓓ		
105	ⓐ ⓑ ⓒ ⓓ	125	ⓐ ⓑ ⓒ ⓓ	145	ⓐ ⓑ ⓒ ⓓ		
106	ⓐ ⓑ ⓒ ⓓ	126	ⓐ ⓑ ⓒ ⓓ	146	ⓐ ⓑ ⓒ ⓓ		
107	ⓐ ⓑ ⓒ ⓓ	127	ⓐ ⓑ ⓒ ⓓ				
108	ⓐ ⓑ ⓒ ⓓ	128	ⓐ ⓑ ⓒ ⓓ				
109	ⓐ ⓑ ⓒ ⓓ	129	ⓐ ⓑ ⓒ ⓓ				
110	ⓐ ⓑ ⓒ ⓓ	130	ⓐ ⓑ ⓒ ⓓ				
111	ⓐ ⓑ ⓒ ⓓ	131	ⓐ ⓑ ⓒ ⓓ				
112	ⓐ ⓑ ⓒ ⓓ	132	ⓐ ⓑ ⓒ ⓓ				
113	ⓐ ⓑ ⓒ ⓓ	133	ⓐ ⓑ ⓒ ⓓ				
114	ⓐ ⓑ ⓒ ⓓ	134	ⓐ ⓑ ⓒ ⓓ				
115	ⓐ ⓑ ⓒ ⓓ	135	ⓐ ⓑ ⓒ ⓓ				
116	ⓐ ⓑ ⓒ ⓓ	136	ⓐ ⓑ ⓒ ⓓ				
117	ⓐ ⓑ ⓒ ⓓ	137	ⓐ ⓑ ⓒ ⓓ				
118	ⓐ ⓑ ⓒ ⓓ	138	ⓐ ⓑ ⓒ ⓓ				
119	ⓐ ⓑ ⓒ ⓓ	139	ⓐ ⓑ ⓒ ⓓ				
120	ⓐ ⓑ ⓒ ⓓ	140	ⓐ ⓑ ⓒ ⓓ				

시나공 토익 파트 5, 6 실전 문제집

Test 03

READING (Part V ~ VI)

NO.	A	B	C	D	NO.	A	B	C	D	NO.	A	B	C	D	NO.	A	B	C	D
101	ⓐ	ⓑ	ⓒ	ⓓ	121	ⓐ	ⓑ	ⓒ	ⓓ	141	ⓐ	ⓑ	ⓒ	ⓓ					
102	ⓐ	ⓑ	ⓒ	ⓓ	122	ⓐ	ⓑ	ⓒ	ⓓ	142	ⓐ	ⓑ	ⓒ	ⓓ					
103	ⓐ	ⓑ	ⓒ	ⓓ	123	ⓐ	ⓑ	ⓒ	ⓓ	143	ⓐ	ⓑ	ⓒ	ⓓ					
104	ⓐ	ⓑ	ⓒ	ⓓ	124	ⓐ	ⓑ	ⓒ	ⓓ	144	ⓐ	ⓑ	ⓒ	ⓓ					
105	ⓐ	ⓑ	ⓒ	ⓓ	125	ⓐ	ⓑ	ⓒ	ⓓ	145	ⓐ	ⓑ	ⓒ	ⓓ					
106	ⓐ	ⓑ	ⓒ	ⓓ	126	ⓐ	ⓑ	ⓒ	ⓓ	146	ⓐ	ⓑ	ⓒ	ⓓ					
107	ⓐ	ⓑ	ⓒ	ⓓ	127	ⓐ	ⓑ	ⓒ	ⓓ										
108	ⓐ	ⓑ	ⓒ	ⓓ	128	ⓐ	ⓑ	ⓒ	ⓓ										
109	ⓐ	ⓑ	ⓒ	ⓓ	129	ⓐ	ⓑ	ⓒ	ⓓ										
110	ⓐ	ⓑ	ⓒ	ⓓ	130	ⓐ	ⓑ	ⓒ	ⓓ										
111	ⓐ	ⓑ	ⓒ	ⓓ	131	ⓐ	ⓑ	ⓒ	ⓓ										
112	ⓐ	ⓑ	ⓒ	ⓓ	132	ⓐ	ⓑ	ⓒ	ⓓ										
113	ⓐ	ⓑ	ⓒ	ⓓ	133	ⓐ	ⓑ	ⓒ	ⓓ										
114	ⓐ	ⓑ	ⓒ	ⓓ	134	ⓐ	ⓑ	ⓒ	ⓓ										
115	ⓐ	ⓑ	ⓒ	ⓓ	135	ⓐ	ⓑ	ⓒ	ⓓ										
116	ⓐ	ⓑ	ⓒ	ⓓ	136	ⓐ	ⓑ	ⓒ	ⓓ										
117	ⓐ	ⓑ	ⓒ	ⓓ	137	ⓐ	ⓑ	ⓒ	ⓓ										
118	ⓐ	ⓑ	ⓒ	ⓓ	138	ⓐ	ⓑ	ⓒ	ⓓ										
119	ⓐ	ⓑ	ⓒ	ⓓ	139	ⓐ	ⓑ	ⓒ	ⓓ										
120	ⓐ	ⓑ	ⓒ	ⓓ	140	ⓐ	ⓑ	ⓒ	ⓓ										

Test 04

READING (Part V ~ VI)

NO.	A	B	C	D	NO.	A	B	C	D	NO.	A	B	C	D	NO.	A	B	C	D
101	ⓐ	ⓑ	ⓒ	ⓓ	121	ⓐ	ⓑ	ⓒ	ⓓ	141	ⓐ	ⓑ	ⓒ	ⓓ					
102	ⓐ	ⓑ	ⓒ	ⓓ	122	ⓐ	ⓑ	ⓒ	ⓓ	142	ⓐ	ⓑ	ⓒ	ⓓ					
103	ⓐ	ⓑ	ⓒ	ⓓ	123	ⓐ	ⓑ	ⓒ	ⓓ	143	ⓐ	ⓑ	ⓒ	ⓓ					
104	ⓐ	ⓑ	ⓒ	ⓓ	124	ⓐ	ⓑ	ⓒ	ⓓ	144	ⓐ	ⓑ	ⓒ	ⓓ					
105	ⓐ	ⓑ	ⓒ	ⓓ	125	ⓐ	ⓑ	ⓒ	ⓓ	145	ⓐ	ⓑ	ⓒ	ⓓ					
106	ⓐ	ⓑ	ⓒ	ⓓ	126	ⓐ	ⓑ	ⓒ	ⓓ	146	ⓐ	ⓑ	ⓒ	ⓓ					
107	ⓐ	ⓑ	ⓒ	ⓓ	127	ⓐ	ⓑ	ⓒ	ⓓ										
108	ⓐ	ⓑ	ⓒ	ⓓ	128	ⓐ	ⓑ	ⓒ	ⓓ										
109	ⓐ	ⓑ	ⓒ	ⓓ	129	ⓐ	ⓑ	ⓒ	ⓓ										
110	ⓐ	ⓑ	ⓒ	ⓓ	130	ⓐ	ⓑ	ⓒ	ⓓ										
111	ⓐ	ⓑ	ⓒ	ⓓ	131	ⓐ	ⓑ	ⓒ	ⓓ										
112	ⓐ	ⓑ	ⓒ	ⓓ	132	ⓐ	ⓑ	ⓒ	ⓓ										
113	ⓐ	ⓑ	ⓒ	ⓓ	133	ⓐ	ⓑ	ⓒ	ⓓ										
114	ⓐ	ⓑ	ⓒ	ⓓ	134	ⓐ	ⓑ	ⓒ	ⓓ										
115	ⓐ	ⓑ	ⓒ	ⓓ	135	ⓐ	ⓑ	ⓒ	ⓓ										
116	ⓐ	ⓑ	ⓒ	ⓓ	136	ⓐ	ⓑ	ⓒ	ⓓ										
117	ⓐ	ⓑ	ⓒ	ⓓ	137	ⓐ	ⓑ	ⓒ	ⓓ										
118	ⓐ	ⓑ	ⓒ	ⓓ	138	ⓐ	ⓑ	ⓒ	ⓓ										
119	ⓐ	ⓑ	ⓒ	ⓓ	139	ⓐ	ⓑ	ⓒ	ⓓ										
120	ⓐ	ⓑ	ⓒ	ⓓ	140	ⓐ	ⓑ	ⓒ	ⓓ										

시나공 토익 파트 5, 6 실전 문제집

Test 05

READING (Part V ~ VI)

NO.	ANSWER	NO.	ANSWER	NO.	ANSWER	NO.	ANSWER
	A B C D		A B C D		A B C D		A B C D
101	ⓐ ⓑ ⓒ ⓓ	121	ⓐ ⓑ ⓒ ⓓ	141	ⓐ ⓑ ⓒ ⓓ		
102	ⓐ ⓑ ⓒ ⓓ	122	ⓐ ⓑ ⓒ ⓓ	142	ⓐ ⓑ ⓒ ⓓ		
103	ⓐ ⓑ ⓒ ⓓ	123	ⓐ ⓑ ⓒ ⓓ	143	ⓐ ⓑ ⓒ ⓓ		
104	ⓐ ⓑ ⓒ ⓓ	124	ⓐ ⓑ ⓒ ⓓ	144	ⓐ ⓑ ⓒ ⓓ		
105	ⓐ ⓑ ⓒ ⓓ	125	ⓐ ⓑ ⓒ ⓓ	145	ⓐ ⓑ ⓒ ⓓ		
106	ⓐ ⓑ ⓒ ⓓ	126	ⓐ ⓑ ⓒ ⓓ	146	ⓐ ⓑ ⓒ ⓓ		
107	ⓐ ⓑ ⓒ ⓓ	127	ⓐ ⓑ ⓒ ⓓ				
108	ⓐ ⓑ ⓒ ⓓ	128	ⓐ ⓑ ⓒ ⓓ				
109	ⓐ ⓑ ⓒ ⓓ	129	ⓐ ⓑ ⓒ ⓓ				
110	ⓐ ⓑ ⓒ ⓓ	130	ⓐ ⓑ ⓒ ⓓ				
111	ⓐ ⓑ ⓒ ⓓ	131	ⓐ ⓑ ⓒ ⓓ				
112	ⓐ ⓑ ⓒ ⓓ	132	ⓐ ⓑ ⓒ ⓓ				
113	ⓐ ⓑ ⓒ ⓓ	133	ⓐ ⓑ ⓒ ⓓ				
114	ⓐ ⓑ ⓒ ⓓ	134	ⓐ ⓑ ⓒ ⓓ				
115	ⓐ ⓑ ⓒ ⓓ	135	ⓐ ⓑ ⓒ ⓓ				
116	ⓐ ⓑ ⓒ ⓓ	136	ⓐ ⓑ ⓒ ⓓ				
117	ⓐ ⓑ ⓒ ⓓ	137	ⓐ ⓑ ⓒ ⓓ				
118	ⓐ ⓑ ⓒ ⓓ	138	ⓐ ⓑ ⓒ ⓓ				
119	ⓐ ⓑ ⓒ ⓓ	139	ⓐ ⓑ ⓒ ⓓ				
120	ⓐ ⓑ ⓒ ⓓ	140	ⓐ ⓑ ⓒ ⓓ				

Test 06

READING (Part V ~ VI)

NO.	ANSWER	NO.	ANSWER	NO.	ANSWER	NO.	ANSWER
	A B C D		A B C D		A B C D		A B C D
101	ⓐ ⓑ ⓒ ⓓ	121	ⓐ ⓑ ⓒ ⓓ	141	ⓐ ⓑ ⓒ ⓓ		
102	ⓐ ⓑ ⓒ ⓓ	122	ⓐ ⓑ ⓒ ⓓ	142	ⓐ ⓑ ⓒ ⓓ		
103	ⓐ ⓑ ⓒ ⓓ	123	ⓐ ⓑ ⓒ ⓓ	143	ⓐ ⓑ ⓒ ⓓ		
104	ⓐ ⓑ ⓒ ⓓ	124	ⓐ ⓑ ⓒ ⓓ	144	ⓐ ⓑ ⓒ ⓓ		
105	ⓐ ⓑ ⓒ ⓓ	125	ⓐ ⓑ ⓒ ⓓ	145	ⓐ ⓑ ⓒ ⓓ		
106	ⓐ ⓑ ⓒ ⓓ	126	ⓐ ⓑ ⓒ ⓓ	146	ⓐ ⓑ ⓒ ⓓ		
107	ⓐ ⓑ ⓒ ⓓ	127	ⓐ ⓑ ⓒ ⓓ				
108	ⓐ ⓑ ⓒ ⓓ	128	ⓐ ⓑ ⓒ ⓓ				
109	ⓐ ⓑ ⓒ ⓓ	129	ⓐ ⓑ ⓒ ⓓ				
110	ⓐ ⓑ ⓒ ⓓ	130	ⓐ ⓑ ⓒ ⓓ				
111	ⓐ ⓑ ⓒ ⓓ	131	ⓐ ⓑ ⓒ ⓓ				
112	ⓐ ⓑ ⓒ ⓓ	132	ⓐ ⓑ ⓒ ⓓ				
113	ⓐ ⓑ ⓒ ⓓ	133	ⓐ ⓑ ⓒ ⓓ				
114	ⓐ ⓑ ⓒ ⓓ	134	ⓐ ⓑ ⓒ ⓓ				
115	ⓐ ⓑ ⓒ ⓓ	135	ⓐ ⓑ ⓒ ⓓ				
116	ⓐ ⓑ ⓒ ⓓ	136	ⓐ ⓑ ⓒ ⓓ				
117	ⓐ ⓑ ⓒ ⓓ	137	ⓐ ⓑ ⓒ ⓓ				
118	ⓐ ⓑ ⓒ ⓓ	138	ⓐ ⓑ ⓒ ⓓ				
119	ⓐ ⓑ ⓒ ⓓ	139	ⓐ ⓑ ⓒ ⓓ				
120	ⓐ ⓑ ⓒ ⓓ	140	ⓐ ⓑ ⓒ ⓓ				

시나공 토익 파트 5, 6 실전 문제집

Test 07

READING (Part V ~ VI)

NO.	ANSWER				NO.	ANSWER				NO.	ANSWER				NO.	ANSWER			
	A	B	C	D		A	B	C	D		A	B	C	D		A	B	C	D
101	ⓐ	ⓑ	ⓒ	ⓓ	121	ⓐ	ⓑ	ⓒ	ⓓ	141	ⓐ	ⓑ	ⓒ	ⓓ					
102	ⓐ	ⓑ	ⓒ	ⓓ	122	ⓐ	ⓑ	ⓒ	ⓓ	142	ⓐ	ⓑ	ⓒ	ⓓ					
103	ⓐ	ⓑ	ⓒ	ⓓ	123	ⓐ	ⓑ	ⓒ	ⓓ	143	ⓐ	ⓑ	ⓒ	ⓓ					
104	ⓐ	ⓑ	ⓒ	ⓓ	124	ⓐ	ⓑ	ⓒ	ⓓ	144	ⓐ	ⓑ	ⓒ	ⓓ					
105	ⓐ	ⓑ	ⓒ	ⓓ	125	ⓐ	ⓑ	ⓒ	ⓓ	145	ⓐ	ⓑ	ⓒ	ⓓ					
106	ⓐ	ⓑ	ⓒ	ⓓ	126	ⓐ	ⓑ	ⓒ	ⓓ	146	ⓐ	ⓑ	ⓒ	ⓓ					
107	ⓐ	ⓑ	ⓒ	ⓓ	127	ⓐ	ⓑ	ⓒ	ⓓ										
108	ⓐ	ⓑ	ⓒ	ⓓ	128	ⓐ	ⓑ	ⓒ	ⓓ										
109	ⓐ	ⓑ	ⓒ	ⓓ	129	ⓐ	ⓑ	ⓒ	ⓓ										
110	ⓐ	ⓑ	ⓒ	ⓓ	130	ⓐ	ⓑ	ⓒ	ⓓ										
111	ⓐ	ⓑ	ⓒ	ⓓ	131	ⓐ	ⓑ	ⓒ	ⓓ										
112	ⓐ	ⓑ	ⓒ	ⓓ	132	ⓐ	ⓑ	ⓒ	ⓓ										
113	ⓐ	ⓑ	ⓒ	ⓓ	133	ⓐ	ⓑ	ⓒ	ⓓ										
114	ⓐ	ⓑ	ⓒ	ⓓ	134	ⓐ	ⓑ	ⓒ	ⓓ										
115	ⓐ	ⓑ	ⓒ	ⓓ	135	ⓐ	ⓑ	ⓒ	ⓓ										
116	ⓐ	ⓑ	ⓒ	ⓓ	136	ⓐ	ⓑ	ⓒ	ⓓ										
117	ⓐ	ⓑ	ⓒ	ⓓ	137	ⓐ	ⓑ	ⓒ	ⓓ										
118	ⓐ	ⓑ	ⓒ	ⓓ	138	ⓐ	ⓑ	ⓒ	ⓓ										
119	ⓐ	ⓑ	ⓒ	ⓓ	139	ⓐ	ⓑ	ⓒ	ⓓ										
120	ⓐ	ⓑ	ⓒ	ⓓ	140	ⓐ	ⓑ	ⓒ	ⓓ										

Test 08

READING (Part V ~ VI)

NO.	ANSWER				NO.	ANSWER				NO.	ANSWER				NO.	ANSWER			
	A	B	C	D		A	B	C	D		A	B	C	D		A	B	C	D
101	ⓐ	ⓑ	ⓒ	ⓓ	121	ⓐ	ⓑ	ⓒ	ⓓ	141	ⓐ	ⓑ	ⓒ	ⓓ					
102	ⓐ	ⓑ	ⓒ	ⓓ	122	ⓐ	ⓑ	ⓒ	ⓓ	142	ⓐ	ⓑ	ⓒ	ⓓ					
103	ⓐ	ⓑ	ⓒ	ⓓ	123	ⓐ	ⓑ	ⓒ	ⓓ	143	ⓐ	ⓑ	ⓒ	ⓓ					
104	ⓐ	ⓑ	ⓒ	ⓓ	124	ⓐ	ⓑ	ⓒ	ⓓ	144	ⓐ	ⓑ	ⓒ	ⓓ					
105	ⓐ	ⓑ	ⓒ	ⓓ	125	ⓐ	ⓑ	ⓒ	ⓓ	145	ⓐ	ⓑ	ⓒ	ⓓ					
106	ⓐ	ⓑ	ⓒ	ⓓ	126	ⓐ	ⓑ	ⓒ	ⓓ	146	ⓐ	ⓑ	ⓒ	ⓓ					
107	ⓐ	ⓑ	ⓒ	ⓓ	127	ⓐ	ⓑ	ⓒ	ⓓ										
108	ⓐ	ⓑ	ⓒ	ⓓ	128	ⓐ	ⓑ	ⓒ	ⓓ										
109	ⓐ	ⓑ	ⓒ	ⓓ	129	ⓐ	ⓑ	ⓒ	ⓓ										
110	ⓐ	ⓑ	ⓒ	ⓓ	130	ⓐ	ⓑ	ⓒ	ⓓ										
111	ⓐ	ⓑ	ⓒ	ⓓ	131	ⓐ	ⓑ	ⓒ	ⓓ										
112	ⓐ	ⓑ	ⓒ	ⓓ	132	ⓐ	ⓑ	ⓒ	ⓓ										
113	ⓐ	ⓑ	ⓒ	ⓓ	133	ⓐ	ⓑ	ⓒ	ⓓ										
114	ⓐ	ⓑ	ⓒ	ⓓ	134	ⓐ	ⓑ	ⓒ	ⓓ										
115	ⓐ	ⓑ	ⓒ	ⓓ	135	ⓐ	ⓑ	ⓒ	ⓓ										
116	ⓐ	ⓑ	ⓒ	ⓓ	136	ⓐ	ⓑ	ⓒ	ⓓ										
117	ⓐ	ⓑ	ⓒ	ⓓ	137	ⓐ	ⓑ	ⓒ	ⓓ										
118	ⓐ	ⓑ	ⓒ	ⓓ	138	ⓐ	ⓑ	ⓒ	ⓓ										
119	ⓐ	ⓑ	ⓒ	ⓓ	139	ⓐ	ⓑ	ⓒ	ⓓ										
120	ⓐ	ⓑ	ⓒ	ⓓ	140	ⓐ	ⓑ	ⓒ	ⓓ										

시나공 토익 파트 5, 6 실전 문제집

Test 09

READING (Part V ~ VI)

NO.	ANSWER				NO.	ANSWER				NO.	ANSWER				NO.	ANSWER			
	A	B	C	D		A	B	C	D		A	B	C	D		A	B	C	D
101	a	b	c	d	121	a	b	c	d	141	a	b	c	d					
102	a	b	c	d	122	a	b	c	d	142	a	b	c	d					
103	a	b	c	d	123	a	b	c	d	143	a	b	c	d					
104	a	b	c	d	124	a	b	c	d	144	a	b	c	d					
105	a	b	c	d	125	a	b	c	d	145	a	b	c	d					
106	a	b	c	d	126	a	b	c	d	146	a	b	c	d					
107	a	b	c	d	127	a	b	c	d										
108	a	b	c	d	128	a	b	c	d										
109	a	b	c	d	129	a	b	c	d										
110	a	b	c	d	130	a	b	c	d										
111	a	b	c	d	131	a	b	c	d										
112	a	b	c	d	132	a	b	c	d										
113	a	b	c	d	133	a	b	c	d										
114	a	b	c	d	134	a	b	c	d										
115	a	b	c	d	135	a	b	c	d										
116	a	b	c	d	136	a	b	c	d										
117	a	b	c	d	137	a	b	c	d										
118	a	b	c	d	138	a	b	c	d										
119	a	b	c	d	139	a	b	c	d										
120	a	b	c	d	140	a	b	c	d										

Test 10

READING (Part V ~ VI)

NO.	ANSWER				NO.	ANSWER				NO.	ANSWER				NO.	ANSWER			
	A	B	C	D		A	B	C	D		A	B	C	D		A	B	C	D
101	a	b	c	d	121	a	b	c	d	141	a	b	c	d					
102	a	b	c	d	122	a	b	c	d	142	a	b	c	d					
103	a	b	c	d	123	a	b	c	d	143	a	b	c	d					
104	a	b	c	d	124	a	b	c	d	144	a	b	c	d					
105	a	b	c	d	125	a	b	c	d	145	a	b	c	d					
106	a	b	c	d	126	a	b	c	d	146	a	b	c	d					
107	a	b	c	d	127	a	b	c	d										
108	a	b	c	d	128	a	b	c	d										
109	a	b	c	d	129	a	b	c	d										
110	a	b	c	d	130	a	b	c	d										
111	a	b	c	d	131	a	b	c	d										
112	a	b	c	d	132	a	b	c	d										
113	a	b	c	d	133	a	b	c	d										
114	a	b	c	d	134	a	b	c	d										
115	a	b	c	d	135	a	b	c	d										
116	a	b	c	d	136	a	b	c	d										
117	a	b	c	d	137	a	b	c	d										
118	a	b	c	d	138	a	b	c	d										
119	a	b	c	d	139	a	b	c	d										
120	a	b	c	d	140	a	b	c	d										

시나공 토익 파트 5, 6 실전 문제집

Test 11

READING (Part V ~ VI)

NO.	ANSWER A B C D	NO.	ANSWER A B C D	NO.	ANSWER A B C D	NO.	ANSWER A B C D
101	ⓐ ⓑ ⓒ ⓓ	121	ⓐ ⓑ ⓒ ⓓ	141	ⓐ ⓑ ⓒ ⓓ		
102	ⓐ ⓑ ⓒ ⓓ	122	ⓐ ⓑ ⓒ ⓓ	142	ⓐ ⓑ ⓒ ⓓ		
103	ⓐ ⓑ ⓒ ⓓ	123	ⓐ ⓑ ⓒ ⓓ	143	ⓐ ⓑ ⓒ ⓓ		
104	ⓐ ⓑ ⓒ ⓓ	124	ⓐ ⓑ ⓒ ⓓ	144	ⓐ ⓑ ⓒ ⓓ		
105	ⓐ ⓑ ⓒ ⓓ	125	ⓐ ⓑ ⓒ ⓓ	145	ⓐ ⓑ ⓒ ⓓ		
106	ⓐ ⓑ ⓒ ⓓ	126	ⓐ ⓑ ⓒ ⓓ	146	ⓐ ⓑ ⓒ ⓓ		
107	ⓐ ⓑ ⓒ ⓓ	127	ⓐ ⓑ ⓒ ⓓ				
108	ⓐ ⓑ ⓒ ⓓ	128	ⓐ ⓑ ⓒ ⓓ				
109	ⓐ ⓑ ⓒ ⓓ	129	ⓐ ⓑ ⓒ ⓓ				
110	ⓐ ⓑ ⓒ ⓓ	130	ⓐ ⓑ ⓒ ⓓ				
111	ⓐ ⓑ ⓒ ⓓ	131	ⓐ ⓑ ⓒ ⓓ				
112	ⓐ ⓑ ⓒ ⓓ	132	ⓐ ⓑ ⓒ ⓓ				
113	ⓐ ⓑ ⓒ ⓓ	133	ⓐ ⓑ ⓒ ⓓ				
114	ⓐ ⓑ ⓒ ⓓ	134	ⓐ ⓑ ⓒ ⓓ				
115	ⓐ ⓑ ⓒ ⓓ	135	ⓐ ⓑ ⓒ ⓓ				
116	ⓐ ⓑ ⓒ ⓓ	136	ⓐ ⓑ ⓒ ⓓ				
117	ⓐ ⓑ ⓒ ⓓ	137	ⓐ ⓑ ⓒ ⓓ				
118	ⓐ ⓑ ⓒ ⓓ	138	ⓐ ⓑ ⓒ ⓓ				
119	ⓐ ⓑ ⓒ ⓓ	139	ⓐ ⓑ ⓒ ⓓ				
120	ⓐ ⓑ ⓒ ⓓ	140	ⓐ ⓑ ⓒ ⓓ				

Test 12

READING (Part V ~ VI)

NO.	ANSWER A B C D	NO.	ANSWER A B C D	NO.	ANSWER A B C D	NO.	ANSWER A B C D
101	ⓐ ⓑ ⓒ ⓓ	121	ⓐ ⓑ ⓒ ⓓ	141	ⓐ ⓑ ⓒ ⓓ		
102	ⓐ ⓑ ⓒ ⓓ	122	ⓐ ⓑ ⓒ ⓓ	142	ⓐ ⓑ ⓒ ⓓ		
103	ⓐ ⓑ ⓒ ⓓ	123	ⓐ ⓑ ⓒ ⓓ	143	ⓐ ⓑ ⓒ ⓓ		
104	ⓐ ⓑ ⓒ ⓓ	124	ⓐ ⓑ ⓒ ⓓ	144	ⓐ ⓑ ⓒ ⓓ		
105	ⓐ ⓑ ⓒ ⓓ	125	ⓐ ⓑ ⓒ ⓓ	145	ⓐ ⓑ ⓒ ⓓ		
106	ⓐ ⓑ ⓒ ⓓ	126	ⓐ ⓑ ⓒ ⓓ	146	ⓐ ⓑ ⓒ ⓓ		
107	ⓐ ⓑ ⓒ ⓓ	127	ⓐ ⓑ ⓒ ⓓ				
108	ⓐ ⓑ ⓒ ⓓ	128	ⓐ ⓑ ⓒ ⓓ				
109	ⓐ ⓑ ⓒ ⓓ	129	ⓐ ⓑ ⓒ ⓓ				
110	ⓐ ⓑ ⓒ ⓓ	130	ⓐ ⓑ ⓒ ⓓ				
111	ⓐ ⓑ ⓒ ⓓ	131	ⓐ ⓑ ⓒ ⓓ				
112	ⓐ ⓑ ⓒ ⓓ	132	ⓐ ⓑ ⓒ ⓓ				
113	ⓐ ⓑ ⓒ ⓓ	133	ⓐ ⓑ ⓒ ⓓ				
114	ⓐ ⓑ ⓒ ⓓ	134	ⓐ ⓑ ⓒ ⓓ				
115	ⓐ ⓑ ⓒ ⓓ	135	ⓐ ⓑ ⓒ ⓓ				
116	ⓐ ⓑ ⓒ ⓓ	136	ⓐ ⓑ ⓒ ⓓ				
117	ⓐ ⓑ ⓒ ⓓ	137	ⓐ ⓑ ⓒ ⓓ				
118	ⓐ ⓑ ⓒ ⓓ	138	ⓐ ⓑ ⓒ ⓓ				
119	ⓐ ⓑ ⓒ ⓓ	139	ⓐ ⓑ ⓒ ⓓ				
120	ⓐ ⓑ ⓒ ⓓ	140	ⓐ ⓑ ⓒ ⓓ				

Test 13

READING (Part V ~ VI)

NO.	ANSWER A B C D	NO.	ANSWER A B C D	NO.	ANSWER A B C D	NO.	ANSWER A B C D
101	a b c d	121	a b c d	141	a b c d		
102	a b c d	122	a b c d	142	a b c d		
103	a b c d	123	a b c d	143	a b c d		
104	a b c d	124	a b c d	144	a b c d		
105	a b c d	125	a b c d	145	a b c d		
106	a b c d	126	a b c d	146	a b c d		
107	a b c d	127	a b c d				
108	a b c d	128	a b c d				
109	a b c d	129	a b c d				
110	a b c d	130	a b c d				
111	a b c d	131	a b c d				
112	a b c d	132	a b c d				
113	a b c d	133	a b c d				
114	a b c d	134	a b c d				
115	a b c d	135	a b c d				
116	a b c d	136	a b c d				
117	a b c d	137	a b c d				
118	a b c d	138	a b c d				
119	a b c d	139	a b c d				
120	a b c d	140	a b c d				

Test 14

READING (Part V ~ VI)

NO.	ANSWER A B C D	NO.	ANSWER A B C D	NO.	ANSWER A B C D	NO.	ANSWER A B C D
101	a b c d	121	a b c d	141	a b c d		
102	a b c d	122	a b c d	142	a b c d		
103	a b c d	123	a b c d	143	a b c d		
104	a b c d	124	a b c d	144	a b c d		
105	a b c d	125	a b c d	145	a b c d		
106	a b c d	126	a b c d	146	a b c d		
107	a b c d	127	a b c d				
108	a b c d	128	a b c d				
109	a b c d	129	a b c d				
110	a b c d	130	a b c d				
111	a b c d	131	a b c d				
112	a b c d	132	a b c d				
113	a b c d	133	a b c d				
114	a b c d	134	a b c d				
115	a b c d	135	a b c d				
116	a b c d	136	a b c d				
117	a b c d	137	a b c d				
118	a b c d	138	a b c d				
119	a b c d	139	a b c d				
120	a b c d	140	a b c d				

시나공 토익 파트 5, 6 실전 문제집

Test 15

Test 16

READING (Part V ~ VI)

시나공 토익 파트 5, 6 실전 문제집

Test 17

READING (Part V ~ VI)

NO.	ANSWER A B C D	NO.	ANSWER A B C D	NO.	ANSWER A B C D	NO.	ANSWER A B C D
101	ⓐ ⓑ ⓒ ⓓ	121	ⓐ ⓑ ⓒ ⓓ	141	ⓐ ⓑ ⓒ ⓓ		
102	ⓐ ⓑ ⓒ ⓓ	122	ⓐ ⓑ ⓒ ⓓ	142	ⓐ ⓑ ⓒ ⓓ		
103	ⓐ ⓑ ⓒ ⓓ	123	ⓐ ⓑ ⓒ ⓓ	143	ⓐ ⓑ ⓒ ⓓ		
104	ⓐ ⓑ ⓒ ⓓ	124	ⓐ ⓑ ⓒ ⓓ	144	ⓐ ⓑ ⓒ ⓓ		
105	ⓐ ⓑ ⓒ ⓓ	125	ⓐ ⓑ ⓒ ⓓ	145	ⓐ ⓑ ⓒ ⓓ		
106	ⓐ ⓑ ⓒ ⓓ	126	ⓐ ⓑ ⓒ ⓓ	146	ⓐ ⓑ ⓒ ⓓ		
107	ⓐ ⓑ ⓒ ⓓ	127	ⓐ ⓑ ⓒ ⓓ				
108	ⓐ ⓑ ⓒ ⓓ	128	ⓐ ⓑ ⓒ ⓓ				
109	ⓐ ⓑ ⓒ ⓓ	129	ⓐ ⓑ ⓒ ⓓ				
110	ⓐ ⓑ ⓒ ⓓ	130	ⓐ ⓑ ⓒ ⓓ				
111	ⓐ ⓑ ⓒ ⓓ	131	ⓐ ⓑ ⓒ ⓓ				
112	ⓐ ⓑ ⓒ ⓓ	132	ⓐ ⓑ ⓒ ⓓ				
113	ⓐ ⓑ ⓒ ⓓ	133	ⓐ ⓑ ⓒ ⓓ				
114	ⓐ ⓑ ⓒ ⓓ	134	ⓐ ⓑ ⓒ ⓓ				
115	ⓐ ⓑ ⓒ ⓓ	135	ⓐ ⓑ ⓒ ⓓ				
116	ⓐ ⓑ ⓒ ⓓ	136	ⓐ ⓑ ⓒ ⓓ				
117	ⓐ ⓑ ⓒ ⓓ	137	ⓐ ⓑ ⓒ ⓓ				
118	ⓐ ⓑ ⓒ ⓓ	138	ⓐ ⓑ ⓒ ⓓ				
119	ⓐ ⓑ ⓒ ⓓ	139	ⓐ ⓑ ⓒ ⓓ				
120	ⓐ ⓑ ⓒ ⓓ	140	ⓐ ⓑ ⓒ ⓓ				

Test 18

READING (Part V ~ VI)

NO.	ANSWER A B C D	NO.	ANSWER A B C D	NO.	ANSWER A B C D	NO.	ANSWER A B C D
101	ⓐ ⓑ ⓒ ⓓ	121	ⓐ ⓑ ⓒ ⓓ	141	ⓐ ⓑ ⓒ ⓓ		
102	ⓐ ⓑ ⓒ ⓓ	122	ⓐ ⓑ ⓒ ⓓ	142	ⓐ ⓑ ⓒ ⓓ		
103	ⓐ ⓑ ⓒ ⓓ	123	ⓐ ⓑ ⓒ ⓓ	143	ⓐ ⓑ ⓒ ⓓ		
104	ⓐ ⓑ ⓒ ⓓ	124	ⓐ ⓑ ⓒ ⓓ	144	ⓐ ⓑ ⓒ ⓓ		
105	ⓐ ⓑ ⓒ ⓓ	125	ⓐ ⓑ ⓒ ⓓ	145	ⓐ ⓑ ⓒ ⓓ		
106	ⓐ ⓑ ⓒ ⓓ	126	ⓐ ⓑ ⓒ ⓓ	146	ⓐ ⓑ ⓒ ⓓ		
107	ⓐ ⓑ ⓒ ⓓ	127	ⓐ ⓑ ⓒ ⓓ				
108	ⓐ ⓑ ⓒ ⓓ	128	ⓐ ⓑ ⓒ ⓓ				
109	ⓐ ⓑ ⓒ ⓓ	129	ⓐ ⓑ ⓒ ⓓ				
110	ⓐ ⓑ ⓒ ⓓ	130	ⓐ ⓑ ⓒ ⓓ				
111	ⓐ ⓑ ⓒ ⓓ	131	ⓐ ⓑ ⓒ ⓓ				
112	ⓐ ⓑ ⓒ ⓓ	132	ⓐ ⓑ ⓒ ⓓ				
113	ⓐ ⓑ ⓒ ⓓ	133	ⓐ ⓑ ⓒ ⓓ				
114	ⓐ ⓑ ⓒ ⓓ	134	ⓐ ⓑ ⓒ ⓓ				
115	ⓐ ⓑ ⓒ ⓓ	135	ⓐ ⓑ ⓒ ⓓ				
116	ⓐ ⓑ ⓒ ⓓ	136	ⓐ ⓑ ⓒ ⓓ				
117	ⓐ ⓑ ⓒ ⓓ	137	ⓐ ⓑ ⓒ ⓓ				
118	ⓐ ⓑ ⓒ ⓓ	138	ⓐ ⓑ ⓒ ⓓ				
119	ⓐ ⓑ ⓒ ⓓ	139	ⓐ ⓑ ⓒ ⓓ				
120	ⓐ ⓑ ⓒ ⓓ	140	ⓐ ⓑ ⓒ ⓓ				

시나공 토익 파트 5, 6 실전 문제집

Test 19

READING (Part V ~ VI)

NO.	ANSWER	NO.	ANSWER	NO.	ANSWER	NO.	ANSWER
	A B C D		A B C D		A B C D		A B C D
101	ⓐ ⓑ ⓒ ⓓ	121	ⓐ ⓑ ⓒ ⓓ	141	ⓐ ⓑ ⓒ ⓓ		
102	ⓐ ⓑ ⓒ ⓓ	122	ⓐ ⓑ ⓒ ⓓ	142	ⓐ ⓑ ⓒ ⓓ		
103	ⓐ ⓑ ⓒ ⓓ	123	ⓐ ⓑ ⓒ ⓓ	143	ⓐ ⓑ ⓒ ⓓ		
104	ⓐ ⓑ ⓒ ⓓ	124	ⓐ ⓑ ⓒ ⓓ	144	ⓐ ⓑ ⓒ ⓓ		
105	ⓐ ⓑ ⓒ ⓓ	125	ⓐ ⓑ ⓒ ⓓ	145	ⓐ ⓑ ⓒ ⓓ		
106	ⓐ ⓑ ⓒ ⓓ	126	ⓐ ⓑ ⓒ ⓓ	146	ⓐ ⓑ ⓒ ⓓ		
107	ⓐ ⓑ ⓒ ⓓ	127	ⓐ ⓑ ⓒ ⓓ				
108	ⓐ ⓑ ⓒ ⓓ	128	ⓐ ⓑ ⓒ ⓓ				
109	ⓐ ⓑ ⓒ ⓓ	129	ⓐ ⓑ ⓒ ⓓ				
110	ⓐ ⓑ ⓒ ⓓ	130	ⓐ ⓑ ⓒ ⓓ				
111	ⓐ ⓑ ⓒ ⓓ	131	ⓐ ⓑ ⓒ ⓓ				
112	ⓐ ⓑ ⓒ ⓓ	132	ⓐ ⓑ ⓒ ⓓ				
113	ⓐ ⓑ ⓒ ⓓ	133	ⓐ ⓑ ⓒ ⓓ				
114	ⓐ ⓑ ⓒ ⓓ	134	ⓐ ⓑ ⓒ ⓓ				
115	ⓐ ⓑ ⓒ ⓓ	135	ⓐ ⓑ ⓒ ⓓ				
116	ⓐ ⓑ ⓒ ⓓ	136	ⓐ ⓑ ⓒ ⓓ				
117	ⓐ ⓑ ⓒ ⓓ	137	ⓐ ⓑ ⓒ ⓓ				
118	ⓐ ⓑ ⓒ ⓓ	138	ⓐ ⓑ ⓒ ⓓ				
119	ⓐ ⓑ ⓒ ⓓ	139	ⓐ ⓑ ⓒ ⓓ				
120	ⓐ ⓑ ⓒ ⓓ	140	ⓐ ⓑ ⓒ ⓓ				

Test 20

READING (Part V ~ VI)

NO.	ANSWER	NO.	ANSWER	NO.	ANSWER	NO.	ANSWER
	A B C D		A B C D		A B C D		A B C D
101	ⓐ ⓑ ⓒ ⓓ	121	ⓐ ⓑ ⓒ ⓓ	141	ⓐ ⓑ ⓒ ⓓ		
102	ⓐ ⓑ ⓒ ⓓ	122	ⓐ ⓑ ⓒ ⓓ	142	ⓐ ⓑ ⓒ ⓓ		
103	ⓐ ⓑ ⓒ ⓓ	123	ⓐ ⓑ ⓒ ⓓ	143	ⓐ ⓑ ⓒ ⓓ		
104	ⓐ ⓑ ⓒ ⓓ	124	ⓐ ⓑ ⓒ ⓓ	144	ⓐ ⓑ ⓒ ⓓ		
105	ⓐ ⓑ ⓒ ⓓ	125	ⓐ ⓑ ⓒ ⓓ	145	ⓐ ⓑ ⓒ ⓓ		
106	ⓐ ⓑ ⓒ ⓓ	126	ⓐ ⓑ ⓒ ⓓ	146	ⓐ ⓑ ⓒ ⓓ		
107	ⓐ ⓑ ⓒ ⓓ	127	ⓐ ⓑ ⓒ ⓓ				
108	ⓐ ⓑ ⓒ ⓓ	128	ⓐ ⓑ ⓒ ⓓ				
109	ⓐ ⓑ ⓒ ⓓ	129	ⓐ ⓑ ⓒ ⓓ				
110	ⓐ ⓑ ⓒ ⓓ	130	ⓐ ⓑ ⓒ ⓓ				
111	ⓐ ⓑ ⓒ ⓓ	131	ⓐ ⓑ ⓒ ⓓ				
112	ⓐ ⓑ ⓒ ⓓ	132	ⓐ ⓑ ⓒ ⓓ				
113	ⓐ ⓑ ⓒ ⓓ	133	ⓐ ⓑ ⓒ ⓓ				
114	ⓐ ⓑ ⓒ ⓓ	134	ⓐ ⓑ ⓒ ⓓ				
115	ⓐ ⓑ ⓒ ⓓ	135	ⓐ ⓑ ⓒ ⓓ				
116	ⓐ ⓑ ⓒ ⓓ	136	ⓐ ⓑ ⓒ ⓓ				
117	ⓐ ⓑ ⓒ ⓓ	137	ⓐ ⓑ ⓒ ⓓ				
118	ⓐ ⓑ ⓒ ⓓ	138	ⓐ ⓑ ⓒ ⓓ				
119	ⓐ ⓑ ⓒ ⓓ	139	ⓐ ⓑ ⓒ ⓓ				
120	ⓐ ⓑ ⓒ ⓓ	140	ⓐ ⓑ ⓒ ⓓ				

정답 및 해설

Test 01

Part 5·6

101. (D)	102. (B)	103. (C)	104. (B)	105. (D)	106. (A)	107. (B)	108. (A)	109. (B)	110. (D)
111. (D)	112. (B)	113. (A)	114. (D)	115. (C)	116. (C)	117. (C)	118. (A)	119. (C)	120. (A)
121. (C)	122. (B)	123. (D)	124. (C)	125. (B)	126. (D)	127. (B)	128. (D)	129. (A)	130. (A)
131. (A)	132. (C)	133. (B)	134. (C)	135. (A)	136. (D)	137. (A)	138. (B)	139. (C)	140. (A)
141. (D)	142. (D)	143. (B)	144. (D)	145. (A)	146. (C)				

Test 02

Part 5·6

101. (C)	102. (C)	103. (A)	104. (C)	105. (A)	106. (B)	107. (A)	108. (B)	109. (D)	110. (A)
111. (C)	112. (B)	113. (D)	114. (A)	115. (A)	116. (B)	117. (D)	118. (B)	119. (C)	120. (D)
121. (A)	122. (C)	123. (B)	124. (A)	125. (A)	126. (B)	127. (B)	128. (D)	129. (D)	130. (C)
131. (D)	132. (C)	133. (A)	134. (D)	135. (B)	136. (A)	137. (B)	138. (D)	139. (A)	140. (C)
141. (C)	142. (D)	143. (C)	144. (B)	145. (D)	146. (C)				

Test 03

Part 5·6

101. (D)	102. (C)	103. (B)	104. (D)	105. (A)	106. (D)	107. (C)	108. (C)	109. (C)	110. (D)
111. (C)	112. (A)	113. (A)	114. (B)	115. (B)	116. (D)	117. (B)	118. (C)	119. (B)	120. (B)
121. (D)	122. (D)	123. (A)	124. (A)	125. (D)	126. (A)	127. (B)	128. (C)	129. (A)	130. (C)
131. (B)	132. (B)	133. (C)	134. (D)	135. (B)	136. (C)	137. (A)	138. (B)	139. (D)	140. (A)
141. (B)	142. (C)	143. (B)	144. (D)	145. (A)	146. (A)				

Test 04

Part 5·6

101. (D)	102. (C)	103. (A)	104. (D)	105. (A)	106. (D)	107. (C)	108. (A)	109. (B)	110. (B)
111. (C)	112. (C)	113. (A)	114. (D)	115. (B)	116. (A)	117. (D)	118. (C)	119. (A)	120. (D)
121. (C)	122. (B)	123. (A)	124. (B)	125. (A)	126. (B)	127. (A)	128. (B)	129. (B)	130. (D)
131. (C)	132. (A)	133. (B)	134. (D)	135. (D)	136. (C)	137. (B)	138. (D)	139. (C)	140. (A)
141. (D)	142. (C)	143. (D)	144. (C)	145. (B)	146. (A)				

Test 05

Part 5·6

101. (C)	**102.** (A)	**103.** (B)	**104.** (C)	**105.** (A)	**106.** (C)	**107.** (D)	**108.** (D)	**109.** (B)	**110.** (A)
111. (D)	**112.** (B)	**113.** (B)	**114.** (D)	**115.** (B)	**116.** (A)	**117.** (C)	**118.** (B)	**119.** (A)	**120.** (D)
121. (D)	**122.** (B)	**123.** (A)	**124.** (C)	**125.** (D)	**126.** (C)	**127.** (B)	**128.** (B)	**129.** (A)	**130.** (C)
131. (D)	**132.** (A)	**133.** (D)	**134.** (C)	**135.** (A)	**136.** (B)	**137.** (C)	**138.** (A)	**139.** (C)	**140.** (A)
141. (B)	**142.** (D)	**143.** (C)	**144.** (B)	**145.** (D)	**146.** (A)				

Test 06

Part 5·6

101. (C)	**102.** (D)	**103.** (A)	**104.** (C)	**105.** (D)	**106.** (A)	**107.** (C)	**108.** (B)	**109.** (B)	**110.** (B)
111. (B)	**112.** (C)	**113.** (C)	**114.** (A)	**115.** (B)	**116.** (D)	**117.** (C)	**118.** (D)	**119.** (A)	**120.** (C)
121. (B)	**122.** (D)	**123.** (A)	**124.** (A)	**125.** (D)	**126.** (A)	**127.** (B)	**128.** (D)	**129.** (A)	**130.** (B)
131. (B)	**132.** (D)	**133.** (A)	**134.** (C)	**135.** (D)	**136.** (C)	**137.** (A)	**138.** (B)	**139.** (B)	**140.** (C)
141. (D)	**142.** (C)	**143.** (A)	**144.** (C)	**145.** (D)	**146.** (B)				

Test 07

Part 5·6

101. (A)	**102.** (B)	**103.** (B)	**104.** (C)	**105.** (B)	**106.** (A)	**107.** (D)	**108.** (D)	**109.** (A)	**110.** (B)
111. (A)	**112.** (B)	**113.** (C)	**114.** (C)	**115.** (D)	**116.** (B)	**117.** (D)	**118.** (C)	**119.** (A)	**120.** (B)
121. (A)	**122.** (B)	**123.** (C)	**124.** (B)	**125.** (D)	**126.** (A)	**127.** (C)	**128.** (D)	**129.** (A)	**130.** (B)
131. (D)	**132.** (C)	**133.** (D)	**134.** (A)	**135.** (A)	**136.** (B)	**137.** (A)	**138.** (D)	**139.** (D)	**140.** (A)
141. (D)	**142.** (C)	**143.** (C)	**144.** (C)	**145.** (B)	**146.** (C)				

Test 08

Part 5·6

101. (B)	**102.** (A)	**103.** (A)	**104.** (C)	**105.** (B)	**106.** (C)	**107.** (D)	**108.** (D)	**109.** (C)	**110.** (A)
111. (D)	**112.** (C)	**113.** (C)	**114.** (D)	**115.** (C)	**116.** (D)	**117.** (C)	**118.** (A)	**119.** (D)	**120.** (D)
121. (B)	**122.** (B)	**123.** (A)	**124.** (B)	**125.** (A)	**126.** (C)	**127.** (A)	**128.** (C)	**129.** (A)	**130.** (B)
131. (C)	**132.** (D)	**133.** (A)	**134.** (B)	**135.** (B)	**136.** (A)	**137.** (D)	**138.** (B)	**139.** (A)	**140.** (C)
141. (B)	**142.** (A)	**143.** (B)	**144.** (A)	**145.** (A)	**146.** (C)				

Test 09

Part 5·6

101. (C)	102. (D)	103. (C)	104. (A)	105. (B)	106. (C)	107. (D)	108. (A)	109. (A)	110. (C)
111. (D)	112. (C)	113. (B)	114. (A)	115. (A)	116. (A)	117. (D)	118. (C)	119. (B)	120. (B)
121. (B)	122. (D)	123. (A)	124. (C)	125. (D)	126. (C)	127. (D)	128. (B)	129. (D)	130. (A)
131. (A)	132. (B)	133. (C)	134. (D)	135. (C)	136. (A)	137. (A)	138. (B)	139. (B)	140. (C)
141. (A)	142. (A)	143. (A)	144. (D)	145. (B)	146. (C)				

Test 10

Part 5·6

101. (D)	102. (C)	103. (D)	104. (A)	105. (A)	106. (A)	107. (B)	108. (A)	109. (C)	110. (A)
111. (D)	112. (D)	113. (D)	114. (C)	115. (D)	116. (B)	117. (D)	118. (D)	119. (D)	120. (B)
121. (C)	122. (C)	123. (C)	124. (B)	125. (B)	126. (B)	127. (D)	128. (C)	129. (B)	130. (C)
131. (C)	132. (A)	133. (C)	134. (D)	135. (B)	136. (A)	137. (D)	138. (C)	139. (C)	140. (D)
141. (D)	142. (B)	143. (C)	144. (A)	145. (B)	146. (C)				

Test 11

Part 5·6

101. (C)	102. (B)	103. (C)	104. (A)	105. (C)	106. (D)	107. (B)	108. (B)	109. (A)	110. (B)
111. (A)	112. (A)	113. (D)	114. (B)	115. (D)	116. (C)	117. (A)	118. (C)	119. (D)	120. (B)
121. (D)	122. (C)	123. (B)	124. (D)	125. (A)	126. (A)	127. (C)	128. (D)	129. (D)	130. (B)
131. (A)	132. (A)	133. (D)	134. (B)	135. (D)	136. (D)	137. (C)	138. (B)	139. (A)	140. (B)
141. (C)	142. (B)	143. (B)	144. (A)	145. (C)	146. (D)				

Test 12

Part 5·6

101. (B)	102. (C)	103. (D)	104. (B)	105. (D)	106. (A)	107. (D)	108. (D)	109. (C)	110. (C)
111. (A)	112. (D)	113. (B)	114. (A)	115. (A)	116. (C)	117. (A)	118. (B)	119. (D)	120. (A)
121. (C)	122. (D)	123. (A)	124. (A)	125. (B)	126. (B)	127. (A)	128. (B)	129. (B)	130. (A)
131. (C)	132. (C)	133. (B)	134. (A)	135. (C)	136. (C)	137. (B)	138. (C)	139. (C)	140. (B)
141. (C)	142. (B)	143. (A)	144. (C)	145. (A)	146. (C)				

Test 13

Part 5·6

101. (A)	102. (C)	103. (D)	104. (B)	105. (B)	106. (A)	107. (B)	108. (B)	109. (A)	110. (A)
111. (B)	112. (D)	113. (B)	114. (D)	115. (C)	116. (D)	117. (D)	118. (C)	119. (B)	120. (C)
121. (D)	122. (C)	123. (A)	124. (C)	125. (B)	126. (C)	127. (C)	128. (A)	129. (D)	130. (A)
131. (D)	132. (C)	133. (A)	134. (B)	135. (A)	136. (D)	137. (B)	138. (C)	139. (D)	140. (B)
141. (C)	142. (A)	143. (A)	144. (D)	145. (A)	146. (D)				

Test 14

Part 5·6

101. (B)	102. (D)	103. (B)	104. (B)	105. (D)	106. (B)	107. (A)	108. (B)	109. (A)	110. (B)
111. (A)	112. (C)	113. (A)	114. (A)	115. (D)	116. (C)	117. (D)	118. (A)	119. (D)	120. (C)
121. (D)	122. (C)	123. (A)	124. (B)	125. (C)	126. (D)	127. (C)	128. (B)	129. (B)	130. (C)
131. (C)	132. (D)	133. (D)	134. (A)	135. (C)	136. (B)	137. (D)	138. (A)	139. (C)	140. (D)
141. (B)	142. (A)	143. (A)	144. (C)	145. (B)	146. (D)				

Test 15

Part 5·6

101. (C)	102. (C)	103. (B)	104. (D)	105. (A)	106. (C)	107. (D)	108. (A)	109. (C)	110. (D)
111. (C)	112. (B)	113. (B)	114. (B)	115. (B)	116. (B)	117. (C)	118. (A)	119. (D)	120. (A)
121. (D)	122. (A)	123. (A)	124. (B)	125. (A)	126. (B)	127. (C)	128. (D)	129. (D)	130. (A)
131. (B)	132. (C)	133. (A)	134. (D)	135. (C)	136. (A)	137. (D)	138. (B)	139. (B)	140. (C)
141. (A)	142. (D)	143. (C)	144. (D)	145. (A)	146. (B)				

Test 16

Part 5·6

101. (B)	102. (D)	103. (C)	104. (D)	105. (C)	106. (B)	107. (B)	108. (D)	109. (D)	110. (C)
111. (B)	112. (B)	113. (C)	114. (C)	115. (D)	116. (A)	117. (D)	118. (D)	119. (C)	120. (A)
121. (C)	122. (B)	123. (C)	124. (D)	125. (B)	126. (A)	127. (B)	128. (A)	129. (A)	130. (A)
131. (A)	132. (A)	133. (D)	134. (B)	135. (A)	136. (C)	137. (C)	138. (A)	139. (B)	140. (B)
141. (A)	142. (C)	143. (A)	144. (D)	145. (B)	146. (C)				

Test 17

Part 5·6

101. (C)	102. (A)	103. (D)	104. (D)	105. (B)	106. (A)	107. (A)	108. (B)	109. (C)	110. (D)
111. (B)	112. (A)	113. (D)	114. (B)	115. (C)	116. (D)	117. (C)	118. (A)	119. (B)	120. (D)
121. (A)	122. (C)	123. (A)	124. (A)	125. (A)	126. (B)	127. (C)	128. (A)	129. (B)	130. (C)
131. (D)	132. (B)	133. (B)	134. (A)	135. (A)	136. (D)	137. (A)	138. (C)	139. (D)	140. (C)
141. (D)	142. (C)	143. (B)	144. (B)	145. (C)	146. (D)				

Test 18

Part 5·6

101. (A)	102. (B)	103. (D)	104. (D)	105. (A)	106. (B)	107. (A)	108. (B)	109. (B)	110. (C)
111. (D)	112. (A)	113. (C)	114. (A)	115. (D)	116. (A)	117. (C)	118. (D)	119. (B)	120. (C)
121. (D)	122. (D)	123. (C)	124. (B)	125. (A)	126. (C)	127. (D)	128. (C)	129. (A)	130. (B)
131. (B)	132. (C)	133. (B)	134. (D)	135. (B)	136. (C)	137. (C)	138. (A)	139. (B)	140. (D)
141. (C)	142. (C)	143. (D)	144. (A)	145. (A)	146. (C)				

Test 19

Part 5·6

101. (C)	102. (C)	103. (A)	104. (D)	105. (A)	106. (C)	107. (B)	108. (C)	109. (C)	110. (B)
111. (D)	112. (B)	113. (D)	114. (D)	115. (B)	116. (B)	117. (D)	118. (B)	119. (A)	120. (B)
121. (C)	122. (A)	123. (A)	124. (A)	125. (C)	126. (A)	127. (D)	128. (C)	129. (D)	130. (B)
131. (D)	132. (D)	133. (D)	134. (B)	135. (C)	136. (A)	137. (B)	138. (C)	139. (C)	140. (C)
141. (B)	142. (D)	143. (A)	144. (B)	145. (D)	146. (A)				

Test 20

Part 5·6

101. (B)	102. (C)	103. (A)	104. (D)	105. (D)	106. (D)	107. (C)	108. (C)	109. (A)	110. (A)
111. (D)	112. (B)	113. (A)	114. (A)	115. (B)	116. (B)	117. (A)	118. (B)	119. (D)	120. (B)
121. (C)	122. (C)	123. (A)	124. (B)	125. (D)	126. (A)	127. (C)	128. (D)	129. (C)	130. (D)
131. (C)	132. (C)	133. (A)	134. (B)	135. (A)	136. (C)	137. (D)	138. (D)	139. (B)	140. (B)
141. (A)	142. (A)	143. (A)	144. (C)	145. (D)	146. (B)				

TEST 01
Part 5

101. 시제

해설 Mr. Bahadur와 the president of Air Pacific은 동격 관계이다. implemented는 '우리 스태프들에 의해 시행되는 모든 안전 예방책'과 같이 safety precautions를 수식하는 과거분사로 쓰였다. 전체 문장에 동사가 없으므로 빈칸에 동사가 와야 한다. 다음으로, 문미에 next week라는 미래시점 부사가 나오므로 정답은 미래시제 동사인 (D) will review이다. **정답** (D)

표현 정리 safety precaution 안전 예방책 implement 시행하다 (= carry out)

해석 Air Pacific의 사장인 Mr. Bahadur는 다음 주에 우리 스태프들이 시행하는 모든 안전 예방책을 검토할 것이다.

102. 부사 어형

해설 빈칸이 동사구 were answered 사이에 위치하므로 동사를 수식하는 부사인 (B) promptly(신속히)가 정답이다. prompt는 〈1. 형용사: 신속한, 시간을 엄수하는 2. 동사; (사람에게 어떤 결정을 내리도록, 어떤 일이 일어나도록) 하다[촉발하다]〉의 뜻으로 다양한 의미로 쓰인다. 부사일 때는 〈The meeting will begin at ten o'clock prompt.〉와 같이 시간 표현 뒤에 나온다. **정답** (B)

표현 정리 management 관리 facilitator (지시하는 사람이 아닌) 조력[협력]자

해석 경영관리 세미나 동안, 진행자가 질문들에 즉시 답변을 했다.

103. 명사 어형

해설 해석해 보면 '회사가 사무실 환경을 개선하면 생산성이 거의 확실히 증가할 것이라고 강조했다'가 적절하다. 따라서 정답은 'the rate at which goods are produced'라는 뜻의 (C) productivity이다. (A)는 '제품'이란 뜻으로 의미상 자연스럽지 않다. **정답** (C)

표현 정리 stress 강조하다 environment 환경 almost 거의 certainly 확실히

해석 Ms. Alpha는 회사가 사무실 환경을 개선하면 생산성이 거의 확실히 증가할 것이라고 강조했다.

104. 명사 어형

해설 문장의 동사는 is recruiting이고 목적어가 필요하고, '판매직원을 채용한다'가 의미상 자연스러우므로 직원을 뜻하는 단어인 (B)가 정답이 된다. (A)는 '대표적인'이라는 뜻의 형용사로 명사가 되려면 관사나 복수를 나타내는 's'가 붙어야 한다. **정답** (B)

표현 정리 recruit 모집하다[뽑다] branch 지사, 분점

해석 BioGreen Motors는 Almaty의 새 지사에서 근무할 판매직원을 모집하고 있다.

105. 전치사

해설 전치사 어휘문제이다. 여기서는 앞에 나온 동사 prepare가 단서이다. prepare는 〈prepare something for someone/something〉의 형태로 쓰이거나 〈prepare for〉로 쓰이기도 한다. 빈칸에 (D) for가 들어가면 '팀은 최종 프로젝트 프레젠테이션을 준비해왔다'는 문맥에도 맞다. **정답** (D)

표현 정리 prepare 준비하다 final 마지막의, 최종적인

해석 Mrs. Del Carmen의 팀은 최종 프로젝트 프레젠테이션을 준비해왔다.

106. 부사 어휘

해설 〈gradually 서서히 / probably 아마 / remotely 멀리서, 원격으로 / ideally 이상적으로〉라는 뜻이다. 문맥상 '회사의 배당금이 점차 증가함에 따라'라고 해야 적절하므로 정답은 'slowly and in small stages or amounts'라는 뜻의 (A) gradually이다. **정답** (A)

표현 정리 be interested in ~에 관심[흥미]이 있다 invest in ~에 투자하다 dividend 배당금

해석 Ms. Arman은 회사의 배당금이 점차 증가함에 따라 Quartile Petroleum 투자에 관심이 있다.

107. 상관접속사

해설 선택지에서 so는 등위접속사로서 앞뒤 대등한 절을 연결한다. 이 문장의 구성을 보면, 동사는 insisted이고, 목적어 역할을 that 명사절이 하고 있다. that 명사절에 주어가 Marco or Ray인데 or와 병렬관계로 쓰이는 것은 〈either A or B(A 또는 B 둘 중 하나)〉이다. 따라서 정답은 (B) either이다. **정답** (B)

표현 정리 advertising manager 광고 관리자 insist 주장하다 multiple 다수의 make a mistake 실수하다

해석 광고 부장은 Marco나 Ray 어느 하나가 심각한 실수를 저질렀다고 여러 번 주장했다.

108. 형용사 어형

해설 동사 accepted의 목적어는 빈칸 뒤에 나온 명사 criticism이고, 빈칸은 명사를 수식하는 형용사가 와야 하므로, 정답은 (A) constructive이다. '건설적인 비판을 고맙게 받아들이다'라는 문맥에도 어울린다. **정답** (A)

표현 정리 present 제시[제출]하다 research proposal 연구 제안(서) graciously 우아하게, 고맙게 accept 받아들이다 criticism 비판

해석 새로운 연구 제안을 제시한 관리자들은 건설적인 비판을 고맙게 받아들였다.

109. 접속사 vs. 부사 vs. 전치사

해설 빈칸 뒤에 -ing 형태의 단어가 있으므로 절을 연결하는 접속사인 So that은 탈락한다. '게다가'라는 뜻의 Moreover는 접속부사로서 바로 뒤에 콤마가 온다. 나머지 전치사구 중에서, 주절은 기한일을 맞추는 데 고군분투한다는 내용이고 수식어구는 신입사원을 채용했다는 말로서 서로 대조를 이룬다. 따라서 인과관계인 Due to가 아닌 '~에도 불구하고'를 나타내는 (B) In spite of가 적절하다. **정답** (B)

표현 정리 hire 고용하다 struggle 고군분투하다, 애쓰다 meet a deadline 기한을 맞추다

해석 두 명의 신입사원을 고용했음에도 불구하고, 우리 사무소는 마감일을 맞추기 위해 계속 고군분투하고 있다.

110. 동사 어휘

해설 'Mr. Snook에게 지불된 금액은 재무부서에서 급하게 처리되었다'라는 자연스러운 의미를 이루는 (D) processed((요청 사항 등을 공식적으로) 처리하다)가 정답이다. '(A) 구매하다, (B) 권장하다, (C) 인터뷰하다'는 의미상 맞지 않다. **정답** (D)

표현 정리 payment 지불, 지급금 hastily 급히, 서둘러서

해석 Mr. Snook에게 지불된 금액은 재무부서에서 급하게 처리되었다.

111. 형용사 어형

해설 be동사인 is의 보어이면서 뒤에 나온 전치사 for와 숙어표현을 이루는 형용사 자리로 〈be responsible for ~에 대해 책임이 있다〉의 구문을 이루는 (D) responsible이 정답이다. **정답** (D)

표현 정리 logistics 물류 transportation 운송, 수송 venue (콘서트·스포츠 경기·회담 등의) 장소

해석 물류팀은 호텔과 회의장 사이의 방문객 수송을 담당한다.

112. 전치사

해설 빈칸에는 9:00 A.M.이라는 시점 명사를 목적어로 취하는 전치사가 필요하다. 시간을 나타내는 명사를 목적어로 취할 때 within(~이내에)과 for(~동안)는 기간 명사와 어울리므로 답이 될 수 없다. between은 주로 〈between A and B〉로 쓰이거나 〈between two places〉처럼 뒤에 복수 명사가 나온다. 전치사 (B) before(~전에)는 시점 명사와 어울리고 '스태프들은 오전 9시 이전에 로비에 모였다'라는 문맥에도 어울리므로 정답이 된다. **정답** (B)

표현 정리 elected 선출된 chief executive officer 최고 경영자 assemble 모이다, 조립하다

해석 새로 선출된 CEO의 스태프들은 오전 9시 이전에 로비에 모였다.

113. 대명사

해설 빈칸은 등위접속사 so 뒤에서 주어 역할이다. 먼저 other는 단독으로 쓰일 때 형용사 역할을 하므로 주어가 될 수 없다. 나머지는 대명사로서 주어 역할로 쓰일 수 있으므로 해석을 해야 한다. 등위접속사 so는 앞뒤 인과관계가 되므로 so 앞절이 원인이 되고 뒤의 절은 결과가 된다. 앞에서 '재무 포럼에는 최고 재무책임자만 참석해야 한다'고 하므로, 뒤에서는 '비즈니스 사무소의 다른 누구도 출입할 수 없다'고 해야 연결된다. 따라서 부정을 나타내는 (A) no one이 정답이다. **정답** (A)

표현 정리 attend 참석하다 chief financial officer 최고 재무책임자

해석 재무 포럼에는 최고 재무책임자만 참석해야 하므로, 비즈니스 사무소의 다른 누구도 출입할 수 없다.

114. 형용사 어휘

해설 〈a ------ difference〉 구조에서 빈칸에 적절한 형용사 어휘를 찾는 문제이다. 빈칸 앞에 부정관사 a가 나오는데, various는 〈various shapes and sizes〉처럼 복수명사와 어울리므로 소거한다. 나머지 'communal (특히 함께 사는 사람들) 공동의[공용의], tentative 잠정적인, considerable 상당한, 많은' 중에서 '비즈니스 운영의 전반적인 기능에 상당한 차이를 만들었다'는 문맥이 되어야 적절하다. 따라서 정답은 (D) considerable이다. **정답** (D)

표현 정리 adoption 채택 overall 종합[전반]적인, 전체의 functioning 기능 operation 운영, 경영

해석 CorePlus 소프트웨어의 채택은 우리 비즈니스 운영의 전반적인 기능에 상당한 차이를 만들었다.

115. 목적의 부사구

해설 구조를 보면 〈주어(Shop Clothing Line) + 동사(hired) + 목적어(Ace Event Planning)〉로 이미 문장이 완전하다. 따라서 '------- its anniversary party'는 수식어에 해당하고 특히 '기념일 파티를 준비하기 위해'와 같이 목적의 부사구로 연결되어야 문맥이 자연스럽다. 목적의 부사구는 to부정사 형태를 취하므로 정답은 (C) to organize이다. **정답** (C)

표현 정리 anniversary 기념일 organize (어떤 일을) 준비[조직]하다

해석 Shop Clothing Line은 기념일 파티를 준비하기 위해 Ace Event Planning을 고용했다.

116. 부사 어휘

해설 문맥에 맞는 적절한 부사 어휘를 찾아야 한다. 동사 is라는 현재시제와 어울리면서 뒤에 나온 current라는 단어와도 호응을 이루려면 'Mr. Powers는 지금 프로젝트 개발팀의 현 책임자이다'와 같이 빈칸에 (C) now가 적절하다. '(A) 여태까지, (B) 또한, (D) 역시'를 뜻한다. **정답** (C)

표현 정리 post-graduate 대학원 director (활동·부서 등의) 책임자

해석 대학원 프로그램에서 공부한 후, Mr. Powers는 지금 프로젝트 개발팀의 현 책임자이다.

117. 소유격 관계대명사

해설 한 문장에 designs와 will be라는 2개의 동사가 나오는데 이를 연결하는 접속사나 관계사가 필요하다. 빈칸 앞에 사람 선행사가 나오고 관계대명사 whose는 뒤에 문맥상 'Alex Evans의 회사'와 같이 소유격으로 해석도 자연스럽다. 따라서 정답은 (C) whose이다. 관계대명사 that 뒤에는 주어 또는 목적어가 비어 있는 문장이 나온다. 예를 들면, 〈This is the book that Mr. Smith recommended.〉와 같이 that절 뒤에 목적어가 없다. **정답** (C)

표현 정리 co-working 코워킹(여러 회사의 작업자가 사무실 공간을 공유하는 방식) keynote speaker 기조 연설자

해석 코워킹 공간을 설계하는 회사의 Alex Evans가 기조 연설자 중 한 명이 될 것이다.

118. 명사 어휘

해설 빈칸에는 전치사 during과 호응을 이루는 기간을 나타내는 명사를 찾아야 한다. 기간 명사로 적절한 것은 〈tenure (특히 정계 요직의) 재임 기간, visit 방문)이 있는데, '재임기간 동안 200여 호의 잡지를 발행했다'고 해야 문맥이 연결된다. 따라서 정답은 (A) tenure이다. 나머지는 'output 생산량, 산출량, investment 투자'라는 뜻이다. **정답** (A)

표현 정리 editor-in-chief 편집장 issue (잡지 같은 정기간행물의) 호

해석 Tech News Today의 편집장인 Susan Toreno는 재임기간 동안 200여 호의 잡지를 발행했다.

119. 능동/수동

해설 Massive Builders사가 지원서를 받는 것이므로 능동태가 된다. 따라서 정답은 (C)가 되고, 나머지는 모두 수동태이므로 오답이다. 시제도 이달 말을 가리키므로 미래가 되어야 한다. **정답** (C)

표현 정리 application 지원[신청](서) position 자리, 직위

해석 Massive Builders, Inc.는 이달 말까지 수석 건축가 자리에 대한 지원서를 받을 것이다.

120. 동사 어휘

해설 빈칸 뒤에 전치사 to가 나오므로, to와 연결되는 단어를 찾는 문제다. answer, receive는 전치사 없이 곧바로 명사가 와야 한다. expand는 뜻이 내용에 어울리지 않는다. 전치사 to와 어울리는 동사는 〈respond to ~에 대응하다〉 구문으로 쓰이는 (A) respond이며 '커뮤니티 그룹에 게시한 질문에 응답하시려면'의 문맥에도 맞다. **정답** (A)

표현 정리 query 문의, 의문 post (안내문 등을) 게시[공고]하다 expand 확대[확장/팽창]되다, 확대[확장/팽창]시키다 receive 받다, 받아들이다

해석 Mr. Vasquez가 커뮤니티 그룹에 게시한 질문에 응답하시려면, 그의 개인 이메일 주소로 연락하십시오.

121. 부사 어형

해설 빈칸은 앞에 나온 more와 함께 carry out이라는 동사를 수식하게 되므로 부사인 (C) effectively가 정답이다. **정답** (C)

표현 정리 agree 동의하다 equipment 장비, 용품 security officer 보안 요원 carry out 수행하다 duty 업무, 직무, 임무

해석 회계부서는 보안 담당자들이 보다 효과적으로 업무를 수행할 수 있도록 장비 업그레이드에 동의했다.

122. 명사 어휘

해설 〈references 참조, 추천인, 언급 / instructions (무엇을 하거나 사용하는 데 필요한 자세한) 사용설명서, 지침(= directions) / subscriptions 구독, 가입 / documents 서류, 문서〉라는 뜻이다. 문맥상 'Raven Electronics는 일반 안전 매뉴얼에 여러 언어로 지침을 제공한다'고 해야 적절하므로 정답은 'printed information explaining how to use or do something'이라는 뜻의 (B) instructions이다. **정답** (B)

표현 정리 general 일반적인 safety 안전 manual 매뉴얼(일의 절차 등을 기술하여 놓은 설명서)

해석 Raven Electronics는 일반 안전 매뉴얼에 여러 언어로 지침을 제공한다.

123. 형용사 어휘

해설 빈칸에는 is의 보어이면서 뒤에 나온 전치사 for와 어울리는 형용사가 필요하다. eligible(적격의, 적임의)이 〈eligible for 명사〉, 〈eligible to do something〉 구문으로 쓰이고, 문맥도 'Carlos Garcia는 Stella Areva가 은퇴할 때 광고부장으로 승진할 자격이 있다'에 어울린다. 따라서 정답은 (D) eligible이다. **정답** (D)

표현 정리 promotion 승진 retire 은퇴하다 valuable 소중한, 귀중한 necessary 필요한 decisive 결정적인

해석 Carlos Garcia는 Stella Areva가 은퇴할 때 광고부장으로 승진할 자격이 있다.

124. 명사 어휘

해설 〈debate 토론[토의/논의] / center 중앙, 한가운데 / status 상태, 지위 / course (특정 과목에 대한 일련의) 강의, 강좌〉라는 뜻이다. 문맥상 'Octagon Media, Inc.는 4분기 동안 재무상태가 개선되었다고 보고했다'고 해야 적절하므로 정답은 (C) status이다. **정답** (C)

표현 정리 report 보고하다 quarter 분기

해석 Octagon Media, Inc.는 4분기 동안 재무상태가 개선되었다고 보고했다.

125. 접속사 vs. 부사 vs. 전치사

해설 빈칸 뒤에 주어 없이 동사원형인 consult with가 나온다. (B) In order to(~하기 위해)가 뒤에 원형부정사를 취하므로 정답이 된다. 나머지는 모두 '주어 + 동사'의 완전한 절과 연결되는 접속사이므로 구조적으로 쓰일 수 없다. **정답** (B)

표현 정리 consult with ~와 협의하다 make an appointment 만날 약속을 하다

해석 법무부서와 협의하기 위해서는 반드시 비서를 통해 예약을 해야 한다.

126. 동사 어휘

해설 빈칸 뒤에 나온 명사 the proposal과 호응을 이루는 동사를 찾아야 한다. 〈nominate (중요한 역할 · 수상자 · 지위 등의 후보자로) 지명[추천]하다 / remind 상기시키다, (기억하도록) 다시 한 번 알려[말해] 주다〉는 사람을 목적어로 취하므로 오답이다. specialize는 자동사로 전치사 in과 같이 쓰여

서 'specialize in ~ 전문으로 하다'라는 뜻이다. '(양 · 가치 · 품질 등을) 평가하다'라는 뜻의 (D) evaluate가 들어가 '회사의 예산을 조정하기 위한 제안서를 평가하기를'이라는 문맥을 이루는 것이 적절하다. **정답** (D)

표현 정리 board 이사회 proposal 제안[서] restructure 구조 조정하다 budget 예산

해석 최고경영자인 Jeff Armada는 이사회가 회사의 예산을 조정하는 제안서를 평가하기를 원한다.

127. 전치사

해설 선택지는 〈in case of ~의 경우 / on top of ~외에 / in view of ~을 고려하여 / ahead of (공간 · 시간상으로) ~앞에〉라는 뜻이다. generous benefits packages와 competitive salaries가 모두 신입사원에게 제공되는 혜택으로 앞뒤 대등한 의미이다. 즉, '경력 있는 급여 외에 상당한 복리후생 제도를 제공한다'는 문맥이 되어야 적절하므로 빈칸에는 추가/부가를 나타내는 (B) on top of가 적절하다. **정답** (B)

표현 정리 generous (무엇을 주는 데 있어서) 후한[너그러운] benefits package 복리후생 제도 competitive 경쟁력 있는

해석 Dorance Corporation은 모든 신입사원에게 경쟁력 있는 급여 외에 상당한 복리후생 제도를 제공한다.

128. 수동태

해설 that절에서 lunch가 주어이고 의미상으로 보면, 포함되는 대상이 되므로 수동태인 (D)가 정답이 된다. **정답** (D)

표현 정리 extra 추가의 fund 자금 remain 남아있다 organizing committee 조직위원회 admission 입장

해석 추가자금이 남아 있기 때문에 조직위원회는 컨퍼런스 입장권에 점심이 포함되기로 결정했다.

129. 부사 어휘

해설 〈how to safely and ------- use the tools〉 구조에서 빈칸에는 뒤에 나온 동사 use를 수식하기에 적절한 부사가 필요하다. safely라는 부사와 어울리는 단어를 찾는 것이 관건이다. 〈efficiently 효율적으로 / occasionally 가끔 / extremely 극도로 / recently 최근에〉 중에서 '생산성 향상을 위해 도구를 안전하고 효율적으로 사용하는 방법'이 문맥상 적절하므로 정답은 (A) efficiently이다. **정답** (A)

표현 정리 demonstrate (무엇의 작동과정이나 사용법을) 보여주다[설명하다] safely 안전하게 improve 개선하다 productivity 생산성

해석 생산성 향상을 위해 도구를 안전하고 효율적으로 사용하는 방법을 보여주세요.

130. 형용사 어휘

해설 〈common 공동의, 공통의 / multiple 다수의 / confidential 비밀의, 은밀한 / generous (무엇을 주는 데 있어서) 후한[너그러운]〉 중에서, '회사 지사들이 다양한 고객을 만족시키기 위한 공통의 비전을 공유하도록 하는 것을 목표로 한다'는 문맥이 되어야 적절하다. 따라서 정답은 (A) common이다. **정답** (A)

표현 정리 ensure 반드시 ~하게[이게] 하다, 보장하다 satisfy 만족시키다 diverse 다양한

해석 Mr. Banzo는 회사 지사들이 다양한 고객을 만족시키기 위한 공통의 비전을 공유하도록 하는 것을 목표로 한다.

Part 6

문제 131-134번은 다음 이메일을 참고하시오.

Dr. Janneth 귀하,

반갑게 인사드립니다!

Alderson Pharmaceutical Company는 10월 30일부터 31일까지 Burlington에서 제20회 제약 컨퍼런스를 개최합니다. 이 컨퍼런스에는 수천 명의 보건 전문가들이 참석할 것입니다. 컨퍼런스의 주제는 '혁신: 제약의 오늘과 내일'입니다. 이러한 이유로 10월 30일 오전 9시 개막식에 초청 연사로 박사님을 초빙하고자 합니다. 약물 혁신이 박사님의 진료에 미친 영향에 대해 논해 주시면 감사하겠습니다. **이 특별 행사에서 연설이 가능할지 알려주시기 바랍니다.** 문의사항이 있으시면 108-555-8080번으로 연락주십시오.

Shawn Johnson
책임 주최자

표현 정리 warm greetings 정다운 인사 pharmaceutical 제약의, 제약 attend 참석하다 professional 전문가 opening ceremony 개막식 practice (의사 · 변호사 등 전문직 종사자의) 업무[영업/사무실]

131. 명사 어휘

해설 문장의 보어에 'Innovation: Pharmaceuticals Today and Tomorrow'라는 명사구가 나오는데 이와 동격이 되는 명사가 주어 자리에 필요하다. 〈theme 테마, 주제 / venue 장소 / speaker 연사 / schedule 일정〉 중에서 'Innovation: Pharmaceuticals Today and Tomorrow'와 동격을 이루는 명사는 (A) theme이 적절하다.　　　　　**정답** (A)

132. 접속부사

해설 The conference will be attended by thousands of health professionals.에서 수천 명의 보건 전문가가 컨퍼런스에 참석한다고 하고 we would like to invite you to be our guest speaker during the opening ceremony ~에서 귀하(Dr. Janneth)를 초빙 연설자로 모시고 싶다고 하므로 인과 관계를 연결하는 (C) For this reason이 적절하다.　　　　**정답** (C)

133. 동사 어형

해설 조동사 could 뒤에 동사원형이 필요하므로 (B) discuss가 정답이다.　　　　**정답** (B)

134. 알맞은 문장 고르기

해설 단락 앞에서 we would like to invite you to be our guest speaker ~, We would be grateful if you could ~와 같이 초빙 연설자로서 수락해 주기를 요청하고 있으므로 (C) Please let us know if you will be able to speak at this special event.가 들어가 호응을 이루는 것이 문맥상 자연스럽다.　　　　**정답** (C)

해석
(A) 제약 회사들은 신약을 개발하기 위한 새로운 방법을 발견하고 있습니다.
(B) 다양한 연구 분야의 과학자들이 이 행사의 참관을 위해 참석할 것입니다.
(C) 이 특별 행사에서 연설이 가능할지 알려주시기 바랍니다.
(D) 저희가 이러한 결정을 내릴 때 여러 의료 전문가들이 조언했습니다.

문제 135-138번은 다음 광고를 참고하시오.

Planet Body 피트니스 센터가 다음 주에 10주년을 맞이합니다. 이를 기념하여 특별 프로모션을 진행할 예정입니다. 기존 회원들은 6월 회비를 선납하시면 50% 할인을 받을 수 있습니다. 마찬가지로 신규 회원은 2개월 회비로 3개월 시험 멤버십을 이용할 수 있습니다.

유명 피트니스 코치인 Mark Peterson이 50인을 위한 무료 특별 교육을 진행하기 위해 월요일에 체육관을 방문할 예정입니다. **자리는 선착순으로 제공됩니다.** 자리를 예약하시려면 저희 웹사이트에서 등록하시기 바랍니다. 이벤트 전에 각 등록된 참가자에게 확인 이메일 또는 문자 메시지가 전송될 것입니다.

표현 정리 commemorate (중요 인물 · 사건을) 기념하다 anniversary 기념일 celebrate 축하하다 existing 기존의 in advance 미리, 사전에 trial 시험 session (특정한 활동을 위한) 시간[기간], 회의 sign up 등록하다 reserve 예약하다(= book) confirmation 확인 participant 참가자

135. 명사 어휘

해설 빈칸 뒤에 나온 Existing members can get 50% off their June membership fee if they pay in advance.와 호응을 이루려면 기념일 축하를 위해 특별 프로모션을 진행할 것이라고 해야 맞다. 따라서 정답은 '홍보[판촉] (활동)'이라는 뜻의 (A) promotions이다. 나머지는 〈directions 방향 / purposes 목적 / restaurants 식당, 레스토랑〉이라는 뜻이다.　　**정답** (A)

136. 접속부사

해설 Existing members can get 50% off their June membership fee if they pay in advance.와 new members can get a three-month trial membership for the price of two months.는 둘 다 회원들이 얻게 되는 혜택과 관련이 있다. 따라서 (D) Likewise(마찬가지로, 또한, 비슷하게)로 연결하는 것이 적절하다.　　　　**정답** (D)

137. 알맞은 문장 고르기

해설 Mark Peterson, a famous fitness coach, will visit our gym on Monday for a free special training session for 50 people.에서 특별 교육에 정해진 인원이 50명이라고 하므로 공간은 선착순으로 이용할 수 있다는 (A) Space is available on a first-come, first-served basis.가 들어가는 것이 흐름상 자연스럽다.　　　　**정답** (A)

해석
(A) 자리는 선착순으로 제공됩니다.
(B) 회원들은 이벤트에 참여할 수 없습니다.
(C) 특별한 선물을 가져오도록 권장합니다.
(D) 그 날은 피트니스 센터의 마지막 날이 될 것입니다.

138. 형용사 어휘

해설 빈칸에는 사람 명사인 participant를 수식하는 형용사가 필요하므로 호응이 부적절한 discounted(할인된)는 오답이다. 나머지 〈concerned 걱정[염려]하는 / registered 등록된 / rewarded 보답을 받은〉 중에서 가입된 참가자에게 확인 메시지가 전달될 것이라고 해야 적절하므로 (B) registered가 정답이다.　　　　**정답** (B)

문제 139–142번은 다음 이메일을 참고하시오.

제목: 환불 요청
날짜: 5월 9일
발신: Fortunado Travels and Activities
수신: Cao Sang Nguyen

Nguyen 씨에게,

여행을 취소하셔야 하다니 매우 유감입니다. 취소 요청을 보내시게 된 상황을 설명해 주셔서 감사합니다.

취소 처리를 위해 귀하의 요청을 관련 팀에 전달했습니다. 그러나 저희가 전액 환불을 지급하려면, 취소 제한을 해제하기 위해 활동 제공업체에 연락해야 합니다.

현재 예외적인 문의 수로 인해 요청을 처리하는 데 평소보다 시간이 오래 소요될 수 있음을 알려드립니다. <u>업데이트되는 대로 다시 연락 드리겠습니다.</u> 이 예기치 않은 지연에 대해 양해해 주셔서 대단히 감사합니다.

Pia A.
Fortunado 지원팀

표현 정리 cancelation 취소 request 요청 forward (물건·정보를) 보내다 relevant 관련 있는, 적절한 process 처리하다
lift (제재를) 풀다[해제하다] restriction 제한 issue 발부[지급/교부]하다 full refund 전액 환불 be advised that ~임을 숙지하다 unusual 흔치 않은 unexpected 예기치 않은 delay 지연, 지체 highly 매우

139. 명사 어휘

해설 We are very sorry to hear that you need to cancel your trip.에서 고객이 여행을 취소했다고 하므로 취소 요청을 하게 된 상황을 설명해 주어 고맙다고 해야 문맥이 연결된다. 따라서 (C) situation이 정답이다. 나머지는 〈meaning 의미 / principle 원칙 / acquisition 인수, 매입〉이라는 뜻이다.
정답 (C)

140. 접속부사

해설 We have forwarded your request to our relevant team to process the cancelation.에서 고객의 취소 요청을 처리하기 위해 관련 팀에 전달했다고 하는데, we still have to contact the activity provider to lift the cancelation restrictions in order for us to issue a full refund.에서는 전액 환급을 발행하려면 활동 제공업체에 연락해야 한다고 말한다. 앞뒤가 대조로 연결되는 게 적절하므로 (A) However가 정답이다. still이 '아직도, 그럼에도'라는 의미가 있다는 것도 힌트가 된다.
정답 (A)

141. 알맞은 문장 고르기

해설 Please be advised that it could take longer than normal to process your request due to an unusual number of inquiries at this time.에서 처리에 평소보다 더 오랜 시간이 걸린다고 하므로 (D) We will get back to you as soon as we have an update.가 들어가 새로운 소식이 나올 때 즉시 알려주겠다는 문맥으로 연결되는 것이 자연스럽다. **정답** (D)

해석
(A) 해당 팀에서 환불을 처리할 수 없습니다.
(B) 귀하는 아직 계정의 세부사항을 확인하지 않으셨습니다.
(C) 요청된 금액에 동의할 수 없습니다.
(D) 업데이트되는 대로 다시 연락 드리겠습니다.

142. 과거분사

해설 '~을 고맙게 생각하다'는 뜻일 때 appreciate라는, 주어 자리에 사람

이 오면 능동 의미가 되고 주어가 사물이므로 의미상 수동태가 되어야 한다. 따라서 과거분사인 (D) appreciated가 정답이다. **정답** (D)

문제 143–146번은 다음 서평을 참고하시오.

저는 최근에 Jimmy Watson의 책인 A Man's Target을 접하게 되었습니다. 이 책은 독자들에게 목표를 달성하는 방법에 대한 조언을 제공합니다. 제가 가장 흥미로웠던 것 중 하나는 인생에서 무엇을 하는가가 소유한 것보다 더 중요하다는 견해입니다. 이 책에서 배운 다른 두 가지 중요한 사실을 말씀드리고 싶습니다. 첫째, 의도가 구체적이어야 합니다. 목표를 추구하기 위한 충분한 방향을 가지려면 목표가 명확해야 합니다. 둘째, 완벽해지려고 하기보다 더 발전하는 데 초점을 두어야 합니다. <u>변화할 수 있다는 사실을 받아들이면 더 나은 선택을 할 수 있습니다.</u> 이 책은 제 인생의 목표에 대해 다시금 생각하게 하는 계기가 되었고 생각을 바꾸는 데 도움이 되었습니다.

Donell Wells

표현 정리 come across ~을 우연히 발견하다 achieve 달성하다 intention 의도 well defined 명확한, 윤곽이 분명한 sufficient 충분한 think twice 재고하다, 숙고하다

143. 명사 어휘

해설 〈conduct 행동 / advice 조언, 충고 / security 보안 / support 지지, 지원〉이라는 뜻이다. 책이 독자들에게 how to achieve their goals에 대한 조언을 제공한다고 해야 적절하므로 (B) advice가 정답이다. **정답** (B)

144. 동사 어형

해설 문장의 주어는 One of the things이고 여기에 연결되는 동사는 단수 형태인 is이다. 주어 뒤에 나온 that은 관계대명사로서 빈칸 뒤에 me라는 목적어가 나오므로 주격 관계대명사로 쓰여 빈칸이 동사 자리가 된다. 따라서 정답은 과거 시제 동사로 쓰인 (D) interested이다. **정답** (D)

145. 형용사 어형

해설 빈칸은 be의 보어 자리이고 형용사 역할로서 〈specific 구체적인 / specified 명시된〉을 고려할 수 있는데, 뒤에 나온 well defined와 호응을 이루려면 (A) specific이 정답이다. be동사의 보어에 명사가 나올 때는 주어와 동격인 경우인데 주어가 you라는 사람이므로 빈칸에 명사 보어 (specification 설명서)는 들어갈 수 없다. **정답** (A)

146. 알맞은 문장 고르기

해설 how to achieve their goals를 주제로 한 도서에서 제시하는 두 번째 핵심은 Second, you should focus on getting better rather than on trying to be perfect.에서 완벽해지기보다 더 나아지는 데 포커스를 두라고 하므로 이와 호응을 이룰 수 있는 선택지는 (C) Accepting the fact that you can change will allow you to make better choices.가 적절하다. **정답** (C)

해석
(A) 스스로를 믿는다고 해서 새로운 기술을 개발할 수 있는 것은 아닙니다.
(B) 자유는 우리가 자연스러운 방식으로 스스로를 표현하는 데 매우 중요합니다.
(C) 변화할 수 있다는 사실을 받아들이면 더 나은 선택을 할 수 있습니다.
(D) 이 책은 전국의 서점에서 매우 저렴한 가격으로 구입할 수 있습니다.

TEST 02

Part 5

101. 명사 어휘

해설 동사 sent의 목적어는 〈his -------〉이므로, 빈칸은 명사 자리이다. 선택지에서 명사는 〈application 지원[신청](서) / applicant 신청자〉와 같이 사물명사와 사람명사가 있다. 여기서 발송하는 대상물은 사람이 아닌 사물이 되어야 한다. 따라서 정답은 (C) application이다.　　**정답** (C)

표현 정리 send ~을 발송하다　position 직위, 직책

해석 Albert Green은 마케팅 부서의 부팀장 직책에 대한 지원서를 방금 발송했다.

102. 등위접속사

해설 〈new dishes like pasta, pizza, ------- seasonal drinks〉에서 like는 such as의 동의어인 전치사이고, 빈칸은 'pasta, pizza, ------- seasonal drinks'라는 명사를 대등하게 연결하는 (C) and가 적절하다. as well은 '또한, 역시'라는 뜻의 부사이고 빈칸에 들어가려면 상관접속사인 as well as 형태가 되는 것이 적절하다.　　**정답** (C)

표현 정리 dish 요리　seasonal 계절의, 계절적인

해석 그 음식점은 파스타, 피자 및 제철 음료와 같은 새로운 요리들을 제공한다.

103. 부사 어휘

해설 선택지는 〈easily 쉽게, 용이하게 / nearly 거의 / lastly 마지막으로 / originally 원래, 본래〉로 이루어져 있다. 빈칸에 들어갈 부사는 형용사 accessible을 수식하게 되는데 〈easily/readily accessible〉이 숙어처럼 잘 쓰인다. 따라서 정답은 (A) easily이다.　　**정답** (A)

표현 정리 place 놓다[두다], 설치[배치]하다　accessible 접근[입장/이용] 가능한

해석 중요한 파일들은 직원들이 쉽게 접근할 수 있도록 폴더에 배치해야 한다.

104. 형용사 자리

해설 문장의 동사는 produced이고 〈numerous ------- pieces〉는 목적어에 해당하는데, 빈칸은 뒤에 나온 명사를 꾸미는 자리이므로 형용사인 (C) exceptional(우수한, 뛰어난)이 적절하다.　　**정답** (C)

표현 정리 career 경력　produce 생산하다, 제작하다　numerous 수많은

해석 40년 경력 동안 화가인 Steven Albright는 수많은 뛰어난 작품들을 창조해냈다.

105. 소유격 인칭대명사

해설 접속사 after 이하 절에서 〈several of ------- teams〉가 주어이고 exceeded가 동사이다. 주어인 〈several of ------- teams〉 구조에서 빈칸은 뒤에 나온 명사 teams를 수식하는 자리이므로 소유격 인칭대명사인 (A) its가 정답이다.　　**정답** (A)

표현 정리 commend 칭찬하다　exceed 초과하다

해석 영업부는 몇몇 영업팀들이 이번 달 재정목표를 초과한 후 칭찬을 받았다.

106. 전치사

해설 빈칸에는 'a kilometer of our office building'이라는 명사구와 어울릴 수 있는 전치사가 필요하다. 〈with ~와 함께 / within ~이내에[안에] / into

~의 안으로 / for ~을 위해〉 중에서 (B) within이 들어가 '우리 사무소 건물에서 1km 이내에 새로운 지점을 열었다'는 문맥을 이루는 것이 자연스럽다.　　**정답** (B)

표현 정리 location 장소

해석 Victoria's Pastries는 최근 우리 사무소 건물에서 1km 이내에 새로운 지점을 열었다.

107. 동사 어휘

해설 선택지는 〈present 제시[제출]하다 / select 선택하다 / appeal 관심[흥미]을 끌다/ design 디자인하다〉로 이루어져 있다. 목적어인 'their official company ID card'와 호응을 이루려면 '직원들은 컨퍼런스에 입장하려면 공식 회사 ID 카드를 제시할 수 있다'라는 문맥이 되어야 한다. 따라서 정답은 show의 동의어인 (A) present이다.　　**정답** (A)

표현 정리 official 공식적인, 정식의

해석 Capital Markets 직원들은 컨퍼런스에 입장하려면 공식 회사 사원증을 제시할 수 있다.

108. 전치사/접속사 구별

해설 빈칸은 'Ms. Evans cannot attend the conference today'라는 절과 'she is on a business trip'이라는 또 다른 절 사이에 위치한다. 절과 절은 접속사가 연결하는데, despite은 전치사이고 instead는 부사이므로 오답이다. 'Ms. Evans는 출장 중이므로 오늘 회의에 참석할 수 없다'는 인과관계가 되어야 적절하므로 정답은 이유의 접속사로 쓰인 (B) since이다.　　**정답** (B)

표현 정리 attend 참석하다　on a business trip 출장 중

해석 Ms. Evans는 출장 중이므로 오늘 회의에 참석할 수 없다.

109. 형용사 어휘

해설 선택지는 〈competitive 경쟁력 있는 / native 토박이의 / stylish 유행을 따른 / original 원래의(기존의), 독창적인〉으로 이루어져 있다. 조건절인 'If the client dislikes the revisions'에서 수정사항을 고객이 싫어할 경우라는 단서가 붙고, and 뒤에서 work from there라고 부연하므로 '기존 디자인으로 돌아가 거기서부터 작업할 것이다'라는 문맥이 되는 것이 적절하다. 따라서 정답은 (D) original이다.　　**정답** (D)

표현 정리 dislike 싫어하다　revision 수정

해석 고객이 수정본을 싫어하면, 기존 디자인으로 돌아가 거기서부터 작업할 것이다.

110. 부사 어형

해설 'Mr. Hernandez's agents are exhibiting their report'까지 이미 문장이 완전하므로, '------- after the introduction of the product'는 수식어에 해당한다. 'shortly after'는 '~직후'라는 뜻의 숙어로 쓰인다. 따라서 정답은 (A) shortly(즉시)이다. 참고로, 'after the introduction of the product'는 전치사구로서 부사가 수식할 수 있다.　　**정답** (A)

표현 정리 agent 대리인　exhibit 전시하다, 보이다

해석 Mr. Hernandez의 에이전트들이 상품소개 직후 보고서를 내보이고 있다.

111. 형용사 어휘

해설 빈칸에는 album이라는 사물명사를 수식하는 형용사가 필요하다. 먼저 감정동사 interested(관심[흥미] 있어 하는)라는 과거분사는 감정의 원인인 사물을 꾸미지 않고 감정의 대상인 사람을(interested customers) 꾸미게 되므로 오답이다. 나머지 〈approximate 대략적인 / imaginary 상상에만 존재하는, 가상적인 / entire 전체의〉 중에서, '현대 청중에 맞게 각색된 전통

민요의 전체 앨범을 제작한다'는 문맥이 되어야 적절하다. 따라서 정답은 (C) entire이다. **정답 (C)**

표현 정리 traditional 전통의 folk song 민요 adapt 각색하다
audience 청중

해석 Dayton Six는 현대 청중을 위해 각색된 전통 민요의 전체 앨범을 제작했다.

112. 동명사

해설 〈before ------- it to the registration committee〉 구조에서 빈칸 앞에 나온 before는 전치사/접속사 두 가지 기능이 있다. 접속사이면 '주어+동사' 형태가 되어야 하는데 빈칸 뒤에 주어 없이 목적어가 나오므로 절의 형태는 아니다. 따라서 전치사로 쓰인 경우이고, 주어 동사 관계가 능동(당신이 제출을 하는) 것이므로 동명사인 (B) submitting이 적절하다. **정답 (B)**

표현 정리 complete 기입하다 form 양식 registration 등록
committee 위원회

해석 등록 위원회에 제출하기 전에 양식을 작성해야 한다.

113. 부사 어휘

해설 선택지에 제시된 어휘들은 각각 〈evenly 고르게 / closely 가까이에서, 면밀히, 밀접하게 / broadly 대략(적으로) / remotely 멀리서, 원격으로〉라는 뜻이다. 앞에 나온 동사 work와 어울리는 부사는 '원격근무(자택근무)를 하다'라는 의미로 (D) remotely가 적절하다. **정답 (D)**

표현 정리 department head 부서장 allow 허용하다, 허락하다, 가능하게 하다

해석 부서장은 이번 겨울에 일부 직원들에게 원격근무(자택근무)를 허용하고 있다.

114. 형용사 어형

해설 〈The company's most ------- outlet〉까지 주어이다. 빈칸은 최상급을 만드는 부사 most와 어울려 뒤에 나온 명사 outlet을 수식하게 되는데 '회사에서 가장 수익성이 높은 매장'이라는 의미로 형용사인 (A) profitable(수익성이 있는)이 정답이 된다. profit은 〈명사: 이익 / 동사: 이득을 얻다〉로 쓰이고 profitably는 '수익이 나게'라는 뜻의 부사이다. **정답 (A)**

표현 정리 outlet 아울렛 매장 budget 예산

해석 회사에서 가장 수익성이 높은 매장은 내년에 더 많은 예산을 받게 될 것이다.

115. 부사 어형

해설 현재완료 수동태인 has been updated 사이에 빈칸이 위치하므로 동사를 수식하는 부사인 (A) completely(완전히, 전적으로)가 적절하다. **정답 (A)**

표현 정리 neighborhood 이웃, 인근 facility 시설

해석 Kingswood 레크리에이션 시설은 스마트 기술을 포함하도록 완전히 업데이트되었다.

116. 형용사 어형

해설 'the ------- model'에서 빈칸은 정관사 the와 함께 뒤에 나온 명사를 수식하는 형용사 자리이다. 부사는 명사를 수식할 수 없으므로 lately(최근에는 탈락한다. 나머지는 〈late 늦은, 늦게 / latest 최근의[최신의] / later 후/나중의〉라는 뜻으로 각각 형용사의 형태이다. 문맥상 '최신 모델'이 되어야 하고, 최상급 앞에 the가 붙으므로 정답은 (B) latest가 된다. **정답 (B)**

표현 정리 backorder 이월 주문하다

해석 소비자들은 K250 무선충전기를 이월 주문했으며 이 상품은 심지어 최신 모델도 아니다.

117. 명사 어휘

해설 〈standards 기준 / amounts 양(= quantity), 금액(= sum) / discounts 할인 / improvements 개선, 향상〉이라는 뜻의 명사들로 이루어져 있다. amounts와 discounts는 문맥상 어색하다. '각 평가에서 인턴인 Larry Bowen은 문제해결 능력이 상당히 개선되었음을 보여주었다'는 문맥이 되어야 적절하므로 (D) improvements가 정답이다. **정답 (D)**

표현 정리 assessment 평가 considerable 상당한 problem-solving skill 문제해결 능력

해석 각 평가에서 인턴 Larry Bowen은 문제해결 능력이 상당히 개선되었음을 보여주었다.

118. 동사 어휘

해설 빈칸에는 'the specifics'라는 목적어를 취하는 동사가 필요하다. 먼저 responds는 '응답하다'라는 뜻인데 뒤에 전치사 to가 뒤따라야 하므로 오답이다. 나머지 〈submits 제출하다 / explains 설명하다 / publishes 출판하다, 게재하다〉 중에서 '보고서가 세부사항을 설명하다'라는 서술 관계가 되어야 적절하다. 따라서 정답은 (B) explains이다. **정답 (B)**

표현 정리 draft 초안을 작성하다 specifics (어떤 주제에 대한 논의 등을 위해 필요한) 세부사항 investment 투자 strategy 전략

해석 Perry Helton은 회사의 새로운 투자전략에 숨겨진 세부사항을 설명하는 보고서 초안을 작성했다.

119. 부사 어휘

해설 빈칸에는 'are stored'라는 현재시제 동사를 꾸미는 부사가 필요한데, recently(최근에는 〈1. 현재완료 시제 / 2. 과거시제〉와 어울린다. 나머지 〈roughly 대략 / concisely 간결하게 / securely 안전하게〉 중에서 'Dr. Collins가 발견한 고대 유물은 Newhall 박물관에 안전하게 보관되어 있다'는 문맥이 되어야 자연스럽다. 따라서 정답은 (C) securely이다. **정답 (C)**

표현 정리 ancient 고대의 artifact 인공유물, 공예품
store 저장[보관]하다

해석 Dr. Collins가 발견한 고대 유물은 Newhall 박물관에 안전하게 보관되어 있다.

120. 동사 어휘

해설 선택지는 〈finish 끝내다 / carry 운반하다, 취급하다 / begin 시작하다 / run (얼마의 기간 동안) 계속되다〉라는 뜻의 동사들로 이루어져 있다. 빈칸 뒤에 전치사 until이 나오는데, until은 〈wait until two o'clock〉과 같이 지속성을 의미하는 동사와 어울린다. 참고로, by는 기한을 나타내어 〈finish the meeting by 4:00〉과 같이 동작의 완료를 나타내는 동사와 어울린다. 여기서도 지속성을 나타내는 동사가 필요한데, 문맥상 '프로그램은 최소 오후 7시까지 계속될 예정이다'가 되어야 적절하므로 정답은 (D) run이다. **정답 (D)**

표현 정리 book 예약하다 caterer (행사의) 음식 공급자[사], 출장 요리업체 predict 예측[예견]하다

해석 프로그램은 최소 오후 7시까지 계속될 예정이므로, 6월 18일 저녁식사의 출장 요리업체를 예약하세요.

121. 형용사 어휘

해설 형용사 어휘 문제로 (A) 믿을 수 있는 (B) 빈번한 (C) 현실적인 (D) 의존적인 중에서 문맥상 가장 잘 어울리는 단어는 (A)가 된다. **정답 (A)**

표현 정리 quote 인용하다 **source** 자료의 출처, 소식통

해석 Star Studio Magazine의 저널리스트인 Mildred Williams는 그녀의 가장 최근 기사에서 신뢰할 수 있는 자료의 출처를 인용했다.

122. 관계대명사

해설 사물 선행사(design)를 취하는 주격 관계대명사는 which로 정답은 (C) which이다. who는 사람 선행사를 취한다. whose는 소유격 관계대명사로 whose 뒤에 꾸밈을 받는 명사가 나와야 한다. what은 선행사를 취하지 않고 콤마 뒤에도 쓰지 않는다. **정답** (C)

표현 정리 obtain 얻다 **vote** 투표

해석 스태프들로부터 가장 많은 표를 얻은 Karen Williams의 디자인이 포스터로 사용될 것이다.

123. 전치사

해설 빈칸은 'the other employee benefits'라는 명사구를 목적어로 취하는 전치사 자리이다 together는 부사이므로 오답이다. 문맥상 '기본 치과보험 및 안과 플랜을 다른 사원 복지혜택과 함께 제공해야 한다'는 내용이 되어야 하므로 정답은 (B) alongside(~와 함께)이다. together 대신 together with(~에 덧붙여[~와 함께]) 형태로는 빈칸에 쓰일 수 있다. 참고로 〈The committee recommends that basic dental insurance and a vision plan (should) be offered ~.〉와 같이 주절에 recommend라는 권고를 나타내는 동사가 나오고 that절 이하가 당위성을 나타내므로 동사 앞에 조동사 should가 생략되어 be offered라는 원형형태가 바로 나왔다. **정답** (B)

표현 정리 recommend 권장하다 **basic** 기본적인 **dental insurance** 치과 보험 **vision** 시력 **employee benefit** 사원 복지혜택

해석 위원회는 기본 치과보험 및 안과 플랜을 다른 사원 복지혜택과 함께 제공해야 한다고 권고한다.

124. 명사 어휘

해설 〈trust 신뢰 / skill 기량 / task 업무 / right 권리〉라는 뜻이다. 문맥을 보면, '작업 품질로 인해 수년에 걸쳐 수백 명의 고객들의 신뢰를 얻었다'고 해야 연결된다. 따라서 정답은 (A) trust이다. **정답** (A)

표현 정리 earn 얻다[받다]

해석 Zen Construction은 작업 품질로 인해 수년에 걸쳐 수백 명의 고객들의 신뢰를 얻었다.

125. 분사형 형용사

해설 여기서 빈칸은 뒤에 나온 명사를 수식하는 형용사 자리인데 (A) qualified가 '자격(증)이 있는'이라는 뜻으로 정답이 된다. **정답** (A)

표현 정리 dietitian 영양사 **assist** 지원하다

해석 지금 Pickett Nutrition에 연락하여 자격을 갖춘 영양사가 식사계획에 도움을 드릴 수 있게 하십시오.

126. 전치사

해설 빈칸에는 'the businesses'라는 복수 명사와 어울리는 전치사가 필요하다. 전치사 among은 ' ~중에서, ~사이에서'라는 뜻으로 〈She is among the prize winners. 그녀는 수상자들 중 한 사람이다.〉와 같은 형태로 쓰인다. 빈칸에 (B) among이 들어가면 'Sandoval 쇼핑센터는 휴일에도 영업을 하는 사업장들 중 하나이다'라는 자연스런 의미를 이룬다. 나머지는 〈beyond (특정한 시간을) 지나[이후], ~저편에 / about ~에 관한 / onto (이동을 나타내는 동사와 함께 쓰여) ~(위)로[에]〉라는 뜻이다. **정답** (B)

표현 정리 business 사업체, 사업장, 상업, 장사

해석 Sandoval 쇼핑센터는 휴일에도 영업을 하는 사업장들 중 하나이다.

127. 명사 어형

해설 빈칸 뒤를 해석해보면 일정을 연장을 했다고 했으므로 연장을 하는 주체는 사람이어야 한다. 따라서 정답은 (B)가 된다. **정답** (B)

표현 정리 deadline 기한일 **animator** 만화 영화[동영상] 제작자 **extend** 연장하다

해석 아트 디렉터는 애니메이터들이 현재 이미 너무 많은 일감을 가지고 있기 때문에 특별 프로젝트 기한일을 연장했다.

128. 전치사 vs. 접속사 구별

해설 빈칸에는 'technicians finish installing it on all of our computers'라는 절을 연결하는 접속사가 필요하다. 접속사이면서 의미상 '일단 ~하면'이라는 뜻의 접속사는 (D) once이다. 나머지는 전치사로 두 문장을 연결하지 못한다. **정답** (D)

표현 정리 training 교육, 훈련 **technician** 기술자 **install** 설치하다

해석 기술자들이 모든 컴퓨터에 설치를 마치면 새 소프트웨어 시스템에 대한 교육이 시작될 것이다.

129. 명사 어휘

해설 〈Achievement 성취, 달성 / Qualification 자격 / Reduction 감소 / Modification (개선을 위한) 수정[변경]〉으로 이루어져 있다. 목적의 부사구인 'to give all employees a more equitable opportunity to improve their skills'와 호응을 이루려면 '모든 직원들에게 기술을 향상할 수 있는 보다 공평한 기회를 제공하기 위해 회사의 교육과정을 수정해야 한다'는 문맥이 되어야 적절하다. 따라서 정답은 (D) Modification이다. **정답** (D)

표현 정리 process 과정[절차] **equitable** 공평한

해석 모든 직원들에게 기술을 향상할 수 있는 보다 공평한 기회를 제공하기 위해 회사의 교육과정을 수정해야 한다.

130. 수동태

해설 동사 conduct는 '수행하다'라는 뜻으로 모임이 누군가에 의해서 수행되는 것이므로 수동태가 되어야 한다. 선택지에서 수동태는 (C) be conducted뿐이다. 나머지는 모두 능동을 나타내는 형태이다. **정답** (C)

표현 정리 once 일단 ~하면 **submit** 제출하다

해석 7월 첫 회의는 6월 보고서가 제출되면 진행될 것이다.

Part 6

문제 131-134번은 다음 이메일을 참고하시오.

발신: cherrich@fabmail.com
수신: admin@charlottewatson.com
날짜: 11월 19일
제목: 제안
첨부 파일: 샘플 기사, 이력서

Ms. Watson 귀하,

귀하의 웹사이트에서 블로그 편집에 지원이 필요하다는 내용을 읽었습니다. 저는 이 부분에 대해 확실히 도와 드릴 수 있고 바로 시작할 수 있습니다. 귀하는 주로 여행, 건강 및 웰빙, 음식에 대해 글을 쓰시기 때문에, 제가 적격입니다. 저는 라이프스타일 잡지에서 글쓰

기와 편집을 했던 3년 경력을 가지고 있습니다. 이에 따라 저는 귀하의 팀에 유용한 추가 인력이 될 것이라고 생각합니다.

저는 꼼꼼한 편이고 조사에 능수능란하며 문장을 재구성할 수 있기 때문에 이 역할에 매우 적합합니다. 저는 습득이 매우 빠른 편이므로 광범위한 교육이 필요하지 않습니다. **제가 작성한 출판된 기사들 중 일부를 첨부합니다.** 이력서도 포함했습니다. 곧 답변을 들을 수 있기를 바랍니다.

Cheryl Richardson

표현 정리 definitely 분명히 fit right in 잘 어울리다 addition 추가된 것, 증축 highly 매우 detail-oriented 꼼꼼한 skilled at ~에 능숙한 ably 능숙하게 reconstruct 재구성하다 incredibly 믿을 수 없을 정도로, 엄청나게 extensive 광범위한

131. 사람 명사 vs. 사물 명사

해설 동사 need의 목적어이므로 명사가 필요하다. 〈assist 도와주다 / assistant 조수, 보조원 / assistance 지원〉 중에서 문맥상으로는 '블로그 편집에 지원이 필요하다'는 내용이 되어야 한다. 따라서 정답은 (D) assistance이다. 사람 명사인 assistant는 가산 명사이므로 단수일 때, 앞에 관사가(an assistant) 와야 한다. **정답** (D)

132. 접속부사

해설 'I have three years of experience writing and editing for a lifestyle magazine'에서 글쓰기와 편집을 했던 3년 경력을 가지고 있다고 하고, 'I think I would be a useful addition to your team'은 자신이 유용한 추가 인력이 될 것이라는 말이다. 앞뒤 인과관계가 되어야 자연스러우므로 (C) therefore로 연결하는 것이 적절하다. **정답** (C)

133. 형용사 어휘

해설 〈suitable 적합한, 알맞은 / flexible 신축성[융통성] 있는 / profitable 수익성이 있는 / successful 성공한〉 중에서 I would fit right in과 호응을 이루는 (A) suitable이 적절하다. **정답** (A)

134. 알맞은 문장 고르기

해설 뒤에 나온 I've also included my résumé.와 연결되려면 (D) I'm attaching some of the published articles I have written.이 들어가는 것이 적절하다. **정답** (D)

해석
(A) 저는 귀하의 블로그 게시물을 읽는 것을 매우 즐깁니다.
(B) 귀하와 함께 일하게 된다면 정말 영광일 것입니다.
(C) 저는 이 분야에서 꽤 경험이 부족합니다.
(D) 제가 작성한 출판된 기사들 중 일부를 첨부합니다.

문제 135-138번은 다음 메모를 참고하시오.

수신: 전 직원
발신: John Hicks, 제품 관리 책임자
날짜: 5월 21일
제목: Eisner 스마트워치

아시다시피, 우리는 최근 엄선된 기술 애호가 그룹에게 스마트워치 시제품의 샘플을 보냈습니다. 이들의 피드백은 대부분 부정적인 의견이었습니다. 이 때문에 당초 다음달부터 시작될 예정이었던 스마트워치의 대량 생산을 연기하기로 결정했습니다. **어려운 결정이었습니다.** 제품 개발팀은 제품 테스터들의 의견을 신중하게 검토할 것입

니다. 이번 결정이 우리가 어떤 부분을 개선해야 할지 확인하는 데 도움이 되기를 바랍니다.

표현 정리 prototype 원형, 시제품 enthusiast 열광적인 팬 primarily 주로 delay 지연시키다 originally 본래 product development 제품 개발 identify 확인하다

135. 시제

해설 빈칸 앞에 나온 부사 recently는 동사 자리에 현재완료 또는 과거 시제가 나온다. 그리고 뒤에 나온 Their feedback has been primarily negative.에서 이미 시제품을 보냈기 때문에 부정적인 의견이라는 결과가 나올 수 있다. 따라서 정답은 과거시제인 (B) sent이다. **정답** (B)

136. 명사 어형

해설 앞에 나온 mass와 어울리면서 동사 delay의 목적어로 호응을 이루는 단어가 필요하다. 문맥상 '스마트워치의 대량 생산을 연기하다'라고 해야 적절하므로 '(식품·상품·자재의, 특히 대량) 생산'이라는 뜻의 (A) production이 정답이다. produce는 명사일 때 '농산물'이라는 뜻이다. **정답** (A)

137. 알맞은 문장 고르기

해설 빈칸 앞에서 당초 다음달부터 시작될 예정이었던 스마트워치의 대량 생산을 연기하기로 결정했다는 말이 나온다. 이러한 결정을 It으로 받으며 어려운 결정이었다는 (B) It was a tough decision to make.로 연결되는 것이 흐름상 자연스럽다. **정답** (B)

해석
(A) 그렇지 않으면, 걱정할 필요가 없습니다.
(B) 어려운 결정이었습니다.
(C) 배터리 수명이 짧다고 합니다.
(D) 알람 기능이 작동하지 않습니다.

138. 명사 어휘

해설 〈expectations 기대 / instructions 지시사항, 사용설명서 / documents 서류, 문서 / adjustments 수정[조정]〉으로 이루어져 있다. 스마트워치 시제품의 일부 샘플에서 부정적인 의견을 받아 제품 테스터들의 의견을 신중하게 검토해 어떤 부분을 개선해야 할지 확인할 것이라고 해야 문맥이 연결된다. 따라서 정답은 (D) adjustments이다. **정답** (D)

문제 139-142번은 다음 이메일을 참고하시오.

수신: Athena Saulsbury
발신: Alpha Cable Team
날짜: 6월 18일
제목: 케이블 설치

Ms. Saulsbury 귀하,

Alpha Cable 프리미엄 플랜에 가입해 주셔서 감사합니다. 고객님께서 요청하신 시간에 배정된 기술자가 고객님의 댁을 방문했지만 아무도 현관에서 응답을 하지 않아서 서비스를 설치할 수 없었습니다. 저희 핫라인으로 전화하시거나 이 이메일에 회신하여 저희가 설치를 끝낼 수 있는 편하신 시간대를 알려주시기 바랍니다. **고객님이 가능하신 시간대에 맞추도록 하겠습니다.** 감사합니다.

Cody Gray
Alpha Cable 담당자

표현 정리 **assigned** 배정된 **technician** 기술자 **request** 요청하다 **install** 설치하다 **answer the door** (손님을 맞이하러) 현관으로 나가다 **respond to** ~에 회신하다 **convenient** 편리한 **respectfully** [편지의 맺음말] 근언

139. 동사 어휘

해설 빈칸 뒤에 나온 전치사 to와 연결되는 동사가 필요한데 '프리미엄 플랜에 가입해 주셔서 감사하다'는 문맥이 되어야 한다. subscribe to가 '~을 구독 / 가입하다'라는 뜻으로 정답은 (A) subscribe이다. conform to[with]는 '~에 따르다'라는 뜻이다. **정답** (A)

140. 등위접속사

해설 빈칸 앞은 고객이 요청한 시간에 배정된 기술자가 고객의 집을 방문했다(Our assigned technician visited your home at the time you requested)는 말이고, 뒤는 현관에서 응답이 없어서 서비스를 설치할 수 없었다(he was unable to install the service since no one answered the door)는 내용이다. 앞뒤 대조로 연결되므로 (C) but이 정답이다. **정답** (C)

141. 소유격 인칭대명사

해설 서비스 기술자가 설치하지 못하고 돌아왔으므로 '우리 케이블 회사의 핫라인에 전화하시오'라는 문맥이 되어야 한다. 따라서 (C) our가 정답이다. **정답** (C)

142. 알맞은 문장 고르기

해설 앞에 나온 '~ let us know when it would be convenient for us to complete the installation'과 호응을 이루려면 고객이 편리한 시간에 맞추겠다는 (D) We will work around your availability.가 흐름상 적절하다. **정답** (D)

해석
(A) 청구서는 매달 우편으로 발송됩니다.
(B) 신용카드 또는 체크카드 결제가 가능합니다.
(C) 고객님이 가입하신 플랜에는 140개의 채널이 있습니다.
(D) 고객님이 가능하신 시간대에 맞추도록 하겠습니다.

문제 143~146번은 다음 웹페이지를 참고하시오.

> 창립 5주년을 기념하여 Sole Gate는 사상 최대 규모의 기념일 세일을 실시합니다. 운동화, 샌들, 부츠, 슬리퍼는 최대 70% 할인됩니다. 양말, 신발끈, 신발 클리너의 경우 1+1 프로모션이 제공됩니다. 세일은 8월 21일부터 8월 28일까지 진행되며 저희 모든 매장 전역과 웹사이트에서 실시될 예정입니다. 할인 품목에 대한 프리뷰가 소셜 미디어 페이지에서 공유됩니다. **그것들을 확인하시고 피드백을 남겨주세요.** 곧 만나도록 해요!

표현 정리 **in celebration of** ~을 기념하여 **to date** 지금까지 **promotion** 홍보[판촉] (활동) **take place** 개최되다[일어나다] **location** 장소 **preview** 시사회, 시사평

143. 시제

해설 뒤에 나온 'Sneakers, sandals, boots, and slippers will be discounted up to 70%.'에서 will be discounted를 통해 할인이 앞으로 일어날 일임을 알 수 있다. 따라서 미래진행인 (C) will be holding이 적절하다. **정답** (C)

144. 명사 어휘

해설 discounted up to 70%, Buy-one-get-one-free promotions 등과 호응을 이루는 어휘는 (B) sale(세일, 할인 판매)이 적절하다. **정답** (B)

145. 전치사

해설 all our locations라는 장소 명사를 목적어로 취하는데 모든 지점 '전체에 걸쳐' 세일이 진행될 것이라는 의미가 되어야 한다. 따라서 (D) at이 적절하다. 나머지는 〈like ~처럼 / near (거리상으로) ~에서 가까이 / except ~을 제외하고〉라는 뜻이다. **정답** (D)

146. 알맞은 문장 고르기

해설 Previews of discounted items will be shared on our social media pages.에서 소셜 미디어 페이지에서 할인품목에 대한 프리뷰를 볼 수 있다고 한다. 이와 호응을 이루려면 (C) Check them out and leave your feedback.이 들어가 확인하고 의견을 남기라고 해야 흐름상 자연스럽다. **정답** (C)

해석
(A) 상품이 곧 도착할 예정입니다.
(B) 문의를 위해 그 번호로 전화하실 수 있습니다.
(C) 그것들을 확인하시고 피드백을 남겨주세요.
(D) 라디오 광고가 공개될 것입니다.

TEST 03
Part 5

101. 재귀대명사

해설 주어를 한번 더 강조할 때는 재귀대명사를 사용하는데 이때 뜻은 '그들 스스로, 직접'을 뜻한다. (D) themselves가 정답이고 the coaches를 가리키면서 강조하는 용법으로 쓰여 정답이다. **정답** (D)

표현 정리 recruiter 모집하는 사람 recommendation 추천

해석 프로농구 리크루터가 코치들에게 직접 추천을 요청해 왔다.

102. 부사 어형

해설 문장의 주어와 동사 사이에 빈칸이 있고, 빈칸이 동사를 수식해 '직접 사과했다'는 자연스러운 문맥을 이룬다. 따라서 부사인 (C) personally(직접, 개인적으로)가 정답이다. **정답** (C)

표현 정리 inaccurate 부정확한 apologize 사과하다 investor 투자자 personalize (개인의 필요에) 맞추다

해석 부정확한 정보를 제공한 후에 최고경영자는 투자자에게 직접 사과했다.

103. 사물명사 vs. 사람명사

해설 빈칸 앞에 정관사가 나오므로 빈칸이 명사 자리이다. 선택지에서 명사는 〈architect 건축가 / architecture 건축학[술], 건축 양식〉이 있다. 그런데, 〈one of the 복수 명사: ~중 하나〉 구문을 이루어야 한다. 따라서 정답은 사람명사 중 복수명사인 (B) architects이다. **정답** (B)

표현 정리 request 요청하다 make changes to ~에 변경을 하다 floorplans (건물의) 평면도

해석 고객은 건축가들 중 한 명이 평면도를 변경할 것을 요청하고 있다.

104. 동사 어휘

해설 〈creates 창조하다 / approves 승인하다 / converts 전환시키다[개조하다] / assigns (일 · 책임 등을) 맡기다[배정하다]〉라는 뜻이다. '마케팅 관리자는 일반적으로 영업사원들에게 업무를 할당하다'라는 문맥에 맞아야 한다. 따라서 정답은 (D) assigns이다. **정답** (D)

표현 정리 mostly 주로, 일반적으로 task 일, 과제 sales associate 영업사원

해석 마케팅 관리자는 일반적으로 영업사원들에게 업무를 할당하지만 때로는 인턴들에게도 할당한다.

105. 목적의 부사구

해설 'Ellisville residents have arranged a town hall meeting'까지 이미 문장이 완전하므로 빈칸 이하는 수식어에 해당한다. 따라서 동사 형태인 discusses는 소거하고, 빈칸 뒤에 upcoming events라는 목적어가 나오므로 수동을 나타내는 과거분사인 discussed도 소거한다. 문맥상 '도시 광장에서 개최될 예정인 행사를 논의하기 위해'와 같이 목적을 나타내는 'to 부정사구'가 되어야 적절하다. 따라서 정답은 (A) to discuss이다. **정답** (A)

표현 정리 resident 주민 arrange 마련하다, (일을) 처리[주선]하다 town hall 읍사무소[시청] upcoming 다가오는

해석 Ellisville 주민들은 도시 광장에서 개최될 예정된 행사를 논의하기 위해 타운홀 회의를 마련했다.

106. 부사 어휘

해설 빈칸에 들어갈 부사는 동사 handles를 꾸미게 된다. '이전에'라는 뜻의 previously는 과거 시제와 어울리므로 소거한다. 〈accidentally 우연히, 뜻하지 않게 / extremely 극도로, 극히 / electronically 전자적으로, 컴퓨터로〉 중에서, '모든 지급금 및 기타 재무를 최대한 전자적으로 처리하다'라는 내용이 되어야 적절하다. 따라서 정답은 (D) electronically이다. **정답** (D)

표현 정리 handle 다루다[처리하다] payment 지불, 지급 finance 재무

해석 Pritchett Closets는 모든 지급금 및 기타 재무를 최대한 전자적으로 처리한다.

107. 명사 어형

해설 관사 뒤에 빈칸이 있으므로 명사 자리이다. durable은 '내구성이 있는'이라는 뜻의 형용사이고, durably는 부사이므로 소거한다. 다음으로, durables처럼 복수형으로 쓰이면 '내구(소비)재(주택 · 가구 · 차 등)'라는 의미이고, durability는 '내구성, 내구력'이라는 뜻이다. 여기서 동사가 is이므로 단수 명사가 필요하고 문맥상으로는 'Dynex 브랜드 도구의 내구성은 건설 산업 전반에 걸쳐 잘 알려져 있다'고 해야 한다. 따라서 정답은 (C) durability이다. **정답** (C)

표현 정리 well known 잘 알려진

해석 Dynex 브랜드 도구의 내구성은 건설산업 전반에 걸쳐 잘 알려져 있다.

108. 전치사

해설 빈칸에는 a week라는 기간 명사를 목적어로 취하는 전치사가 필요하다. (C) within은 '(특정한 기간) 이내에[안에]'라는 뜻이다. '주문한 신발과 가방은 일주일 이내에 배송될 것이다'는 문맥에도 자연스럽게 어울려 정답이 된다. 나머지는 〈toward [운동의 방향] ~쪽으로, ~을 향하여 / under (위치가) ~의 아래에, (지배 · 감독 · 보호 따위의) 아래에 / between ~사이에〉라는 뜻이다. **정답** (C)

표현 정리 order 주문하다 deliver 배달하다

해석 뉴저지에서 주문하신 신발과 가방은 일주일 이내에 배송될 것입니다.

109. 과거분사

해설 빈칸 앞에 are가 나오므로 빈칸에 동사원형인 expect는 소거한다. 보어 자리에 명사가 나올 때는 주어와 동격 관계일 경우 성립하는데, 사람 명사인 Ticketholders와 사물 명사인 expectation은 동격이 되지 못하므로 명사도 탈락한다. 여기서는 '콘서트 연기로 티켓 소지자들은 환불을 요청할 것이라고 예상된다'는 수동태가 되어야 맞다. 따라서 정답은 과거분사인 (C) expected이다. (B) expecting는 문법적으로는 맞지만, 의미상 적절하지 않다. 티켓 소지자들이 환불을 요청할 것이라고 사람들이 생각하는 것이므로 'People expect ticket holders to ask for ~' 이런 의미이지, ticketholders인 본인들이 환불을 요청할 것이라고 본인들이 예상하는 것이 아니다. 'be expecting to do something'의 적절한 예를 들면, I am expecting to receive the package tomorrow. 와 같이 소포를 내가 받을 것이라고 내가 예상한다는 뜻으로 사용할 때, 이런 구조를 쓴다. **정답** (C)

표현 정리 ask for 요청하다 refund 환불 postpone 연기하다

해석 콘서트 연기로 티켓 소지자들은 환불을 요청할 것이라고 예상된다.

110. 부사 어휘

해설 선택지는 〈regularly 정기적으로 / commonly 흔히, 보통 / dominantly 지배적으로, 우세하게 / immediately 즉시, 즉각〉이라는 뜻으로 이루어져 있다. 문맥상 '자선단체 회장이 사임했기 때문에 부회장이 즉시 그 자리를 이어받게 될 것이다'라는 내용이 되어야 자연스럽다. 따라서 정답은 (D) immediately이다. **정답** (D)

표현 정리 charitable organization 자선단체 resign 사직[사임]하다
take over (~을) 인계받다

해석 자선단체 회장이 사임했기 때문에 부회장이 즉시 그 자리를 이어받게 될 것이다.

111. 형용사의 비교급

해설 빈칸은 be동사인 is의 보어 자리이므로 형용사가 필요하다. 그런데 빈칸 뒤에 비교급과 어울리는 than이 나오므로 정답은 형용사의 비교급인 (C) simpler이다. 비교급 뒤에 than은 생략 가능하지만, than이 나오면 앞에는 무조건 비교급이 되어야 한다. **정답** (C)

표현 정리 submit 제출하다 application 신청서, 적용, 어플
branch office 지점, 지사

해석 고객들은 온라인으로 신청서를 제출하는 것이 지점을 방문하는 것보다 더 간단하다고 생각한다.

112. 부사 vs. 접속사

해설 문맥상 '컨퍼런스 날짜가 변경되어서 (그래서) 프레젠테이션을 완벽히 하는데 더 많은 시간을 가졌다'고 해야 적절하므로 정답은 '따라서, 그러므로'라는 뜻의 부사 (A) thus이다. but과 and는 등위접속사로서 앞뒤 병렬관계를 이룬다. 즉, 앞에 절이 나오면 등위접속사 뒤에도 절이 나와야 하므로 오답이다. nor는 〈neither A nor B〉의 상관접속사 구문으로 쓰이거나 〈I don't know, nor do I care. 알지도 못하고 관심도 없다.〉처럼 not, no, never 따위를 포함하는 부정절 뒤에서 부정의 연속을 나타낼 때 쓰인다. 앞에 부정어가 나오고 nor 뒤는 도치 구문으로 쓰이는 것을 주의해 둔다. **정답** (A)

표현 정리 perfect 완벽하게 하다

해석 컨퍼런스 날짜가 변경되어서 프레젠테이션을 완벽히 하는 데 더 많은 시간을 가졌다.

113. 형용사 어휘

해설 선택지는 〈temporary 일시적인, 임시의 / slight 약간의/ lasting 지속적인 / extensive 광범위한[폭넓은]〉으로 이루어져 있다. until 이하 부사절에 나온 〈permanent ones〉에서 대명사 ones가 IDs를 가리키므로 빈칸에는 permanent와 대비를 이루는 어휘가 필요하다. 문맥상 '신규 연수생들은 영구 ID가 도착할 때까지 임시 ID를 사용해야 할 것이다'고 해야 적절하다. 따라서 정답은 (A) temporary이다. **정답** (A)

표현 정리 batch (일괄적으로 처리되는) 집단[무리] trainee (특정한 직종을 위해) 교육을 받는 사람, 수습 (직원) permanent 영구적인

해석 신규 연수생들은 영구 사원증이 도착할 때까지 임시 사원증을 사용해야 할 것이다.

114. 대명사

해설 인칭대명사 문제로 '우리의 컨퍼런스룸'이 되므로 소유격인 (B)가 정답이 된다. **정답** (B)

표현 정리 potential 가능성이 있는

해석 Ms. Jackson은 우리의 컨퍼런스룸에서 내일 잠재적인 고객을 만날 것이다.

115. 부사 어휘

해설 부사 어휘문제로 〈exactly 정확히 / rapidly 빨리, 신속히 / equally 동등하게 / highly 매우, 대단히〉를 뜻한다. 문맥상 '경쟁업체들이 모바일 뱅킹 앱을 빠르게 채택하는 상황에서조차, Hoppers Bank는 기존 방식을 고수한

다'가 되어야 적절하다. 따라서 정답은 (B) rapidly이다. **정답** (B)

표현 정리 competitor 경쟁자[경쟁 상대] adopt 채택하다
stick to ~을 고수하다[지키다]

해석 경쟁업체들이 모바일 뱅킹 앱을 빠르게 채택하는 상황에서조차, Hoppers Bank는 기존 방식을 고수한다.

116. 명사 어휘

해설 〈several leading cultural -------〉 구조에서 빈칸에 들어갈 명사는 두 개의 형용사인 leading과 cultural의 수식을 받게 된다. 〈practices 실습, 관행 / challenges 도전 / differences 차이 / institutions 기관[단체/협회]〉 중에서, 'leading 선도하는, cultural 문화의'와 가장 잘 어울리는 단어를 찾는 문제이다. '강연 시리즈는 여러 선도하는 문화기관과 관련된 연설자들을 특징으로 할 것이다'가 되어야 적절하다. 따라서 정답은 (D) institutions이다. **정답** (D)

표현 정리 feature 특별히 포함하다, 특징으로 하다
associated with ~와 연관된 leading 선도하는

해석 강연 시리즈는 여러 선도하는 문화 기관과 관련된 연설자들을 포함할 것이다.

117. 분사형 형용사

해설 〈to meet clients' ------- specifications〉 구조에서, 빈칸은 specifications라는 명사를 수식하는 형용사 또는 복합명사를 이루는 또 다른 명사가 가능하다. 여기서는 '고객이 바랐던 사양'과 같이 형용사의 수식을 받는 것이 문맥상 맞다. specifications를 수식하는 형용사는, specifications가 사람이 아니므로 수동의 의미인 (B) desired가 '바랐던, 희망했던'이 정답이 된다. specifications가 desire 할 수는 없으므로 desiring은 오답이다. **정답** (B)

표현 정리 carefully 조심스럽게, 신중히 craft 공예품, 공들여 만들다
specification 사양, 세부 사항

해석 모든 가구는 고객이 원하는 사양에 맞게 세심하게 제작되었다.

118. 능동 vs. 수동

해설 줄거리는 누군가에 의해서 구성되어야 하므로 수동태를 만드는 과거분사 (C) constructed가 빈칸에 적절하다. **정답** (C)

표현 정리 novel 소설 originally 원래, 본래 be based on ~에 기반을 두다

해석 영화의 줄거리는 영화가 기반으로 했던 소설과 동일한 방식으로 구성될 것이다.

119. 접속사 vs. 전치사

해설 빈칸에 'Mr. Kim is still trying to hit his'라는 절을 연결하는 접속사가 필요하므로 전치사구인 such as(~와 같은)부터 소거한다. 나머지 접속사 중 '대부분의 영업사원들은 이미 월별 목표를 초과했지만, Mr. Kim은 여전히 목표를 달성하기 위해 노력하고 있다'는 의미가 되어야 연결된다. 따라서 정답은 두 가지 사실을 비교 · 대조할 때, '~에 반해서'라는 뜻의 (B) whereas이다. even if는 '(비록) ~일지라도'라는 뜻이다. **정답** (B)

표현 정리 sales associate 영업사원 exceed 초과하다

해석 대부분의 영업사원들은 이미 월별 목표를 초과했지만, Mr. Kim은 여전히 목표를 달성하기 위해 노력하고 있다.

120. 명사 어휘

해설 빈칸에는 동사 made의 목적어이자 뒤에 나온 전치사 to와 어울릴 수

있어야 한다. 'make adjustments to'가 '~을 조정하다'라는 숙어로 쓰인다. 따라서 정답은 (B) adjustments((약간의) 수정[조정])이다. 참고로 (A)는 글로 쓰여진 보고서나 자료를 수정하는 것을 말할 때 사용되는 단어이다.

정답 (B)

표현 정리 crew 팀, 승무원 **improve** 개선시키다

해석 기술팀은 음질을 개선하기 위해 오디오 시스템을 조정했다.

121. 동사 어휘

해설 빈칸에는 'one STAR Rewards point'라는 목적어와 호응이 되는 동사가 필요하다. 동사 inform은 '(특히 공식적으로) 알리다[통지하다]'라는 뜻인데 〈inform someone of/about something〉처럼 사람 명사를 목적어로 취하므로 소거한다. 〈bring 가져오다, 데려오다 / start 시작하다 / earn (그럴 만한 자격·자질이 되어서 무엇을) 얻다[받다]〉 중에서, 'STAR 신용카드로 청구된 1달러마다 STAR 리워드 포인트 1점을 받게 된다'는 의미가 되어야 맞다. 따라서 정답은 (D) earn이다.

정답 (D)

표현 정리 charge (요금·값) 청구하다[주라고 하다]

해석 STAR 신용카드로 청구된 1달러마다 STAR 보상 포인트 1점을 받게 될 것이다.

122. 형용사 어휘

해설 〈precise 정확한, 정밀한 / official 공식적인 / faithful 충실한 / unique 독특한〉이라는 뜻이다. 문맥상 '가장 독특한 자신의 스타일을 만들어 내기 위해'가 되어야 연결된다. 〈creatively blended〉가 힌트가 된다. 따라서 정답은 (D) unique이다.

정답 (D)

표현 정리 creatively 창의적으로 **blend** 섞다, 혼합하다

해석 콘테스트에서 우승한 밴드는 그 자신의 가장 독특한 스타일을 만들어 내기 위해 다양한 음악 장르를 창의적으로 조합했다.

123. 접속사 vs. 부사

해설 두 문장을 연결하는 접속사가 필요하다. even은 '심지어'의 뜻으로 쓰이는 부사이므로 소거한다. '행사가 아직 몇 달 남았지만, 담당 진행자는 이미 행사장 비용을 전액 지불했다'가 되어야 하므로 접속사인 (A) although가 정답이다. 접속사 〈whether 이던 아니던 / 접속사 since ~이후로, 때문에〉를 의미한다.

정답 (A)

표현 정리 coordinator 총 책임자, 진행자, 코디네이터 **in full** 전부 **venue** (콘서트·스포츠 경기·회담 등의) 장소

해석 행사가 아직 몇 달 남았지만, 담당 진행자는 이미 행사장 비용을 전액 지불했다.

124. 전치사

해설 〈the art museum on Johnson Avenue ------- the shopping center〉를 보면 빈칸 앞뒤로 장소 관련 명사가 나온다. 먼저 among은 '~중[사이]에, ~에 둘러싸여'라는 뜻인데 뒤에 복수명사와 어울리므로 소거한다. 나머지는 〈opposite (보통 마주 보고 있는 둘 중) ~의 맞은편에 / except 제외하고 / into ~안으로〉라는 뜻이다. 문맥상 '쇼핑센터 맞은편 미술관'이 적절하므로 'across from or on the other side of someone or something'이라는 뜻의 (A) opposite이 정답이다.

정답 (A)

표현 정리 charity auction 자선 경매 **be held** 개최되다, 열리다

해석 자선 경매는 쇼핑센터 맞은편 Johnson Avenue에 있는 미술관에서 열릴 예정이다.

125. 전치사 vs. 접속사

해설 빈칸은 두 문장을 연결하는 접속사 자리이다. owing to(~때문에)와 instead of(~대신에)는 전치사이므로 소거한다. 문맥상 '피트니스 체육관의 연간 회원권에 가입하면 수영장을 무제한으로 이용할 수 있다'와 같이 조건으로 연결해야 하므로 조건의 접속사 (D) provided that(~하면)이 정답이다.

정답 (D)

표현 정리 unlimited 무제한의 **subscribe to** ~을 구독하다, 가입하다 **annual** 연간의

해석 저희 피트니스 체육관의 연간 회원권에 가입하면 수영장을 무제한 이용하실 수 있습니다.

126. 동사 어휘

해설 〈demonstrating 시연하다, 입증하다 / repairing 수리하다 / enhancing (좋은 점·가치·지위를) 높이다[향상시키다] / recognizing 인지하다〉라는 뜻의 동사들로 이루어져 있다. '디지털 카메라를 사용하고 사진을 편집하는 적절한 방법을 시연해 보이는 멋진 일을 수행한다'는 문맥이 되어야 자연스러우므로 정답은 (A) demonstrating이다.

정답 (A)

표현 정리 excellent 훌륭한 **proper** 적절한 **edit** 편집하다

해석 이 비디오는 디지털 카메라를 사용하고 사진을 편집하는 적절한 방법을 시연해 보이는 멋진 역할을 수행한다.

127. 형용사 어형

해설 〈with ------- prices〉 구조에서 빈칸은 명사를 수식하는 형용사 자리이므로 (B) competitive가 정답이다. 'competitive price'가 '경쟁력 있는 가격'이라는 뜻이다.

정답 (B)

표현 정리 continuously 지속적으로 **generate** 발생시키다, 창출하다 **regularly** 정기[규칙]적으로 **release** (대중들에게) 공개[발표]하다 **competitively** 경쟁적으로

해석 지속적으로 매출을 창출하기 위해, Robertson Shoes는 경쟁력 있는 가격으로 신제품을 정기적으로 출시한다.

128. 부사 vs. 접속사

해설 빈칸에는 'they could submit their work efficiently'라는 절을 연결하는 접속사가 필요하다. as well은 '또한, 역시'라는 뜻의 부사이고, 목적의 부사구인 in order to는 뒤에 원형부정사를 취하므로 소거한다. 문맥상 'Scottsdale 고등학교 학생들은 효율적으로 과제를 제출할 수 있도록 하기 위해 각각 새 노트북을 제공받았다'와 같이 목적을 나타내야 하므로 (C) so that이 정답이다. 목적의 접속사로 '~하기 위해서'를 뜻한다.

정답 (C)

표현 정리 submit 제출하다 **efficiently** 효율적으로

해석 Scottsdale 고등학교 학생들은 효율적으로 과제를 제출할 수 있도록 하기 위해 각각 새 노트북을 제공받았다.

129. 명사 어휘

해설 명사 어휘 문제로 〈supplement 보충[추가](물) / cooperation 협력 / certification 증명 / consideration 고려〉를 뜻한다. 문맥상 '관리자들은 목표 달성을 위해 팀원 간의 협력을 장려한다'가 되어야 적절하므로 (A) cooperation이 정답이다.

정답 (A)

표현 정리 encourage 권장[장려]하다 **achieve** 달성하다

해석 Gastone Corporation 관리자들은 목표 달성을 위해 팀원 간의 협력을 장려한다.

130. 형용사 어휘

해설 빈칸에 들어갈 형용사는 are의 보어이자 뒤에 전치사 about과 연결된다. 선택지는 〈pleasant 즐거운 / domestic 국내의 / enthusiastic 열광적인 / reasonable 합리적인〉으로 이루어져 있다. '소비자들은 Snow Candy의 예정된 새로운 아이스크림 맛 출시에 대해 매우 열광하고 있다'는 문맥에도 자연스럽게 연결되므로 정답은 (C)가 된다. 사람이 pleasant 하다는 것은 '친절하다'라는 뜻이다. They are pleasant. = They are nice (friendly). 그렇기 때문에 문맥에 맞지 않다. **정답** (C)

표현 정리 highly 매우 upcoming 다가오는 launch 개시[출시] flavor 맛

해석 소비자들은 Snow Candy의 다가오는 새로운 아이스크림 맛 출시에 대해 매우 열광하고 있다.

Part 6

문제 131-134번은 다음 기사를 참고하시오.

> **Koo's Kitchen 쿠킹쇼, 주방기기 선두업체와 손잡다**
>
> 뉴욕시 – 인기 황금시간대 요리쇼인 Koo's Kitchen이 Food Wizard와 파트너십을 체결했다. Food Wizard는 최고급 주방용품, 도구, 가전제품으로 유명한 인기 브랜드이다.
>
> 파트너십을 통해 새로운 시즌의 촬영이 시작되면, 쇼에서 Food Wizard 제품만 사용되도록 할 것이다. Food Wizard의 부사장인 Bethany Ramirez는 회사 제품이 황금 시간대에 노출된다는 전제 하에 이번 계약에 기꺼이 동의했다고 밝혔다.
>
> Chef Koo로 더 유명한 Henson Kooper도 흥분을 표출했다. 그는 "요리를 시작한 이후로 제 개인 주방에서 그 회사 제품들을 사용해왔습니다. **방송에서도 이 제품들을 사용하기를 고대하고 있습니다.**"라고 말했다. Koo's Kitchen의 새 시즌은 7월 6일부터 매주 화요일 저녁 7시에 방송될 예정이다.

표현 정리 partner with ～와 협력하다 primetime (텔레비전, 라디오의) 황금 시간대 sign 체결하다 high-grade 일등급, 최상급의 utensil (가정에서 사용하는) 기구[도구] gadget (작고 유용한) 도구[장치] appliance (가정용) 기기 product 상품 solely 오로지, 단지; 단독으로 eagerly 열렬히 agree 동의하다 exposure 노출 famously 유명하게 express excitement 흥분을 표출하다

131. 과거분사

해설 문장의 동사는 is이고 접속사가 없으므로 빈칸이 동사 자리는 아니다. 다음으로, 빈칸 이하가 앞에 나온 명사구인 a popular brand를 수식하므로 형용사 자리인데, 빈칸 뒤에서 앞의 명사를 수식하는 과거분사인 (B) known이 정답이다. **정답** (B)

132. 접속부사 vs. 접속사

해설 촬영이 시작되는 건 미래이지만 시간/조건을 나타내는 접속사가 오면 미래 대신 현재시제를 사용한다. once가 시간을 나타내므로 미래시제를 쓰지 않고 현재시제를 쓴 (B)가 정답이 된다. **정답** (B)

133. 알맞은 문장 고르기

해설 빈칸 앞인 Since I started cooking, I have used the company's products in my personal kitchen.에서 요리를 시작한 이후, 이 회사 제품을 사용해 왔다고 한다. the company's products를 them으로 받으며 쇼

에서도 이들 제품을 쓰고 싶다는 (C) I look forward to using them on the show as well.로 연결하는 것이 흐름상 자연스럽다. **정답** (C)

해석
(A) 요리는 저에게 단순한 취미 이상입니다.
(B) 제가 처음에 이 분야에 뛰어든 이유를 이제 아실 것입니다.
(C) 방송에서도 이 제품들을 사용하기를 고대하고 있습니다.
(D) 시청자 분들은 간단하고 맛있는 요리법을 배우실 수 있습니다.

134. 동사 어휘

해설 〈finish (완성하여) 끝내다[마치다/마무리짓다] / debut 데뷔하다, 첫 무대에 서다 / arrive 도착하다 / air 방송하다; 방송되다〉라는 뜻으로 이루어져 있다. 도입부 중, 'Koo's Kitchen, a popular primetime cooking show'에서 Koo's Kitchen은 방송 쇼임을 알 수 있는데, 내용상 '이 쇼의 새 시즌은 7월 6일부터 매주 화요일 저녁 7시에 방송될 예정이다'라고 해야 연결된다. 따라서 'to broadcast something on radio or television'이라는 뜻의 (D) air가 정답이다. **정답** (D)

문제 135-138번은 다음 공지를 참고하시오.

> **MT 카페테리아 공지사항: 메뉴 업데이트**
>
> Maier Technologies 카페테리아는 곧 보다 다양한 음료를 제공하기 시작할 것입니다. 이러한 결정은 전사적 설문조사에 대한 대응으로 이루어졌습니다. 사원들은 더 많은 커피와 차 메뉴를 원한다고 했습니다. **다른 무카페인 음료도 요청했습니다.**
>
> 8월 2일 새로운 음료 메뉴와 함께 음료 카운터를 신규 오픈합니다. 바리스타들이 채용되어 오전 7시부터 오후 4시까지 카운터에서 직원으로 배치될 것입니다. 그들은 다양한 종류의 커피, 주스, 차, 스무디를 만들 수 있습니다. 병에 들어있거나 소다수 공급기에서 판매되는 음료수도 구매할 수 있습니다.
>
> 이러한 개선이 사원들을 만족시키고 직장 내 효율성을 증진하기를 바랍니다.

표현 정리 a wide variety of 광범위한 beverage 음료 in response to ～에 대응하여, 응답으로 survey 조사 staff 직원, 직원을 두다 fountain drink 소다수 공급기에서 나온 탄산음료 satisfy 만족시키다 promote 홍보하다, 승진하다, 증진하다 workplace 직장, 업무 현장

135. 명사 어휘

해설 선택지는 〈purchase 구입, 매입 / decision 결정 / request 요청[신청] / quality 품질, 질 좋은〉이라는 뜻이다. 도입부 'Maier Technology's cafeteria will soon begin serving a wider variety of beverages.'에서 회사에서 보다 다양한 음료를 제공할 것이라고 하므로, 이를 가리키는 (B) decision이 정답이다. 또한 능동일 때는 〈make a decision 결정하다〉이 숙어로 쓰이기도 한다. **정답** (B)

136. 알맞은 문장 고르기

해설 빈칸 앞인 Employees indicated they want more coffee and tea options.에 연결되어 사원들이 커피, 차 외에 무카페인 음료를 요청했다는 내용으로 (C) Other noncaffeinated drinks were requested as well.이 들어가는 것이 흐름상 자연스럽다. **정답** (C)

해석
(A) 커피는 킬로그램 단위로 구매할 수 있습니다.
(B) 미리 선택해 주십시오.
(C) 다른 무카페인 음료도 요청했습니다.
(D) 우리는 음식 제안을 듣기를 고대합니다.

137. 대명사

해설 서술부인 'can make different types of coffee, juices, teas, and smoothies'의 주체가 되기 위해서는 앞 문장에 나온 Baristas를 가리켜야 하므로 (A) They가 정답이다. **정답** (A)

138. 명사 어형

해설 and 뒤에 나온 promote는 동사이고 빈칸에 목적어 기능인 명사가 의미상 필요하다. '효율성을 증진하다'라는 의미로 (B) efficiency가 정답이다. **정답** (B)

문제 139~142번은 다음 이메일을 참고하시오.

수신: Gilbert Layman <gillayman@bnvc.com>
발신: Christine Raymond <craymond@chambleeconstruction.com>
주제: 정보
날짜: 5월 3일

Mr. Layman 귀하:

Chamblee Construction을 대표하여 신입 인턴으로 채용되신 것을 축하드립니다. 저희 건축팀은 귀하와 함께 일하게 되어 기쁘게 생각합니다. 귀하께서 건축면허 취득을 위한 시험공부에 여전히 매진하고 계시는 점을 잘 알고 있으므로, 유연한 일정 조정이 가능합니다.

인사부와의 신입사원 오리엔테이션은 5월 24일 월요일 오전 9시부터 오후 1시까지 예정되어 있습니다. **몇 분 일찍 도착해 주시기 바랍니다.** 그렇게 하면, 오리엔테이션이 시작되기 전에 팀에 귀하를 잠시 소개해 드릴 수 있습니다.

Christine Raymond

표현 정리 on behalf of ~을 대표하여 accept 받아들이다 license 면허 flexible 유연한 arrangement 준비, 마련, 주선

139. 동사 어휘

해설 'I would like to congratulate you for being accepted as our newest intern'에서 신입 인턴으로 채용된 것을 축하한다고 하므로 함께 '일하게' 되어 기쁘게 생각한다는 의미로 (D) work가 정답이다. **정답** (D)

140. 등위접속사

해설 빈칸 뒤에 'we are open to a flexible scheduling arrangement'라는 절이 나오므로 빈칸은 접속사 자리이다. ever는 부사이므로 정답에서 제외된다. 문맥상 '건축면허 취득을 위한 시험공부에 여전히 매진하고 있다는 것을 잘 알고 있으므로, 유연한 일정 조정이 가능하다'는 의미로 결과를 나타내는 등위접속사 (A) so로 연결하는 것이 자연스럽다. **정답** (A)

141. 알맞은 문장 고르기

해설 빈칸 뒤에 나온 부사 That way와 호응이 되는 문장이 필요하다. 오리엔테이션이 시작되기 전에 팀에 소개할 수 있다고 하므로 오리엔테이션이 열리는 시간보다 좀더 빨리 와 달라는 (B) Please arrive a few minutes early.로 연결되는 것이 흐름상 자연스럽다. **정답** (B)

해석
(A) 노트와 펜을 가져오시기 바랍니다.
(B) 몇 분 일찍 도착해 주시기 바랍니다.
(C) 평상복을 입으시기를 요청 드립니다.
(D) 좌석은 선착순입니다.

142. 부사 어형

해설 조동사와 동사원형 사이에 부사인 (C) briefly(잠시)가 적절하다. **정답** (C)

문제 143~146번은 다음 안내문을 참고하시오.

Bedford 비즈니스 컨퍼런스
6월 12일~13일, 금요일~토요일

Bedford 비즈니스 컨퍼런스는 아무것도 없이 사업을 시작한 다수의 유명 기업가들의 강연을 특징으로 하는 이틀 간의 행사입니다. 이들 기업가들은 무엇 때문에 사업을 시작하고, 어떻게 성공했고, 그러한 성공의 비결이 무엇인지에 대해 이야기할 것입니다. 비즈니스 컨퍼런스이기 때문에 작은 비즈니스 부스도 마련됩니다. 전체 행사기간 동안 부스가 열릴 예정입니다. 부스에 들러 다른 기업가들이 어떤 일을 하는지 알아보시기 바랍니다. 티켓은 bedfordbizcon.com에서 구입하실 수 있습니다. **3월 1일 이전에 구매하여 조기 할인을 받으세요.** 일반 티켓 가격에서 20% 할인을 받을 수 있습니다.

표현 정리 well-known 유명한 entrepreneur 기업가 from scratch 아무런 사전 준비[지식] 없이 thrive 번영하다 entire 전체의 available 이용 가능한 regular price 정가

143. 동사 어형

해설 주격 관계대명사 that 뒤에 적절한 동사 형태를 찾아야 한다. 먼저 선행사가 a 2-day event라는 단수형이므로 수 일치가 맞지 않는 feature는 소거한다. 다음으로, 뒤에 목적어가 나오므로 능동형이 필요해서 수동태인 will be featured도 소거한다. 지문을 보면, will talk about, will also be 등처럼 미래시제로 연결되므로 행사가 아직 열린 것은 아니다. 따라서 과거시제인 featured도 소거하면, 행사의 특징을 설명하는 현재시제인 (B) features가 정답이다. **정답** (B)

144. 접속사

해설 문맥에 맞는 접속사를 고르는 문제이다. 해석상 '비즈니스 컨퍼런스이기 때문에 작은 비즈니스 부스도 마련된다'는 이유의 접속사로 연결되어야 적절하다. 따라서 (D) Since(~이므로)가 정답이다. **정답** (D)

145. 동사 어휘

해설 by와 어울려 숙어 표현을 이루게 되는데 'stop by'가 '잠시 들르다'라는 의미로 쓰인다. 따라서 (A) Stop이 정답이다. **정답** (A)

146. 알맞은 문장 고르기

해설 빈칸 다음 문장인 You'll save 20% off the regular ticket prices.에서 20% 할인을 받을 수 있다고 하므로 서둘러 구매하면 일찍 오는 사람을 위한 할인을 준다는 (A) Buy yours before March 1 to get an early-bird discount. 가 들어가는 것이 흐름상 자연스럽다. **정답** (A)

해석
(A) 3월 1일 이전에 구매하여 조기 할인을 받으세요.
(B) 강연 홀 밖에 누구나 부스를 설치할 수 있습니다.
(C) 이 행사는 Bedford Commerce Council이 후원합니다.
(D) 귀하의 비즈니스를 한 단계 끌어올리는 방법을 가르쳐 드리겠습니다.

101. 동사 어형

해설 문장의 주어가 없는 명령문이다. 명령문은 문두에 동사원형을 쓰므로, 빈칸에 동사원형인 (D) Visit이 필요하다. **정답** (D)

표현 정리 branch 지점, 지사 ongoing 계속 진행중인 promotion 홍보[판촉] (활동), 승진

해석 진행중인 프로모션에 관해 정보를 더 얻기 위해서는 저희의 아무 지점이나 방문하십시오.

102. 등위접속사

해설 두 개의 절을 연결하는 접속사가 필요하다. 내용상으로 빈칸 앞은 사무용품은 내일 정오에 도착할 예정이라는 말이고, 뒤는 약간의 지연이 있을 수 있다는 말이다. 앞뒤가 역접이므로, 등위접속사 (C) but으로 연결하는 것이 적절하다. **정답** (C)

표현 정리 office supplies 사무용품 be set to ~하도록 예정되어 있다 slight 약간의 delay 지연

해석 사무용품은 내일 정오에 도착할 예정이지만 약간의 지연이 있을 수 있습니다.

103. 부사 어휘

해설 숫자 seven 앞에서 '대략'이라는 의미로 쓰이는 (A) Approximately가 정답이다. approximately처럼 숫자, 수량, 시간 등의 표현 앞에서 '대략'이라는 의미의 동의어로는 roughly, around가 있다. 나머지는 〈Especially 특별히 / Routinely 정기적으로/ Absolutely 전적으로, 틀림없이(사실임을 강조함)〉라는 뜻이다. **정답** (A)

표현 정리 copy (동일한 책 · 잡지 · 사진 따위의) 한 부(部), 한 권 release 발표[공개], 개봉, 출시

해석 대략 70만 장의 앨범이 발매 첫날에 판매되었다.

104. 접속사

해설 빈칸 앞뒤로 두 개의 절을 연결하는 접속사가 필요하다. 주절은 인사부에서 모든 직원들이 사무실을 방문하기를 원한다는 내용이고, 종속절은 출입카드를 나눠주고 있다는 말이다. 앞뒤가 인과관계로 연결되므로 정답은 이유의 접속사인 (D) since(~이므로)이다. **정답** (D)

표현 정리 hand out 나눠주다, 배포하다 access card 출입관리 카드

해석 인사부는 출입카드를 나눠주고 있기 때문에 모든 직원들이 사무실을 방문하기를 원한다.

105. 감정동사의 분사

해설 빈칸은 be동사인 were의 보어이자 부사 very의 수식을 받으므로 형용사 자리이다. 따라서 동사인 impress와 명사인 impression은 소거한다. '깊은 인상을 주다, 감명[감동]을 주다'라는 뜻의 impress는 감정 동사인데, 주어가 The board members라는 사람이므로 이런 경우 과거분사를 쓴다. 따라서 정답은 (A) impressed(감명[감동]을 받은)이다. 주어가 사물일 때는 impressive를 사용한다. **정답** (A)

표현 정리 board 이사회, 게시판, 판자 witness 목격하다

해석 당신의 발표를 목격한 이사회 회원들이 매우 감명을 받았습니다.

106. 부사 어형

해설 〈one of the most ------- used features〉 구조에서 빈칸은 뒤에 나온 형용사 역할의 used를 수식하게 된다. 부사가 형용사를 수식하므로 (D) widely가 들어가 '가장 널리 사용되는 기능'이라는 내용이 되는 것이 적절하다. 참고로 〈형용사 1 + 형용사 2 + 명사〉처럼 빈칸에 또 다른 형용사를 고려할 수 있지만 문맥이 자연스럽게 연결되지 않으므로 wide(넓은)는 오답이다. **정답** (D)

표현 정리 delivery 배달 feature 특색, 특징

해석 음식배달은 이 전화 앱에서 가장 널리 사용되는 기능 중 하나이다.

107. 동사 어휘

해설 'like food, water, and toiletries'를 총칭해서 받을 수 있는 단어가 빈칸에 필요하다. 'basic needs'가 '기본적 필수품'이라는 뜻이다. 따라서 정답은 (C) needs이다. 나머지는 〈ideas 생각 / entries 출입[입장/입국] / facilities 시설〉이라는 뜻이다. **정답** (C)

표현 정리 toiletries 세면도구(비누, 칫솔 등) for free 무료로

해석 음식, 생수, 세면도구와 같은 기본적인 필수품은 모두에게 무료로 제공될 것이다.

108. 형용사 어휘

해설 선택지는 〈complete 완전한, 완료된, 전체의 / occasional 가끔의 / constructive 건설적인 / renewable 갱신[연장] 가능한〉로 이루어져 있다. 빈칸에 들어갈 형용사는 뒤에 나온 list(목록, 명단)를 꾸미게 되는데, '전체적인 (요구사항) 목록'이라는 의미로 (A) complete이 적절하다. **정답** (A)

표현 정리 requirement 요구사항

해석 전체 요구사항 목록의 사본이 필요하시면 저에게 전화를 주십시오.

109. 명사 어형

해설 빈칸은 형용사(detailed)의 수식을 받는 명사 자리이므로 (B) description(서술[기술/묘사])이 정답이다. **정답** (B)

표현 정리 detailed 상세한 item (하나의) 물품[품목] descriptive 서술[묘사]하는

해석 물품에 대한 자세한 설명을 들은 후에 웨이트리스는 식당 로비에서 그것을 찾았다.

110. 전치사

해설 the library라는 장소 명사와 어울리는 전치사를 찾아야 한다. next는 전치사 next to라고 써야 '~옆에'라는 뜻이 된다. 단순히 next라고 하면 '그 다음'이라는 형용사나 부사가 되기 때문에 본문에 적절하지 않다. beside는 '~옆에'라는 뜻이다. '빵집은 박물관 건너편인 도서관 옆으로 이전될 것이다'라는 의미가 되어야 적절하므로 (B) beside가 정답이다. **정답** (B)

표현 정리 reopen 다시 문을 열다 relocate 이전[이동]하다 across from ~의 바로 맞은편에

해석 그들이 영업을 재개할 때 그 빵집은 박물관 건너편인 도서관 옆으로 이전될 것이다.

111. 접속사 축약형

해설 구매계약에 사인을 하게 되는 게 아니라 하는 것이므로 능동이다. 능동일 때는 -ing 형태를 사용한다. **정답** (C)

표현 정리 agreement 계약, 동의 be sure to V 반드시 ~하다 read over 꼼꼼하게 읽다 details 세부 사항

해석 구매계약에 사인을 하기 전에, 반드시 세부사항을 주의해서 꼼꼼하게 읽으세요.

112. 부사 어휘

해설 〈promptly 정확히 제 시간에, 즉시 / carefully 주의하여, 신중히 / unexpectedly 뜻밖에, 예상외로 / commonly 흔히, 보통〉 중에서, 비행기가 예기치 않게 더 일찍 도착했기 때문에 미리 공항에 도착한 것이 다행이었다는 문맥이 되는 것이 적절하다. promptly는 arrived를 수식할 수는 있어도 이 문장에서 early와 어울리지 않는다. **정답** (C)

표현 정리 in advance 미리, 사전에 flight 비행, 항공편

해석 Mr. Peterson의 비행기가 예기치 않게 일찍 도착했기 때문에 우리가 미리 공항에 도착한 것이 다행이었다.

113. 형용사 어형

해설 동사 has finished의 목적어가 〈its ------- discussion〉이므로, 빈칸에는 명사를 수식하는 형용사인 (A) confidential(기밀의)이 자연스럽다. **정답** (A)

표현 정리 enter 입장하다 board 이사회 discussion 토론, 논의 confide (비밀을) 털어놓다 confidentiality 비밀

해석 이사회가 기밀토론을 마칠 때까지 어느 누구도 회의실에 출입해서는 안된다.

114. 동사 어휘

해설 빈칸 뒤에 전치사 to가 나오므로 빈칸에 자동사가 필요하다. 'apply to'가 '~에 지원하다'라는 숙어로 쓰이고, '간호학교 졸업생들은 작은 진료소보다는 대형 병원에 지원하는 것을 선호한다'는 문맥에도 어울린다. 나머지는 〈qualify 자격을 갖추다 / indicate 나타내다 / remain 계속[여전히] ~이다〉라는 뜻이다. **정답** (D)

표현 정리 nursing school 간호학교 graduate 졸업생 prefer 선호하다

해석 대부분의 간호학교 졸업생들은 작은 진료소보다는 대형 병원에 지원하는 것을 선호한다.

115. 명사 어형

해설 정관사 the 뒤에 빈칸이 있으므로 명사인 (B) elimination(제거, 삭제)이 들어가야 한다. eliminating의 동명사 형태를 사용하려면 'call for eliminating controversial business tax credits'의 형태로 사용해야 한다. **정답** (B)

표현 정리 call for 요구하다 controversial 논란이 있는 tax credit 세액공제 eliminate 제거하다

해석 몇몇 지역 주민들은 논란의 여지가 있는 사업 세액공제의 삭제를 요구해 왔다.

116. 전치사

해설 〈Any questions ------- changes or cancelations〉 구조를 보면, 빈칸 앞뒤로 명사구가 나오므로 빈칸은 전치사 자리이다. '변경 또는 취소에 관련된 모든 질문'이라는 의미로 전치사 (A) regarding(~에 관하여[대하여])이 정답이다. **정답** (A)

표현 정리 cancelation 취소 direct (편지 등을) ~(에게)로 보내다 supervisor 감독관, 관리자

해석 변경 또는 취소에 관한 어떤 질문이건 팀 관리자에게 보내져야 합니다.

117. 관계대명사

해설 빈칸에 적절한 관계대명사를 찾는 문제이다. 〈------- purchase an annual subscription〉이 사람 선행사 Our customers를 수식하는 관계절이다. 사람 선행사를 수식하고 뒤에 주어가 없는 동사가 오므로 정답은 주격 관계대명사인 (D) who이다. **정답** (D)

표현 정리 annual 연간의 subscription (클럽 등에의) 가입, 구독 offer (보통 짧은 기간 동안의) 할인 benefit 혜택

해석 연간 구독을 구매하는 우리 고객들은 특별 할인과 혜택을 받게 될 것이다.

118. 형용사 어형

해설 빈칸은 is의 보어 역할이므로 형용사인 (C) necessary가 정답이다. **정답** (C)

표현 정리 specific 특정한 position 직위, 일자리 necessitate ~을 필요하게 만들다 necessity 필수품 necessarily 어쩔 수 없이, 필연적으로

해석 특정한 직책에 대한 인터뷰를 하기 전에 시험을 통과하는 것이 필수적이다.

119. 전치사

해설 〈ahead of (공간 · 시간상으로) ~앞에 / along with ~에 덧붙여, 함께 / instead of ~대신에 / on behalf of ~을 대표하여〉라는 뜻이다. 이유의 부사절인 the renovations are already done에서 보수공사가 이미 끝났다고 하므로, 주절은 '예정보다 일찍 운영을 재개할 수 있다'고 해야 연결된다. **정답** (A)

표현 정리 renovation 수선, 보수

해석 보수공사가 이미 끝났기 때문에, 지하철 역은 예정보다 일찍 운영을 재개할 수 있다.

120. 명사 어형

해설 동사 must receive의 목적어 자리이고 '승인을 받다'라는 내용이 되어야 하므로 정답은 명사인 (D) approval(승인)이다. **정답** (D)

표현 정리 architect 건축가 approve 승인하다 approvingly 찬성하여

해석 미니어처 모델을 만들기 전에 컨셉 디자인은 수석 건축가의 승인을 받아야 한다.

121. 부사 어휘

해설 빈칸에 들어갈 부사는 형용사 positive를 수식하게 된다. 〈frequently 자주 / eternally 영원[영구]히(forever) / extremely 극도로, 극히 / quickly (속도를) 빠르게〉 중에서, '숙박시설에 대한 피드백이 매우 긍정적으로 나타났다'는 내용이 되어야 연결된다. **정답** (C)

표현 정리 accommodations 숙박 시설 turn out (일 · 진행 · 결과가 특정 방식으로) 되다[되어 가다]

해석 숙박시설에 대한 VIP 고객의 피드백이 매우 긍정적인 것으로 나타났다.

122. 명사 어휘

해설 〈factor 요인 / priority 우선사항 / member 회원(어떤 단체에 가입한 개인 · 국가 · 기관) / decision 결정〉이라는 뜻이다. 주어인 customer safety와 빈칸에 들어갈 명사 보어가 동격 관계를 이룰 수 있어야 한다. '고객의 안전 = (가장 중요한) 우선사항'이라는 동격 관계가 되어야 적절하므로 정답은 (B) priority이다. (A) factor는 '어떤' 요인이라는 것인지, 정보가 추가되어야 한다. 단순히 '요인'이라는 말만 사용하면 자연스럽지 않다. **정답** (B)

표현 정리 promote 홍보하다 safety 안전

해석 워터파크는 다양한 재미있는 활동을 홍보하지만 고객의 안전이 여전히 가장 중요한 우선사항이다.

123. 동사 어휘

해설 선택지는 각각 〈indicated 나타내다[보여 주다] / expanded 확장하다 / delivered (물건·편지 등을) 배달하다, (연설·강연 등을) 하다 / marked (표·기호 등으로) 표시하다〉라는 뜻이다. 〈unless otherwise p.p.〉 구문은 '달리 ~되지 않는 한'이라는 숙어처럼 잘 쓰인다. 문맥상 '달리 나타나 있지 않는 한'의 의미가 되어야 적절하다. **정답** (A)

표현 정리 participant 참가자 separate 별도의, 분리하다 entry fee 참가비

해석 달리 나타나 있지 않는 한, 모든 콘테스트 참가자는 제출된 각 단편 영화에 대해 별도의 참가비를 지불해야 한다.

124. 미래완료 시제

해설 빈칸에 적절한 시제 형태를 찾는 문제이다. 문두에 나온 By the second quarter of next year라는 미래시점이 단서이다. 미래완료 시제는 특정 미래 시점까지 어떤 일이 완성이 되어 있을 것이라는 의미에서 사용한다. 그러므로, (B) will have published가 정답이 된다. **정답** (B)

표현 정리 sequel (책·영화·연극 등의) 속편

해석 내년 2분기까지 Luciano Books는 Rainbow's Sunset의 속편을 출간할 것이다.

125. 동사 어휘

해설 (D) postpone '연기하다, 미루다'는 문맥상 맞지 않다. 나머지는 with와 어울려 각각 〈comply with (법·명령 등에) 따르다[준수하다] / proceed with (이미 시작된 일을[이] 계속) 진행하다[되다] / compare with ~와 필적하다〉라는 뜻을 이룬다. job requirements와 호응을 이루는 동사는 '직무 요건을 준수하다'라는 의미로 (A) comply가 적절하다. **정답** (A)

표현 정리 requirement 요구사항 undergo (특히 변화·안 좋은 일 등을) 겪다

해석 신입사원들은 여전히 교육을 받는 동안 일부 직무요건을 준수하기 어려울 수 있다.

126. 전치사구 어휘

해설 〈apart from ~외에는, ~을 제외하고 / over time 시간이 지나면서 / in advance 미리 / at first 처음에는〉이라는 뜻의 부사구이다. 앞에 나온 부사 slowly와 함께 동사 fade를 꾸미기에 자연스러운 부사는 '시간이 지나면서 서서히 퇴색하다'가 되어야 적절하다. **정답** (B)

표현 정리 mural 벽화 slowly 서서히 fade (색깔이) 바래다[희미해지다] constant 지속적인 exposure 노출

해석 벽화에 사용된 페인트는 지속적인 햇빛 노출로 인해 시간이 지나면서 서서히 퇴색할 것으로 예상된다.

127. 형용사 어휘

해설 선택지는 〈competitive 경쟁력 있는 / decorative 장식용의 / alternative 대안의 / instructive 유익한〉으로 이루어져 있다. 명사 advantage와 어울려 호응을 이루는 어휘는 '경쟁력 있는 이점을 유지하다'라는 의미로 (A) competitive가 적절하다. **정답** (A)

표현 정리 maintain 유지하다 advantage 이점 regularly 정기적으로 review 검토하다

해석 패스트푸드 시장에서 경쟁력 있는 이점을 유지하기 위해서, 정기적으로 메뉴를 검토하고 업데이트할 필요가 있다.

128. 부사 어형

해설 빈칸이 앞에 나온 decrease를 수식하고 '급격히 감소하다'라는 문맥을 이루므로 부사인 (B) dramatically(극적으로)가 정답이다. **정답** (B)

표현 정리 technological 기술적인 innovation 혁신 demand 수요 decrease 감소하다

해석 최근 기술혁신이 공장 근로자에 대한 수요가 급격히 감소하는 원인이 되었다.

129. 명사 어휘

해설 선택지는 〈direction (위치·이동의) 방향[쪽], 지시, 명령 / response 응답, 반응, 대응 / statistics 통계, 통계 자료 / documents 서류, 문서〉라는 뜻이다. 빈칸은 timely의 수식을 받게 되므로 documents는 어울리지 않아 소거한다. 주절에서 조립 라인이 단 30분 동안 중단되었다고 하므로, '수리 기술자들의 시기적절한 대응 덕분'이라고 해야 문맥이 연결된다. direction의 경우, 수리 기술자들이 지시를 하는 것이 아니고 본인들이 수리를 하는 입장이므로, 적절하지 않다. **정답** (B)

표현 정리 timely 시기적절한 technician 기술자 assembly line (대량 생산의) 일괄 작업(열), 조립 라인 down 고장난

해석 수리 기술자들의 시기적절한 대응 덕분에 조립 라인이 단지 30분 동안만 고장났다.

130. 수동태

해설 〈regular 규칙적인, 정기적인 / energetic 활기 있는 / severe 심각한 / absolute 절대적인〉 중에서, 명사 proof를 수식하기에 적절한 형용사를 찾아야 한다. '의약품이 시장에 출시되기 전에 안전하다는 절대적인 증거가 필요하다'는 의미로 연결되어야 자연스럽다. **정답** (D)

표현 정리 proof 증거 medicine 의약품 release 출시하다

해석 의약품이 시장에 출시되기 전에 안전하다는 절대적인 증거가 필요하다.

Part 6

문제 131-134번은 다음 기사를 참고하시오.

> **두 번째 Horton Hardware 곧 오픈**
>
> 인디애나주 센터빌 — 8월 9일 월요일, Centerville에 신규 철물점이 오픈할 예정이다.
>
> Horton Group은 지역 내에서 두 번째인 신규 Horton Hardware 지점을 92 Davidson Street에 위치시킬 것이라고 발표했다. 회사는 또한 새로운 지점에서 최소 40명의 직원들을 고용할 계획이라고 밝혔다. Centerville에서는 고용 기회가 제한되어 있기 때문에 이는 반가운 소식이다.
>
> 회사 대변인은 보도자료에서 다음과 같이 썼다. '저희가 이 아름다운 지역사회에 서비스를 제공할 지점을 추가할 시기가 되었습니다. 회사에서는 이 새로운 모험에 잔뜩 기대하고 있습니다. <u>저희는 지역의 노동력을 개발하기를 고대합니다.</u> 곧 있을 채용 공고를 위해 계속 지켜봐 주십시오.'

표현 정리 hardware store 철물점 locate 위치하다, 찾다 welcome surprise 뜻하지 않은 기쁨 employment 고용

limited 제한된 **spokesperson** 대변인 **press release** 언론 공식 발표 **high time** 좋은 때 **venture** (사업상의) 모험 **stay tuned** 계속해서 주목하다 **forthcoming** 다가오는, 곧 있을

131. 부사 vs. 접속사

해설 빈칸 앞뒤에 절이 있으므로 두문장을 연결하는 접속사가 필요하다. 의미상 that 이하를 발표하다가 되므로 정답은 that이 된다. as well과 instead는 부사로서 절을 연결하지 못하고, while은 접속사이긴 하지만 의미상 자연스럽지 못하다. **정답** (C)

132. 부사 vs. 전치사

해설 '----- 40 people'은 to hire의 목적어 역할이다. 전치사구인 such as '~와 같은' along with '~와 함께' 그리고 rather than은 '~보다는[대신에]'라는 의미로 문맥에 어울리지 않는다. '40 people' 중에서 빈칸이 특히 숫자인 40를 수식하는데 '최소 40명'이라는 문맥을 이루는 부사 (A) at least(최소, 적어도)가 정답이다. **정답** (A)

133. 동사 어휘

해설 〈come as a surprise 놀라움으로 다가오다〉라는 숙어 표현을 묻고 있으므로 (B) comes가 정답이다. **정답** (B)

134. 알맞은 문장 고르기

해설 앞에 나온 this new venture는 회사에서 발표한 신규 매장 오픈(it will locate the new Horton Hardware branch, its second in the area, at 92 Davidson Street)이고 여기서 사원들을 채용할 계획(it plans to hire ~)이라고 한다. 다음으로 뒤에 나오는 forthcoming job announcements에서 추후 채용공고 소식에 귀를 기울이라고 하므로 이에 어울리려면 지역의 노동력을 개발하기를 기대한다는 (D)가 흐름상 자연스럽다. **정답** (D)

해석
(A) 저희는 맞춤형 가구를 알맞은 가격에 판매하겠습니다.
(B) 이 계획은 넓은 주차장을 만드는 것을 요구합니다.
(C) 그랜드 오프닝 행사가 다음달에 계획되어 있습니다.
(D) 저희는 지역의 노동력을 개발하기를 고대합니다.

문제 135-138번은 다음 기사를 참고하시오.

온타리오 주 토론토(10월 13일) — Waynesboro Electronics는 오늘 신제품인 최첨단 무선 이어폰을 출시했다. 특별 행사에서 회사의 제품개발 책임자인 Janice Doherty는 새로운 장비가 11월 중순에 매장에 선보일 것이라고 발표했다. 세련된 디자인 외에도, 제품의 일부 특징과 기능에 대해서도 언급되었다. **내장 마이크와 충전 케이스가 함께 제공된다.** 또한, 이어폰은 스마트폰, 태블릿, 노트북 등 널리 사용되는 다양한 전자기기에 쉽게 연결할 수 있다. Waynesboro는 테스터들이 제품에 대한 리뷰를 제공하면 본 상품에 대한 높은 수요를 기대하고 있다.

표현 정리 **state-of-the-art** 최신의 **product development** 제품 개발 **equipment** 장비 **sleek** 세련된 **functionality** 목적[기능] **easily** 쉽게 **a variety of** 다양한 **demand** 수요

135. 시제

해설 문장의 주어는 Waynesboro Electronics이고 빈칸이 동사 자리이다. 고유명사는 Waynesboro Electronics처럼 '-s'로 끝나도 단수 취급하므로 수 일치가 맞지 않는 launch는 소거하고 뒤에 its newest product라

는 목적어가 나오고 의미상 능동이므로 능동태를 써야 한다. 또한 첫 문장에 today가 나오고, 두번째 문장에 announced라는 말이 있기 때문에, '출시했다'라는 과거시제로 연결되는 것이 적절하다. **정답** (D)

136. 전치사

해설 빈칸에 its sleek design을 목적어로 취해 적절한 의미를 이루는 전치사구를 찾아야 한다. '세련된 디자인 외에도 제품의 일부 특징과 기능에 대해서도 언급되었다'는 추가/부가의 내용이 필요하므로 정답은 (C) Aside from(~외에도[뿐만 아니라])이다. 〈As for ~에 관해서 / Rather than ~보다 오히려 / Because of ~때문에)를 뜻한다. **정답** (C)

137. 알맞은 문장 고르기

해설 앞 문장 some of the product's features and functionalities were also mentioned에서 제품의 일부 특징과 기능에 대해서도 언급되었다고 하므로 내장 마이크와 충전 케이스가 함께 제공된다는 내용의 (B)로 연결하는 것이 흐름상 자연스럽다. **정답** (B)

해석
(A) 회사는 20년 전에 설립되었다.
(B) 내장 마이크와 충전 케이스가 함께 제공된다.
(C) 주 내에 12개의 매장이 있다.
(D) 가격대는 아직 발표되지 않았다.

138. 부사절 접속사

해설 내용상 다양한 기기에 연결할 수 있다는 것이므로, '기기에 관계없이'라는 내용이 이어지도록 만들어야 자연스럽게 연결된다. 참고로, 빈칸 이하에 나온 they are smartphones, tablets, or laptops에서 or를 단서로 봐도 된다. 접속사 whether가 '~이든·(아니면) ~이든'의 의미일 때 or로 연결될 수 있다. 나머지 선택지는 〈in order that ~하기 위해서 / although 비록 ~이지만 / now that ~이므로)이다. **정답** (D)

문제 139-142번은 다음 메모를 참고하시오.

수신: 전 직원
발신: Larry Bishop, 운영 관리자
날짜: 6월 21일
제목: 전화선 업데이트

7월 5일 오전 9시부터 전화선을 새로운 서비스 제공업체로 전환함을 알려드립니다. 전체 과정은 약 2일이 소요될 것입니다. 1일차는 현 전화선을 제거하고 2일차에 새 전화선을 설치할 예정입니다. 모든 탁상 전화기도 신규 장치로 교체됩니다. 즉, 전환 과정 중에는 전화 이용이 불가능합니다. **그 시간대에 통화를 위해서는 휴대전화를 이용해 주십시오.** 이번 변경사항에 대한 안내문은 고객에게 알리기 위해 웹사이트와 소셜 미디어 페이지에 게시되었습니다. 궁금한 사항은 담당 관리자에게 문의해 주시기 바랍니다.

송구스럽습니다만 여러분의 인내를 요청 드립니다. 감사합니다.

표현 정리 **be informed that** ~대해서 알려드린다 **entire** 전체의 **process** 과정 **approximately** 대략 **uninstall** 제거하다 **replace** 교체하다 **unit** (작은) 기구[장치] **direct** (편지 등을) ~(에게)로 보내다 **humbly** 겸손하여, 송구스럽게

139. 동사 어휘

해설 〈The entire process ~)로 시작하는 두번째 문장에서 현 전화선은 제거하고 새 전화선은 설치하는 공정이 일어날 것이라고 한다. 따라서 전화선

을 새로운 서비스 제공업체로 전환한다는 의미로 (C) switching(전환하다, 바꾸다)이 적절하다. **정답** (C)

140. 명사 어휘

해설 앞서 2일에 걸쳐 전화선을 신규업체로 전환한다고 하므로 switching을 받을 수 있는 (A) transition(전환)이 정답이다. 나머지는 〈discussion 논의 / shipment 수송 / performance 공연, 성능, 실적, 성과〉라는 뜻이다. **정답** (A)

141. 알맞은 문장 고르기

해설 〈This means that we won't have phone access ~〉에서 전환과정 중에는 전화 이용이 불가하다고 하므로 during the transition을 during that time으로 받아 그 시간대에는 휴대전화를 이용하라는 (D)가 들어가는 것이 흐름상 자연스럽다. **정답** (D)

해석
(A) 새 전화는 현재보다 더 고급 사양일 것입니다.
(B) 각 층에는 총 4명의 기술자가 배정될 것입니다.
(C) 우리는 이전 서비스 제공자와의 계약을 해지했습니다.
(D) 그 시간대에 통화를 위해서는 휴대전화를 이용해 주십시오.

142. 사물 vs. 사람 명사

해설 소유격 뒤에는 명사가 나오므로 명사를 정답으로 하면 된다. '모두의 인내를 당부 드린다'는 의미로 (C) patience(인내, 참을성)가 정답이다. patient는 '환자'라는 뜻으로 문맥에 맞지 않는다. **정답** (C)

문제 143-146번은 다음 기사를 참고하시오.

> ### 올바른 다이어트 방법: 체질에 맞는 식사
>
> 적절한 식단을 계획하는 첫 번째 단계는 먼저 자신의 체질을 파악하는 것이다. 이 정보를 알면 호르몬과 신진대사에 대한 힌트를 얻을 수 있다. 그 결과 처리해야 하는 단백질과 탄수화물의 유형과 양을 확인할 수 있다. 잘 먹고 규칙적으로 운동을 한다 해도 이러한 행동들을 본인의 체질 요구에 맞추지 않으면 원하는 결과를 얻지 못할 가능성이 여전하다.
>
> **주요 체질과 혼성 체질은 각각 세 가지가 있다.** 여러 웹사이트에서 체질을 파악하는 데 도움이 되는 가이드를 제공한다. 온라인 가이드는 유용한 출발점이 될 수 있다. 다만, 면허가 있는 영양사를 방문하는 것이 정확한 평가와 개별적 조언을 얻는 가장 좋은 방법이다.

표현 정리 initial 처음의, 초기의 proper 적절한 determine (무엇의 방식 · 유형을) 결정하다, 파악하다 hint 힌트, 암시 metabolism 신진[물질]대사 identify 찾다, 발견하다 carbohydrate 탄수화물 process 처리하다 regularly 정기적으로 possibility 가능성 desired 바라는 align (~에 맞춰) ~을 조정[조절]하다 useful 유용한 licensed 면허가 있는 dietitian 영양사 accurate 정확한 assessment 평가 personalized 개인 맞춤의 advice 조언

143. 명사 어휘

해설 앞문장에서 적절한 식단을 계획하는 첫 번째 단계는 먼저 자신의 체질을 파악하는 것이라고 한다. 즉, ~ first to determine what kind of body type you have를 받을 수 있는 (D) information(정보)이 빈칸에 적절하다. 나머지는 〈training 교육, 훈련 / regulation 규정 / investment 투자〉라는 뜻이다. **정답** (D)

144. 접속부사

해설 이 정보(체질을 파악하는 것)를 알면 호르몬과 신진대사에 대한 힌트를 얻을 수 있다는 내용과, 처리해야 하는 단백질과 탄수화물의 유형과 양을 확인할 수 있다는 내용은 서로 인과 관계이므로 (C) As a result가 빈칸에 적절하다. 〈however 그러나 / otherwise 그렇지 않으면 / meanwhile 그동안〉을 뜻한다. **정답** (C)

145. 알맞은 문장 고르기

해설 뒤에 나온 Several Web sites offer guides to help you determine your body type.과 연결되려면 주요 체질과 혼성 체질은 각각 세 가지가 있다는 (B) There are three main body types and three hybrid body types.가 들어가야 흐름상 연결된다. **정답** (B)

해석
(A) 운동 루틴도 이 정보를 기반으로 해야 한다.
(B) 주요 체질과 혼성 체질은 각각 세 가지가 있다.
(C) 이에 대한 연구가 17년 전에 출간되었다.
(D) 수분섭취는 신체의 신진대사를 개선하는 데 도움이 될 수 있다.

146. 형용사 어형

해설 정확한 평가가 의미상 자연스럽다. 따라서 정답은 (A)가 된다. **정답** (A)

TEST 05
Part 5

101. 재귀대명사

해설 주어인 Mr. Franklin을 강조하므로, 재귀대명사인 (C) himself가 정답이다. **정답** (C)

표현 정리 confirm 확인하다, 확정하다 attendance 참석
awards ceremony 시상식

해석 Mr. Franklin은 시상식 참석을 직접 확정 지었다.

102. 형용사 어형

해설 〈for her ------- portrayal〉 구조에서 빈칸은 뒤에 나온 명사(portrayal)를 수식하는 형용사 자리이다. 따라서 '이례적일 정도로 우수한, 특출한'이라는 뜻의 (A) exceptional이 정답이다. **정답** (A)

표현 정리 nominate (중요한 역할·수상자·지위 등의 후보자로) 지명[추천]하다 best actress 여우주연상 portrayal (그림·연극·책 등에서의) 묘사

해석 Maureen \Wilson은 Worthington Heights에서 Teresa Johnson의 탁월한 묘사로 여우주연상 후보에 올랐다.

103. 부사 어형

해설 수동태(was installed) 사이에 빈칸이 나오므로 동사 'was installed'를 수식하는 품사는 부사로 정답은 (B) successfully이다. **정답** (B)

표현 정리 adjustment (약간의) 수정[조정] bookshelf 책꽂이
install 설치하다

해석 책꽂이를 여러 번 조정한 후 도서관에 성공적으로 설치했다.

104. 명사 어휘

해설 〈positions (자리 잡고 있는) 위치, 직책, 일자리 / opinions 의견 / editions (출간된 책의 형태로 본) 판, (출간 횟수를 나타내는) 판 / partitions 칸막이〉라는 뜻이다. 동사 release의 목적어로 호응을 이루는 어휘가 필요한데, 출판사에서 여러 고전책의 업데이트된 '판/버전'을 출시할 계획이라고 해야 자연스럽다. **정답** (C)

표현 정리 release (대중들에게) 공개[발표]하다

해석 Castlehouse Publishing은 여러 고전책의 업데이트된 버전을 출시할 계획이다.

105. 전치사

해설 명사 research 뒤에 어울리는 전치사가 필요하다. 전치사 on은 '~관한'의 뜻으로 '~에 관한 조사/연구'라는 뜻으로 'research on'을 쓴다. **정답** (A)

표현 정리 feature 특별히 포함하다, 특징으로 하다 research 연구, 조사
electric motor 전기 모터

해석 Mr. Keaton은 전기모터 개발과 관련한 연구를 위한 다큐멘터리에 출연할 것이다.

106. 부사 어휘

해설 부사 어휘 문제로 〈broadly 대략(적으로) / especially 특히(= particularly) / remotely 멀리서, 원격으로 / eventually 결국〉라는 뜻이다. 〈both in the office and ------- from our satellite office〉는 'both A and B'의 형식인데, '사무실에서 그리고 지국에서 원격으로 안전하게 사용할 수 있

다'는 문맥이 되는 것이 적절하므로 정답은 (C) remotely이다. **정답** (C)

표현 정리 securely 안전하게 satellite office 지국

해석 이 소프트웨어를 사무실에서 그리고 지국에서 원격으로 안전하게 사용할 수 있을 것이다.

107. 동명사

해설 동사 consider, finish, enjoy, recommend 등의 동사들은 뒤에 to 부정사가 아닌 동명사를 목적어로 취하므로 (D)가 정답이 된다. 이 문제는 동명사를 목적어로 취하는 동사를 암기해야 한다. **정답** (D)

표현 정리 venue 장소 far from ~에서 멀리 consideration 고려

해석 회의 장소가 호텔에서 멀리 떨어져 있으므로, 도보 대신 택시를 타는 것을 고려하고 싶을 수 있다.

108. 전치사 vs. 접속사

해설 빈칸에는 'the new movie theater opens'라는 절을 취하는 접속사가 필요하다. 다음으로 부사절은 opens라는 현재 시제인데 주절은 will be full과 같이 미래 시제이다. 시간의 부사절은 주절이 미래일 때 현재 시제를 쓴다. 문맥상으로는 'Dover 주민들은 새 영화관이 오픈할 때까지 Milford Theater가 항상 만석일 것이라고 생각한다'가 되어야 맞다. 따라서 정답은 '~까지'라는 뜻의 (D) until이다. **정답** (D)

표현 정리 resident 주민 full 가득한, 빈 공간이 없는

해석 Dover 주민들은 새 영화관이 오픈할 때까지 Milford Theater가 항상 만석일 것이라고 생각한다.

109. 형용사 어휘

해설 〈durable 내구성이 있는 / available 구할[이용할] 수 있는, (사람들을 만날) 시간[여유]이 있는 / strong 강한 / heavy 무거운, 많은[심한]로 이루어져 있다. 〈how many ------- seats are left〉 구조에서 빈칸은 뒤에 나온 seats를 꾸미게 된다. 이벤트에 초대하는 추가 인원의 수는 '이용 가능한 남은 좌석 수'에 따라 달라질 것이라는 문맥이 되어야 연결된다. **정답** (B)

표현 정리 additional 추가적인 depend on ~에 의존하다, 달려있다

해석 우리가 이벤트에 초대하는 추가 인원의 수는 얼마나 많은 이용 가능한 좌석이 남아 있는지에 따라 달라질 것이다.

110. 사람 명사 vs. 사물 명사

해설 빈칸은 형용사 regular의 수식을 받고 were의 보어이므로 명사 자리이다. 선택지에 명사가 〈contributors 기고자, 기부[기여]자 / contribution 기부금, 기여〉가 있는데 주어가 Mr. and Mrs. Erickson이라는 사람 명사이므로 이와 동격을 이루는 사람 명사인 (A) contributors가 정답이다. **정답** (A)

표현 정리 regular 정기적인

해석 Erickson 부부는 둘 다 우리 지역 신문의 오피니언 페이지에 정기적인 기고가였다.

111. 부사 어휘

해설 선택지에 주어진 부사는 각각 〈yearly 해마다[매년] 있는[하는] / deeply (대단히·몹시의 뜻으로) 깊이 / hugely 엄청나게 / nearly 거의〉라는 뜻이다. 빈칸에 들어갈 부사는 completed를 수식하게 되는데, 건축가들이 작업 중인 수정 사항이 '거의 완료되었다'는 의미가 되어야 적절하다. 따라서 정답은 almost라는 뜻의 (D) nearly이다. **정답** (D)

표현 정리 revision 수정 complete 완료하다

해석 건축가들이 작업 중인 수정 사항이 거의 완료되었다.

112. 전치사

해설 ⟨about ~에 대한, 관해서 / without ~없이 / beside ~옆에 / except (누구·무엇을) 제외하고는[외에는]⟩라는 뜻이다. 문맥상 Fletcher Communications는 추가 비용을 청구'하지 않고' 기존 고객들에게 새로운 스트리밍 서비스를 제공하고 있다고 해야 맞다. **정답** (B)

표현 정리 existing 기존의 charge 청구하다 additional 추가적인 fee 요금

해석 Fletcher Communications는 추가 비용을 청구하지 않고 기존 고객들에게 새로운 스트리밍 서비스를 제공하고 있다.

113. 소유격 강조

해설 ⟨prefer to do ------- hair⟩ 구조에서 빈칸은 명사 hair를 수식하는 형용사가 와야 한다. own이 소유격 뒤에서 '(소유·관련성을 강조하여) ~자신의[~의]'로 쓰인다. 따라서 (B) her own이 들어가 '그녀 자신의 머리를 직접 하다'라는 문맥을 이루는 것이 맞다. **정답** (B)

표현 정리 prefer 선호하다 professional 전문적인

해석 Kate Moore는 일을 위해 여행을 갈 때, 전문 스타일리스트를 고용하기보다 자신이 직접 머리를 하는 것을 선호한다.

114. 동사 어휘

해설 선택지는 ⟨created 창조하다, 만들어내다 / reacted 반응하다 / followed (시간·순서상으로) 뒤따르다 / promised 약속하다⟩로 이루어져 있다. 빈칸 뒤에 나온 to address는 to 부정사 구조이다. '출장에서 돌아오면 일정에 관한 문제를 해결하겠다고 약속했다'는 문맥에 어울리므로 (D)가 정답이 된다. **정답** (D)

표현 정리 address 해결하다 business trip 출장

해석 Mr. Williams는 출장에서 돌아오면 일정에 관한 문제를 해결하겠다고 약속했다.

115. 현재분사

해설 ⟨----- from Platform 2⟩는 앞에 나온 trains를 수식하는 형용사 역할이다. 동사 depart는 '-ed'를 붙이면 '출발했다'라는 과거 동사가 되고, -ing를 붙이면 현재 분사로 쓰여 '출발하는'의 뜻으로 쓰인다. 따라서 (B) departing이 정답이다. **정답** (B)

표현 정리 pass through ~을 빠져나가다, 통과하다 board 승선[승차/탑승]하다 depart (특히 여행에서) 출발하다

해석 승객들은 2번 승강장에서 출발하는 열차에 탑승하기 위해서는 공사장을 통과해야 한다.

116. 명사 어휘

해설 ⟨resignation 사직서, 사임 / interruption 중단 / determination 투지, (공식적인) 결정 / statement 성명, 진술⟩이라는 뜻이다. 동사 submit의 목적어로 호응을 이룰 수 있어야 하는데, 모금 목표를 달성하지 못한 후 '사직서'를 제출했다고 해야 문맥이 연결된다. 따라서 정답은 (A) resignation이다. **정답** (A)

표현 정리 submit 제출하다 meet (필요·요구 등을) 충족시키다, 맞추다 fundraising 기금 모금

해석 Macon Institute의 관리자는 기금 모금 목표를 달성하지 못한 후, 사직서를 제출했다.

117. 접속사

해설 빈칸은 두문장을 연결해주는 접속사 자리이다. 선택지에서 접속사로 쓰이는 것은 '~인지'라는 뜻의 (C) if이다. (A)/(B)/(D)는 부사로 두 문장을 연결할 수 없다. **정답** (C)

표현 정리 figure out (생각한 끝에) ~을 이해하다[알아내다] add 추가하다 ward (병원에서 특정 상태의 환자들을 위한) –실[병동] if 만약 ~라면, ~인지 아닌지

해석 병원 이사들은 응급 병동에 더 많은 병상을 추가해야 하는지 알아내려고 여전히 노력하고 있다.

118. 동사 어형

해설 ⟨be able to ------- your purchase⟩ 구조에서 to는 to부정사이고 빈칸 뒤에 목적어가 나오므로 빈칸은 동사 자리이다. secure는 ⟨1. 형용사: 안전한 / 2. 동사: 안전하게 하다, 획득[확보]하다, (단단히) 고정시키다⟩로 쓰인다. 여기서는 동사원형 형태로서 (B) secure가 정답이다. **정답** (B)

표현 정리 down payment (할부금의) 착수금, 계약금 security 보안, 경비, 안보, 방위

해석 50%의 계약금을 내면 원하는 품목의 구매를 확보할 수 있을 것이다.

119. 접속사

해설 빈칸은 두 문장을 연결하는 접속사 자리이다. rather than(~보다는[대신에/~하지 말고]은 ⟨Doug chose to quit rather than admit that he'd made a mistake.⟩처럼 뒤에 동사가 나올 수는 있어도 주어+동사의 완전한 절이 올 수 없으므로 소거한다. 문맥상 '그 책의 최종 초안이 출판사의 승인을 받는 즉시 인쇄가 시작될 것이다'가 되어야 적절하므로 시간의 부사절 접속사인 (A) as soon as가 정답이다. **정답** (A)

표현 정리 draft (아직 완성본이 아닌) 원고, 초안 approve 승인하다

해석 그 책의 최종 초안이 출판사의 승인을 받는 즉시 인쇄가 시작될 것이다.

120. 동사 어휘

해설 선택지는 ⟨sell 팔다 / return 돌려주다 / advertise 광고하다 / stock (판매할 상품을 갖추고) 있다⟩라는 뜻이다. 문맥상 '편의점에 비축할 수 있도록 식기세척기용 비누 공급업체를 찾고 있다'가 되어야 맞다. 따라서 정답은 'if a shop stocks goods, it has them available for sale'이라는 뜻의 (D) stock이다. **정답** (D)

표현 정리 dishwashing soap 식기세척기용 비누 supplier 공급업체 convenience store 편의점

해석 Louis Hernandez는 그의 편의점에 비축할 수 있도록 식기세척기용 비누 공급업체를 찾고 있다.

121. 형용사 어휘

해설 빈칸은 뒤에 나온 사람 명사 customers를 수식하게 된다. 먼저 'satisfying (만족스러운, 만족감을 주는)'은 'satisfying + food' 구조로 사람이 아닌 사물의 형태가 와야 한다. 'rewarding (보람 있는)'도 ⟨a rewarding experience/job 보람 있는 경험/직장⟩처럼 사물을 꾸미기에 적절하다. 나머지 ⟨necessary 필요한 / potential 가능성이 있는, 잠재적인⟩ 중에서, '영업사원들은 잠재 고객에게 무료 제품 샘플을 제공하도록 권장된다'가 되어야 의미상 적절하다. **정답** (D)

표현 정리 sales associate 영업사원 encourage 권장하다

해석 영업사원들은 잠재 고객에게 무료 제품 샘플을 제공하도록 권장된다.

122. 수동태

해설 문장의 주어는 Your order이고 빈칸이 동사 자리이다. 주문이 배달되는 것이므로 수동태인 (B) will be delivered가 정답이다. **정답** (B)

표현 정리 order 주문품 payment 지불, 지급 answer the door (손님을 맞이하러) 현관으로 나가다 have something ready 준비해두다

해석 주문은 약 10분 후에 배송될 예정이니, 문을 열 때 결제를 준비해 주세요.

123. 접속사 vs. 부사

해설 빈칸에는 'the department head approves our budget'이라는 절을 수식하는 접속사가 필요하다. 선택지에서 접속사는 (A) As long as(~하는 한)뿐이다. Meanwhile(그 동안에)과 Thus(따라서, 그러므로)는 부사이고, In order to는 동사원형이 바로 나오게 된다. **정답** (A)

표현 정리 approve 승인하다 budget 예산 be able to ~할 수 있다 supplies 공급품

해석 부서장이 예산을 승인하면 프로젝트에 필요한 물품 구매를 시작할 수 있을 것이다.

124. 과거분사

해설 숙어 문제로 '지난 주 (설문조사)에 비해'라는 뜻으로 과거분사인 (C) compared가 정답이다. 〈(as) compared to ~와 비교하여〉를 뜻하고 이때 앞에 as를 생략해도 된다. **정답** (C)

표현 정리 respondent (특히 실태 조사에서) 응답자 double 두 배가 되다

해석 이번 주 설문조사의 응답자 수가 지난 주 설문조사에 비해 2배 증가했다.

125. 형용사 어휘

해설 〈capable ~을 할 수 있는 / pleasant 즐거운 / necessary 필요한 / eager 열망하는, 하고 싶어하는〉이라는 뜻이다. '투어 참가자들은 방문했던 유명 관광지마다 사진을 찍고 싶어했다'는 문맥에도 맞다. 따라서 정답은 (D) eager이다. capable은 뒤에 of -ing로 사용해야 한다. pleasant가 사람에 대해서 사용할 때는 friendly라는 뜻이다. **정답** (D)

표현 정리 participant 참가자 famous 유명한 destination 목적지, 행선지

해석 투어 참가자들은 그들이 방문했던 유명 행선지마다 사진을 찍고 싶어했다.

126. 부사 어형

해설 be의 보어는 형용사의 비교급인 higher이고 빈칸에는 형용사를 수식하는 부사 (C) substantially가 의미상 자연스럽다. substantially 외에도 remarkably, markedly, considerably, strikingly 등이 모두 비슷한 의미의 부사로 쓰일 수 있다. **정답** (C)

표현 정리 attendance 출석 revenue 수익[수입/세입]

해석 조기 출석 수를 기반으로, 주의 박람회 수입은 올해 상당히 더 높을 것으로 보인다.

127. 동사

해설 선택지는 〈followed (충고·지시 등을) 따르다 / resulted in 결과가 ~되었다 / suggested (아이디어·계획을) 제안[제의]하다 / produced 생산하다, 제작하다〉로 이루어져 있다. 빈칸 뒤에 목적어 없이 전치사 in이 나오므로 빈칸에는 자동사가 필요하다. 〈result in something (결과적으로) ~을 낳다(= lead to)〉가 숙어이고, '신입사원들을 위한 집중적인 현장교육을 제공함으로써 회사 전체의 높은 직원 유지율의 결과를 낳았다가 되므로 정

답은 (B) resulted이다. **정답** (B)

표현 정리 focused 집중적인 on-the-job 실지[실습]로 배우는 new hire 신입사원 employee retention 직원 유지

해석 신입사원들을 위한 집중적인 현장교육을 제공하는 것은 회사 전체의 더 높은 직원 유지율의 결과를 낳았다.

128. 명사 어휘

해설 〈amount 양(quantity), 금액(sum) / output 생산량 / conduct (특정한 장소나 상황에서의) 행동 / motivation 동기부여〉라는 뜻이다. 주절의 동사가 has increased이므로 이와 호응을 이루는 명사가 필요하다. '신규 장비에 대한 상당한 투자로 인해 공장의 생산량은 올해 25% 증가했'가 되어야 문맥이 연결된다. 따라서 정답은 'the amount of something that a person, organization, system, etc. produces'라는 뜻의 (B) output이다. **정답** (B)

표현 정리 significant 중요한 investment 투자 equipment 장비

해석 신규 장비에 대한 상당한 투자 때문에 우리 공장의 생산량은 올해 25% 증가했다.

129. 과거분사

해설 빈칸 앞에 it이 가리키는 것은 'agenda'를 가리킨다. 안건은 논의되는 것이므로 수동을 나타내는 과거분사인 (A) discussed가 정답이다. **정답** (A)

표현 정리 agenda 의제[안건] (목록)

해석 프로젝트 업데이트가 회의 중에 논의될 수 있도록 하기 위해 안건에 포함해야 한다.

130. 부사 어휘

해설 〈closely 면밀히, 긴밀히 / considerably 많이, 상당히 / definitely (강조의 의미로 쓰여) 분명히[틀림없이], 절대(로) / equally 동일[동등]하게)로 이루어져 있다. 등위접속사 so는 앞뒤 인과 관계를 이룬다. 앞에서 '장소는 1시간 거리이고 이벤트는 오후 6시에 시작한다'고 하므로 결과를 나타내는 so 이하에서는 '반드시 오후 5시 이전에 출발해야 한다'가 되어야 맞다. **정답** (C)

표현 정리 venue (콘서트·스포츠 경기·회담 등의) 장소

해석 장소는 1시간 거리이고 이벤트는 오후 6시에 시작하므로 반드시 오후 5시 이전에 출발해야 한다.

Part 6

문제 131-134번은 다음 광고를 참고하시오.

> 보조 셰프 요리 앱
>
> 불가능할 정도로 어려운 온라인 레시피를 따라야 하는 데 지치셨나요? 그렇다면 오늘 보조 셰프 요리 앱을 다운로드하세요. 전문 셰프 및 아마추어 셰프들이 제시한 수천 가지 레시피를 이용하실 수 있습니다. 또한 앱에는 계정 소유자들이 레시피를 공유할 수 있는 대화형 공간이 있어서, 모든 사람들에게 각각의 음식을 요리하는 다양한 방법을 제공합니다. 보조 셰프를 사용하면, 앱에 대체 재료를 제안하는 기능이 포함되어 있기 때문에 특정 재료 부족에 대해 걱정할 필요가 없습니다. **지금 무료 1개월 평가판에 등록해 보세요.** 종료 후에는 월 $9.99에 보조 셰프를 계속 이용하실 수 있습니다.

표현 정리 follow 따르다 impossibly 어처구니없이, 극단적으로 interactive 대화형의, 상호적인 account 계정 a variety of 다양한 ingredient 재료

131. 동사 어형

해설 명령문의 문장으로, 명령문은 동사원형으로 시작한다. 따라서 (D) download가 정답이다. **정답** (D)

132. 명사 어형

해설 동사 get의 목적어로 명사 자리이다. '접근'이라는 뜻의 access는 명사로 쓰일 때는 뒤에 to가 온다. 빈칸 뒤에 to가 있으므로 명사로 사용된 것이다. 동사로 쓰일 때는 to를 쓰지 않고 바로 목적어가 온다. 'You can access the building.' **정답** (A)

133. 명사 어휘

해설 〈renovation 수리, 혁신 / proximity 근접 / testimonial 추천 후기 / substitute (다른 무엇을) 대신하는 사람[것], 대리자; 대체물)이라는 뜻이다. 주절인 you never have to worry about lacking certain ingredients에서 특정 재료가 없어도 걱정하지 말라고 하므로 앱에 대체 재료를 제안하는 기능이 포함되어 있다고 해야 연결된다. 따라서 정답은 (D) substitute이다. **정답** (D)

134. 알맞은 문장 고르기

해설 뒤에 나온 Once that ends, you can continue using Assistant Chef for only $9.99 a month.에서 지시대명사 that이 가리킬 수 있는 시간 표현으로 (C) Sign up for a free one-month trial now.가 빈칸에 들어가는 것이 적절하다. **정답** (C)

해석
(A) 당신이 참여할 수 있는 포럼 기능이 있습니다.
(B) 사용자는 앱의 모든 레시피에 의견을 남길 수 있습니다.
(C) 지금 무료 1개월 평가판에 등록해 보세요.
(D) 이 앱은 현재 50,000명이 넘는 가입자를 가지고 있습니다.

문제 135-138번은 다음 기사를 참고하시오.

SODA SPRINGS (12월 4일) – 유명 국제 화장품 브랜드인 Artois가 이번 주 Re-Artois라는 새로운 프로그램을 공개했다. 지속 가능성에 대한 약속을 보여주기 위해 이 브랜드는 포장으로 인해 야기될 수 있는 유해한 환경 영향을 줄이고자 노력하고 있다. 빈 화장품 포장물 5개를 반품하면 고객들은 그들이 선택한 립스틱 1개를 무료로 받게 된다. **이 프로그램은 참여하는 백화점에서 진행될 것이다.** 특별 Re-Artois 매대가 12월 6일부터 이들 매장에 설치된다. 자세한 내용은 Artois 웹사이트를 방문하면 된다.

표현 정리 reveal 공개하다 commitment 약속, 전념 sustainability 지속[유지] 가능성, 환경 파괴 없이 지속될 수 있음 harmful 유해한 environmental 환경의 packaging (판매되는 상품의) 포장재 free 무료의 set up 설립[수립]하다; 준비하다 location (~이 일어나는/존재하는) 장소[곳/위치]

135. 과거분사

해설 Famous international makeup brand Artois revealed a new program this week까지 문장이 완전하고 빈칸 이하는 수식어이다. 해석해 보면 'Re-Artois로 불리는 새로운 프로그램'과 같이 '불리는' 것이므로 과거

분사인 (A) called가 정답이다. **정답** (A)

136. 동사 어휘

해설 〈beautify (더) 아름답게 하다 / reduce 줄이다[축소하다], (가격 등을) 낮추다[할인/인하하다] / continue (쉬지 않고) 계속되다 / operate (기계가 특정 방식으로) 작동[가동]되다)로 이루어져 있다. Showing its commitment to sustainability와 호응을 이루려면, '유해한 환경 영향을 줄이기 위해'라고 해야 맞다. 따라서 정답은 (B) reduce이다. **정답** (B)

137. 동명사

해설 전치사 By 뒤에 명사 형태가 필요한데 빈칸 뒤에 any 5 empty makeup packages라는 목적어가 나오므로, 빈칸에는 동명사인 (C) returning이 적절하다. **정답** (C)

138. 알맞은 문장 고르기

해설 빈칸 뒤에 나온 Special Re-Artois counters will be set up at these locations starting on December 6.에서 these locations가 가리킬 수 있는 형태로 (A) This program will be carried out at participating department stores.가 들어가면 〈participating department stores = these locations〉로 연결되어 흐름상 자연스럽다. **정답** (A)

해석
(A) 이 프로그램은 참여하는 백화점에서 진행될 것이다.
(B) 우리 후원사와의 특별 콜라보는 곧 발표될 예정이다.
(C) 소매 직원들은 이미 새로운 절차에 대해 교육을 받았다.
(D) 현재 엄청난 양의 플라스틱 폐기물이 결국 매립지로 간다.

문제 139-142번은 다음 이메일을 참고하시오.

수신: Andrea Greene Lunsford
발신: Polyxus Motor Company
제목: 차량 수리 업데이트
날짜: 9월 9일

이 메시지는 고객님께서 요청하신 2020년형 Polyxus Destiny 세단에 대한 수리와 관련되며, 그 중 일부는 현재 진행 중입니다. 스티어링 휠 재조정, 운전석 자동 윈도우 수리, 조수석 리클라이너 핸들 재부착이 완료되었음을 알려드립니다. 그러나 일부 교체 부품은 여전히 주문 중입니다. 부품이 도착하면 나머지 수리를 완료할 것입니다. 배송 지연은 당사 공급업체와 부품 배송을 담당한 배송업체 간의 의사소통 오류로 인해 야기되었습니다. 그럼에도 불구하고 차질에 대한 책임은 전적으로 당사에 있으며 이용에 불편을 드려 죄송합니다. **저희는 늦어도 9월 23일까지는 작업을 마칠 것으로 예상하고 있습니다.** 그 전에 상황이 바뀌면 소식을 업데이트해 드리겠습니다. 기다려 주셔서 감사합니다.

표현 정리 in reference to ~에 관하여 request 요청하다 steering wheel (자동차의) 핸들 realign (위치·방향을 약간) 변경[조정]하다 automatic window 자동 윈도 passenger seat (자동차의) 조수석 reattach 다시 달다, 재장착하다 replacement part 대체 부품 on order (물건이) 주문 중인 complete 완료하다 delay 지연, 지체 miscommunication 의사소통 오류 supplier 공급업체 courier 운반[배달]원, 택배 회사 assign 배정하다 take full responsibility for ~에 대해 전적으로 책임지다 setback 차질 apologize for ~에 대해 사과하다 inconvenience 불편

139. 대명사 vs. 관계대명사

해설 한 문장에 is와 are라는 두 개의 동사가 나오는데 이를 연결하는 접속사가 없다. 선택지에서 접속사는 관계대명사인 (C) which뿐이다. 이때 which는 앞에 언급된 'repairs'를 가리킨다. 추가로 전치사구인 'in reference to the repairs (that) you requested for your 2020 Polyxus Destiny sedan'에서 중간에 목적격 관계대명사가 생략되었다. **정답** (C)

140. 접속부사

해설 빈칸 앞은 스티어링 휠 재조정, 운전석 자동 윈도우 수리, 조수석 리클라이너 핸들 재부착이 완료되었다는 말이고, 뒤는 일부 교체 부품은 여전히 주문 중이라는 말이다. 앞뒤가 역접으로 연결되므로 (A) However가 정답이다. **정답** (A)

141. 형용사 어휘

해설 〈temporary 일시적인, 임시의 / remaining 남아 있는 / expensive 비싼 / resistant 저항력 있는, ~에 잘 견디는〉이다. 일부 부품이 주문 중에 있고, 이들 부품이 도착하면 나머지 수리를 완료할 것이라고 해야 연결되므로 정답은 (B) remaining이다. **정답** (B)

142. 알맞은 문장 고르기

해설 빈칸 뒤에 나온 Should the situation change before then, we will update you.에서 then이 가리킬 수 있는 시점 표현으로 (D) We anticipate finishing the job by September 23 at the latest.가 들어가는 것이 흐름상 자연스럽다. **정답** (D)

해석
(A) 저희는 많은 주의를 기울여 고객님의 차량을 다룰 것입니다.
(B) 추가 문제가 수리 과정 중에 가끔 발견됩니다.
(C) 고객님의 송장은 비용 절감을 반영해 업데이트되었습니다.
(D) 저희는 늦어도 9월 23일까지는 작업을 마칠 것으로 예상하고 있습니다.

문제 143-146번은 다음 이메일을 참고하시오.

> 수신: Locust 보험사 전 직원
> 발신: Janet J. Brown
> 날짜: 2월 28일
> 제목: 비즈니스 세미나
>
> 아시다시피 Francis Lane이 주최하는 비즈니스 세미나가 5월 25일 우리 건물의 메인 컨퍼런스 홀에서 열립니다. 25일에 그의 강연에 참석할 수 없는 분들을 위해 Mr. Lane이 5월 26일에 2차 강연을 시행하기로 일정을 잡았음을 알려 드리기 위해 글을 씁니다. 이번 추가 강연으로 더 많은 좌석을 이용할 수 있으므로 직원들께서 이벤트에 각각 최대 2인의 동반객을 초대할 수 있습니다. 참석을 원하는 날짜 아래에 자신의 성명과 동반객의 성명을 명시할 수 있는 온라인 스프레드시트를 이 이메일에 첨부하였습니다. **좌석은 선착순으로 채워집니다.** 특정 날짜를 선호하는 경우 즉시 등록하시길 적극 권유 드립니다.

표현 정리 conduct 수행하다 attend 참석하다 available 이용 가능한 permit 허용하다 attach 첨부하다 list 리스트에 포함시키다 prefer 선호하다 encourage 권장하다 register (공식 명부에 이름을) 등록하다

143. 시제

해설 비즈니스 세미나가 5월 25일 열릴 예정이고, 강연에 참석할 수 없는 사람들을 위해 강연자가 5월 26일에 2차 강연을 수행하기로 일정을 잡았음을 알린다는 내용으로 연결되어야 한다. 과거에 일어난 일(schedule을 잡은 것)이 지금 현재까지 영향을 미칠 때 현재완료 시제를 사용한다. 따라서 (C) have scheduled가 정답이다. (D) would have scheduled 일정을 '잡았어야 했는데'라는 뜻이다. **정답** (C)

144. 명사 어휘

해설 〈facility 시설[기관] / addition 추가된 것, 부가물 / presenter 발표자 / equipment 장비, 용품〉이라는 뜻이다. 지시 형용사 This가 가리킬 수 있는 말은 앞에 나온 a second talk이다. 1차 강연에 참석할 수 없는 사람들을 위해 2차 강연이 준비되었다고 하므로 이를 '추가' 강연이라고 받는 것이 적절해 정답은 (B) addition이다. **정답** (B)

145. 전치사

해설 〈across from ~의 맞은편에 / in case of 만일 ~한다면, ~의 경우 / except for ~을 제외하고 / along with ~와 함께〉 중에서, '동반객의 성명과 함께 자신의 성명을 명시하는 온라인 스프레드시트'가 되어야 문맥이 연결된다. 따라서 정답은 (D) along with이다. **정답** (D)

146. 알맞은 문장 고르기

해설 뒷문장 If you have a strong preference for one date over the other, I strongly encourage you to register right away.에서 한 날짜보다 원하는 다른 날짜가 있으면 지금 바로 등록하라고 권유하므로 선착순으로 자리가 채워질 것이라는 (A) Seating will be filled on a first-come, first-served basis.가 들어가는 것이 흐름상 자연스럽다. **정답** (A)

해석
(A) 좌석은 선착순으로 채워집니다.
(B) Mr. Lane의 책은 당일 구매 가능합니다.
(C) 이벤트 중 질의응답 시간이 있을 예정입니다.
(D) 자원봉사자들은 이 행사를 조직하는 데 큰 역할을 했습니다.

TEST 06
Part 5

101. 부사 어형
해설 주어와 동사 사이에 빈칸이 있고, 빈칸이 동사를 수식하므로 부사가 적절하다. **정답** (C)

표현 정리 outsell ~보다 더 많이 팔다 release 공개[발표]하다

해석 OH46은 2년 전에 출시되었음에도 불구하고 계속해서 모든 최신 모델보다 많이 판매된다.

102. 동사 어휘
해설 선택지는 〈leave 떠나다, 남겨두다 / resign 사임하다, 물러나다 / locate 찾아내다, 위치하다 / reply 대답하다, 응답하다〉라는 뜻이다. 'reply to N'이 숙어로 쓰이고, '문의사항에 훨씬 빠르게 응답하는 경향이 있다'는 문맥에도 어울린다. **정답** (D)

표현 정리 tend to ~하는 경향이 있다 inquiry 문의

해석 소규모 기업은 일부 대기업이 응답하는 것보다 문의사항에 훨씬 빠르게 응답하는 경향이 있다.

103. 동사 어형
해설 조동사 will 뒤에 동사원형이 필요하다. 다음으로 Mr. Anderson이 모든 관심사항을 해결하는 것이므로 능동이 된다. **정답** (A)

표현 정리 concern 관심사항, 우려[걱정] assignment 과제, 배정 address (문제·상황 등에 대해) 다루다, 보내다

해석 Mr. Anderson은 내일 사무실 배정에 관한 모든 관심사항을 다룰 것이다.

104. 형용사 어형
해설 동사 provided의 목적어는 〈------- evidence〉이고, 빈칸은 뒤에 나온 명사를 수식하는 형용사 자리이고 의미상 정답은 (C) excellent이다. **정답** (C)

표현 정리 debate 토론 evidence 증거 support 뒷받침하다 argument 논거, 주장 excellence 뛰어남, 탁월함

해석 토론 중에 Ms. Niles는 자신의 주장을 뒷받침하는 훌륭한 증거를 제시했다.

105. 명사 어휘
해설 선택지는 〈advice 조언, 충고 / preparation 준비 / comments 논평, 언급 / opportunities 기회(= chance)〉라는 뜻이다. 회사에서 제공하는 모든 '기회를 알아보다'라는 내용이 되어야 자연스럽다. **정답** (D)

표현 정리 kindly 친절하게, 부디 discover (무엇에 대한 정보를) 발견하다, 알아내다[찾다]

해석 우리 회사에서 제공하는 모든 기회를 알아보기 위해서 우리의 소셜 미디어 페이지를 방문해 주세요.

106. 소유격 인칭대명사
해설 동사 will start의 목적어는 동명사인 writing이고, 동명사의 목적어는 〈------- next romance novel〉이다. 빈칸에 들어갈 대명사는 Georgia Britt을 가리키면서 뒤에 나온 명사를 수식하므로 소유격인 (A) her이다. **정답** (A)

표현 정리 novel 소설

해석 Georgia Britt은 이달 말까지 그녀의 다음 로맨스 소설을 쓰기 시작할 것이다.

107. 전치사
해설 빈칸에는 a few minutes라는 기간 명사를 목적어로 취하는 전치사가 필요하다. 전치사 in이 '(시간의 경과를 나타내어) ~후에[~만에]'로 쓰이며, 〈I'll be with you in a minute.〉와 같이 사용한다. '신선한 커피와 패스트리를 제공하기 위해 몇 분 후에 문을 열 것이다'는 문맥에도 어울리므로 정답은 (C) in이다. **정답** (C)

표현 정리 serve (식당 등에서 음식을) 제공하다 fresh 신선한

해석 베이커리가 신선한 커피와 패스트리를 제공하기 위해 몇 분 후에 문을 열 것이다.

108. 부사 어형
해설 빈칸에 들어갈 형태는 동사인 have risen을 수식하고 '가격이 급격히 오르다'라는 의미를 이루므로 정답은 (B) sharply(급격히)이다. **정답** (B)

표현 정리 ingredient (특히 요리 등의) 재료[성분] rise (높은 위치·수준 등으로) 오르다 sharpen 날카롭게[선명하게] 하다

해석 식당 매니저는 여러 재료의 가격이 지난 달에 급격히 올랐다고 보고했다.

109. 동사 어휘
해설 동사 어휘 문제로 〈consist 구성하다 / inquire 문의하다 / obtain 얻다[구하다], 획득하다 / perform (일·과제·의무 등을) 수행하다, 공연하다〉 중에서 '신청서를 구하는 방법에 대한 지침'이라는 문맥이 되어야 맞다. **정답** (B)

표현 정리 receptionist (호텔·사무실·병원 등의) 접수 담당자 instructions (무엇을 하거나 사용하는 데 필요한 자세한) 설명, 지침 application 신청서 form 양식

해석 건물 접수원이 신청서를 구하는 방법에 대한 지침을 제공할 것이다.

110. 부사 어휘
해설 빈칸에 들어갈 부사는 동사 donated를 수식하게 된다. 부사 very는 동사를 직접 수식하지 못하므로 소거한다. currently는 '현재'라는 의미로 현재시제와 어울리므로 과거시제 동사와 호응을 이루지 못해 소거한다. too는 '~도 (또한)'이라는 의미일 때 보통 절의 끝에 위치하므로 소거한다. **정답** (B)

표현 정리 donate 기부하다 shelter 보호소

해석 Mrs. Stewart는 또한 일부 중고 의류와 식료품을 보호소에 기부했다.

111. 동사 어휘
해설 동사 어휘 문제로 〈lease (특히 부동산·장비를) 임대[임차/대여]하다 / explore 답사하다, 분석하다 / feature 특별히 포함하다, 특징으로 하다 / return 돌려주다, 반납하다〉로 이루어져 있다. 목적어인 all sections of the natural history museum과 동사 return은 호응이 어색하다. '자연사 박물관의 모든 구획을 둘러볼 수 있는'이 부드럽게 연결되므로 정답은 (B) explore이다. **정답** (B)

표현 정리 enough 충분한 section (여러 개로 나뉜 것의 한) 부분, 부문, 구획

해석 관광객들은 자연사 박물관의 모든 구역을 둘러볼 수 있는 충분한 시간을 가져야 한다.

112. 명사 어휘

해설 〈tasks 업무 / treats (특히 남을 대접하여 하는[주는]) 특별한 것[선물] / copies 복사, (책·신문 등의) 한 부, 권 / solutions 해결책〉이라는 뜻이다. 빈칸에 들어갈 어휘는 to reprint의 목적어이면서 of the magazine's previous issue의 수식을 받아 적절히 연결될 수 있어야 한다. '잡지의 이전 호의 추가 부수를 재인쇄하다'는 의미가 되어야 연결되므로 (C) copies가 정답이다. **정답 (C)**

표현 정리 reprint (책 등의) 재판[중판]을 찍다 **previous** 이전의 **issue** (잡지·신문 같은 정기 간행물의) 호, 문제

해석 발행인은 잡지가 얼마나 빨리 매진되었는지를 고려하여 잡지의 이전 호의 추가 부수를 재인쇄할 준비를 하고 있다.

113. 의문사

해설 문맥상 '기본적인 오디오 및 비디오 편집을 수행하는 방법'이 되어야 맞다. 따라서 정답은 (C) how이다. 〈(A) 누구를 (B) 무엇을 (D) 어디에〉를 의미한다. **정답 (C)**

표현 정리 professional 전문적인 perform 수행하다/공연하다

해석 전문 트레이너가 우리에게 기본적인 오디오 및 비디오 편집을 수행하는 방법을 가르쳐 줄 것이다.

114. 명사 어형

해설 준동사인 to submit의 목적어가 〈the financial ------〉이다. '재무 보고서'라는 의미가 되어야 하므로 명사인 (A) report가 정답이다. 동명사를 사용한 financial reporting은 '재무 보고'라고 하는 과정을 나타낸다. **정답 (A)**

표현 정리 adjust 조정[조절]하다 deadline 마감일 submit 제출하다 **financial** 재정의

해석 Arlene Briar는 팀 관리자에게 재무 보고서 제출 마감일을 조정해 줄 것을 요청했다.

115. 과거분사

해설 빈칸에 들어갈 형태는 부사 highly의 수식을 받으면서 뒤에 artist라는 사람 명사를 수식하는 형용사 자리이다. highly regarded가 '매우 높이 평가받는'이라는 뜻으로 쓰인다. 따라서 정답은 과거분사인 (B) regarded이다. 〈highly regarded/respected/valued〉를 숙어처럼 기억해 둔다. **정답 (B)**

표현 정리 highly 크게, 매우 regarded 높이 평가받는 influential 영향력 있는

해석 Andromeda Langston은 매우 높이 평가받고 있고 그녀의 세대에서 가장 영향력 있는 예술가이다.

116. 대명사

해설 문장의 동사는 wanted이고, 〈------- of the two assistant managers〉가 주어이다. Other(다른)는 형용사로만 쓰이므로 주어 자리에 올 수 없다. 이 문제는 the two assistant managers가 단서이다. None은 3개 이상일 경우에 '아무도 ~않다'이고, Neither는 '(둘 중) 어느 것도 ~아니다'는 의미이다. 두 어시스턴트 매니저 모두 연말 세일행사 조직하는 것을 담당하고 싶어하지 않았다는 의미로 (D) Neither가 정답이다. **정답 (D)**

표현 정리 in charge of ~을 맡아서, 담당해서 year-end 연말(의)

해석 두 부매니저 중 누구도 연말 세일행사 조직하는 것을 담당하고 싶어하지 않았다.

117. 목적의 부사구

해설 We are sending this e-mail까지 이미 문장이 완전하므로 빈칸 이하

는 수식어에 해당한다. 따라서 동사 형태인 announces는 소거하고, 뒤에 나온 that절은 announce의 목적어 역할을 하고 ~하기 위해서 뜻을 가진 (C) to announce가 정답이다. **정답 (C)**

표현 정리 paid holiday 유급 휴가

해석 회사에서 5월 13일 목요일에 직원들에게 유급 휴가를 제공함을 알리기 위해 이 이메일을 발송합니다.

118. 부사 어휘

해설 선택지는 〈remarkably 두드러지게, 현저하게 / gracefully 우아하게 / commonly 흔히, 보통 / thoroughly 철저히〉로 이루어져 있다. 〈as ------ as possible〉이라는 부사구가 동사 was investigated를 수식하게 되는데 '사건이 최대한 철저하게 조사되었다'고 해야 맞다. **정답 (D)**

표현 정리 investigate 수사[조사]하다, 살피다 time frame (어떤 일에 쓰이는·쓸 수 있는) 시간[기간] given 고려해 볼 때

해석 사건은 짧은 기간을 고려해 볼 때, 최대한 철저하게 정부 변호사에 의해 조사되었다.

119. 명사 어형

해설 빈칸에 들어갈 형태는 형용사 free의 수식을 받으면서 앞에 나온 vitamin과 어울려 복합명사를 이루게 된다. 따라서 정답은 '보충[추가](물)'이라는 뜻의 (A) supplements이다. **정답 (A)**

표현 정리 fund 자금[기금]을 대다 eligible 자격이 있는 free 무료의 checkup (건강) 검진 supplement 보충제, 보충[추가]하다 supplementary 보충의, 추가의(= additional)

해석 정부 자금을 지원받는 보건소는 환자에게 무료 검진과 비타민 보충제를 제공할 수 있는 자격이 있다.

120. 형용사 어휘

해설 선택지에 주어진 어휘는 각각 〈rapid 빠른 / sharp (특히 변화가) 급격한 / brief (시간이) 짧은, (말·글이) 간단한 / narrow 좁은〉이라는 뜻이다. 뒤에 나온 'complete details'에 대비되는 내용으로 '간략한 설명'을 읽으라는 문맥이 되어야 자연스러우므로 정답은 (C) brief이다. **정답 (C)**

표현 정리 description 서술[묘사] offering (사람들이 사용하거나 즐기도록) 제공된[내놓은] 것, 상품 complete 완전한, 전체의, 자세한 details (pl.) 세부사항

해석 아래에서 현재 여행 상품들에 대한 간략한 설명을 읽은 다음, 전체적인 세부사항을 위해서 우리의 웹사이트를 방문해 주세요.

121. 부사 어휘

해설 수동태 사이에 빈칸이 있으므로 부사인 (B) publicly(공공연하게, 공개적으로)가 정답이다. **정답 (B)**

표현 정리 recognize (~으로) 인정받다, 인지하다 contribution 기여, 기고 major 주요한 publicize (일반 사람들에게) 알리다, 광고[홍보]하다 publicity 매스컴[언론]의 관심[주목]

해석 Kristi Day는 여러 주요 영화 대본에 기고문을 작성한 것으로 공개적으로 인정받았다.

122. 명사 어휘

해설 〈house 집, 수용하다 / monument (건물·동상 등의) 기념물 / argument 논쟁 / reputation 평판, 명성〉 중에서, for punctually completing projects를 통해 단서를 얻을 수 있다. 프로젝트 시간을 엄수하여 완료하는 것으로 '명성을 얻었다'고 해야 연결된다. **정답 (D)**

표현 정리 punctually 시간을 엄수하여 build 짓다, 쌓아 올리다

해석 프로젝트 시간을 엄수하여 완료하는 것으로 명성을 쌓은 후, Tiara Interiors는 더 많은 고객을 확보해 오고 있다.

123. 단수 명사 vs. 복수 명사

해설 빈칸은 정관사 뒤에 빈칸이므로 명사 자리이다. 그런데 동사가 was 이므로 단수 형태가 필요하다. '주장의 핵심'이라는 의미로 단수 명사인 (A) substance(본질, 핵심, 요지)가 정답이다. **정답** (A)

표현 정리 argument 주장 associate (사업·직장) 동료 role 역할 operation 운영, 업무 substantial 상당한 substantially 상당히 (= considerably)

해석 Mr. Smith의 주장의 핵심은 동료들이 일상 업무에서 더 많은 역할을 해야 한다는 것이었다.

124. 동사 어형

해설 to는 to부정사의 to이고 빈칸 뒤에 the quantities ~라는 목적어가 나오므로 정답은 능동을 나타내는 동사원형인 (A) estimate이다. **정답** (A)

표현 정리 construction materials 건축재료 estimate 추산[추정]하다, 평가하다, 견적서

해석 인턴들은 각 프로젝트를 위해 필요한 기본 건축자재의 수량을 예측하는 방법을 습득해야 한다.

125. 전치사

해설 빈칸에는 the chemical manufacturing plant라는 장소 명사를 목적어로 취하는 전치사가 필요하다. 먼저 between(~사이에)은 〈between A and B〉 구조로 쓰이거나 복수 명사와 어울리므로 소거한다. 〈as regards ~과 관련하여[~에 대하여] / alongside ~와 함께 / throughout [장소] 곳곳에, 전역에〉 중에서, 'ID 배지는 화학 제조공장 전역에서 모든 직원들이 착용해야 한다'는 의미가 되어야 적절하다. 따라서 정답은 (D) throughout이다. **정답** (D)

표현 정리 badge (소속·신분·계급 등을 나타내는) 표, 배지 manufacturing plant 제조공장

해석 신분증은 화학 제조공장 전역에서 모든 직원들이 착용해야 한다.

126. 전치사 vs. 접속사

해설 빈칸은 'the event is still a few months away'라는 절을 연결하는 접속사 자리이다. According to((진술·기록 등에) 따르면)는 전치사이므로 소거한다. 종속절은 행사가 아직 몇 개월 남았다는 말이고, 주절은 주최측에서 모든 공급사들의 예약을 완료했다는 말이다. 의미상 앞뒤 내용이 상반되므로 양보의 부사절 접속사인 (A) Even though로 연결하는 것이 적절하다. Provided that은 접속사로 '만약 ~한다면', As soon as는 '~하자 마자'를 뜻한다. **정답** (A)

표현 정리 organizer 조직자, 주최자 finish 완료하다 book 예약하다 supplier 공급자, 공급 회사

해석 행사가 아직 몇 개월 남았음에도 불구하고, 주최측은 모든 공급사들의 예약을 완료했다.

127. 부사 어형

해설 빈칸이 앞에 나온 명사 performing을 수식한다. 동명사는 동사의 성질로 부사의 수식을 받는다. 따라서 정답은 (B) precisely(정확하게)이다. 의미상으로도 '정확하게 수행한다'로 자연스럽게 연결될 수 있다. **정답** (B)

표현 정리 technician 기술자 walk somebody through something

(단계별로 차례차례) ~에게 …을 설명해 주다, 알려주다 perform 수행하다 troubleshooting 고장의 수리

해석 전화 기술자가 몇 가지 고장수리 단계를 정확하게 수행하도록 Mr. Kim에게 설명해 주었다.

128. 전치사

해설 빈칸에는 the recommendation을 목적어로 취해 적절한 의미를 이루는 전치사가 필요하다. '변호사의 권고에 반하여 계약을 갱신했다'는 의미가 되어야 적절하므로, '~에 반대하여, ~에 반하여'라는 뜻의 (D) Against가 정답이다. 〈(A) within ~이내에 (B) as for ~에 관해서는 (C) among ~사이에서, ~중에서〉를 뜻한다. **정답** (D)

표현 정리 recommendation 추천, 권고 renew 갱신[연장]하다 contract 계약

해석 David Brown은 변호사의 권고에 반하여 Davenport Energy와 회사계약을 갱신했다.

129. 부사 어휘

해설 〈solely 오로지 / lastly 마지막으로 / additionally 추가적으로 / particularly 특히, 특별히〉 중에서, '~으로만 구성되다'라는 의미로 (A) solely가 정답이다. (B) lastly는 무엇을 열거하면서 마지막에 붙이는 말이다. **정답** (A)

표현 정리 consist of ~으로 구성되다 organic 유기농의 ingredient 성분, 재료 feature 특징으로 삼다, 특별히 포함하다 extract 추출물

해석 Globus 스킨케어 라인은 유기농 성분으로만 구성된 제품으로 식물, 과일, 채소에서 추출한 추출물이 특징이다.

130. 형용사 어휘

해설 빈칸에 들어갈 형용사는 뒤에 나온 전치사 on과 어울리게 된다. 형용사 'exempt (~이) 면제되는'는 뒤에 from이 나오므로 소거한다. 형용사 reliant 는 '의존[의지]하는(= dependent)'이라는 뜻으로 〈be reliant on = rely on = be dependent on = depend on〉의 구문을 이룬다. '인턴십의 수락 여부는 전적으로 시험 및 인터뷰 결과에 달려 있다'는 문맥에도 맞다. 따라서 (B) reliant가 정답이다. 나머지는 〈favorable 호의적인 / effective 효과적인〉 이라는 뜻이다. **정답** (B)

표현 정리 acceptance (선물·제의 등을) 받아들임[수락] completely 완전히, 전적으로

해석 인턴십의 수락 여부는 전적으로 시험 및 인터뷰 결과에 달려 있다.

Part 6

문제 131-134번은 다음 이메일을 참고하시오.

수신: Youngtown 전 주민
발신: 공공 사업 및 고속도로 부서
날짜: 8월 8일
제목: Cambridge Drive의 도로 유지 관리

Youngtown 주민 여러분께,

8월 29일 목요일부터 2~3일 동안 Cambridge Drive에서 도로공사가 진행될 예정임을 알려드립니다. 이에 따라 Scooter Lane은 차량 통행이 금지됩니다. 그러나 Historia Crescent는 계속해서 주민들에게 이용이 가능할 것입니다. 인도는 공사 영향을 받는 거리에서 계속 개방될 예정입니다. 따라서 보행자의 통행에는 지장이 없을

것입니다.

이 프로젝트는 Youngtown City의 교통 시스템을 개선하기 위한 대규모 계획의 일환입니다. **공사기간 동안 주민 여러분의 많은 양해와 협조를 요청합니다.** 감사합니다.

본 도로 공사에 대한 궁금한 사항은 555-6757로 문의해 주십시오.

Ronnie Robinson
의장

표현 정리 roadwork 도로 보수 작업 occur 발생하다 accessible 접근[입장/이용] 가능한 affected 영향을 받은 pedestrian 보행자 transportation system 수송 체계

131. 과거분사

해설 'be advised that = be informed that'은 숙어 표현으로 '~에 대해 알려드립니다'를 의미한다. 따라서 정답은 (B) advised이다. **정답** (B)

132. 접속부사

해설 앞은 도로공사에 따라 Scooter Lane은 차량 통행이 금지된다는 내용이고, 뒤는 Historia Crescent는 계속해서 주민들이 이용이 가능할 것이라는 말이다. 앞뒤가 역접으로 연결되므로 (D) However가 정답이다. **정답** (D)

133. 명사 어휘

해설 〈initiative (특정한 문제 해결·목적 달성을 위한 새로운) 계획 / preview 시사회[공개 쇼] / importance 중요성 / explanation 설명〉이라는 뜻이다. 주어인 This project를 동격으로 설명할 수 있는 어휘가 필요한데, 〈이 프로젝트 = (Youngtown City의 교통 시스템을 개선하기 위한 대규모) 계획(의 일부)〉로 연결하는 것이 의미상 자연스럽다. 따라서 (A) initiative가 정답이다. **정답** (A)

134. 알맞은 문장 고르기

해설 예정된 도로공사를 소개하며 관련 정보를 제공하고 있다. 빈칸 앞은 to improve the transportation system of Youngtown City와 같이 시의 도로개선을 위한 것이라고 하므로 이에 대해 주민들의 양해를 구한다는 (C) We ask for your patience and cooperation during the construction.으로 매듭짓는 것이 흐름상 자연스럽다. **정답** (C)

해석
(A) 일부 공사소음이 인근 주민들에게 들릴 수 있습니다.
(B) 이 지역의 상점과 기타 업소는 문을 닫아야 할 수도 있습니다.
(C) 공사기간 동안 주민 여러분의 많은 양해와 협조를 요청합니다.
(D) 가로등은 공사기간 내내 여전히 완전히 작동할 것입니다.

문제 135-138번은 다음 기사를 참고하시오.

작업중인 신규 축구장
Ariel Meeks

EAST CLARK (1월 29일) — East Clark의 신규 축구장 공사의 마지막 단계에 대한 최신 소식이 오늘 아침 이사회에 의해 제공되었다. 현재 작업 완료는 6월 초로 예상된다.

약 60,000제곱미터를 차지할 것으로 예상되는 이 시설물은 East Clark의 지역 축구팀의 새 홈구장으로 쓰이게 될 것이다. 팀은 마침내 실제 크기의 연습장을 갖게 된다. 건평이 13,000제곱미터가 넘는 이 건물에는 체육관, 선수 라운지, 라커룸, 장비실, 회의실 및 기타 사무소가 포함될 것이다. **부지에는 실내 트레이닝 센터도 있다.**

이 프로젝트는 East Clark Eagles 축구팀이 지난 2년 동안 전국 챔피언십에서 연승을 거머진 후 지역 기업 후원과 더불어 시에 의해 가능하게 되었다.

표현 정리 phase (변화·발달 과정상의 한) 단계 facility 시설 board of trustees 이사회 estimate 추산(추정)하다 property 건물, 건물 구내 practice field 연습장 floor space (건물의) 바닥 면적 equipment 장비 sponsor 스폰서[광고주/후원 업체] back to back 꼬리에 꼬리를 물고, 연이어

135. 명사 어휘

해설 앞 문장인 An update on the final phase of construction ~에서 공사가 마지막 단계에 있다고 하므로 final과 호응을 이루는 (D) completion(완료)이 정답이다. **정답** (D)

136. 과거분사

해설 문장의 주어는 The property이고 동사는 will be이다. 〈---- to cover around 60,000 square meters〉가 앞에 나온 The property를 수식하는 형용사 역할이 되는데 '약 60,000제곱미터를 차지할 것으로 예상되는 이 시설물'이라는 문맥이 되어야 맞다. 따라서 정답은 수동을 나타내는 과거분사인 (C) expected이다. **정답** (C)

137. 접속사 vs. 전치사

해설 〈a gym, a players' lounge, locker rooms, and equipment rooms ------ meeting rooms and other offices〉 구조에서 빈칸 앞뒤로 명사구가 나온다. 특히, 건물에 포함되는 다양한 시설물이 대등한 관계로 연결되어 있는데, 이런 경우 상관접속사인 (A) as well as(~뿐만 아니라)이 적절하다. 상관접속사는 앞뒤 병렬 관계를 연결한다. 〈(B) in place of ~대신에 / (C) although 비록 ~이지만 / (D) with reference to ~관하여〉이다. **정답** (A)

138. 알맞은 문장 고르기

해설 앞에 나온 ~ the building will include a gym, a players' lounge, and locker rooms equipment rooms ~에서 구체적인 시설물이 소개되므로 (B) The grounds will also include an indoor training center.가 빈칸에 적절하다. **정답** (B)

해석
(A) 지역 팀은 개발에 대해 특히 흥분을 감추지 못하고 있다.
(B) 부지에는 실내 트레이닝 센터도 있다.
(C) 추가 코치와 트레이너가 곧 고용될 것이다.
(D) 다가오는 시즌은 몇 달 안에 시작될 예정이다.

문제 139-142번은 다음 광고를 참고하시오.

Northport Music Academy

큰 무대에서 공연하는 것이 꿈이신가요? **Northport Music Academy가 이제 그곳에 도달할 수 있도록 도와드릴 수 있습니다.** 저희 아카데미는 20년 이상 다양한 음악 과정을 가르쳐 왔습니다. 비평가들의 찬사를 받은 강사진은 전 세계적으로 알려져 있습니다. 저희 아카데미는 학생들이 목표를 달성할 수 있게 특정 요구사항에 적합한 효과적인 방법으로 학생들을 교육하는 데 전념하고 있습니다. 사실, 졸업생의 95%는 현재 음악업계에서 전문적으로 종사하고 있습니다.

Northport Music Academy의 다음 학기는 내년 가을에 시작됩니다. www.northportmusicacademy.com을 방문하여 입학요건,

등록 통계 및 현재 제공되는 과정에 대해 확인해 보십시오. 문의사항 또는 일정 예약은 info@northportmusicacademy.com으로 이 메일을 보내주시기 바랍니다.

표현 정리 perform 공연하다 **a variety of** 다양한 **critically acclaimed** 비평가들의 극찬을 받은 **faculty** (대학의 한 학부의) 교수단 **committed to** ～에 전념하는 **effective** 효과적인 **tailor** (특정한 목적·사람 등에) 맞추다[조정하다] **specific** 구체적인 **alumni** 졸업생들 **term** 학기 **entry** 입학 **requirement** 요건 **enrollment** 등록 **statistics** 통계 자료 **appointment** 예약

139. 알맞은 문장 고르기

해설 앞문장 Do you dream of performing on the big stage?에서 큰 무대에서 공연하는 꿈을 가지고 있는지 묻고 있으므로 그 꿈에 닿게 해 줄 수 있다는 (B) The Northport Music Academy can help you get there.로 연결되는 것이 흐름상 자연스럽다. **정답** (B)

해석
(A) 여러분은 자격증이나 실제 학위를 위해 공부할 수 있습니다.
(B) Northport Music Academy가 이제 그곳에 도달할 수 있도록 도와드릴 수 있습니다.
(C) 장학금은 매 학기 많은 지원자에게 제공됩니다.
(D) 악기는 무료로 대여할 수 있습니다.

140. 시제

해설 뒤에 나온 for over 20 years는 기간 명사로서 계속을 나타내는 현재완료(진행) 시제와 연결된다. 따라서 정답은 현재완료 진행 시제인 (C) have been teaching이다. **정답** (C)

141. 부사 어휘

해설 〈quickly (시간상으로) 빨리, 곧 / reasonably 합리적으로 / separately 따로따로, 별도로 / professionally 전문적으로, 직업적으로〉 중에서, 졸업생의 95%는 현재 음악업계에서 전문적으로 종사하고 있다는 의미가 되어야 연결된다. 따라서 (D) professionally가 정답이다. **정답** (D)

142. 과거분사

해설 수식어인 〈to learn about entry requirements, enrollment statistics, and current courses ------〉 구조에서 '입학요건, 등록 통계 및 현재 제공되는 과정'이라는 내용이 되어야 맞다. 즉, 빈칸이 앞에 나온 명사 courses를 꾸미고 '제공된'이라는 의미의 수동을 나타내는 과거분사 (C) offered가 정답이다. **정답** (C)

문제 143-146번은 다음 편지를 참고하시오.

2월 18일
James M. Stetoe
2807 Eagle Lane

Mr. Stetoe 귀하,

제21회 연례 Marcell City 취업 박람회의 초청연사로 귀하를 초대하고자 합니다.

이 행사는 다양한 분야의 전문가들이 도전 과제, 기회와 각 분야의 성과를 논의할 수 있는 무대를 제공합니다. 고등학생, 대학생과 직업을 바꾸려는 사람들이 청중의 대부분을 차지할 것으로 예상합니다.

귀하와 같은 배경이 있는 분이 건축분야를 대표하게 되어 영광입니

다. **귀하의 작업은 커뮤니티 내에 잘 알려져 있고 존경받고 있습니다.** 국내외의 다른 비즈니스 및 학술 전문가들도 간략한 강연을 제공할 것입니다. 토론 후에는 질의응답 시간이 이어집니다.

저희의 요청을 고려해 주시길 바라며 곧 회신을 기다리겠습니다.

Pauline Reid
조직위원회

표현 정리 expert 전문가 **field** 분야 **achievement** 성과 **respective** 각각의 **anticipate** 예상하다 **make up** ～을 차지하다, 구성하다 **represent** 대표하다 **brief** 간단한 **follow** (시간·순서상으로) 뒤를 잇다 **session** (특정한 활동을 위한) 시간[기간]

143. 시제

해설 Marcell City Career Fair라는 연례행사의 사실 내용을 설명하므로 현재시제인 (A) provides가 정답이다. (C)는 주어와 수일치가 맞지 않는다. **정답** (A)

144. 알맞은 문장 고르기

해설 앞 문장 We would be honored to have someone of your background represent the field of architecture.에서 귀하와 같은 배경이 있는 사람이 건축분야를 대표하게 되어 영광이라고 하므로 이에 대한 내용을 뒷받침할 수 있는 (C) Your work is well known and respected in our community.가 흐름상 자연스럽다. **정답** (C)

해석
(A) 모든 회의 연설자들에게 무료 숙박이 제공됩니다.
(B) 본 행사는 유명 브랜드 및 기업에 의해 후원됩니다.
(C) 귀하의 작업은 커뮤니티 내에 잘 알려져 있고 존경받고 있습니다.
(D) 행사 코디네이터가 곧 연락을 드릴 것입니다.

145. 명사 어휘

해설 첫 문장 중 We would like to invite you to be a guest speaker ～에서 연설자로 초대하고 싶다고 했으므로, 국내외의 다른 비즈니스 및 학술 전문가들도 간략한 '강연'을 할 것이라는 의미가 되어야 자연스럽다. 따라서 빈칸에 (D) lectures가 적절하다. **정답** (D)

146. 전치사

해설 동사 follow는 '(시간·순서상으로) 뒤를 잇다'라는 뜻인데, 수동태가 되면 〈be followed by〉라는 구문이 된다. 따라서 정답은 (B) by이다. **정답** (B)

TEST 07

Part 5

101. 목적격 인칭대명사

해설 빈칸은 '보관하다'라는 뜻의 동사 stores의 목적어 자리인데, 앞에 나온 복수명사인 fragile items를 가리키므로 정답은 (A) them이다. 소유대명사 theirs는 '그들의 것'이라는 말로 문맥에 맞지 않고, 재귀대명사 themselves 는 주어와 목적어가 동일할 때 쓸 수 있다. **정답** (A)

표현 정리 fragile 부서지기[손상되기] 쉬운 **store** 저장[보관]하다

해석 깨지기 쉬운 물품을 안전하게 보관하기 위해, Mr. Truman은 카운터 뒤에 있는 유리 캐비닛에 보관한다.

102. 전치사 vs. 접속사

해설 빈칸은 'it is more expensive than a standard room'이라는 절을 취하는 접속사 자리이다. 따라서 명사구를 목적어로 취하는 전치사 despite은 소거한다. '대부분의 고객들은 스탠다드 룸보다 가격이 더 비싸지만 디럭스 룸을 예약하기를 선호한다'는 의미로 양보의 부사절 접속사 (B) although가 정답이다. provided (that)는 '오직 ~경우라면'의 뜻이다. **정답** (B)

표현 정리 prefer 선호하다 **book** 예약하다 **expensive** 비싼

해석 대부분의 고객들은 스탠다드 룸보다 가격이 더 비싸지만 디럭스 룸을 예약하기를 선호한다.

103. 부사 어휘

해설 빈칸에는 동사 announce를 수식하기에 적절한 부사 어휘가 필요하다. 먼저 timely는 '시기적절한, 때맞춘'이라는 뜻의 형용사이므로 동사를 수식할 수 없다. 〈publicly 공개적으로 / annually 일년에 한 번 / typically 보통, 일반적으로〉 중에서, '사임을 공개적으로 발표하기를'이라는 문맥으로 연결되어야 적절하다. **정답** (B)

표현 정리 patiently 인내심 있게 **resignation** 사임 **press conference** 기자 회견

해석 시민들은 Adrian Leonard가 기자회견에서 자신의 사임을 공개적으로 발표하기를 인내심 있게 기다리고 있다.

104. 상관접속사

해설 주어인 〈------- the supervisor or the manager〉에서 뒤에 나온 or와 짝을 이루어 상관접속사 구문을 이뤄야 하므로 (C) Either가 정답이다. Both 는 〈both A and B, A와 B 둘 다〉라는 뜻으로 쓰인다. **정답** (C)

표현 정리 supervisor 감독관, 관리자 **approve** 승인하다 **decline** 거절하다, 감소하다 **leave** 휴가 **request** 요청

해석 상사 또는 관리자 둘 중 한 사람이 휴가 요청을 승인하거나 거절할 수 있다.

105. 형용사 어휘

해설 빈칸에는 client라는 사람 명사와 어울릴 수 있는 형용사 어휘가 필요하다. requested a price quote for the short-term rental of an apartment unit에서 아파트 단기 임대 가격의 견적을 요청했다고 하므로, 〈similar 비슷한 / potential 잠재적인 / permanent 영구적인 / responsive 즉각 반응하는〉 중에서 한 '잠재 고객'으로 연결하는 것이 적절하다. 따라서 (B) potential이 정답이다. **정답** (B)

표현 정리 request 요청하다 **price quote** 견적서 **short-term** 단기의 **rental** 사용료, 임대료 **unit** (아파트 같은 공동 주택 내의) 한 가구

해석 잠재 고객이 사무소를 방문하여 아파트 단기 임대 가격의 견적을 요청했다.

106. 명사 어휘

해설 동사 pay(지불하다)의 목적어로 호응을 이루는 어휘를 찾아야 한다. 〈fares (교통) 요금 / sales 판매 / treats (특히 남을 대접하여 하는[주는]) 특별한 것[선물], 대접, 한턱 / items (하나의) 물품[품목]〉 중에서, '승객들은 버스 패스를 사용하여 요금을 지불할 수 있다'고 해야 맞다. 따라서 정답은 (A) fares이다. **정답** (A)

표현 정리 purchase 구입하다

해석 승객들은 버스 중앙역에서 구입할 수 있는 버스 패스를 사용하여 요금을 지불할 수 있다.

107. 형용사 어형

해설 〈a ------- range of services〉 구조에서 빈칸은 뒤에 나온 명사를 수식하는 '넓은'이라는 뜻의 형용사 자리이다. 따라서 (D) wide가 정답이다. **정답** (D)

표현 정리 a range of 다양한

해석 리조트는 데이 스파, 피트니스 수업, 크루즈를 포함한 다양한 서비스를 손님에게 제공하고 있다.

108. 전치사

해설 빈칸에는 the area라는 장소 명사와 어울리는 전치사가 필요하다. 전치사 toward는 '[운동의 방향] ~쪽으로, ~을 향하여'라는 뜻으로 동사 live라는 상태를 나타내므로 어울리지 않는다. including은 '~을 포함하여'라는 뜻으로 문맥에 맞지 않는다. 〈throughout 도처에, 내내 / near (거리상으로) 가까운〉 중에서, '우체국 건물이 건설될 지역 근처에'라는 의미가 되어야 적절하므로 (D) near가 정답이다. **정답** (D)

표현 정리 construct 건설하다

해석 Frank Rhodes와 그의 가족은 새로운 우체국 건물이 건설될 지역 근처에 거주한다.

109. 형용사 어형

해설 빈칸은 are의 보어이자 부사 very의 수식을 받으므로 문법적으로나 의미적으로 형용사가 필요하다. 특히 〈be enthusiastic about ~에 열정적이다〉가 숙어로 쓰인다. 따라서 정답은 (A) enthusiastic이다. 명사인 〈enthusiast 열렬한 지지자 / enthusiasm 열정〉은 be동사의 보어로는 쓰여도 부사의 수식을 받지 못한다. 부사 enthusiastically는 부사의 수식은 받아도 be동사의 보어로는 쓰이지 못한다. **정답** (A)

표현 정리 sales associate 영업사원

해석 영업사원들은 최고 판매자에게 제공될 보너스에 대해 매우 열광적이다.

110. 관계대명사

해설 사람 선행사인 many part-time employees를 수식하고, 뒤에 주어가 없이 동사가 나오므로 주격 관계대명사 (B) who가 정답이다. which는 사물 선행사를 수식하는 주격/목적격 관계대명사이다. where는 장소 선행사를 수식하는 관계부사이다. whose는 소유격 관계대명사로 뒤에 꾸며주는 명사가 오게 된다. **정답** (B)

표현 정리 nearby 인근에

해석 North Bend 도서관에는 인근 대학에서 공부하는 많은 파트타임 직원들이 있다.

111. 명사 어형

해설 주어인 West Liberty와 〈a big insurance -------〉는 동격 관계이다. 〈West Liberty = 대형 보험회사〉로 설명할 수 있으므로 '회사, 기업'이라는 뜻의 명사 (D) firm이 정답이다. firmness는 '견고, 단단함, 견실'이라는 뜻으로 문맥에도 맞지 않는다. **정답** (D)

표현 정리 insurance 보험 several (몇)몇의 firm 확고한, 회사 firmly 단호히, 확고히

해석 West Liberty는 아주 큰 보험회사이기 때문에 주 내에 여러 사무소가 있다.

112. 부사 어형

해설 빈칸은 동사 went를 수식하는 부사 자리이다. 해석을 해봐도 '순조롭게 진행되다'라는 의미이므로 동사를 수식하는 부사 (C) smoothly가 정답이다. **정답** (C)

표현 정리 applicant 신청자, 지원자 lack of ~의 부족 smooth 매끄러운, 매끈하게 하다 smoothly 부드럽게, 순조롭게

해석 그 지원자의 최종 면접은 경험이 부족했음에도 불구하고 순조로웠다.

113. 전치사

해설 시간 표현 앞에서 각 전치사의 쓰임을 정리하면, in은 〈in May, in 1984〉 등과 같이 연도나 월 앞에 쓰인다. at은 〈at noon, at 10:50, at lunchtime〉과 같이 특정한 시간대를 나타내며 '점(point)'의 개념을 떠올리면 된다. on은 day의 개념으로, 〈on Friday, on May 10, on Christmas Day〉처럼 특정일 앞에 쓴다. 여기서는 May 17이라는 특정일 앞이므로 전치사 (C) on을 쓰는 것이 적절하다. **정답** (C)

표현 정리 implementation 이행, 실행 incentive (어떤 행동을 장려하기 위한) 장려[우대]책

해석 새로운 인센티브 프로그램의 시행은 5월 17일에 시작될 것이다.

114. 동사 어휘

해설 〈consider 고려하다 / occupy (공간·지역·시간을) 차지하다 / discover (무엇에 대한 정보를) 찾다, 발견하다 / support 지지하다〉라는 뜻이다. '결함을 발견하는 경우 경영진에게 알려야 한다'는 문맥이 되는 것이 적절하므로 (C) discover가 정답이다. **정답** (C)

표현 정리 immediately 즉시 inform (공식적으로) 알리다[통지하다] defect 결함

해석 고객들은 품목에 결함을 발견하는 경우 즉시 경영진에게 알려야 한다.

115. 형용사 어휘

해설 형용사 어휘 문제로 〈discreet 신중한, 조심스러운 / original 원래[본래]의, 독창적인 / structural 구조적인 / similar 비슷한〉이라는 뜻이다. 빈칸 뒤에 나온 〈to that of another author〉에서 to는 전치사이고, that은 앞에 나온 style을 가리키는 지시대명사이다. 빈칸에 들어갈 형용사는 '다른 저자의 것과 유사한 작문 스타일'의 의미가 되어야 한다. 〈similar to N ~와 유사한〉이라는 구문을 이루는 (D) similar가 정답이다. **정답** (D)

표현 정리 entire 전체의 manuscript 원고 recognize 인정하다, 인지하다

해석 전체 원고를 읽은 후, 편집자는 다른 저자의 것과 유사한 작문 스타일을 인지했다.

116. 동사 어형

해설 문장의 주어는 Allied Coffeehouse이고 빈칸이 동사 자리이다. 문미에 나온 by the end of the month는 미래 시점을 가리키므로 미래 시제인 (B) will release가 정답이다. **정답** (B)

표현 정리 highly 매우 anticipated 기대하던, 대망의 seasonal 계절적인, 계절에 따라 다른

해석 Allied Coffeehouse는 이달 말까지 매우 기대되는 제철 메뉴를 공개할 것이다.

117. 부사 어휘

해설 선택지는 각각 〈hardly 거의 ~없다 / lastly 마지막으로 / shortly 곧 / generally 대개, 보통, 일반적으로〉라는 뜻이다. 역접을 나타내는 but there are definitely areas in need of improvement에서 개선해야 할 부분이 분명히 있다고 하므로, 이와 반대되는 내용으로 '회사의 판매 통계는 일반적으로 긍정적으로 보인다'는 내용이 필요하다. 따라서 빈칸에 (D) generally가 정답이다. **정답** (D)

표현 정리 statistics [복수 취급] 통계, 통계 자료 definitely (강조의 의미로 쓰여) 분명히[틀림없이]

해석 회사의 판매 통계는 일반적으로 긍정적으로 보이지만 개선해야 할 부분이 분명히 있다.

118. 동명사

해설 빈칸은 전치사 in의 목적어 자리이다. 목적어 자리에는 일반 명사 또는 동명사가 가능하다. locate는 '찾아내다, 위치하다'라는 뜻의 동사로, 빈칸 뒤에 some of the documents라는 목적어가 나오므로 동명사 형태가 필요하다. 따라서 (C) locating이 정답이다. **정답** (C)

표현 정리 require 필요로 하다 assistance 도움, 지원 review 검토하다

해석 신규 채용된 인턴들은 그들이 검토해야 하는 일부 서류를 찾는 데 도움이 필요할 것이다.

119. 명사 어휘

해설 형용사 managerial의 수식을 받는 명사 어휘가 필요하다. 서술부인 gives her the authority to change a product's supplier에서 제품 공급업체를 변경할 수 있는 권한을 부여한다고 하므로, 〈role (조직·사회·관계 내에서의) 역할 / plan (계획) / view (개인적인) 견해 / source (사물의) 원천, 자료[(자료의) 출처, (뉴스의) 정보원[소식통]〉 중에서, (A) role이 빈칸에 적절하다. **정답** (A)

표현 정리 managerial 경영[관리/운영]의 authority 권한 supplier 공급자, 공급 회사

해석 Teresa Halcomb의 관리 역할은 그녀에게 제품 공급업체를 변경할 수 있는 권한을 준다.

120. 동사 어휘

해설 동사 어휘로 〈regard 간주하다 / arrange 준비하다, 주선하다, (시간) 정하다 / consult 상담하다, 참고하다 / provide 제공하다〉라는 뜻이다. a meeting을 목적어로 취해 호응을 이뤄야 하므로 '회의를 주선하고 싶다면'이 되어야 적절하다. 따라서 정답은 (B) arrange이다. **정답** (B)

표현 정리 leave for vacation 휴가를 떠나다

해석 누구든지 저와 회의를 주선하고 싶다면 제가 화요일에 휴가를 떠나기 전에 하시기 바랍니다.

121. 명사 어형

해설 문장의 서술부는 come from이고, 〈The majority of the Burnette Museum's financial -------〉가 주어이다. 빈칸은 전치사 of의 목적어이자 financial의 수식을 받는 명사 자리이다. 동사가 복수이므로 주어가 복수인 (A) contributions가 정답이다. **정답 (A)**

표현 정리 financial 재정의 come from ~에서 생겨나다

해석 Burnette 박물관의 재정 기부금의 대부분은 해외 국가에서 기인한다.

122. 과거분사

해설 'Government letters are delivered to residents'까지 이미 문장이 완전하다. 따라서 빈칸 이하는 수식어에 해당하고, 빈칸에 들어갈 형태는 전치사 on과 어울려야 된다. 〈based on ~에 근거하여, 기반으로〉라는 숙어 표현을 만족시키면서 '정부 서신은 현 거주지 주소를 기준으로 거주자에게 전달된다'는 내용에도 자연스럽다. 따라서 정답은 과거분사인 (B) based이다. **정답 (B)**

표현 정리 deliver (물건·편지 등을) 배달하다 current 현재의 residential 주거의, 거주의

해석 정부 서신은 현 거주지 주소를 근거하여 거주자에게 전달된다.

123. 수동태

해설 조동사 will 뒤에 동사원형이 필요하다. 해석시 '어떤 디자인이 사용될지'와 같이 수동의 의미이므로 수동태가 되어야 한다. 선택지에서 수동태는 (C) be used뿐이다. **정답 (C)**

표현 정리 decide 결정하다 year-end 연말(의) gathering (특정 목적을 위한) 모임

해석 부서장은 연말 모임 포스터로 어떤 디자인이 사용될지 결정할 것이다.

124. 동사 어형

해설 부사 Kindly의 수식을 받으면서 명령문 구조이다. 명령문은 동사원형으로 시작되므로 동사원형인 (B) contact가 정답이다. **정답 (B)**

표현 정리 experience 경험하다, 겪다 technical 기술적인 issue 문제 kindly 부디

해석 만약 컴퓨터에 기술적인 문제를 겪게 되면 IT 부서에 문의해 주십시오.

125. 형용사 어휘

해설 선택지는 〈overdue (지불·반납 등의) 기한이 지난 / entitled 자격이 있는, ~라는 제목의 / cheerful 상쾌한, 기분 좋은 / helpful 도움이 되는〉이라는 뜻이다. 고위 관리자 직책을 위한 나의 지원서에 귀하의 추천이 매우 도움이 될 것이라는 의미로 (D) helpful이 문맥에 적절하다. **정답 (D)**

표현 정리 recommendation 추천, 권고 application 지원, 신청, 지원서 senior 고위의 position 직책

해석 귀하의 추천은 고위 관리자 직책을 위한 제 지원서에 매우 도움이 될 것입니다.

126. 명사 어휘

해설 〈assembly 집회, (차량·가구 등의) 조립 / response 응답, 반응 / connection (두 가지 사실·생각 등의) 관련성[연관성] / guidance (특히 연장자·경력자에 의한) 지도[안내]로 이루어져 있다. 〈the ------- instructions〉 구조에서 빈칸에는 뒤에 나온 '지침'이라는 뜻의 instructions 와 어울려 복합명사를 이루는 단어가 필요하다. '공장 직원들이 새로운 조립 지침을 읽는다'는 의미가 되어야 적절하므로 (A) assembly가 정답이다. **정답 (A)**

표현 정리 personnel (조직·군대의) 인원[직원들] advise (정식으로) 알리다(= inform) instructions (무엇을 하거나 사용하는 데 필요한 자세한) 설명, 지침

해석 공장 직원들은 오늘 일과가 끝나기까지 전달될 새로운 조립 지침을 주의 깊게 읽도록 통지받았다.

127. 동사 어휘

해설 주절의 주어인 they는 앞에 나온 the security team을 가리킨다. 〈submitted (서류·제안서 등을) 제출하다 / concluded 결론[판단]을 내리다〉는 연결이 어색해 소거한다. 나머지 〈invited 초대하다, (정식으로) 요청하다 / positioned (특정한 위치에) 배치하다, ~의 자리를 잡다〉 중에서, 보안팀이 도착하면 각 행사장 입구에 배치될 것이라는 문맥이 적절하므로 (C) positioned가 정답이다. **정답 (C)**

표현 정리 security 보안 venue (콘서트·스포츠 경기·회담 등의) 장소 entrance 입구

해석 보안팀이 도착하면 각 행사장 입구에 배치될 것이다.

128. 전치사

해설 전치사 어휘 문제로 먼저 '~중에'라는 뜻의 Among은 복수 명사와 어울리므로 소거한다. '지점장 외에 점주만 사무실 금고에 접근할 수 있다'는 의미가 되어야 적절하므로 '~외에, ~뿐만 아니라'라는 뜻의 (D) Besides가 정답이다. Except는 '~을 제외하고', Despite는 '~에도 불구하고'라는 뜻이다. **정답 (D)**

표현 정리 branch 지사, 분점 access to ~에의 접근 safety box 안전금고

해석 지점장 외에 점주만이 사무실 안에 있는 안전금고에 접근할 수 있다.

129. 부사 어휘

해설 빈칸에 들어갈 부사는 '요청하다'라는 뜻의 동사 asked를 수식하게 된다. 〈vigorously 힘차게, 강하게 / randomly 닥치는 대로, 임의로 / voluntarily 자발적으로 / correctly 바르게, 정확하게〉 중에서, 이사회 구성원 중 한 명이 Bedford 지점 폐쇄 계획을 재고할 것을 강력히 요청했다는 문맥이 되는 것이 적절하다. **정답 (A)**

표현 정리 branch 지사, 분점 reconsider 재고하다

해석 이사회 구성원 중 한 명이 Bedford 지점 폐쇄 계획을 재고할 것을 강하게 요청했다.

130. 명사 어형

해설 빈칸은 목적어 자리이므로 명사가 필요하다. increase는 동사도 되고 명사도 되는 단어이다. 여기서는 증가를 뜻하는 명사로 (B)가 정답이 된다. **정답 (B)**

표현 정리 percentage 백분율, (백분율로 나타낸) 비율 unemployed 실직한, 실업자인

해석 노동고용부는 실업자 비율이 증가한다고 보고한다.

문제 131-134번은 다음 기사를 참고하시오.

> 시드니(5월 23일) – 유명 미국 패스트푸드 체인인 Easy Eats가 마침내 호주에 상륙한다. 팬들은 이 기업이 호주에 지점을 열도록 설득하기 위해 수년 동안 애써왔다.
>
> **Easy Eats는 갓 구운 버거와 감자 기반의 사이드 요리로 유명하다.** 그 외에도 이 패스트푸드점은 디너 샐러드, 크리미한 밀크셰이크 및 아이스크림 선디를 제공한다. 이 패스트푸드점의 호주 대표는 성명에서 궁극적으로 호주 전역에 여러 지점을 오픈할 계획이라고 밝혔다.
>
> Easy Eats 담당자들과의 인터뷰에 따르면 시드니 지점은 비즈니스 지구 한복판에 위치하며 한 번에 최대 200명의 고객을 수용할 수 있다고 한다. 개점은 내년 1월로 예정되어 있다.

표현 정리 convince 확신시키다, 설득하다 location 장소[곳/위치] sundae 아이스크림 선디(기다란 유리잔에 아이스크림을 넣고 시럽, 견과류, 과일 조각 등을 얹은 것) statement 성명, 진술 representative 대표, 담당자 reveal 드러내다[밝히다] in the midst of ~의 한가운데에 district (특정한 특징이 있는) 지구[지역] patron (특정 상점·식당 등의) 고객

131. 부사 어휘

해설 뒷문장 Fans have been trying for years to convince the company to open a location here.에서 팬들은 이 기업이 호주에 지점을 열도록 설득하기 위해 수년 동안 애써왔다고 하므로 유명 미국 패스트푸드 체인인 Easy Eats가 마침내 호주에 상륙한다는 의미로 (D) finally가 들어가는 것이 적절하다. 마지막 문장인 The grand opening is planned for January of next year.에서 내년 1월 오픈이 예정되어 있다는 내용도 단서가 된다. 나머지는 〈partly 부분적으로 / eagerly 열렬히 / constantly 지속적으로〉이다. **정답** (D)

132. 알맞은 문장 고르기

해설 뒷문장 Apart from that, the restaurant serves dinner salads, creamy milkshakes, and ice cream sundaes.에서 지시대명사 that이 가리키는 부분이 빈칸에 필요하다. 제공되는 메뉴와 관련되므로 (C) Easy Eats is well known for its freshly grilled burgers and potato-based sides.가 빈칸에 자연스럽다. **정답** (C)

해석
(A) 이 식당의 일반 영업시간은 아침 6시에서 오후 10시이다.
(B) 서비스 직원들은 그랜드 오픈 한 달 전에 고용되기 시작할 것이다.
(C) Easy Eats는 갓 구운 버거와 감자 기반의 사이드 요리로 유명하다.
(D) 메뉴의 일부 품목은 상응하는 지역 메뉴로 대체될 것이다.

133. 부사 어형

해설 빈칸이 open이라는 동사를 수식하므로 부사인 (D) eventually가 정답이다. **정답** (D)

134. 명사 어휘

해설 〈capacity 용량, 수용력 / amount 양(quantity), 금액(sum) / duration 지속, (지속되는) 기간 / quality 품질, 우수한, 양질의〉이라는 뜻이다. to seat up to 200 patrons at a time과 호응을 이루는 어휘는 '한 번에 최대 200명의 고객을 수용'할 수 있다'는 의미로 (A) capacity가 적절하다. **정답** (A)

문제 135-138번은 다음 추천글을 참고하시오.

> 주택 소유자 보험을 물색할 때 상당히 회의적인 것은 당연합니다. 중요한 세부정보를 얻기가 어려운 게 대반사입니다. 리뷰도 읽고, 홍보 설명도 듣고, 스스로 조사도 했지만, 항상 보험 증권을 선택하는 데 어려움을 겪었습니다. FlexStar 보험은 이를 바꿔주었습니다. 이 회사의 웹사이트는 상품 보장 옵션, 지불 계획 및 청구 절차를 명확하게 설명합니다. 그러한 이유로, 저는 정보에 근거한 결정을 내릴 수 있었습니다. 제 보험은 필요에 맞는 딱 맞는 수준의 보장 내역을 제공했습니다. 게다가 FlexStar는 월 보험료를 신용카드로 자동으로 청구하는 것을 쉽게 해줄 수 있습니다. **이러한 투명성과 편의성의 결합이 FlexStar를 경쟁자들 중 최고의 회사로 만듭니다.**
>
> - John J. Rodden
> 토목 기사

표현 정리 skeptical 회의적인 shop for [싼 물건·투자 대상 따위]를 쇼핑하다, 찾아다니다 critical 중대한 details 세부정보 sales pitch 홍보 설명, 팔기 위한 권유 research 조사 policy 보험 증권[증서] coverage 보장 claim 청구 automatically 자동으로 charge 청구하다 premium (한 번에 또는 정기적으로 내는) 보험료

135. 접속사

해설 빈칸을 중심으로 앞은 리뷰도 읽고, 홍보 설명도 듣고, 스스로 조사도 했다는 말이고, 뒤는 항상 보험 증권을 선택하는 데 어려움을 겪었다는 대조의 내용이다. 따라서 '그러나'라는 뜻의 등위접속사인 (A) but이 빈칸에 적절하다. **정답** (A)

136. 형용사 어형

해설 명사 decision을 수식하는 형용사 자리이다. 선택지에서 형용사는 〈informed 잘[많이] 아는, 정보에 근거한 / informative 정보를 주는, 유익한〉이 있다. 앞줄에서 웹사이트에서 명확히 설명을 해준다고 했으므로, 정보에 근거한 결정이 맞다. 따라서 정답은 (B)가 된다. informative를 단순히 '유익한'이라고 해석해서 (C)를 답으로 하면 안된다. 정보를 많이 주기 때문에 유익하다는 뜻으로 연결된다는 것을 유념해야 한다. decision(결정)이 informative(정보를 많이 주는)할 수 없기 때문이다. **정답** (B)

137. 형용사 어휘

해설 선택지는 〈easy 쉬운, 용이한 / clear (의심할 여지없이) 명확한, 확실한 / different 다른 / sufficient 충분한〉으로 이루어져 있다. 〈FlexStar makes it ------ for me to automatically charge my monthly premiums to my credit card.〉에서 자동으로 청구하는 것을 쉽게 할 수 있다가 의미상 맞으므로 (A)가 정답이 된다. **정답** (A)

136. 알맞은 문장 고르기

해설 빈칸 앞에서 보험 증권은 자신의 필요에 딱 맞는 보장 내역을 갖추었고 보험료 납부를 신용카드로 자동 청구할 수 있다고 한다. 이를 상품의 투명성과 편의성으로 설명해 최고의 보험 상품이라고 강조하는 (D) This combination of transparency and convenience makes FlexStar the best among its competitors.가 흐름상 자연스럽다. **정답** (D)

해석
(A) 가정 고지서의 정기적인 납부가 돈을 절약하는 데 도움이 되었습니다.
(B) 저는 FlexStar 보험에 가입한 친구와 동료들의 영향을 받았습니다.
(C) 당신의 주택 소유자 보험증권을 검토하는 것은 절차의 중요한 부분입니다.
(D) 이러한 투명성과 편의성의 결합이 FlexStar를 경쟁자들 중 최고의 회사로 만듭니다.

문제 139~142번은 다음 안내를 참고하시오.

> 공지: 모든 Birmingham 주민들
>
> Birmingham은 제4회 연례 자선 제빵 판매를 알리게 되어 뿌듯합니다. 11월 8일에 시청 건물은 주민들이 만든 다양한 베이커리 제품을 선보이는 테이블로 가득 찰 것입니다. 케이크, 컵케이크, 브라우니, 쿠키 및 기타 간식류를 구입할 수 있습니다. 여러 지역 밴드가 무대에서 공연을 펼치는 동안 행사가 열리는 장소에서 달콤한 먹거리를 즐길 수 있게 피크닉 테이블이 설치될 것입니다. 세트당 $5에 친구, 가족과 함께 사진을 찍을 수 있는 포토 부스가 마련될 것입니다. **이벤트 수익금 전액은 리틀엔젤스 고아원에 기부될 예정입니다.** 이 행사는 전부 자원봉사자들의 도움으로 진행되는 행사이기 때문에, 모든 소비되는 금액은 큰 도움이 될 것입니다.

표현 정리 annual 연간의 **charity** 자선 **display** 전시[진열]하다, 내보이다 **treat** (특히 남을 대접하여 하는[주는]) 특별한 것[선물], 대접 **available** 이용 가능한 **venue** (콘서트·스포츠 경기·회담 등의) 장소 **perform** 연주하다 **go a long way** 큰 도움이 되다, 성공하다

139. to 부정사

해설 형용사 proud는 〈proud of N / proud to do something〉의 형태로 쓰인다. 여기서는 〈be proud to do〉 구문을 묻고 있으므로 정답은 (D) to announce이다. **정답** (D)

140. 형용사 어휘

해설 빈칸에는 뒤에 나온 전치사 with와 어울리는 형용사가 필요하다. 각각, 〈filled with (내용물이) 가득 찬, 가득 든 / familiar with ~을 아주 잘 아는, ~에 친숙한 / compared with ~과 비교하여 / associated with ~와 관련된〉으로 쓰인다. '시청 건물은 테이블로 가득 찰 것'이라는 문맥이 적절하므로 (A) filled가 정답이다. **정답** (A)

141. 부사 vs. 전치사 vs. 접속사

해설 빈칸 뒤에 several local bands perform on stage라는 절이 나오므로 접속사가 필요하다. 따라서 부사인 only, 전치사인 during은 소거한다. '여러 지역 밴드가 무대에서 공연을 펼치는 동안 달콤한 먹거리를 즐길 수 있게'라는 내용이 되어야 적절하므로 '~하는 동안'이라는 의미의 (D) while이 정답이다. as if는 '마치 ~인 것처럼'이라는 뜻이다. **정답** (D)

142. 알맞은 문장 고르기

해설 뒷문장 As this is an all-volunteer event, every dollar spent will go a long way.에서, 전부 자원봉사자들의 도움으로 진행되는 행사로서 모든 소비되는 금액은 큰 도움이 될 것이라고 하므로 이와 호응을 이루려면 이벤트 수익금 전액이 고아원에 기부될 것이라는 (C) All proceeds from the event will be donated to the Little Angels Orphanage.가 흐름상 자연스럽다. **정답** (C)

해석
(A) 뮤지컬 공연에 대한 자세한 정보는 곧 게시될 예정입니다.
(B) Mrs. Johnson은 당근 케이크를 굽고 판매하는 일을 맡고 있습니다.
(C) 이벤트 수익금 전액은 리틀엔젤스 고아원에 기부될 예정입니다.
(D) 우리는 사진이 웹사이트에 올려질 것이라고 보장할 수 없습니다.

문제 143~146번은 다음 공지를 참고하시오.

> 본 공지는 히어로즈 마라톤이 5월 22일 일요일 우리 시에서 개최됨을 모든 Plymouth 주민들에게 알리기 위함입니다. **행사가 진행되는 동안 일부 도로가 폐쇄됩니다.** 마라톤 경로는 오전 5시부터 오전 11시까지 선수들과 지원 스태프만 이용할 수 있습니다. 첨부된 마라톤 경로 지도를 참조해 이용할 수 있는 대체 도로를 확인해 보십시오.
>
> 이웃 모두가 참가자들에게 응원을 보내며 성원을 보내주시기를 당부 드립니다. 또한 음료 구역에 직원을 배치하기 위해 자원봉사자가 필요합니다. 일손을 보태는 데 관심이 있으시면 555-4040번으로 전화해 주십시오.
>
> 양해해 주셔서 감사합니다. 협조에 감사드리며 불편을 드려 죄송합니다.

표현 정리 inform 알리다 **restricted to** ~으로 제한된 **attached** 첨부된 **alternative** 대체의 **cheer on** ~을 응원하다 **participant** 참가자 **staff** 직원, 직원을 배치하다 **station** [특정한 서비스가 제공되거나 이루어지는] 장소, 일터 **lend a hand** 도움을 주다 **in advance** 미리, 사전에 **inconvenience** 불편

143. 명사 어형

해설 동사 inform은 〈inform someone (that)〉과 같이 목적어에 사람 명사가 나온다. 다음으로, 수량 표현인 all은 뒤에 가산 복수명사 또는 불가산 명사가 모두 가능한데 '모든 Plymouth 주민들에게 알린다'는 문맥이 되어야 맞다. 따라서 사람 명사로서 가산 복수명사 형태인 (C) residents가 적절하다. **정답** (C)

144. 알맞은 문장 고르기

해설 빈칸 뒤에 나온 Access to the marathon route will be restricted to runners and support staff from 5:00 A.M. to 11:00 A.M.에서 마라톤 경로 이용은 선수와 지원 스태프들만 가능하다고 하므로 마라톤이 열리는 동안 일부 도로가 폐쇄된다는 (C) Some roads will be closed during the event.가 들어가는 것이 흐름상 자연스럽다. **정답** (C)

해석
(A) 마라톤 등록은 저희 웹사이트에서 가능합니다.
(B) 기상학자들은 그날 맑은 하늘을 예보하고 있습니다.
(C) 행사가 진행되는 동안 일부 도로가 폐쇄됩니다.
(D) Plymouth 스포츠 센터가 마라톤을 후원하고 있습니다.

145. 접속부사

해설 빈칸 앞은 이웃 모두가 참가자들에게 응원을 보내며 성원을 보내주시기를 당부드린다는 내용이고, 뒤는 음료 구역에 직원을 배치하기 위해 자원봉사자가 필요하다는 문맥이다. 앞뒤를 연결하기에 적절한 것은 첨가/부가를 나타내는 '게다가'라는 뜻의 (B) In addition이다. **정답** (B)

146. 명사 어휘

해설 〈invitation 초대 / reservation 예약 / cooperation 협조 / confirmation 확인〉 중에서, 마라톤 기간 동안 주민 여러분의 '협조'에 감사드리며 불편을 드려 죄송하다는 문맥이 되는 것이 적절하다. 따라서 (C) cooperation이 정답이다. **정답** (C)

101. 소유격 인칭대명사

해설 동사 inform은 〈inform someone of/about something〉 구조로 쓰인다. 여기서 이하 목적어는 〈----- options〉이고, 빈칸은 명사를 수식하는 자리이므로 '그녀의 선택사항'이라는 의미로 소유격 인칭대명사인 (B) her가 정답이다. **정답** (B)

표현 정리 inform (특히 공식적으로) 알리다

해석 고객에게 그녀의 선택사항을 알리고 그녀가 할 수 있는 질문에 답변해 주십시오.

102. 형용사 어휘

해설 선택지는 〈familiar ~을 아주 잘 아는, ~에 익숙한 / typical 전형적인 / sensible 분별[양식] 있는, 합리적인 / noticeable 현저한, 눈에 띄는〉으로 이루어져 있다. '신입 인턴들이 업무에 익숙해지려면 두 달 정도 걸릴 것이다'는 의미로 정답은 (A) familiar이다. 참고로, 〈be familiar with ~에 익숙하다, 친숙해지다〉가 숙어 표현이다. **정답** (A)

표현 정리 completely 완전히, 전적으로 duty 의무, 업무

해석 신입 인턴들이 모든 업무에 완전히 익숙해지려면 두 달 정도 걸릴 것이다.

103. 명사 어형

해설 〈allows + you + to submit ~〉 구문에서 빈칸은 to submit의 목적어 자리이고 '불만사항을 제출하도록'이라는 의미가 되어야 하므로 명사인 (A) complaints(불만)가 정답이다. **정답** (A)

표현 정리 feature 특징, 특성, 기능 submit 제출하다 anonymously 익명으로

해석 이 앱에는 익명으로 불만사항을 제출할 수 있게 하는 기능이 있다.

104. 전치사

해설 빈칸 앞에 동사 move(옮기다)가 나오고, 빈칸 이하에 목적지를 나타내는 전치사 to가 나오므로 이와 호응을 이루는 전치사가 필요하다. 〈from A to B〉가 'A에서 B까지'라는 뜻으로 '모든 전문장비를 구 사무실에서 새 사무실로 옮기고 있다'는 문맥에도 어울린다. **정답** (C)

표현 정리 professional (특히 많은 교육이 필요한 전문적인) 직업[직종]의, 전문적인 equipment 장비

해석 Jaden은 그의 모든 전문장비를 구 사무실에서 새 사무실로 옮기고 있다.

105. 부사 어형

해설 빈칸은 동사 invested를 수식해 '수익성 있게 투자했다'는 문맥을 이루므로 부사인 (B) profitably가 정답이다. **정답** (B)

표현 정리 invest in ~에 투자하다 profit 수익, 이익을 내다 profitable 수익성 있는

해석 Jackson Parker는 지난 10년에 걸쳐 수십 개의 신기술 회사에 수익성 있게 투자했다.

106. 동사 어휘

해설 선택지는 〈regulate 규제하다 / perform (일·과제·의무 등을) 수행하다[공연하다] / achieve 달성하다, 성취하다 / recognize (존재·진실성을) 인정하다, 인지하다〉로 이루어져 있다. 목적어인 its goals와 호응을 이루는 동사는 '목표를 달성하다'라는 의미로 (C) achieve이다. **정답** (C)

표현 정리 branch 지사, 분점 be able to ~할 수 있다 additional 추가적인

해석 Kensington Street 지점은 추가 직원을 고용하지 않고는 목표를 달성할 수 없을 것이다.

107. 명사 어휘

해설 선택지는 〈selection 선택 / variety 다양성(= diversity), 품종 / range 범위 / member 구성원[일원]〉이라는 뜻이다. 사람 주어인 Mr. Conner와 동격 관계를 이루는 명사 어휘가 필요한데, 〈Mr. Conner = (유명 광고회사의 이사회) 구성원〉이 되어야 연결된다. 따라서 정답은 (D) member이다. 나머지는 〈a selection of 엄선된 / a variety of = a range of 다양한〉의 의미로 쓰일 수 있다. **정답** (D)

표현 정리 board of trustees 이사회

해석 Mr. Conner는 유명 광고회사의 이사회 구성원이다.

108. 명사 어형

해설 빈칸은 명사 reasons를 수식하는 형용사 자리 또는 복합명사를 만드는 또 다른 명사 자리가 될 수 있다. '안전한 이유로'가 아닌 '안전상의 이유로' 누구도 개인정보를 공개해서는 안 된다는 의미가 되어야 연결된다. 따라서 정답은 명사인 (D) safety이다. **정답** (D)

표현 정리 disclose 드러내다, 밝히다 details 세부사항

해석 안전상의 이유로 누구도 금융 세부사항을 포함한 개인정보를 공개해서는 안 된다.

109. 접속사 vs. 부사

해설 빈칸 뒤에 나온 'the store has technically closed'라는 절을 연결하는 접속사 자리이다. '일반적으로'라는 뜻의 in general은 부사로 쓰이므로 소거한다. 나머지 접속사 중, '엄밀히 말해 문을 닫았더라도 고객들이 더 쇼핑을 계속할 수 있도록 허용하다'라는 역접의 내용이 되는 것이 적절하다. 따라서 정답은 (C) even though이다. **정답** (C)

표현 정리 permit 허용하다 technically 엄밀히 따지면[말하면]

해석 상점이 엄밀히 말해 문을 닫았더라도 고객들이 15분 동안 더 쇼핑을 계속할 수 있도록 허용하고 있다.

110. 명사 어형

해설 동사 purchase의 목적어는 〈some office ------〉이다. 빈칸에는 앞에 나온 명사 office와 어울려 복합명사를 이루는 형태가 필요하다. 〈supplies 공급품, 비품 / suppliers 공급사, 공급업체〉 중에서 purchase의 목적어로 호응을 이루려면 '(매장에 가서) 사무용품을 구입하다'가 되어야 한다. 또한, office supplies가 '사무용품'이라는 명사로 쓰인다. **정답** (A)

표현 정리 look for ~을 찾다

해석 관리자는 매장에 가서 일부 사무용품을 구매해 줄 수 있는 직원을 찾고 있다.

111. 동사 어형

해설 The GetGo 여행사가 예상을 하는 건 능동이므로 수동태인 is expected는 소거한다. 다음으로, 문장의 주어가 The GetGo Travel Agency라는 3인칭 단수형이고 과거가 아닌 미래적인 의미를 가지므로 정답은 (A) expects이다. **정답** (A)

표현 정리 travel agency 여행사 rise 오르다 peak season 성수기

해석 GetGo 여행사는 여행 성수기가 시작되기 때문에 다음 주에 항공권 가격이 오를 것으로 예상한다.

112. 과거분사

해설 〈their ------- seats〉는 동사 find의 목적어 역할이다. 따라서 동사 형태인 assign, assigns는 소거한다. 〈their ------- seats〉 구조에서 빈칸은 뒤에 나온 명사를 수식하는 형용사 역할인데, '좌석이 배정되다'의 수동 관계가 되어야 하므로 정답은 과거분사인 (D) assigned이다. **정답** (D)

표현 정리 attendee 참석자 at least 최소의 performance 공연

해석 공연 시작 최소 10분 전까지 참석자들이 그들의 배정된 좌석을 찾을 수 있게 도와주세요.

113. 명사 어휘

해설 선택지는 〈tendency 성향 / presence 존재(감), 참석 / perceptions 지각, 인식 / drawback 결점, 문제점〉이다. 빈칸에 들어갈 명사는 서술부인 are quite positive와 호응을 이뤄야 한다. '신제품에 대한 소비자 인식은 상당히 긍정적이다'는 문맥이 되어야 적절하므로 (C) perceptions가 정답이다. **정답** (C)

표현 정리 product 제품, 상품 quite 꽤, 상당히 research 조사, 연구

해석 연구센터가 제공한 데이터에 따르면 신제품에 대한 소비자 인식은 상당히 긍정적이다.

114. 전치사

해설 빈칸 뒤에 the creative director라는 사람 명사가 나온다. 〈toward [운동의 방향] ~쪽으로, ~을 향하여 / throughout 도처에, 내내〉는 장소 명사나 시간 명사가 목적어로 나오므로 소거한다. '(동료·동류) ~중의 한 사람으로[하나로]'라는 뜻의 among 뒤에는 복수 명사가 나온다. 전치사 alongside는 '~와 함께'라는 뜻으로 문맥에도 어울린다. **정답** (D)

표현 정리 layout (책·정원·건물 등의) 레이아웃[배치]

해석 당신은 새 웹사이트의 레이아웃을 디자인하기 위해 창의적인 디렉터와 함께 일을 할 것입니다.

115. 동사 어휘

해설 빈칸에는 〈사역동사(have) + 목적어(its car mechanics) + 동사〉의 구조에 맞는 동사가 필요하다. 또한 해당 동사는 used vehicles를 목적어로 취하면서 부사 thoroughly의 수식을 받는 동사가 필요하다. 〈transfer (장소를) 옮기다, 이동하다 / retrieve (특히 제자리가 아닌 곳에 있는 것을) 되찾아오다 / examine 검사하다 / purchase 구입하다〉 중에서, '자동차 정비사에게 중고차를 철저히 검사하게 한다'는 문맥이 되는 것이 자연스럽다. **정답** (C)

표현 정리 mechanic (특히 차량 엔진) 정비공 thoroughly 철저히, 완전히 used vehicle 중고차량 make available 이용 가능하게끔 하다

해석 Marietta Motors는 중고차가 고객이 이용 가능하게끔 하기 전에 자동차 정비사에게 철저히 검사하도록 한다.

116. 부사 어휘

해설 빈칸에 들어갈 부사는 동사 become을 수식하게 된다. 〈carefully 주의하여, 신중히 / intently 골똘하게, 오로지 / closely 긴밀히, 면밀히 / eventually 결국〉 중에서, '시작은 영업사원이었지만 결국 매장관리자가 되었다'는 맥락이므로 (D) eventually가 정답이다. **정답** (D)

표현 정리 sales associate 영업사원 store manager 매장 관리자 location 지점

해석 Richard는 GFS에서 영업사원으로 경력을 시작하여 결국 Freeport 지점의 매장 관리자가 되었다.

117. 전치사 vs. 접속사 vs. 부사

해설 빈칸은 'a new head manager is hired'라는 절을 연결하는 접속사 자리이다. despite은 '~에도 불구하고'의 전치사, instead(대신)와 finally(마침내)는 부사이다. 선택지에서 접속사는 (C) until(~까지)뿐이다. 또한 해석시에도 '~까지'가 자연스럽다. **정답** (C)

표현 정리 lead (앞장서서) 이끌다

해석 Robin은 신임 부서장이 고용될 때까지 Brighton 지점을 이끌 것이다.

118. 명사 어휘

해설 선택지는 각각 〈volume 양, 소리, 서적 / majority 다수 / price 값 / benefit 혜택〉이라는 뜻이다. 빈칸에 들어갈 어휘는 형용사 high의 수식을 받으면서 동사 keep up with의 목적어 역할을 하게 된다. '대량 주문을 따라가다'라는 의미로 'high volume of orders'로 쓰는 것이 적절하다. **정답** (A)

표현 정리 keep up with (~의 진도·증가 속도 등을) 따라가다

해석 우리는 많은 주문 양을 따라가기 위해서 추가 인력을 고용할 필요가 있다.

119. 부사 vs. 전치사

해설 빈칸은 'unforeseen weather conditions'라는 명사구를 목적어로 취하는 전치사구 자리이다. after all은 '결국'이라는 뜻의 부사이므로 소거한다. 〈aside from ~외에도[뿐만 아니라] / since ~이후로 / because of ~때문에〉 중에서, '예상치 못한 기상 조건 때문에 연기되었다'는 인과 관계가 되어야 적절하다. **정답** (D)

표현 정리 postpone 연기하다, 미루다 later 추후의 unforeseen 예측하지 못한, 뜻밖의 weather conditions 기상 조건

해석 회사 야유회는 예상치 못한 기상 조건 때문에 추후 일자로 연기되었다.

120. 부사 어형

해설 has been ranked가 동사이므로 동사를 수식하는 품사를 찾으면 된다. 부사인 (D) consistently(꾸준히, 지속적으로)가 정답이다. **정답** (D)

표현 정리 rank (등급·등위·순위를) 매기다 investment advisor 투자 자문회사 consistency 한결같음, 일관성 among ~중에서, ~사이에서

해석 Cheshire Financial은 이 나라에서 최고의 투자 자문회사 중 하나로 지속적으로 선정되었다.

121. 동사 어휘

해설 〈contact 연락하다 / merge with 합병하다 / allow 허락하다 / expect 예상[기대]하다〉 중에서, '파산을 피하기 위해 합병하는 것이 이상적이다'는 내용이 되어야 하고, contact, allow, expect는 목적어가 바로 나와야 한다. 반면에 merge는 A merge with B의 형식이 가능하다. **정답** (B)

표현 정리 avoid 피하다 bankruptcy 파산

해석 파산을 피하기 위해 Sephia Enterprises가 Landskip Incorporated와 합병하는 것이 이상적이다.

122. 부사 어휘

해설 빈칸에는 뒤에 나온 형용사 difficult를 수식하기에 적절한 부사가 필요하다. 〈suddenly 갑자기 / increasingly 점차 / thoughtfully 생각이 깊게 / annually 매년〉 중에서, '판매 목표를 달성하는 것이 점점 더 어려워지고 있다'는 의미가 되는 것이 적절하다. **정답** (B)

표현 정리 associate (사업·직장) 동료 reach 도달하다 find 알다, 찾다, 생각하다

해석 Mr. Perkin의 동료 팀은 이번 달 판매 목표에 도달하는 것이 점차 어려워지고 있음을 알게 되었다.

123. 형용사 어휘

해설 명사 employees를 수식해 어울리는 형용사를 찾아야 한다. ⟨outgoing 외향적인 / physical 물리적, 신체의 / alternative 대안이 되는 / satisfied 만족한⟩ 중에서, '외향적인 직원을 찾고 있다'가 의미상 자연스러우므로 (A)가 정답이다.　　　**정답** (A)

표현 정리 promote 홍보하다, 승진하다, 증진시키다　latest 최신의

해석 무역박람회에서 우리의 최신 제품을 홍보해 줄 수 있는 매력적이고 외향적인 직원을 찾고 있습니다.

124. 부사 어형

해설 ⟨How ------- a proposal is prepared and presented⟩는 의문부사 how가 이끄는 명사절로서 문장에서 주어로 쓰이고 있다. 다음으로 의문부사 how는 '얼마나, 어떻게'라는 뜻으로 ⟨How 형용사/부사 S V⟩ 구조를 이룬다. 즉, 빈칸에 들어갈 형태는 '제안서를 얼마나 신중하게 준비하고 제출되는지'라는 해석과 같이 동사를 수식하므로 부사인 (B) carefully가 적절하다.　　　**정답** (B)

표현 정리 present 제시[제출]하다　chance 기회, 가능성

해석 제안서를 얼마나 신중하게 준비되어서 제출되느냐가 수락 가능성을 높일 수 있다.

125. 과거분사

해설 문장의 주어는 The customer feedback이고 동사는 was gathered이다. 접속사가 없으므로 빈칸이 동사 자리는 아니다. are shown, show, will show는 모두 동사 형태이므로 오답이다. 문장 구조를 보면, ⟨------- in the presentation⟩이 주어를 수식하는 형용사 역할이므로 과거분사인 (A) shown이 빈칸에 필요하다.　　　**정답** (A)

표현 정리 gather (정보를) 모으다[수집하다]　conduct (특정한 활동을) 하다

해석 프레젠테이션에 표시된 고객 피드백은 연말에 인터뷰를 통해 수집되었다.

126. 부사 어휘

해설 빈칸에 들어갈 부사는 동사 have already been distributed를 수식하게 된다. 'extremely 극도로, 극히'는 부사이지만 동사를 직접 수식하지는 못한다. 나머지 ⟨commonly 흔히, 보통 / respectively 각자, 각각 / usefully 유용하게⟩ 중에서, 앞에 언급된 departments '각각에' 새 유니폼이 배포되었다는 의미로 (C)가 적절하다.　　　**정답** (C)

표현 정리 distribute (사람들에게) 나누어 주다, 분배[배부]하다

해석 새 유니폼은 이미 IT 부서, 생산 부서 및 영업 부서에 각각 배포되었다.

127. 지시대명사

해설 문장의 동사는 may sign up이고, 빈칸은 ⟨who wish to participate in the weekend ski trip⟩이라는 관계절의 수식을 받는 주어 자리이다. 주어 자리에 목적격은 오지 못하므로 Them은 소거한다. who 관계절의 동사가 wish이므로 단수 취급하는 Anyone도 소거한다. 지시대명사 Those는 '~하는 사람들'이라는 뜻이고, They는 주격 인칭대명사이다. 둘 다 주어 자리에는 올 수 있지만 지시대명사 Those는 수식을 받을 수 있는 반면, 주격 인칭대명사 They는 수식어의 꾸밈을 받지 못한다. 따라서 지시대명사인 (A) Those가 정답이다.　　　**정답** (A)

표현 정리 participate in ~에 참가하다　sign up at 신청하다, 등록하다

해석 주말 스키여행에 참가를 희망하는 사람들은 인사과에서 신청할 수 있다.

128. 형용사 어휘

해설 형용사 어휘로 ⟨optional 선택적인 / acceptable (수준 등이) 받아들일 수 있는 / educational 교육의, 교육적인 / ambitious (사람이) 야심 있는⟩ 중에서, 수습 직원이 시청할 수 있도록 '교육 영상'을 준비했다고 해야 자연스럽다.　　　**정답** (C)

표현 정리 prepare 준비하다　trainee (특정한 직종을 위해) 교육을 받는 사람, 수습(직원)

해석 교육팀은 수습 직원들이 첫 근무일에 시청할 수 있도록 교육 비디오를 준비했다.

129. 형용사 어형

해설 ⟨the company's ------- marketing strategies⟩에서 빈칸은 뒤에 나온 명사구를 수식하고 '회사의 공격적인 마케팅 전략'이라는 의미에도 적합해야 하므로 (A) aggressive가 정답이다.　　　**정답** (A)

표현 정리 be eager to ~ 하고 싶어하다, 열망하다

해석 신입 인턴은 회사의 공격적인 마케팅 전략을 배우기를 매우 열망한다.

130. 부사 vs. 접속사

해설 빈칸 뒤에는 주어 없이 바로 communicate라는 동사가 나온다. furthermore(게다가)와 therefore(그러므로)는 접속부사로서, ⟨Furthermore/Therefore + 문장⟩ 형태로 쓰이므로 빈칸에 적절하지 못하다. unless는 접속사이지만 주어 없이 동사만 연결하지 못하므로 역시 오답이다. (B) as well as는 상관접속사로서 절과 절을 병렬 관계로 연결할 수 있고, 이 문장처럼 동사와 동사를 병렬로 연결할 수 있다.　　　**정답** (B)

표현 정리 troubleshoot (기업 · 조직의) 문제를 분석 · 해결하다　effectively 효과적으로

해석 Ms. Hicks는 고객들과 효과적으로 의사 소통할 수 있을 뿐만 아니라 기술적인 문제를 신속하게 해결할 수 있다.

Part 6

문제 131-134번은 다음 이메일을 참고하시오.

수신: 전 직원 ⟨staff@MDF.com⟩
발신: Cleo C. Martin ⟨cmartin@MDF.com⟩
제목: 채용 인센티브 프로그램
날짜: 9월 17일

급하게 추가 직원들을 채용해야 하기 때문에 채용팀에서는 신입사원 소개에 대해 포상을 받을 수 있는 새로운 인센티브 프로그램을 신설했습니다. 영화 티켓, 신상 시계, 신상 스마트폰 또는 $300 상당의 현금 보너스를 받을 수 있는 기회가 주어집니다. 여러분이 받게 되는 추천 상은 여러분이 추천한 사람 수와 지원 과정에서 이들이 얼마나 잘 하는지에 달려 있습니다. **여러분이 찾을 수 있는 가장 강력한 후보자를 소개하도록 하십시오.** 그러면 더 큰 포상을 받을 가능성이 높아집니다.

본 프로그램에 대한 자세한 정보를 제공할 것입니다. 다음 주쯤에 이메일이 발송될 것입니다. 그 사이에, 설명이 필요한 경우 채용 팀에 문의할 수 있습니다.

행운을 빕니다.

Cleo C. Martin
채용팀장

표현 정리 urgently 긴급히 incentive (어떤 행동을 장려하기 위한) 장려책 award 상 referral (사람을 전문적인 도움을 받을 곳으로) 소개 clarification 설명, 해명

131. 시제

해설 새로운 인센티브 프로그램을 만든 것은 능동에 해당되므로 수동태인 was created는 소거한다. 어떤 행위가 과거에 이루어져 현재까지 영향을 미치기 때문에 현재완료 시제인 (C) has created가 정답이 된다. would have created는 가정법 과거완료 시제로 '과거에 ~했을 텐데'를 뜻한다. **정답** (C)

132. 동사 어휘

해설 해석해 보면, '추천 상은 추천한 사람 수와 신청 과정에서 이들이 얼마나 잘 하는지에 달려있다'고 해야 자연스럽다. 따라서 정답은 (D) depends 이다. **정답** (D)

133. 알맞은 문장 고르기

해설 빈칸 뒤인 That will increase your chances of getting a larger award.에서 더 큰 포상을 받을 가능성이 높아진다고 하므로 이에 연결되려면 가장 강력한 후보자를 찾으라는 (A)가 빈칸에 적절하다. **정답** (A)

해석
(A) 여러분이 찾을 수 있는 가장 강력한 후보자를 소개하도록 하십시오.
(B) 채용 사무실은 1층에 있습니다.
(C) 우리는 면접 전에 연습하는 것을 제안합니다.
(D) 이메일을 통해 여러분의 채용 이야기를 공유하십시오.

134. 접속부사

해설 앞 문장은 다음 주 정도에 이메일이 발송될 것이라는 말이고, 뒤는 설명이 필요한 경우 채용팀에 문의할 수 있다는 의미이다. 따라서 '그 사이에'라는 뜻의 (B) Meanwhile로 연결하는 것이 자연스럽다. **정답** (B)

문제 135–138번은 다음 기사를 참고하시오.

> 플로리다주 잭슨빌 — Custom Sound Communications는 Jacksonville 시 경기장에서 제6회 연례 One Sound Concert Series를 선보인다. 이 행사는 지역 비영리 단체를 위한 기금마련을 위해 개최된다. 그 중 주요 단체는 지역의 환경보전 단체다.
>
> 11월 매주 토요일 8시간 동안 뮤직 아티스트가 출연하는 이 시리즈는 계속해서 인기를 얻고 있다. 올해 라인업에는 Natalie Reinhart, The Tiger Bunnies, Mandy Harper, Tyler Gonzales, Virgo Avenue 등이 포함된다. 지역 유명인사들의 출연도 기대된다.
>
> **티켓은 개별 날짜 또는 전체 시리즈로 구입할 수 있다.** 티켓을 구입하시려면 www.customsoundcommunications.com을 방문하거나 555–6245로 문의하면 된다. 온라인 구매는 티켓당 2달러의 수수료가 부과된다.

표현 정리 annual 연례의 raise (돈을) 모으다, 모금하다 conservation (자연 환경) 보호 anticipate 기대하다, 고대하다 processing 처리 fee 요금

135. 시제

해설 Custom Sound Communications가 문장의 주어이고 빈칸이 동사 자리이다. Custom Sound Communications가 제6회 연례 One Sound

Concert Series를 선보인다는 것은 사실 내용이므로 현재 시제가 필요하다. 다만, Custom Sound Communications처럼 고유명사는 -s로 끝나도 단수 취급하므로 정답은 (B) presents이다. **정답** (B)

136. 명사 어휘

해설 빈칸 뒤에 나오는 문장을 통해 다수의 뮤직 아티스트가 출연함을 알 수 있다. 그 뒤에서도 지역의 유명 셀럽들도 기대된다고 하므로 이 시리즈는 계속해서 인기를 얻고 있다고 해야 연결이 된다. 따라서 정답은 (A) popularity(인기)이다. 나머지는 〈transit 수송 / condition 상태 / personality 개성〉이라는 뜻이다. **정답** (A)

137. 명사 어형

해설 문장의 동사는 are이고 〈by well-known local celebrities〉는 전치사구로 주어를 수식하는 형용사 역할이다. 즉, 빈칸이 주어 자리인데 동사가 복수형이므로 가산 복수인 (D) appearances가 빈칸에 적절하다. **정답** (D)

138. 알맞은 문장 고르기

해설 빈칸 다음 문장 Visit www.customsoundcommunications.com or contact 555-6245 to do so.에서 웹사이트 방문이나 전화를 통해 to do so를 할 수 있다고 하는데, (B) Tickets can be purchased for individual dates or for the entire series.가 들어가면 티켓 구매를 가리켜 앞뒤가 자연스럽게 연결된다. **정답** (B)

해석
(A) 음식 판매업체의 전체 목록은 첨부된 포스터를 참조하면 된다.
(B) 티켓은 개별 날짜 또는 전체 시리즈로 구입할 수 있다.
(C) 모든 콘서트가 끝나면 도서 사인회가 있을 것이다.
(D) 달리 명시되지 않는 한, 모든 콘서트는 오전 10시에 시작된다.

문제 139–142번은 다음 이메일을 참고하시오.

> 수신: Christine Nielson <chnielson@WFGD.com>
> 발신: 일정관리 팀 <schedules@WFGD.com>
> 날짜: 9월 1일
> 제목: 휴가 신청서
>
> Ms. Nielson 귀하,
>
> 귀하의 휴가신청이 거부되었음을 알려드리게 되어 유감입니다. 일정관리 사무소는 회사에 몇 가지 중요한 마감일이 있는 시기에 귀하께서 휴가를 요청한 것을 알게 되었습니다. 귀하의 관리자는 다음 달 말까지 전체 직원이 풀타임으로 근무해야 한다고 말했습니다. 그러나 그 이후에는 업무량이 줄어들 것으로 예상됩니다.
>
> 이해해 주시면 감사드리겠으며, 10월 31일 이후와 연말 전 휴가 신청서를 다시 제출해 주실 것을 권장 드립니다. **그 기간에는 거의 확실히 승인될 것입니다.**
>
> 일정팀

표현 정리 request 요청 vacation leave 휴가 deadline 마감일 workload 업무량, 작업량 lighten (일 · 부채 · 걱정 등을) 가볍게 해주다 [덜어주다]

139. 시제

해설 소유격 your 뒤에는 명사가 와야 하고 동사가 단수 동사가 왔으므로 정답은 (A)가 된다. 'request'는 동사도 되고 명사도 되는 단어이다. **정답** (A)

140. 접속부사

해설 앞 문장은 관리자가 다음 달 말까지 전체 직원이 풀타임으로 일해야 한다고 말했다는 말이고, 뒤는 그 이후에는 업무량이 줄어들 것으로 예상된다는 내용이다. 앞뒤가 역접으로 연결되므로 (C) However가 적절하다.

정답 (C)

141. 동사 어휘

해설 해석해 보면, '10월 31일 이후와 연말 전 언젠가 휴가 신청서를 다시 제출해 주실 것을 권장한다'고 해야 연결된다. '권장하다'라는 뜻은 (B) encourage이다. 나머지는 〈announce 발표하다 / terminate 끝나다, 종료하다 / promote 홍보하다, 승진시키다, 증진하다〉이다.

정답 (B)

142. 알맞은 문장 고르기

해설 앞서 sometime after October 31 and before the end of the year와 같이 구체적인 기간을 명시하며 이 기간에 휴가를 신청하라고 한다. 이를 during that time frame으로 받아 이 기간에는 휴가신청이 승인될 것이라는 (A)가 빈칸에 적절하다.

정답 (A)

해석
(A) 그 기간에는 거의 확실히 승인될 것입니다.
(B) 회사는 직원 부족을 겪고 있습니다.
(C) 많은 양의 거래가 그때 행해질 것입니다.
(D) 새로운 업무에 대해 관리자와 논의하십시오.

문제 143-146번은 다음 기사를 참고하시오.

Newark 박물관의 과학 전시

뉴저지 대학교(UNJ)와 협력하여 Newark 박물관은 다양한 과학 분야를 보여주는 새로운 전시회를 열었다. 뉴저지 대학교의 과학과 학과장인 Jessie Walker는 이번 전시회가 과학수업 및 학위수여 프로그램에 등록을 늘리는 데 도움이 될 것이라고 생각한다. 사진, 비디오, 모형, 기사, 연구 데이터 및 실험 샘플이 전시회에 전시될 예정이다. 대학에서 선발된 교수진과 교직원은 향후 12개월 동안 그들의 과학 전문분야에 대해 발표할 것이다. **전체 일정은 박물관 웹사이트에 게시된다.** 뉴저지 대학교의 소셜 미디어 페이지에서도 일정을 확인할 수 있다.

표현 정리 exhibit 전시회, 전시하다 showcase 전시[진열]하다 enrollment 등록 on display 전시[진열]된 faculty (대학의 한 학부의) 교수단 specialty 전문, 전공

143. 명사 어휘

해설 빈칸에는 앞뒤에 나온 전치사 in, with와 어울려 숙어 표현을 이루는 명사가 필요하다. 내용상으로는 뉴저지 대학교(UNJ)와 '협력'하여 새로운 전시회를 열었다고 해야 자연스럽다. 따라서 정답은 '~와 제휴하여(in partnership with)'라는 숙어를 이루는 (B) partnership이다. 나머지는 〈generosity 관대 / recognition 인식, 인정 / appreciation 감사〉라는 뜻이다.

정답 (B)

144. 동사원형

해설 help는 목적어에 to 부정사 또는 to가 생략된 원형부정사가 나온다. 〈will help + ------- enrollment〉 구조에서 원형부정사인 (A) increase가 들어가면 뒤에 나온 enrollment를 목적어로 취하고, help의 목적어가 되어 자연스럽게 연결된다.

정답 (A)

145. 전치사

해설 〈----- the next twelve months〉 구조에서 빈칸은 '앞으로 12개월에 걸쳐서'라는 의미로 '~시간에 걸쳐서, ~동안'를 나타내는 (A) over가 정답이 된다.

정답 (A)

146. 알맞은 문장 고르기

해설 빈칸 뒤에 나온 It can also be found on the UNJ's social media pages.에서 It을 소셜 미디어 페이지에서도 확인할 수 있다고 하는데 이와 호응하려면 전체 일정이 박물관 웹사이트에 나와있다는 (C)가 문맥상 적절하다.

정답 (C)

해석
(A) 물리학부가 아마도 가장 많은 지원자를 받을 것이다.
(B) 대부분의 고등학교에서 박물관 견학을 예약했다.
(C) 전체 일정은 박물관 웹사이트에 게시된다.
(D) 새 학년도는 8월 중순에 시작하여 내년 5월에 끝난다.

101. 소유대명사

해설 빈칸은 앞에 나온 facilities를 받아야 하는데 our facilities가 아닌 their facilities가 되어야 한다. 소유대명사는 〈their facilities = theirs〉가 되어야 한다. 따라서 소유대명사 (C) theirs가 정답이다. **정답** (C)

표현 정리 renowned 유명한 recycling 재활용 ship 운송하다 facility 시설

해석 유명한 재활용 회사인 ESI는 플라스틱 폐기물을 당사 시설에서 그들 시설로 운송하는 비용을 부담합니다.

102. 동사 어형

해설 주어는 Ms. Hammond이고 빈칸이 동사 자리이다. 따라서 준동사인 to request는 소거한다. 주어가 3인칭 단수형이므로 수 일치가 맞지 않는 request와 have requested도 소거한다. 따라서 정답은 과거시제인 (D) requested이다. **정답** (D)

표현 정리 deliver 배달하다 address 주소

해석 Ms. Hammond는 우리에게 사무실 가구 추가 세트를 다른 주소로 배달해 달라고 요청했다.

103. 부사 어휘

해설 선택지에 제시된 부사는 각각 〈wisely 현명하게 / wrongly 잘못되게 / barely 거의 ~아니게[없이] / gravely 중대하게〉이다. 빈칸에 들어갈 부사는 동사 have sold를 수식하게 되는데, '새로운 스포츠 비디오 게임 중 일부는 거의 팔리지 않았다'는 의미가 되어야 연결된다. **정답** (C)

표현 정리 release (대중들에게) 공개[발표]하다

해석 우리의 새로운 스포츠 비디오 게임 중 일부는 지난 달에 처음 출시된 이후 거의 팔리지 않았다.

104. 부사 어형

해설 'more generous'는 '더 관대한'이라는 뜻으로 관대한을 수식하는 의미로 적합한 단어는 부사여야 한다. (A) substantially가 '상당히'를 뜻하고 문맥에도 자연스럽다. 참고로 those는 benefits packages를 가리킨다. **정답** (A)

표현 정리 benefits package 복리후생 패키지 generous 관대한, 후한

해석 우리의 직원 복리후생 제도는 경쟁업체가 제공하는 것보다 훨씬 더 관대하다.

105. 전치사

해설 앞에 나온 동사 convert가 단서로서, 〈convert something into something〉 구조로 쓰인다. 〈to convert + my old office + ------- + a storage room〉에서 빈칸에는 (B) into가 적절하다. **정답** (B)

표현 정리 convert 바꾸다[개조하다] storage room 창고

해석 인테리어 디자이너에게 나의 오래된 사무실을 창고로 개조해 달라고 요청했다.

106. 관계부사

해설 콤마 앞의 〈On mornings ------- it's particularly cloudy〉 구조에서 〈------- it's particularly cloudy〉는 앞에 나온 시간의 선행사 mornings를 수식하게 된다. 의미적으로 시간의 의미를 나타내는 관계부사 (C) when이

정답이다. 나머지는 〈since ~이후로, ~때문에 / although 비록 ~일지라도 / before ~전에〉라는 뜻이다. **정답** (C)

표현 정리 particularly 특히 in case (~할) 경우에 대비해서

해석 특히 날씨가 흐린 아침에 Ms. Figgs는 비가 올 경우에 대비해 우산을 반드시 가져간다.

107. 부사 어휘

해설 빈칸은 뒤에 나온 형용사 efficient를 수식하게 된다. shortly '곧', instead는 '대신'이라는 뜻으로 문맥에 맞지 않는다. once는 '한 때'라는 의미이면 과거시제와 어울리고, '한 번'이라는 의미이면 문맥에 맞지 않는다. (D) quite가 형용사 앞에서 '아주, 꽤'라는 의미이고 '꽤 효율적이다'라는 문맥에도 어울린다. **정답** (D)

표현 정리 efficient 효율적인, 유능한 paperwork 서류 작업, 문서 업무 go through ~을 검토[고려]하다

해석 인턴들은 서류작업을 수행하고 과거의 케이스 파일을 검토하는 데 꽤 유능했다.

108. 명사 어휘

해설 빈칸에 들어갈 어휘는 of the book's epilogue의 수식을 받고, 서술부인 needs to be revised와 호응을 이루게 된다. 〈section (여러 개로 나뉜 것의 한) 부분 / meeting 회의 / award (부상이 딸린) 상 / reception (호텔 등의) 접수처[프런트], 리셉션, 환영[축하] 연회〉 중에서, '책 에필로그의 두 번째 섹션을 수정해야 한다'는 의미로 연결되는 것이 자연스럽다. **정답** (A)

표현 정리 editor-in-chief 편집장 revise (책·견적서 등의 내용을 바로 잡기 위해) 수정하다

해석 편집장은 이메일로 책 에필로그의 두 번째 섹션을 수정해야 한다고 설명했다.

109. 명사절 접속사

해설 rather는 부사로서 절을 연결하지 못하므로 소거한다. 〈whenever ~할 때마다 / before ~전에 / whether ~인지 (아닌지)〉의 뜻이다. 문맥상 or와 연결되어 'Mr. Wallace가 올지 안 올지'를 의미하므로 (A)가 정답이 된다. **정답** (A)

표현 정리 find out ~임을 알아내다 once ~하자 마자, 일단~ 하면

해석 Mr. Wallace가 사무실에 올 수 있는지 없는지를 알게 되면 저에게 전화해 주십시오.

110. 현재분사

해설 〈When ------- insurance plans〉 구조에서 접속사 when은 '주어+동사'의 완전한 절을 취하게 된다. 또는 〈when + -ing/p.p.〉와 같이 절 대신 분사구가 나와 축약 형태로도 쓰인다. 빈칸 앞에 생략된 주어는 'customers'로 고객이 선택을 하는 것이므로 능동태가 되어야 한다. 능동일 때는 동사에 -ing를 붙이므로 정답은 (C)가 된다. **정답** (C)

표현 정리 expense 비용 income 소득

해석 고객들이 보험 플랜을 선택할 때, 그들의 현재와 미래의 비용과 수입을 고려해야 한다.

111. 동사 어휘

해설 동사 어휘 문제로 (D) ensure(반드시 ~하게 하다, 보장하다)이고 '최신 기기와 호환되게 하기 위해 업그레이드를 했다'는 문맥에도 어울린다. 나머지는 〈accept 받아들이다 / decline 거절하다, 감소하다 / arrange 마련하다, (일을) 준비하다, (시간) 정하다〉의 뜻이다. **정답** (D)

표현 정리 perform 수행하다 be compatible with ~와 호환되다 latest 최신의 device (특정 작업을 위해 고안된) 장치[기구]

해석 당사는 귀하의 웹사이트가 최신 기기와 호환되게 하기 위해 7월에 주요 업그레이드를 했습니다.

112. 대명사

해설 문장의 동사는 was selected이고 〈------- the agency's representatives〉가 주어이다. Nothing(아무것도 ~없다)은 대명사이고, Nowhere(어디에도 없다)는 부사이므로 의미가 어색하다. Neither of the two 형태는 가능하지만 이 문장에서는 2명이라고 언급이 되지 않았고 of도 필요하다. (C) None of가 들어가면 뒤에 3명 이상을 언급하므로, '그 에이전시의 담당자들 중 누구도 선정되지 않았다'는 문맥에도 자연스럽게 어울린다. **정답** (C)

표현 정리 representative 대표하는 직원 competition (경연) 대회, 시합

해석 그 에이전시의 담당자들 중 누구도 대회에서 결선 진출자로 선정되지 않았다.

113. 부사 어형

해설 수동태인 is crafted 사이에 빈칸이 있고 '세심하게 제작된다'는 의미로 해석되므로 정답은 부사인 (B) carefully(주의 깊게, 세심하게)이다. **정답** (B)

표현 정리 craft (특히 손으로) 공들여 만들다 specific 구체적인

해석 우리가 만드는 각각의 보호복은 고객의 구체적인 요청에 맞게 세심하게 공을 들여 만들어진다.

114. 동사 어휘

해설 'each time a new major product line was released'는 시간의 절이다. 따라서 주절은 'the layout of the Web site has -------'가 된다. 그리고 선택지는 〈changed 바뀌다 / designed 설계하다 / inquired 묻다, 문의하다 / retained (계속) 유지[보유]하다〉로 이루어져 있다. 문맥상 '신규 주요 제품라인이 출시될 때마다 웹사이트의 레이아웃이 변경되었다'는 의미가 되어야 연결되므로 정답은 (A) changed이다. 참고로 (B)는 수동태로 써야 한다. **정답** (A)

표현 정리 major 주요한 product line 제품 라인(일련의 생산 과정으로 생산되는 제품군(群))

해석 7년 동안 신규 주요 제품라인이 출시될 때마다 웹사이트의 레이아웃이 변경되었다.

115. 부사 어형

해설 빈칸은 앞에 나온 to work를 수식하는 부사 자리이다. '목표를 달성하기 위해 협력하여 일하다'라는 의미로 정답은 부사인 (A) cooperatively이다. **정답** (A)

표현 정리 achieve 달성하다 cooperation 협력

해석 회사는 모든 사원들이 사무실 전체의 목표를 달성하기 위해 협력하여 일하도록 권고한다.

116. 전치사

해설 빈칸 뒤에 나온 my own은 〈my own (experiences)〉처럼 앞에 나온 명사가 생략된 것으로 볼 수 있다. 앞에 나온 동사 sound와 어울리는 전치사를 찾는 문제로 (A) like가 들어가면 'Charles Parrett의 경험은 내 경험과 매우 흡사하게 들린다'는 의미를 가지게 된다. **정답** (A)

표현 정리 sound like ~처럼 들리다

해석 Charles Parrett의 Excalibur Industries에서의 근무 경험은 내 경험과 매우 흡사하게 들린다.

117. 형용사 어휘

해설 빈칸은 형용사 어휘 문제로 〈practical 실제적인 / constant 끊임없는/ common 흔한 / brief 간단한, 짧은〉 중에서, '간단한 소개 연설을 할 것이다'라는 의미가 되어야 적절하다. **정답** (D)

표현 정리 brief (시간이) 짧은, 간단한 proceed with ~을 진행하다

해석 업무팀장은 우리가 프로그램을 진행하기 전에 간단한 소개 연설을 할 것이다.

118. 전치사

해설 빈칸에는 the day라는 기간 명사와 어울리는 전치사가 필요하다. among은 '(셋 이상이) ~사이에서, ~중에서'라는 뜻으로 뒤에 복수 명사가 나온다. concerning은 '~에 관한[관련된]'이라는 뜻이다. 기간 명사와 어울리는 전치사는 〈throughout ~동안 쭉, 내내 / within (특정한 기간) 이내에 [안에]〉가 있는데, 5월 21에는 하루 종일 회의실을 이용할 수 없다는 의미가 되어야 연결된다. 따라서 (C) throughout이 적절하다. **정답** (C)

표현 정리 unavailable 이용할 수 없는

해석 5월 21일에는 하루 종일 회의실을 이용할 수 없음을 알아 두세요.

119. 접속사

해설 빈칸에 알맞은 접속사를 찾는 문제이다. Now that은 이유의 접속사로 '~이므로, ~이기 때문에'라는 뜻이다. Unless는 조건의 부사절 접속사로 'if not'의 의미이다. Since는 '~이므로(이유)', '~이후로(시간)'의 두 가지로 의미로 쓰인다. 특히 시간의 부사절 접속사로 쓰이면 〈It has been two years since I left school.〉과 같이 since 절에는 과거시제가, 주절에는 현재완료 시제가 나온다. As if는 '마치 ~인 듯이[~인 것처럼]'라는 뜻이다. 문맥상 '새 복사기를 구입할 수 없다면 결함이 있는 복사기를 계속 사용해야 할 것이다'라는 조건으로 연결되는 것이 적절하므로 (B) Unless가 정답이다. **정답** (B)

표현 정리 copier 복사기 purchase 구입하다 faulty 결함이 있는 currently 현재

해석 새 복사기를 곧 구입할 수 없다면 현재 가지고 있는 결함이 있는 복사기를 계속 사용해야 할 것이다.

120. 명사 어휘

해설 명사 어휘 문제로 'weekly visits'에서 힌트를 얻을 수 있다. 건설 현장을 방문한다고 해야 의미가 자연스럽다. 따라서 정답은 (B) site(현장[부지])이다. 나머지는 〈crew 팀, 반, 조 / process 과정[절차] / material 자료, 재료〉라는 뜻이다. **정답** (B)

표현 정리 require 필요로 하다 weekly 주간의

해석 엔지니어링 팀은 우리가 작업 중인 건설 현장을 매주 방문하도록 요구된다.

121. 형용사 어형

해설 동사 conducted(수행하다)의 목적어가 〈------- research〉인데, 빈칸이 뒤에 나온 명사를 수식하는 자리이다. '광범위한 조사를 수행했다'는 의미로 형용사 (B) extensive가 정답이다. **정답** (B)

표현 정리 foreign currency 외국 통화[화폐], 외환 journalist 언론인, 기자 conduct 수행하다

해석 외환시장에 대한 기사를 쓰기 전에 기자는 그 주제에 대해 광범위한 조사를 수행했다.

122. 명사 어휘

해설 빈칸 앞뒤에 나온 어구들과 어울려 〈in an ------- to do〉 숙어 표현을 이루는 명사가 필요하다. 〈in an effort to do〉가 '~하기 위한 노력으로'라는 의미를 이루고, '더 많은 쇼핑객을 유치하기 위한 노력으로'라는 문맥에도 어울린다. 따라서 정답은 (D) effort이다. activity는 '활동'이라는 뜻이고, response는 '반응, 대응'이라는 뜻으로 〈in response to N〉의 형태로 쓰인다. '능력'이라는 뜻의 ability는 〈ability to do〉 구문으로 쓰인다. **정답** (D)

표현 정리 offer 제공하다 promotion 프로모션, 홍보[판촉]활동 attract 끌어들이다, 끌어 모으다

해석 Hobby Shack은 더 많은 쇼핑객을 유치하기 위한 노력으로 한 달 내내 프로모션을 제공하고 있다.

123. 형용사 어휘

해설 선택지는 〈natural 자연스러운, 당연한 / positive 긍정적인 / commercial 상업적인 / mutual 상호간의, 서로의〉으로 이루어져 있다. 주격보어 자리에 명사가 나오므로 주어와 동격 관계를 이뤄야 한다. 〈강한 불안을 느끼는 것 = (대규모 군중 앞에서 연설을 해야 하는 데 대한) 자연스러운 반응〉으로 연결하는 것이 문맥에 자연스럽다. 따라서 (A) natural이 정답이다. **정답** (A)

표현 정리 anxiety 불안(감), 염려 response to ~에 대한 반응 deliver a speech 연설하다

해석 강한 불안을 느끼는 것은 대규모 군중 앞에서 연설을 해야 하는 데 대한 자연스러운 반응이다.

124. 수동태

해설 '건물 설계가 승인되었다'의 수동의 관계가 되어야 한다. 선택지에서 수동태는 (C) was approved뿐이다. **정답** (C)

표현 정리 construction 공사, 건설

해석 건물 설계는 고객과 수석 엔지니어의 승인을 받았으므로 곧 공사가 시작될 수 있다.

125. 동사 어휘

해설 선택지는 〈relate 관련시키다 / indicate 나타내다[보여주다] / request 요청하다 / donate (특히 자선단체에) 기부[기증]하다〉로 이루어져 있다. 빈칸 이하를 보면, 〈------- + money + to various charitable institutions〉와 같이 목적어 뒤에 전치사 to가 나온다. 해석해 보면, '다양한 자선단체에 돈을 기부하도록 독려했다'는 문맥이 되어야 적절하다. **정답** (D)

표현 정리 encourage 권장[독려]하다 fellow 동료 investor 투자자 charitable 자선의 institution 기관, 단체

해석 Ms. Albert는 동료 투자자들에게 다양한 자선단체에 돈을 기부하도록 독려했다.

126. 명사 어형

해설 is의 보어는 'the -------'으로, 주어와 보어가 동격 관계이다. 그리고 빈칸 앞에 정관사가 나오고 뒤에 전치사가 나오므로 빈칸이 명사 자리가 된다. 패션쇼를 위한 Alaniz Couture의 선택은 가장 주목해야 할 컬렉션이라는 의미로 정답은 (C) collection이다. **정답** (C)

표현 정리 definitely 확실히, 분명히 watch out for ~을 조심하다, 주목하다

해석 패션쇼를 위한 Alaniz Couture의 선택은 이번 시즌에 확실히 가장 주목해야 할 컬렉션이다.

127. 형용사 어형

해설 빈칸은 뒤에 나온 명사를 수식하는 자리이고 의미상 '배우들에게 상당한 자유를 제공한다'는 문장이 되는 것이 자연스럽다. 따라서 (D) considerable (상당한)이 정답이다. 참고로 (A)는 동명사 형태로 considering something 형태로 쓸 수 있다. **정답** (D)

표현 정리 scene (영화 · 연극 · 책에 나오는) 장면

해석 Hudgins 감독은 대부분의 장면에 대해 결정을 내리지만, 배우들에게 상당한 자유를 준다.

128. 형용사 어휘

해설 빈칸에 들어갈 형용사는 주어인 The agreement를 서술적으로 설명할 수 있어야 한다. 다음으로 등위접속사 and 이하인 and will have to be discussed further in the coming months에서 앞으로 몇 달 안에 더 논의되어야 한다고 나오는데 이 부분과 호응을 이룰 수 있어야 한다. 〈applicable 적용할 수 있는, 해당되는 / tentative 잠정적인 / attractive 매력적인 / competitive 경쟁력 있는〉 중에서, '두 당사자 간의 합의는 잠정적이었고 앞으로 몇 달 안에 더 논의되어야 할 것이다'라는 의미가 되어야 연결된다. 따라서 'not definite, or not certain'의 의미인 (B) tentative가 정답이다. **정답** (B)

표현 정리 agreement between ~사이의 협정 party (계약 등의) 당사자

해석 두 당사자 간의 합의는 잠정적이었고 앞으로 몇 달 안에 더 논의되어야 할 것이다.

129. 과거시제

해설 주격 관계대명사 who 뒤에 동사가 필요하므로 준동사인 proposing은 소거한다. 선행사가 the three board members라는 복수 명사이므로 수일치가 맞지 않는 proposes도 소거한다. '새로운 사원 감사 프로그램을 제안한'것은 과거에 일어난 일이므로 과거시제인 (D) proposed가 정답이다. **정답** (D)

표현 정리 impressed 인상 깊게 생각하는, 감명[감동]을 받은

해석 최고경영자는 새로운 사원 감사 프로그램을 제안한 세 명의 이사에게 깊은 인상을 받았다.

130. 부사 어휘

해설 선택지에 제시된 어휘는 각각 〈even 심지어 / such 그런[그러한] / thus 따라서, 그러므로(= hence, therefore) / soon 곧, 머지않아〉라는 뜻이다. such는 'such + 단수 명사'의 형태로 쓰인다. 나머지 부사 중에서, '저렴한 가격을 청구하고 심지어 무료 세차를 제공한다'는 의미가 되어야 연결된다. 따라서 (A) even이 정답이다. **정답** (A)

표현 정리 charge 청구하다 replacement part 교체 부품 free 무료의

해석 그 수리점은 교체 부품에 대해 저렴한 가격을 청구하고 심지어 고객들에게 무료 세차를 제공한다.

Part 6

문제 131-134번은 다음 기사를 참고하시오.

사우스필드(12월 1일) – 겨울로 빠르게 접어듦에 따라 HerFits는 모바일 애플리케이션에 사용자로 하여금 시즌별로 의류, 신발 및 액세서리를 쇼핑할 수 있도록 해주는 새로운 기능을 곧 추가할 것이라고 발표했다. 이 추가된 기능으로 인해, 고객들은 이번 시즌에 어울리는 의류를 쉽게 찾을 수 있다. 예를 들어, 사용자가 '겨울' 필터를 적

용하고 레깅스를 검색하면 애플리케이션은 추운 날씨에 적합한 제품만 추천하게 된다. HerFits 애플리케이션의 업데이트된 버전은 12월 5일에 출시될 예정이다. **사용자는 새로운 기능에 액세스하려면 다운로드해야 한다.** HerFits 모바일 애플리케이션은 모든 운영체제와 호환된다.

표현 정리 approach 다가오다 footwear 신발(류) match 어울리다 apply 적용하다 recommend 추천하다 suited for ~에 적합한 slate (일정을) 계획하다 compatible with ~와 호환되는

131. 동사 어휘

해설 동사 어휘 문제로 문맥상 동사는 '가능하게 하다'라는 뜻의 (A) enables이다. 나머지는 〈authorizes 권한을 부여하다 / improves 개선시키다 / introduces 소개하다〉라는 뜻이다. **정답** (A)

132. 부사 어형

해설 빈칸은 동사 find를 수식하고 '쉽게 찾을 수 있도록'의 자연스러운 의미를 이루므로 부사 (B) easily가 정답이다. **정답** (B)

133. 접속부사

해설 빈칸 앞에서 고객들이 시즌에 어울리는 의류를 쉽게 찾을 수 있는 기능이 추가됐다고 나온다. 뒤에서는 사용자가 '겨울' 필터를 적용하고 레깅스를 검색하면 추운 날씨에 적합한 제품만 추천하게 된다고 나온다. 앞에 나온 시즌에 어울리는 의류를 찾을 수 있는 기능이 뒤에서 예시로 연결되므로 빈칸에 (C) For instance가 들어가는 것이 적절하다. With that said는 '그렇기는 하지만, 그런데도'라는 의미로 쓰인다. **정답** (C)

134. 알맞은 문장 고르기

해설 빈칸 앞인 The updated version of the HerFits application is slated to launch on December 5.에서 업데이트된 버전이 12월 5일에 출시될 예정이라고 나온다. 이에 대해 사용자가 새로운 기능에 액세스하려면 다운로드해야 한다는 (D) Users will need to download it to access the new feature.가 빈칸에 들어가는 것이 흐름상 자연스럽다. **정답** (D)

해석
(A) 온라인 결제는 매 시즌 초에 지연될 수 있다.
(B) 품절되기 전에 오늘 꼭 구입하는 것이 좋다.
(C) 매달 첫 번째 월요일에 새로운 품목과 컬렉션을 이용할 수 있을 것이다.
(D) 사용자는 새로운 기능에 액세스하려면 다운로드해야 한다.

문제 135-138번은 다음 이메일을 참고하시오.

수신: 모든 직원 〈staff@pennshipping.ca〉
발신: Mark Mayfield 〈m_mayfield@pennshipping.ca〉
제목: 시상식
날짜: 11월 13일

직원 여러분께,

연말 시상식 날짜가 확정되었음을 공식적으로 알려드립니다. 이 행사는 Wexford Hotel의 대연회장에서 열리며 우리 회사의 특별한 한 해를 기념할 것입니다. 회사가 목표를 달성하는 데 가장 크게 기여한 직원들에게 상이 수여됩니다. 등록 스프레드시트는 며칠 내에 별도의 이메일로 발송됩니다. **이를 받으신 후 이름과 기타 필요한 정보를 입력해 주시기 바랍니다.** 이달 말까지 최종 인원이 필요하기 때문에 11월 25일 이전에 꼭 해 주십시오. 자세한 내용은 곧 공지될 예정입니다.

Mark Mayfield
인사부, 행사 위원회

표현 정리 formally 공식적으로 award ceremony 시상식 finalize 마무리 짓다, 완결하다 exceptional 이례적일 정도로 우수한, 특출한 contribution 기여 registration 등록 headcount 인원수

135. 전치사

해설 빈칸에는 the Grand Ballroom of the Wexford Hotel이라는 장소 명사에 어울리는 전치사를 찾아야 한다. on은 〈on the wall〉과 같이 장소의 접촉을 나타내 '~의 (표면)에'로 잘 쓰인다. to는 이동 방향을 나타내어 '~로[에]'라는 뜻이다. in은 지점을 나타내 '~에'이다. for 뒤에 장소가 나오면 보통 목적지를 나타내 '~행의'라는 뜻으로 쓰인다. 여기서는 the Grand Ballroom이라는 '지점·위치'를 나타내는 (C) in이 적절하다. **정답** (C)

136. 동사 어형

해설 〈helped + our company + ------ its goals〉에서 빈칸은 목적격 보어 자리인데 help는 목적격 보어에 to부정사 또는 원형부정사가 나온다. 따라서 정답은 원형부정사인 (A) achieve이다. **정답** (A)

137. 알맞은 문장 고르기

해설 빈칸 뒤에 나온 Be sure to do so가 가리킬 수 있는 말이 필요하다. (A) Please input your name and other needed information once you receive it.이 들어가면 it은 앞서 언급된 A registration spreadsheet이 되고, 이 등록 시트에 성명과 기타 정보를 기재하고 그래야 최종 인원수를 정할 수 있다는 뒷문장과도 자연스럽게 어울릴 수 있다. **정답** (A)

해석
(A) 이를 받으신 후 이름과 기타 필요한 정보를 입력해 주시기 바랍니다.
(B) 우리 직원들과 다른 음악 게스트들의 공연이 있을 것입니다.
(C) 수상자는 트로피를 받은 후 짧은 연설을 할 것으로 예상됩니다.
(D) 대연회장 바로 밖에 사진촬영 부스가 마련될 것입니다.

138. 접속사

해설 빈칸에 어울리는 접속사를 찾아야 한다. 빈칸 이하는 이달 말까지 최종 인원이 필요하다는 말이고, 빈칸 앞은 11월 25일 이전에 꼭 이행해 달라는 말이다. 여기서 Be sure to do so는 앞에 삽입된 input your name and other needed information을 가리킨다. 앞뒤가 이유의 부사절로 연결되어야 문맥이 적절하므로 (B) as(때문에)가 정답이다. **정답** (B)

문제 139-142번은 다음 정보를 참고하시오.

Boardhurst Computer Academy는 다양한 배경을 가진 분들이 웹 개발자로서의 경력을 시작하거나 발전시키는 데 필요한 기술을 습득하도록 돕는 데 초점을 맞춘 집중 교육 프로그램을 제공합니다.

6개월 프로그램에서 학생들은 웹사이트를 구축하는 데 필요한 모든 기술 노하우를 습득하게 될 것입니다. 실습 프로그램은 학생들에게 처음부터 끝까지 전체 웹사이트를 개발하는 방법을 가르칩니다. 또한 학생들은 프레젠테이션 기술에 대한 코칭과 최신 기술을 꾸준히 접하는 방법에 대한 조언을 받습니다.

아카데미는 또한 학생들을 취업 기회와 연결해 드립니다. 예를 들어, 프로그램을 이수하면 졸업생은 Boardhurst 동문회에 가입할 수 있습니다. 이 네트워크는 대다수 신규 졸업생들이 경력을 시작하는 데 도움이 되었습니다.

표현 정리 **intensive** 집중적인 **acquire** 획득하다, 습득하다 **skillset** (어떤 사람이 갖고 있는) 다양한 재주[능력] **advance** 발전시키다 **hands-on** (말만 하지 않고) 직접 해 보는[실천하는] **completion** 완료, 완수 **kickstart** (일에 대해) 시동 걸다, 착수하다

139. 동사 어휘

해설 해석상으로는 '다양한 배경을 가진 사람들이 필요한 기술을 습득하도록 돕는 데 초점을 맞춘'이라고 해야 자연스럽다. 따라서 빈칸에 적절한 동사는 (B) focused이다. 나머지는 〈proposed 제안하다 / exposed 노출시키다 / updated 업데이트하다〉이다. **정답** (B)

140. 시제

해설 문장의 주어는 students라는 복수 명사이므로 단수 동사 형태인 has gained는 소거한다. 문두에 나온 In a six-month program에서 6개월 프로그램을 마치게 되면 '~하게 될 것이다'라는 의미이므로 미래 시제가 적절하다. **정답** (C)

141. 형용사 어형

해설 〈an ------ Web site〉 구조에서 빈칸은 명사 Web site를 수식하는 형용사 자리이므로 (A) entire가 정답이다. **정답** (A)

142. 알맞은 문장 고르기

해설 빈칸 뒤에서 프로그램을 이수하면 졸업생은 Boardhurst alumni community에 가입할 수 있는데 이 네트워크는 대다수 신규 졸업생들이 경력을 시작하는 데 도움이 되었다고 한다. 즉, 졸업생이 경력을 시작하는 것은 취업 기회와 마찬가지이므로 빈칸에 (A)가 적절하다. **정답** (A)

해석
(A) 아카데미는 또한 학생들을 취업 기회와 연결해 드립니다.
(B) 수업료는 어떤 특정한 프로그램을 선택하는지에 따라 달라집니다.
(다) 교수진은 다년간의 경험을 가진 전문가들로 구성됩니다.
(D) 수료증은 프로그램을 끝마친 사람들에게 수여됩니다.

문제 143~146번은 다음 사보를 참고하시오.

> 60,000여 개의 전자책을 소장한 무료 웹사이트 Paperback Genie 가 이제 모바일 앱을 출시했습니다. 사용자는 이제 모바일 기기를 통해 웹사이트에서 이용할 수 있는 모든 전자 책에 액세스할 수 있습니다. 우리 개발자 팀은 이 모바일 앱을 준비하기 위해 열심히 일했습니다. 이 앱은 저자의 웹사이트 및 기타 정보에 대한 링크를 표시합니다. 사용자가 앱 내에서 다운로드하는 각각의 책은 사용 중인 기기에 맞게 페이지 크기가 자동으로 조정됩니다. 사용자가 서로 소통할 수 있는 선택적 메시지 기능을 추가했습니다. 이것은 동일한 책을 읽고 있는 다른 사람들에게 연락을 취하고 싶어하는 분들에게 완벽한 기능이지만, 사생활을(개인정보 보호를) 선호하는 분들을 위해 비활성화할 수 있습니다. <u>우리는 곧 다른 사용자 맞춤 기능을 추가할 예정입니다.</u> 새로운 도전에 저희를 지원해 주시기를 바랍니다.

표현 정리 **available** 이용 가능한 **put ~ together** (부품을) 조립하다, (이것저것을 모아) 만들다[준비하다] **display** 전시[진열]하다 **resize** (특히 컴퓨터 이미지로) 치수[크기]를 조절하다 **optional** 선택적인 **reach out to** ~에게 연락하다[접근하다] **disable** (기계를) 움직이지 못하게 하다

143. 동사 어형

해설 빈칸은 조동사 can 뒤에 연결되고 부사 now의 수식을 받으므로 동사 원형인 (A) access가 정답이다. **정답** (A)

144. 부사 어형

해설 〈that a user downloads within the app〉은 관계절로 주어인 Each book을 수식하고, 동사는 resizes이다. 빈칸은 동사를 수식하는 부사 자리이고 '사용 중인 기기에 맞게 페이지 크기가 자동으로 조정된다'는 문맥으로 연결되어야 맞다. 따라서 부사 (D) automatically가 정답이다. **정답** (D)

145. 알맞은 문장 고르기

해설 빈칸 앞인 We've added an optional messaging feature that allows users to communicate with one another.에서 사용자가 서로 소통할 수 있는 선택적 메시지 기능을 추가했다고 나온다. 그리고 뒤에서 소통을 원하는 사용자에게는 완벽한 기능이지만 사생활을 원하는 사용자를 위해 비활성화될 수 있다고 덧붙인다. 이에 대해 (B) We are looking to add other customizable features soon.이 들어가 또 다른 사용자 맞춤 기능을 곧 추가할 것이라고 하는 것이 흐름상 자연스럽다. **정답** (B)

해석
(A) 새로운 작가가 매달 우리 웹사이트에 소개될 것입니다.
(B) 우리는 곧 다른 사용자 맞춤 기능을 추가할 예정입니다.
(C) 사용자는 여전히 책을 기기에 직접 다운로드할 수 있습니다.
(D) 우리는 24시간 이내에 여러분의 메시지에 응답할 것입니다.

146. 명사 어휘

해설 선택지에 제시된 명사 어휘는 각각 〈edition (출간된 책의 형태로 본) 판, (출간 횟수를 나타내는) 판 / policy 정책, 방침 / venture 벤처 (사업), (사업상의) 모험 / product 상품, 제품〉이라는 뜻이다. 새로 출시되는 앱에 대한 소개글인데 앞에서 사용자를 위한 다양한 기능을 추가했다고 하고, 그 뒤에 또 다른 사용자 맞춤 기능을 곧 추가할 예정이라고 하므로 새로움 모험을 지지해 달라는 의미로 빈칸에 (C) venture가 들어가는 것이 적절하다. **정답** (C)

TEST 10

Part 5

101. 목적격 인칭대명사

해설 빈칸은 목적어 자리이므로 목적격이 필요하다. 따라서 정답은 (D)가 된다. 재귀대명사 ourselves를 쓰려면 주어와 목적어가 동일일 때 가능한데 여기서는 주어가 you이므로 쓸 수 없다. **정답** (D)

표현 정리 preferred 선호되는, 우선의 means 수단, 방식 submission (서류 · 제안서 등의) 제출

해석 우편으로 당신의 기사를 저희에게 보내실 수 있지만, 선호되는 제출 방식은 이메일입니다.

102. 부사 어형

해설 동사 make sure은 뒤에 that이 생략되었다. 생략된 that절 이하에서 빈칸은 동사 meet을 수식하고 '꾸준히 높은 기준을 충족하다'의 의미가 되어야 연결된다. 따라서 부사인 (C) consistently가 정답이다. **정답** (C)

표현 정리 quality control 품질 관리 process 과정, 절차 meet 충족시키다 consist (부분 · 요소로) 구성되어 있다

해석 품질관리 과정의 목적은 제품이 우리의 높은 기준을 꾸준히 충족할 수 있도록 확실히 해 두기 위한 것이다.

103. 명사 어형

해설 빈칸은 소유격인 the account holder's의 수식을 받아 동사 have의 목적어 역할을 하게 되므로 명사 자리이다. 선택지에서 명사는 〈authorities 당국 / authorization (공식적인) 허가[인가]〉가 있는데 '타인의 계좌로 결제를 하기 위해서는 계좌 소유자의 승인이 있어야 한다'는 문맥이 되어야 하므로 (D) authorization이 정답이다. **정답** (D)

표현 정리 make a payment 지불하다 account 계좌, 계정 authorize 재개[인가]하다, 권한을 부여하다

해석 타인의 계좌로 결제를 하기 위해서는 계좌 소유자의 승인이 있어야 한다.

104. 형용사 어휘

해설 〈a ------- meeting〉 구조에서 적절한 형용사 어휘를 찾아야 한다. 'multiple 다수의, 많은'은 복수 명사와 어울리므로 단수 명사와 쓰인 빈칸에는 어울리지 않는다. 나머지 〈private 사적인 / reliable 믿을[신뢰할] 수 있는 / previous 이전[전]의〉 중에서, CEO가 in his office에서 '비공개' 회의에 여러 투자자를 초대했다고 하는 것이 적절하다. 따라서 (A) private이 정답이다. **정답** (A)

표현 정리 a number of 다수의 investor 투자자

해석 최고경영자는 그의 사무실에서 비공개 회의에 여러 투자자들을 초대했다.

105. 부사 어형

해설 빈칸은 조동사와 동사 원형 사이에 위치하고 뒤에 나온 동사를 수식해 '일정을 효율적으로 관리할 수 있도록'이라는 의미를 이루게 된다. 따라서 부사인 (A) efficiently가 정답이다. **정답** (A)

표현 정리 manage 관리하다

해석 각각의 신입 인턴들은 그들의 일정을 효율적으로 관리할 수 있도록 새로운 플래너가 주어졌다.

106. 동사 어형

해설 〈please contact or ------〉 구조에서 or는 등위접속사로 앞뒤 병렬 관계를 이룬다. 'please V'은 명령문 구조로서 앞에 contact라는 동사원형이 나오므로 빈칸에도 동사원형인 (A) visit가 들어가는 것이 적절하다. **정답** (A)

표현 정리 order 주문 regular 규칙적인, 정기적인

해석 문의사항 및 주문을 위해 정규 매장 영업시간 동안 저희에게 연락하시거나 방문해 주시기 바랍니다.

107. to 부정사

해설 동사 consider은 뒤에 동명사를 목적어로 취하는 동사이다. 따라서 정답은 (B)가 된다. 이처럼 동명사를 목적어로 취하는 단어들은 enjoy, finish, recommend, mind 등이 있다. **정답** (B)

표현 정리 gadget (작고 유용한) 도구[장치] function (사람 · 사물의) 기능 examine 조사하다, 검토하다

해석 어떤 비싼 장치 구매를 고려하고 있다면, 항상 기능을 먼저 검토하는 것이 이상적이다.

108. 동사 어휘

해설 빈칸 뒤에 〈him + about patient appointments〉와 같이 〈사람 + about N〉의 구조로 연결되는 동사를 찾아야 한다. (A) remind(상기시키다)가 'Dr. Campbell은 비서에게 환자 예약에 대해 자신에게 상기시켜 달라고 요청했다'는 문맥에 어울려 정답이 된다. 나머지는 〈display 전시[진열]하다 / arrange 마련하다, (일을) 처리[주선]하다 / announce 발표하다, 알리다〉라는 뜻이다. **정답** (A)

표현 정리 appointment (특히 업무 관련) 약속, 임명

해석 Dr. Campbell은 비서에게 환자 예약에 대해 자신에게 상기시켜 달라고 요청했다.

109. 부사 어휘

해설 빈칸에 들어갈 부사는 동사 will go를 수식하게 된다. '최근에'라는 뜻의 recently는 과거시제나 현재완료와 어울리므로 소거한다. 나머지는 〈solely 오로지, 단독으로 / directly 직접, 곧장 / basically 근본적으로〉라는 뜻이다. '홍보 인터뷰를 한 후 공항으로 곧장 갈 것이다'라는 의미가 되는 것이 자연스러우므로 (C) directly가 정답이다. **정답** (C)

표현 정리 conduct 수행하다 promotional 홍보[판촉]의

해석 Mr. McAllen은 홍보 인터뷰를 한 후 공항으로 곧장 갈 것이다.

110. 시제

해설 문장의 주어는 Jessie Baker이고 동사가 없으므로 빈칸이 동사 자리이다. 중간에 by the end of the month는 미래 시점을 나타내므로 정답은 미래 시제인 (A) will transfer이다. **정답** (A)

표현 정리 replace 대신하다

해석 Jessie Baker는 Creekside 지점으로 그곳의 관리자를 대신하기 위해 이달 말까지 전근을 갈 것이다.

111. 전치사 vs. 접속사

해설 빈칸 뒤에는 'the project gets completed'라는 완전한 절이 나오므로 빈칸에 접속사가 필요하다. by(~까지), about(~에 관하여)과 beside(~옆에)는 전치사이므로 소거한다. 해석해 보면, '프로젝트가 완료될 때까지 초과 근무를 하다'가 되어야 적절하다. 따라서 시간의 부사절 접속사로 '~까지'의 뜻인 (D) until이 정답이다. **정답** (D)

표현 정리 overtime (규정된) 시간 외에 complete 완료하다

해석 디자인 팀은 프로젝트가 완료될 때까지 매일 초과근무를 할 계획을 하고 있다.

112. 과거분사

해설 문장의 동사는 has이고 접속사가 없으므로 빈칸이 동사 자리는 아니다. 따라서 동사 형태인 designate, designates는 소거한다. 빈칸은 뒤에 나온 명사구 dining area를 꾸미는 형용사 자리이다. 분사가 명사를 수식할 때 '되다' 관계이면 과거분사로, '하다' 관계이면 현재분사를 쓰게 된다. 여기서는 '식사 공간이 지정되다'의 수동 관계가 되어야 맞다. 따라서 정답은 과거분사인 (D) designated이다. **정답** (D)

표현 정리 dining area 식사 공간

해석 Kinney Street Park의 각 푸드트럭은 고객들을 위한 각자의 지정된 식사 공간을 가지고 있다.

113. 동사 어휘

해설 빈칸 뒤에 your attendance라는 목적어가 나오므로 빈칸에 동사가 필요하다. '대답하다; 응답하다'는 뜻의 reply는 〈reply to N〉 형태로 쓰이므로 소거한다. 〈welcome 환영하다 / display 전시[진열]하다 / confirm 확인해 주다, 확정 짓다〉 중에서, '이벤트 참석을 확정해 주시오'가 되어야 문맥이 연결이 된다. 따라서 정답은 (D) confirm이다. **정답** (D)

표현 정리 attendance 참석 respond 응답하다

해석 문자 메시지 또는 이메일로 응답하여 이벤트 참석을 확정해 주세요.

114. 명사 어휘

해설 선택지에 제시된 어휘는 각각 〈decision 결정 / meeting 회의 / growth 성장 / travel 여행, 출장, 이동)이다. 두 회사가 합병했다고 하므로 이로 인해 새로운 회사의 성장에 기여했다고 해야 문맥이 연결된다. 따라서 (C) growth가 정답이다. **정답** (C)

표현 정리 merger 합병 contribute to ~에 기여하다

해석 Arroyo Corporation과 Grande Industries의 합병은 새로운 회사의 성장에 기여했다.

115. 부사 어형

해설 주어와 동사 사이에 위치하고 빈칸이 동사 gained를 수식해 '빠르게 수많은 관객들을 모았다'는 의미로 연결된다. 따라서 부사인 (D) quickly가 정답이다. **정답** (D)

표현 정리 numerous 많은(= many) release 공개[발표]
quicken 빨라지다

해석 새 영화는 심지어 개봉 첫 주에 빠르게 많은 관객을 모았다.

116. 과거분사

해설 빈칸에는 was의 보어이자 부사 very의 수식을 받는 형용사 역할이 필요하다. 명사는 주격 보어로는 쓰여도 부사의 수식은 받지 못하므로 satisfaction은 소거한다. satisfy는 감정동사로서 주어에 감정의 대상(The board of trustees)이 나오면 과거분사로 쓰게 된다. 따라서 (B) satisfied(만족한)가 정답이다. 형용사 satisfactory(만족스러운)는 〈It is satisfactory.)와 같이 주어 자리에 사물이 나올 때 사용한다. **정답** (B)

표현 정리 board of trustees 이사회

해석 이사회는 이벤트 팀의 제안서 프레젠테이션에 매우 만족했다.

117. 명사 어휘

해설 명사 어휘 문제로 〈products 상품, 제품 / statements 성명, 진술, 내역서, 보고서 / courtesies 공손함, 정중함 / guidelines (공공 기관이 제시한) 가이드라인[지침]〉 중에서, '자원봉사자들은 기부금 분배에 대해 상세한 지침을 따르다'라는 문맥이 되어야 연결된다. 따라서 (D) guidelines가 정답이다. **정답** (D)

표현 정리 necessary 필요한 follow (충고·지시 등을) 따르다 detailed 상세한 distribute 나누어 주다, 분배[배부]하다 donation 기부(금)

해석 모든 자원봉사자들은 기부금 분배에 대해 상세한 지침을 따르는 것이 필수적이다.

118. 등위접속사

해설 빈칸 앞은 '레스토랑에 치킨 샐러드 재료가 부족했다'는 말이고, 뒤는 '다른 종류의 샐러드를 만들 재료는 여전히 있다'는 역접의 내용이다. 따라서 정답은 '그러나'라는 뜻의 (D) but이다. **정답** (D)

표현 정리 run out of 이 부족하다 ingredient (특히 요리 등의) 재료

해석 레스토랑에 치킨 샐러드 재료가 부족했지만 다른 종류의 샐러드를 만들 재료는 여전히 있다.

119. 소유격 관계대명사

해설 문장의 주어는 The bank manager이고 동사는 will receive이다. 그리고 〈------- branch achieves the highest score〉는 사람 선행사 The bank manager를 수식하는 관계절이다. 'whose branch'에서 whose는 앞에 언급된 'bank manager'를 가리키므로 소유격인 (D)가 정답이 된다. who는 사람 선행사를 받는 주격 관계대명사로서 뒤에 주어가 없는 동사가 온다. whom은 사람 선행사를 받는 목적격 관계대명사로서 뒤에 목적어가 없는 주어 동사가 온다. which는 사물 선행사를 받는 주격/목적격 관계대명사로서 뒤에 주어/목적어가 없는 문장 구조가 나온다. **정답** (D)

표현 정리 score 점수[지수] award 상 achieve 성취하다, 이루다

해석 가장 높은 점수를 성취한 지점의 은행장은 특별상을 받게 될 것이다.

120. 부사 어휘

해설 빈칸에 들어갈 부사는 형용사 high를 강조해 수식할 수 있어야 한다. (B) unusually가 들어가 '평상시와 다르게/이례적으로 높은 불만 수'라는 문맥이 되는 것이 적절하다. 나머지는 〈adversely 반대로, 역으로 / immediately 즉시 / thoughtfully 생각이 깊게)이다. **정답** (B)

표현 정리 complaint 불평 excessive 지나친, 과도한 high number of 많은

해석 우리는 지나친 대기 시간에 대해 고객들로부터 평상시와 다른 많은 불평을 받았다.

121. 능동태 VS 수동태

해설 〈be + ------- + by N〉의 구조는 수동태의 전형적인 형태이다. 보기에서 수동태는 accessed이므로 (C)가 정답이 된다. 참고로 형용사인 accessible도 정답으로 가능하다. **정답** (C)

표현 정리 confidential 기밀의 authorized 공인된, 권한을 부여 받은

해석 데이터베이스에 있는 많은 정보는 기밀이며 오로지 권한이 있는 직원에 의해서만 접근이 될 수 있다.

122. 전치사

해설 선택지는 〈through ~을 통해[관통하여] / since ~이후로 / above (위치나 지위 면에서) ~보다 위에[위로] / without ~없이)로 이루어져 있

다. 빈칸 뒤에 their seats라는 장소 관련 목적어가 나오고, 해석해 보면 '좌석 위 선반에 짐을 두다'라는 의미가 되어야 연결된다. 따라서 (C) above가 정답이다. **정답 (C)**

표현 정리 place 놓다[두다] rack 받침대[선반]

해석 기차 승객들은 그들 좌석 위 선반에 짐을 두도록 요청된다.

123. 형용사 어휘

해설 빈칸에 들어갈 형용사는 명사 score(점수)를 수식하게 된다. 선택지는 〈distinctive 독특한 / updated 최신의 / overall 종합[전반]적인, 전체의 / excellent 훌륭한, 탁월한〉으로 이루어져 있다. 서술부 중 'measures of attendance, performance, communication, and cooperation'에서 평가의 척도로 다양한 요소가 고려됨을 알 수 있으므로, '평가의 전체적인 점수'라는 문맥이 되어야 자연스럽다. 따라서 (C) overall이 정답이다. **정답 (C)**

표현 정리 evaluation 평가 be based on ~에 기초하다, 근거하다 measure 조치, 척도(기준) attendance 출석 performance 성과 cooperation 협력

해석 전체 평가점수는 출석, 성과, 의사 소통 및 협력의 척도를 기반으로 할 것이다.

124. 형용사 어형

해설 동사 provide는 〈provide something to someone〉 구조로 쓰일 수 있다. 즉, 〈provides + ------- support + to actors〉에서 support가 provides의 목적어이므로 명사 역할이다. 따라서 빈칸에는 뒤에 나온 명사를 수식하며 의미적으로 '상당한'이라는 뜻의 (B) substantial이 정답이 된다. **정답 (B)**

표현 정리 production (영화 · 연극 등의) 제작, 생산

해석 영화 제작사는 프로젝트에 관해 일을 하는 배우들에게 상당한 지원을 제공한다.

125. 형용사 어휘

해설 빈칸에는 supplier라는 명사를 수식해 적절한 의미를 이루는 형용사가 필요하다. 〈energetic 활동적인 / primary 주된, 주요한 / cautious 조심스러운, 신중한 / former 이전의〉이라는 뜻 중에서 (B)번이 '주된, 주요한'의 뜻으로 문맥에 잘 어울린다. **정답 (B)**

표현 정리 decade 10년 supplier 공급업체

해석 Kenton Gas Products는 지난 10년에 걸쳐 많은 제조업체의 주요 공급업체가 되기 위해 열심히 노력해 왔다.

126. 전치사

해설 빈칸 뒤에 a corporate leader라는 '신분/자격/역할' 관련 명사가 나온다. 이러한 명사 앞에서 (B) as가 '~로서'라는 뜻으로 쓰여 정답이 된다. for는 보통 목적을 나타내 '~을 위해', at은 장소나 시각 표현 앞에서 '~에(서)', by는 완료를 나타내면 '~까지', 수동태 뒤에서 행위의 주체이면 '~에 의해'로 잘 쓰인다. **정답 (B)**

표현 정리 gain a reputation 명성을 얻다 sustainability 지속[유지] 가능성, 환경 파괴 없이 지속될 수 있음

해석 Hemlock Furniture는 환경 지속 가능성에서의 기업 리더로서 명성을 얻었다.

127. 명사 어휘

해설 선택지는 〈concepts 개념 / knowledge 지식 / information 정보 / delays 지연, 지체〉으로 이루어져 있다. 주절인 'production has slowed

down considerably at our factory'에서 공장에서 생산이 상당히 지연되었다고 하므로 이유를 나타내는 slowed down과 호응이 되는 (D) delays가 들어가는 것이 문맥에 맞다. **정답 (D)**

표현 정리 necessary 필요한 production (식품 · 상품 · 자재의, 특히 대량) 생산 considerably 상당히

해석 필요한 자재를 받는 데 지연으로 인해 공장에서 생산이 상당히 지연되었다.

128. 동사 어휘

해설 선택지는 〈agreeing 동의하다 / describing 설명하다 / exceeding (특정한 수 · 양을) 넘다[초과하다] / showing 보여주다〉로 이루어져 있다. her colleagues' expectations를 목적어로 취해 호응을 이루는 동사는 '기대를 뛰어넘다'라는 의미로 (C) exceeding이 적절하다. **정답 (C)**

표현 정리 colleague 동료 expectation 기대 turn out (일 · 진행 · 결과가 특정 방식으로) 되다[되어 가다]

해석 Danica Shalimar는 연회 디너가 어떻게 나오게 될 지에 대해 동료들의 기대를 뛰어넘어 준 이벤트 코디네이터에게 감사를 표했다.

129. 명사 어형

해설 부정관사 a 뒤에 빈칸이 있으므로 명사로 쓰인 (B) discussion(토론, 논의)이 정답이다. discussing은 동명사로 관사가 나오지 못해 오답이 된다. **정답 (B)**

표현 정리 visual 시각의 example 예[사례]

해석 신기술에 대해 논의하는 동안 Mr. Jules는 그것이 어떻게 작동하는지 시각적인 예를 보여주었다.

130. 부사 어휘

해설 빈칸에 들어갈 부사는 동사 blend를 수식하게 된다. 선택지에 제시된 어휘는 각각 〈actually 실제로 / basically 근본적으로 / gradually 서서히, 점차 / technically 엄밀히 따지면[말하면]〉이다. '우유, 버터, 감자를 섞은 후, 다른 재료를 손으로 서서히 섞어주세요'라는 문맥이 되어야 연결되므로 'slowly and in small stages or amounts'를 뜻하는 (C) gradually가 정답이다. **정답 (C)**

표현 정리 blend in (다른 재료를) 섞다[넣다] ingredient 재료

해석 우유, 버터, 감자를 섞은 후 다른 재료를 손으로 서서히 섞어주세요.

Part 6

문제 131-134번은 다음 이메일을 참고하시오.

수신: Dallas Wilson <dwilson@HJcompany.net>
발신: Rose Gilmore <r.gilmore@journrapide.com>
날짜: 5월 28일
제목: 주문 번호 6786

Mr. Wilson 귀하,

귀하께서 저희 웹사이트에서 라지 사이즈의 검은색 재킷 6개를 구매하려고 시도하신 것을 알게 되었습니다. 저희 제품에 관심을 가져주셔서 대단히 감사합니다. 그러나 당사의 웹사이트 장바구니는 거래당 동일한 품목을 4개만 처리할 수 있습니다. 이 때문에 장바구니의 두 개의 품목이 최종 구매에 포함되지 않았습니다.

거래당 최대 제품 수량에 대한 오류 메시지를 간과하신 경우를 대비

하여 이 이메일을 발송합니다. **추가 품목을 구매할 시간이 아직 있습니다.** 장바구니에 남아 있는 두 제품은 48시간 동안 보관될 것입니다. 장바구니에 다시 로그인하기만 하면 구매가 완료됩니다. 감사합니다. 좋은 하루 보내세요.

Rose Gilmore
고객 상담실

표현 정리 attempt 시도하다 shopping cart (웹사이트에서) 구매하기 위해 선택한 상품 목록 process 처리하다 overlook 간과하다 transaction 거래 reserve 남겨두다 complete 완료하다

131. 부사 어휘

해설 선택지는 〈soon 곧 / hardly 거의 ~아닌 / greatly 대단히, 크게 / shortly 곧〉이라는 뜻이다. 제품에 관심을 가져 주셔서 대단히 감사하다는 의미가 되어야 하므로 (C) greatly가 정답이다. **정답** (C)

132. 접속부사

해설 We noticed that you attempted to purchase six large black jackets on our Web site.에서 고객이 검은색 재킷 6개를 구매하려고 시도했다고 하는데 our Web site shopping cart can only process four of the same item per transaction에서는 거래당 동일한 품목을 4개만 처리할 수 있다고 한다. 이 두 문장을 역접으로 연결하는 것이 자연스러우므로 정답은 (A) However이다. **정답** (A)

133. 알맞은 문장 고르기

해설 빈칸 다음 문장인 The two products ~ will be reserved for you for another 48 hours.에서 장바구니에 남아 있는 두 제품은 48시간 동안 보관된다고 하므로 추가 품목을 구매할 시간이 아직 있다는 (C) There is still time to purchase the additional items.가 삽입되는 것이 적절하다. **정답** (C)

해석
(A) 귀하는 거래를 위해 다른 결제수단을 사용하셔야 합니다.
(B) 구매를 위한 신용카드 정보와 함께 이 이메일에 회신해 주십시오.
(C) 추가 품목을 구매할 시간이 아직 있습니다.
(D) 대신 다른 색상이나 스타일을 선택하는 것을 제안 드립니다.

134. 현재분사

해설 〈------ in your cart〉는 앞에 나온 명사 The two products를 수식하는 분사이다. 동사 remain은 -ing를 붙이면 현재 분사로 '남아있는'의 뜻으로 사용되어서 분사구문을 이룬다. remain은 자동사이므로 분사는 -ing 형태만 있고, -ed를 붙이면 분사가 아니고 과거 동사로 사용되는 단어이다. 따라서 정답은 (D) remaining이다. **정답** (D)

문제 135~138번은 다음 정보지를 참고하시오.

제품 정보지

MicroChef 전기 압력솥은 주거 환경에서 사용하도록 설계되었습니다. 스테인리스 스틸 냄비와 뚜껑, 실리콘 마개, 금속/플라스틱 외장으로 구성된 이 가정용 기기는 내구성이 매우 뛰어납니다. **달라붙지 않는 안쪽 솥 덕분에 청소가 간편합니다.** MicroChef의 디지털 제어판에는 수동 온도 조절장치 및 수동 타이머와 함께 5가지 자동 설정이 있습니다. 사용자가 조리 온도와 시간을 쉽게 조절할 수 있습니다. MicroChef는 아침 식사에서 수프, 저녁 식사 및 디저트에 이르기까지 모든 것을 처리할 수 있습니다. 또한 수천 가지 레시피를 공유하

는 활발한 온라인 사용자 커뮤니티가 있습니다. 이 제품은 3리터 및 5.75리터 버전으로 제공됩니다. 권장 소매가는 각각 80달러와 110달러입니다.

표현 정리 electric 전기의 pressure cooker 압력솥 residential 거주의 consist of ~로 이루어지다 gasket 마개(가스·기름 등이 새어나오지 않도록 파이프나 엔진 등의 사이에 끼우는 마개) exterior 외부[외면] durable 내구성이 있는 manual 수동의 thermostat 온도 조절장치 vibrant 활기찬, 생기가 넘치는

135. 명사 어휘

해설 선택지는 각각 〈facility 시설 / appliance (가정용) 기기 / process 과정[절차] / furniture 가구〉라는 뜻이다. 빈칸에 들어갈 어휘는 앞에 나온 The MicroChef electric pressure cooker를 가리킬 수 있는 (B) appliance가 적절하다. **정답** (B)

136. 알맞은 문장 고르기

해설 빈칸 앞쪽 내용은 전기 압력솥이 무엇으로 만들어졌는지 설명하고 있다. 이에 이어져서 청소도 nonstick inner pot으로 만들어져 간편하다는 내용이 와야 가장 적절하다. **정답** (A)

해석
(A) 달라붙지 않는 안쪽 솥 덕분에 청소가 간편합니다.
(B)) 시험 전 반드시 제조사에 확인하십시오.
(C) 전체 보증 기간을 보장받으시려면 제품을 등록하십시오.
(D) 제가 개인적으로 가장 좋아하는 음식은 고기와 채소 스튜입니다.

137. 동사 어형

해설 〈It is easy for users to ------ cooking temperatures and times.〉는 가주어 진주어 구문이다. 빈칸은 진주어인 to부정사 구문을 묻는 문제로 원형부정사인 (D) adjust가 필요하다. **정답** (D)

138. 부사 어형

해설 권장 소매가가 각각 80달러, 110달러라는 의미로 빈칸에 '각각'이라는 의미의 부사 (C) respectively가 들어가는 것이 적절하다. **정답** (C)

문제 139~142번은 다음 기사를 참고하시오.

빈센즈(12월 31일) – Bernardo Sports Apparel과 Voyager Footwear가 제휴하여, 전국 챔피언십을 우승하려는 Vincennes Wildcats를 후원했다. 이러한 노력은 양사의 사원들이 축구 팀에 새 유니폼을 구입해 주려는 지역사회 주도의 기금 마련 행사에 대해 들었을 때 성사되었다. Vincennes Wildcats의 수석 코치는 주요 스포츠 브랜드 직원들이 무료 유니폼과 신발을 제공하고자 그에게 연락해 왔을 때 놀랐다. 그는 "믿을 수 없었죠. **Bernardo와 Voyager의 관대함으로 마음이 훈훈해집니다.** 그 뿐만 아니라 두 개의 주요 브랜드가 그들 자신과 우리 팀을 연관시키게 되어 영광입니다."라고 이야기했다. Wildcats는 다음 주 8강에서 Charleston Heat와 대결할 예정이다.

표현 정리 partner 제휴하다 sponsor 후원하다 pursuit 추구 fundraiser 모금 행사 stun (놀람이나 기쁨으로) 어리벙벙하다, 망연자실하다 approach 접근하다 associate 관련시키다 quarterfinal 준준결승

139. 명사 어휘

해설 앞문장 Bernardo Sports Apparel and Voyager Footwear have partnered to sponsor the Vincennes Wildcats in their pursuit of the national championship.에서 두 회사가 제휴하여 Vincennes Wildcats의 전국 챔피언십을 후원했다는 내용을 받을 수 있는 명사가 필요하다. 이를 '노력'으로 받는 것이 적절하므로 (C) effort가 정답이다. **정답** (C)

140. 명사 어형

해설 전치사구인 from the leading sports brands의 수식을 받으며 주어 역할을 할 수 있는 복수 명사 (D) representatives가 적절하다. '직원, 대표자'를 뜻하는 representative는 사람 명사이므로 단수로 쓰이려면 앞에 관사가 오거나 아니면 관사 없이 복수 형태로 써야 한다. **정답** (D)

141. 알맞은 문장 고르기

해설 빈칸 다음에 나온 Not only that, but I am honored that two leading brands are associating themselves with our team.에서 지시대명사 that이 가리키는 말이 빈칸에 필요하다. Bernardo와 Voyager의 관대함은 마음이 훈훈해지는 감동으로 믿을 수가 없을 정도이며, 그 뿐만 아니라 두 개의 주요 브랜드가 우리 팀과 연관되어 영광이라는 문맥으로 연결되어야 흐름상 자연스럽다. 따라서 (D) The generosity of Bernardo and Voyager is heartwarming.이 적절하다. **정답** (D)

해석
(A) 팀 유니폼 디자인은 리그에서 승인해야 합니다.
(B) 아무도 저에게 변동사항을 알려주지 않았습니다.
(C) 우리 선수들은 해당 부문에서 가장 강한 선수들입니다.
(D) Bernardo와 Voyager의 관대함으로 마음이 훈훈해집니다.

142. 과거분사

해설 '일정[시간 계획]을 잡다, 예정하다'라는 뜻의 schedule은 〈be scheduled to V ~할 예정이다〉 구문을 이룬다. 따라서 과거분사인 (B) scheduled가 정답이다. **정답** (B)

문제 143-146번은 다음 기사를 참고하시오.

> 세인트 루이스(2월 12일) — Buck Alley Bus Line은 시장실의 승인을 받아 기존 노선에 몇몇 신규 노선을 추가했다. 추가 노선은 Java Lane에 회사의 새 버스 터미널 개통식 이후 불과 2주 만에 선보인다. 신규 노선은 Southside 지역에 거주하는 주민들에게 시내로 이동할 수 있는 보다 직접적인 수단을 제공할 것이다. **그 지역의 주민들은 새로운 교통 수단을 환영한다.** Southside 통근자 Alicia Kelly는 "더 이상 직장을 오가는 여러 대의 버스를 탈 필요가 없기 때문에 신규 노선을 통해 시간과 비용을 절약할 수 있어요."라고 말했다. Java Lane의 Buck Alley 버스 터미널은 10월 21일에 공식 오픈한다.

표현 정리 existing 기존의 approval 승인 additional 추가적인 commuter 통근자 officially 공식적으로

143. 동사 어형

해설 다음 문장을 보면, The additional routes come just two weeks ~에서 현재시제를 사용했기 때문에, 결정이 난 사항이라는 것을 알 수 있다. 그러므로 능동태의 현재완료 시제를 사용한 (C) has decided가 빈칸에 적절하다. 현재완료는 과거에 일어났지만 지금 현재 이야기를 하면 현재완료 시제를 사용할 수 있다. **정답** (C)

144. 명사 어형

해설 〈after the ----- of the company's new bus terminal ~〉 구조에서 빈칸은 정관사와 전치사 of 사이에 있으므로 명사 자리이다. 선택지에 명사는 〈opening 개통식, 개관식, 빈자리 / open 옥외, 야외 / openness (막히거나 가려져 있지 않고) 열려[트여] 있음)이 있다. 문맥상 '추가 노선은 회사의 새 버스 터미널 개통식 이후 불과 2주 만에 선보인다'가 되어야 적절하므로 정답은 (A) opening이다. **정답** (A)

145. 알맞은 문장 고르기

해설 뒤이어 나오는 주민의 인용문을 보면 더 이상 직장을 오가는 여러 대의 버스를 탈 필요가 없기 때문에 신규 노선을 통해 시간과 비용을 절약할 수 있다는 긍정적인 의견이 나온다. 따라서 지역의 주민들은 새로운 교통 수단을 환영한다는 (B) Residents in those areas welcome the new transportation option.이 들어가는 것이 적절하다. **정답** (B)

해석
(A) 구 Buck Alley 버스 터미널은 계속 운영될 것이다.
(B) 그 지역의 주민들은 새로운 교통 수단을 환영한다.
(C) 신규 노선의 운임은 일반 운임보다 약간 높을 것이다.
(D) 버스 터미널에서 몇몇의 직원과 버스 기사를 고용하려고 한다.

146. 이유의 부사절 접속사

해설 문맥에 어울리는 접속사를 찾아야 한다. 빈칸 앞은 신규 노선을 통해 시간과 비용을 절약할 수 있다는 말이고, 뒤는 더 이상 직장을 오가는 여러 대의 버스를 탈 필요가 없다는 말이다. 앞뒤가 인과 관계로 연결되는 것이 적절하므로 (C) because가 정답이다. **정답** (C)

TEST 11

Part 5

101. 목적격 대명사

해설 to부정사(to employ)의 목적어 역할을 하고 Ms. Kim을 지칭하는 대명사가 필요하다. **정답** (C)

표현 정리 impress 감명을 주다, 감동시키다 interview 인터뷰 still 여전히 uncertain 불확실한 employ 고용하다

해석 Harada 씨는 Kim 씨의 인터뷰에 깊은 인상을 받았지만 그녀를 채용할지 여부는 여전히 확신할 수 없었다.

102. 전치사

해설 'schedule'이라는 단어는 동사로 사용할 때 '일정[시간 계획]을 잡다, 예정하다'의 뜻이고 주로 수동태로 사용해서 'be scheduled for + 시간'의 구조를 가진다. **정답** (B)

표현 정리 anticipate 기대하다, 예상하다 grand opening 개장, 개점 tentatively 잠정적으로 pending ~을 기다리는 동안, ~까지 confirmation 확정, 확인

해석 많은 기대를 모았던 호텔의 개장은 잠정적으로 5월 1일로 예정되어 있으며 최종 확정을 기다리고 있다.

103. 부사 어형

해설 'respond(응답하다)'는 'respond to someone(something)'의 구조로 사용한다. 빈칸은 동사 'respond'를 수식하는 부사가 와야 하는 자리이다. **정답** (C)

표현 정리 director (회사·법인의) 중역[이사], 책임자, 관리자 respond 응답하다, 대응하다 recent 최근의 customer 고객

해석 최근 고객이 보낸 대부분의 이메일에 해당 부서의 책임자가 신속하게 응답했다.

104. 과거분사

해설 명사 'manager'를 수식하는 형용사가 와야 하는 자리이다. 'manager'가 고용을 하는 것이 아니고, '고용된'이므로, 과거분사가 적절하다. 참고로 분사는 형용사이다. **정답** (A)

표현 정리 recently 최근에 manager 매니저, 책임자 approach 접근하다 delegate (권한·임무 등을 남에게) 위임하다 task 업무, 일

해석 최근에 고용된 매니저는 각 직원에게 작은 일을 위임하여 문제에 접근했다.

105. 관계대명사

해설 빈칸 이하의 문장에서 동사 'be touring'의 목적어가 없으므로 목적어를 받아주는 관계대명사가 와야 하는 자리이고, Smith Square를 받아주는 'which'가 적절하다. 관계대명사 'that'은 앞의 단어를 받아서 콤마(,)와 함께 사용(계속적 용법)할 수 없으므로 정답이 될 수 없다. **정답** (C)

표현 정리 historic 역사적인 structure 건축물, 구조물 tour (어떤 장소를 시찰·관광 등으로) 여행을 하다 noticeable 눈에 띄는 significant 상당한, 현저한 distance 거리

해석 당신이 여행하게 될 Smith Square의 역사적 건축물은 상당히 멀리서도 눈에 띈다.

106. 명사 어형

해설 〈apply 지원하다 / applicant 지원자 / application 지원(서)〉 서면으로 제출되는 것은 '지원서'라는 사물이 되어야 한다. **정답** (D)

표현 정리 position 직책, 자리 submit 제출하다 in writing 서면으로 via ~을 통해 express mail 속달우편

해석 그 직책에 대한 지원서는 서면으로 제출해야 하며 5월 12일까지 속달우편을 통해 매니저에게 보내야 한다.

107. 부사 어형

해설 〈clear 분명한, 명확한, 깨끗이 하다, 명확하게 하다, (사람이나 물건을) 치우다 / clearly 명확하게, 분명하게〉 동사 'speak'를 꾸미면서 내용은 '명확하게 말하다'가 되어야 하므로 부사가 적절하다. **정답** (B)

표현 정리 high-quality 고품질 record 녹음하다 microphone 마이크

해석 고품질 음성녹음을 위해서는, 마이크에 메시지를 명확하게 말하십시오.

108. 명사 어휘

해설 〈steadily 꾸준히, 지속적으로 / cordially 진심으로, 성심껏 / currently 현재는 / jointly 함께, 공동으로〉 동사 'introduced'를 수식하는 부사 자리로 '어떻게' 소개를 하는지에 대한 묘사이다. 'cordially introduce'라는 말을 사용할 수 있다. 그 외에도 'formally' 'officially'도 'introduce'를 수식할 때 토익에서 사용되는 단어들이다. **정답** (B)

표현 정리 mentor 멘토 awards banquet 시상식

해석 Jonathan Foxworthy는 지난 금요일 회사 시상식 연회에서 자신의 멘토를 진심으로 소개했다.

109. 형용사 어형

해설 〈steady 꾸준한, 지속적인 / steadily 꾸준히, 지속적으로 / steadiness 안정, 견실함 / steadiest 가장 지속적인, 가장 안정적인〉 빈칸 다음의 명사(progress)를 수식하는 형용사가 와야 한다. '꾸준한 진전'이라는 말이 문맥에 어울린다. 'steadiest'라는 최상급을 사용할 경우에는 앞에 관사 'the'가 필요하다. **정답** (A)

표현 정리 report 보고하다 progress 진전 enhance 강화하다, 증진시키다 awareness 인지도, 인식

해석 마케팅 팀은 당사 제품 브랜드의 인지도를 강화하는 데 꾸준한 진전이 있었다고 보고했다.

110. 명사 어휘

해설 〈impression 인상 / regulation 규정 / contractor 계약자 / representative 대표자, 대리인〉 정부 대변인이 설명하는 것은 '규정'이라고 해야 가장 자연스럽다. **정답** (B)

표현 정리 term 말, 용어

해석 정부 기관 대변인은 새로운 규정을 명확하고 간단한 말로 설명했다.

111. 과거분사

해설 〈offer 제공하다〉 문장의 동사는 'was'이기 때문에, 빈칸은 'gourmet food'를 수식하는 말이 와야 한다. 주어의 원문장은, 'The quality and variety of gourmet food (which was) offered at our hotels'이기 때문에 (A)가 정답이 된다. **정답** (A)

표현 정리 variety 다양함 gourmet food 고급요리 originally 원래

해석 우리 호텔에서 제공되는 고급요리의 품질과 다양성은 원래 예상했던 것보다 훨씬 좋았다.

112. 전치사

해설 〈following ~후에 / except ~을 제외하고 / besides ~외에 / such as ~와 같은〉오랜 협상 '후에'라는 말이 맥락에 가장 적절하다. **정답** (A)

표현 정리 lengthy 오랜, 긴 negotiation 협상 up-to-date 최신의 communicate 전달하다 employee 직원

해석 오랜 협상 후에, 회사의 새로운 정책에 대한 최신정보가 직원들에게 전달되었다.

113. 분사구문

해설 〈provide 제공하다〉빈칸 앞에 완전한 문장이 있기 때문에, 빈칸을 포함한 이하 문장은 수식어구가 되어야 하므로 현재시제인 'provide'와 'provides'는 올 수 없다. 'service'를 제공한다는 능동의 개념이기 때문에 'providing'이 적절하다. **정답** (D)

표현 정리 extend 확장하다 light rail 경전철 suburb 교외지역, 근교

해석 Davenport 시는 경전철 시스템을 확장하여 일부 대규모 교외지역까지 서비스를 제공한다.

114. 명사 어휘

해설 〈bank 은행 / receptacle 통, 그릇, 용기 / application 지원, 적용 / building 건물〉등록양식을 카운터에 있는 '통, 용기'에 놓아달라는 말이 가장 자연스럽다. **정답** (B)

표현 정리 complete 완성하다 registration form 등록양식 deposit 놓다

해석 등록양식을 작성한 후 카운터 끝에 있는 통에 놓아주십시오.

115. 명사 어형

해설 〈employ 고용하다/ employee 직원 / employment 고용, 취업, 일자리〉형용사 'permanent'의 수식을 받는 명사가 올 수 있다. '정규직을 얻다'라고 해야 자연스럽기 때문에 'employment'가 적절하다. **정답** (D)

표현 정리 obtain 획득하다 certification 자격, 증명 struggle 분투하다, 애쓰다 permanent 정규직의, 영구적인 secure 확보하다, 보장하다

해석 Fellini 씨는 최고 수준의 자격증을 취득했지만, 여전히 정규직 확보에 어려움을 겪고 있다.

116. 접속사

해설 〈in fact 사실 / although 비록 ~일지라도 / given that ~라는 점에서 / in the meantime 그 동안에, 그 사이에〉완전한 두 문장을 연결하는 접속사가 빈칸에 필요하다. 'in fact' 'in the meantime'은 부사이기 때문에 문장을 연결할 수 없다. 내용상 (C)가 적절하다. **정답** (C)

표현 정리 offer 제공하다 wide 넓은 benefit 혜택 rate 평가하다

해석 피트니스 클럽은 많은 혜택을 제공한다는 점에서 시에서 최고로 평가된다.

117. 동사 어휘

해설 〈encouraging 고무적인 / disappointing 실망스러운 / contrasting 대조적인, 대비적인 / challenging 도발적인, 도전적인〉'but' 이하 문장이 힌트가 된다. 'even more'라고 했기 때문에 '고무적인'이라고 해야 한다. **정답** (A)

표현 정리 increase 증가 sales 매출 manager 관리자, 매니저 improve 향상하다

해석 매출증가는 고무적이지만, 매니저들은 매출이 더욱 향상되기를 원한다.

118. 전치사

해설 〈require 필요로 하다, 요구하다〉계약직 근로자가 요구받는 입장이기 때문에 수동태가 와야 한다. **정답** (C)

표현 정리 contract 계약 fill out 작성하다 attached 첨부된 enrollment 등록 deliver 전달하다

해석 계약직 근로자는 첨부된 등록양식을 작성하여 인사부에 제출해야 한다.

119. 전치사 vs. 접속사

해설 〈because ~때문에 / since ~이후로 / such as ~와 같은 / due to ~때문에〉빈칸 뒤에는 구가 있기 때문에 구를 이끄는 전치사(구)가 와야 한다. 'because'는 접속사이고, 'since'는 전치사로 쓰일 때 '~이래로, ~이후로'라는 뜻이기 때문에 문맥에 맞지 않는다. **정답** (D)

표현 정리 consumer 소비자 spending 지출 substantially 상당히, 실질적으로 confidence 자신감, 신뢰 economic 경제의 recovery 회복

해석 경기회복에 대한 소비자의 신뢰가 높아져 소비자 지출이 상당히 증가할 것으로 예상된다.

120. 동사 어휘

해설 〈admit 인정하다 / meet 충족시키다 / feature 특별히 포함하다, 특징으로 삼다 / conduct 실시하다, 수행하다〉빈칸 뒤의 목적어 'demands'와 잘 어울리는 동사를 찾는 문제다. 'meet the demands'를 사용한다. 'meet'을 동사로 사용하는 전형적인 표현으로는 'meet the + (standards, criteria, deadlines, requirements, needs, expectations)' 등이 있다. **정답** (B)

표현 정리 design 디자인하다 packaging 포장 demand 요구사항, 수요 current 현재의

해석 Semana, Inc.는 현재 시장의 요구를 충족하는 제품 포장을 디자인한다.

121. 부사 어휘

해설 〈randomly 무작위로, 임의로 / collaboratively 협력해서 / indefinitely 무기한으로 / personally 직접, 개인적으로〉유일한 사람(the only person)이라고 했으므로 'collaboratively'는 문맥에 맞지 않는다. **정답** (D)

표현 정리 handle 다루다 classification 분류 expense 지출, 비용 since ~때문에 currently 현재 qualify 자격을 주다 conduct 수행하다, 실시하다 task 일, 업무

해석 Tyler 씨는 현재 이러한 업무를 수행할 수 있는 자격을 갖춘 유일한 사람이기 때문에 지출 보고서를 직접 분류한다.

122. 전치사

해설 〈despite ~에도 불구하고 / along ~을 따라 / by ~으로써 / until ~까지〉문맥을 보면, 보다 효과적인 제조과정을 실행했다는 것과 품질관리를 향상시켰다는 것은 원인과 결과의 관계를 가지고 있기 때문에, '~함으로써'의 'by'가 적절하다. **정답** (C)

표현 정리 improve 향상시키다, 개선하다 implement 실행하다, 실시하다 effective 효과적인 manufacturing process 제조과정

해석 Lunar Products는 보다 효과적인 제조과정을 실행함으로써 제품 품질관리를 개선했다.

123. 형용사 어휘

해설 〈excited 흥분한, 들뜬 / confidential 기밀의 / communal 공동 사회의, 공용의 / accessible 접근할 수 있는, 사용하기 쉬운〉보안허가를 받은 직원'만이(only) 접근이 허용되므로, '기밀의(confidential)'이 적절하다. **정답** (B)

표현 정리 personnel 직원, 인원 security 보안 clearance 허가 grant 주다, 부여하다, 허가하다, 승인하다 access 접근 extremely 매우, 극도로 sensitive 민감한

해석 보안허가를 받은 직원만이 매우 민감하고 기밀인 회사 문서에 접근할 수 있다.

124. 형용사 어형

해설 〈advise 권하다, 조언하다 / advisable 바람직한, 권할만한, 현명한〉 'be'동사 다음이므로 명사나 형용사가 올 수 있다. 이 문장에서는 'it is + 형용사 + for someone to do something'의 구조로 사용되었다. **정답** (D)

표현 정리 interior 내부의 warm 따뜻한 tone 색조, 음색 ensure 확실하게 하다, 보장하다 inviting 초대하는, 매력적인 atmosphere 분위기

해석 내부 벽을 칠할 때, 페인트공은 방이 매력적인 분위기를 갖도록 따뜻한 색상을 사용하는 것이 바람직하다.

125. 동사 어휘

해설 〈provide 제공하다 / expose 노출시키다 / announce 발표하다 / allow 허용하다〉 각 동사구조가 힌트가 된다. 'provide someone with something' 'expose someone to something' 'announce something to someone' 'allow someone something' 이런 구조가 기본적인데, 각 동사와 같이 쓰이는 전치사를 유의해서 보면 된다. **정답** (A)

표현 정리 employee 직원 fundamental 기본적인, 근본적인 principle 원칙, 원리 essential 필수적인 skill 기술

해석 이틀 동안 진행되는 이 세미나는 직원들에게 기본 원칙과 필수 기술을 제공한다.

126. 전치사 vs. 접속사

해설 〈before ~전에 / since ~이후로 / according to ~에 따라 / so that ~하기 위하여, 그래서, 그러므로〉 문맥을 보면 '떠나기 전에' 라고 해야 자연스럽다. 참고로 'so that'은 접속사로 이하 문장이 주어, 동사의 절이 와야 한다. **정답** (A)

표현 정리 reference material 참고자료 circulation desk (도서관에서) 대출 데스크

해석 도서관을 떠나기 전에 모든 참고자료를 대출 데스크에 반납하시기 바랍니다.

127. 동사 어휘

해설 〈depart 떠나다, 출발하다 / function 작용하다, 기능하다 / reroute (운송편 · 교통편 등을) 바꾸다, 새로이 편성하다 / book 예약하다〉 '악천후 때문에'라는 말이 있기 때문에 가장 어울리는 단어는 '노선을 변경하다(reroute)'이다. **정답** (C)

표현 정리 inclement [기후가] 혹독한 direct flight 직항 several 여러

해석 악천후 때문에 America 항공사는 여러 도시로 직항 노선을 변경해야 했다.

128. 부사 어휘

해설 〈expensively 비싸게 / financially 재정적으로, 경제적으로 / possibly 아마, 혹시 / evenly 균등하게, 고르게〉 'efficiently(효율적이게)'와 같이 'distributed'를 수식하는 부사를 고르는 문제이다. 가장 어울리는 것은 '효율적이고 균등하게'이다. **정답** (D)

표현 정리 brochure 브로셔, 안내서, 소책자 efficiently 효율적으로 distribute 배포하다, 분배하다

해석 새로운 안내서가 모든 지부 사무실에 효율적이고 균등하게 배부되었다.

129. 부사 어형

해설 〈consist 이루어지다, 구성되다(of) / consistent 지속적인 / consistency 일관성 / consistently 지속적으로〉 문장의 동사가 'outperformed'이기 때문에 동사를 꾸며주는 부사가 필요하다. 참고로, 'those'는 'investments'를 받고 있는 대명사이다. **정답** (D)

표현 정리 strategic 전략적인 natural resources 천연자원 outperform 작업[운전]능력에서 ~을 능가하다, ~보다 성능이 뛰어나다 telecommunications sector 통신 부문, 통신 분야

해석 천연자원에 대한 우리의 전략적 투자는 통신 부문의 투자보다 지속적으로 더 나은 성과를 거두었다.

130. 명사 어휘

해설 〈promotion 증진, 장려, 승진 / hub 중심, 허브 / festival 축제 / donation 기여, 기부〉 'Bigelow Café'는 장소이기 때문에, 지역 예술과 문화의 '중심(지)'이 되었다고 해야 문맥이 자연스럽다. **정답** (B)

표현 정리 local 지역의

해석 단 2년 만에 Bigelow Café는 지역 예술과 문화의 중심지가 되었다.

Part 6

문제 131-134번은 다음 이메일을 참고하시오.

> 수신: Doug Sauter
> 발신: Alan Payton
> 제목: 알림
> 날짜: 10월 8일
>
> 친애하는 Sauter 씨,
>
> 귀사의 복사기의 유지관리 계약이 이달 말에 만료된다는 점을 상기시켜 드리고자 글을 씁니다. 어떤 조치도 취할 필요가 없습니다. 계약이 자동으로 갱신됩니다.
>
> 아시다시피 Office Solutions, Inc.는 여러 유지관리 패키지를 제공합니다. **지금은 귀사의 특정 요구사항을 검토하기에 좋은 시간입니다.** 이용가능한 다른 옵션에 대해 논의하고 싶으시면, 언제든지 저에게 전화해 주십시오.
>
> Office Solutions, Inc.를 선택해 주셔서 다시 한번 감사드립니다.
>
> Alan Payton
> 계정 관리자

표현 정리 remind 상기시키다 maintenance 유지관리, 유지보수 agreement 계약 copy machine 복사기 contract 계약 automatically 자동으로 renew 갱신하다 available 이용가능한, 사용가능한

131. 동사 어휘

해설 〈expire 만료되다, 기한이 지나다 / achieve 이루다, 해내다 / negotiate 협상하다 / acquire 획득하다, 얻다〉 1단락의 마지막 문장을 보면, 계약이 자동으로 갱신될 것이라고 하기 때문에, 유지관리가 '만료가 된다'는 것을 알 수 있다. **정답** (A)

132. 명사 어형

해설 〈package 패키지, 꾸러미, (제안·계획·법안 등의) 일괄, 하나로 묶음〉 동사 'offer'의 목적어가 와야 하고, 유지관리 패키지를 말하는 것이므로 명사인 'packages'가 적절하다. 그리고 앞에 'several'이라고 하는 복수를 나타내는 단어가 있다는 것도 힌트가 된다. **정답** (A)

133. 알맞은 문장 고르기

해설 〈recent 최근의 / rental 임대의 / process 처리하다 / extend 연장하다 / contract 계약〉 2단락은 Office Solutions, Inc.가 여러가지 패키지를 제공하고 있고, 그에 대한 논의를 하고 싶으면 전화를 달라는 내용이다. 이 맥락에서 잘 어울리는 것은 (D)이다. 2단락은 금액에 대해(A) 언급이 전혀 없고, 1단락에서 설명되었듯이 유지보수 계약이 이번 달 만료가 되는 것이기 때문에 임대계약이 지난달 처리되었다(B) 내용은 맞지 않다. 그리고 1년 연장하려고 한다는 내용(C)은 1단락에 있으면 그나마 어울릴 수 있지만 그 마저도 자동 갱신이 된다는 내용과 충돌이 일어난다. **정답** (D)

해석
(A) 가장 최근의 지불에 감사드립니다.
(B) 귀사의 대여계약은 지난달에 이미 처리되었습니다.
(C) 저희는 계약을 1년 더 연장하려고 합니다.
(D) 지금은 귀사의 특정 요구사항을 검토하기에 좋은 시간입니다.

134. 명사 어휘

해설 〈payment 지불(금) / option 옵션, 선택 / technician 기술자, 기사 / machine 기계〉 'discuss (논의하다)'의 대상을 묻는 문제인데, 2단락은 여러가지 유지보수에 관한 것을 제공하니 논의를 하고 싶으면 전화를 달라는 맥락에서 유추를 하면 'options'가 가장 적절하다. 금액(payment)이나 기기(machine)에 관한 내용은 본문에서 언급이 된 적이 없으므로 어울리지 않는다. **정답** (B)

문제 135–138번은 다음 공지를 참고하시오.

> Costello 상공회의소는 세계적으로 유명한 기업가이자 작가인 Alexander Peters가 3월 8일 금요일에 연설할 것이라는 소식을 발표하게 되어 기쁘게 생각합니다. Peters 씨는 인터넷 검색엔진 디자인 분야의 선두주자인 Caesar Systems의 창립자입니다. **그는 세 권의 책을 집필한 작가이기도 합니다.**
>
> 이 행사는 비즈니스의 현재 주제를 탐구하는 봄 강의 시리즈의 첫 번째 행사입니다. 회원 전용 행사입니다. 행사가 끝난 후, 회원들은 Mr. Peters와 함께 Galloping House 레스토랑에서 저녁식사를 할 수 있습니다. 매장 주인인 David Eberly는 회원들에게 음식 및 음료 주문 시 10% 할인을 제공하는 데 관대하게 동의했습니다.
>
> 등록하려면 555-2304로 전화하세요.

표현 정리 chamber of commerce 상공회의소 is pleased to ~하는 것을 기쁘게 여기다 announce 발표하다 world-renowned 세계적으로 유명한 entrepreneur 기업가, 사업가 writer 작가 speech 연설 founder 설립자 lecture 강의 current 현재의 members-only 회원 전용의 following ~후에 discount 할인 register 등록하다

135. 동사 어형

해설 2단락에 보면 발표가 끝난 후에 저녁을 같이 할 것이고, 등록하기 위해서 전화를 하라고 하는 것을 보면 미래에 발생하는 이벤트라는 것을 알 수 있다. **정답** (D)

136. 알맞은 문장 고르기

해설 〈found 설립하다 / on the rise 증가하다 / globally 세계적으로 / author 저자, 작가〉 1단락은 Mr. Peters가 발표를 한다는 내용을 공지하면서 그가 누구인지 간략하게 설명을 하고 있다. 그러므로 Mr. Peters에 관련된 추가정보인 (D)가 가장 적절하다. (C)는 발표장에서 Mr. Peters가 등장할 때 할 수 있는 말이다. Costello 상공회의소에 설립시기(A)나, 인터넷 회사들(B)에 관한 정보는 1단락의 의도와 관련이 없다. **정답** (D)

해석
(A) 저희는 거의 20년 전에 설립되었습니다.
(B) 인터넷 회사들이 전 세계적으로 증가하고 있습니다.
(C) 그를 따뜻하게 환영해 주세요.
(D) 그는 세 권의 책을 집필한 작가이기도 합니다.

137. 현재분사

해설 〈explore 탐구하다〉 명사구 'our spring lecture series'를 수식하는 어구가 와야 하는데, 빈칸 뒤에 'current topics'라는 명사구가 있으므로 이를 받을 수 있는 -ing 형태가 가장 적절하다. 참고로 원래 문장은 '~ lecture series which explores current topics in business.'이다. 이 문장에서 관계사(which)를 생략하고 'explores'에 -ing를 붙여서 분사구문으로 만든 것이다. **정답** (C)

138. 부사 어휘

해설 〈frequently 자주, 빈번히 / generously 관대하게, 인심 좋게 / accurately 정확하게 / periodically 정기적으로, 주기적으로〉 본문과 같이, 고맙게도 어떤 혜택을 준다는 맥락에서 쓸 수 있는 부사는 'generously' 'kindly'가 대표적이다. **정답** (B)

문제 139–142번은 다음 공지를 참고하시오.

> 2월 15일 모바일뱅킹과 인터넷뱅킹 서비스가 업그레이드됩니다. 새 버전은 필요한 뱅킹 서비스를 더욱 더 편리하게 이용할 수 있도록 해줍니다. 새롭게 개선된 시스템이 적용되면, 다양한 기기에서 모든 금융 요구사항을 쉽게 처리할 수 있습니다. 스마트폰, 노트북, 가정용 컴퓨터 등 무엇을 사용하든 경험은 동일할 것입니다.
>
> 향후 변경사항에 대해 더 자세히 알고 싶은 고객은 워크숍에 참석할 수 있습니다. 워크숍은 1월 첫 3주 동안 모든 지점에서 개최됩니다. **전체 일정을 보려면 당사 웹사이트를 방문하세요.** 여기에서 앞으로 다가올 많은 흥미로운 변화에 대한 추가 정보도 확인할 수 있습니다.

표현 정리 mobile 모바일의, 이동식의 banking service 은행 서비스, 뱅킹 서비스 upgrade 개선하다. 업그레이드하다 version 버전. 판 newly 새롭게 improve 개선하다. 향상시키다 in place 제자리에 있는, (가동할) 준비가 된 easily 쉽게 take care of 처리하다. 돌보다 financial 금융의 needs 요구(사항) a variety of 다양한 customer 고객 location 장소 additional 추가적인 exciting 흥미로운

139. 형용사 어형

해설 〈convenient 편리한 / convenience 편의, 편리한 것 / conveniently 간편히, 편리하게〉 동사 'make'의 구조를 보면, 'make it + 형용사 + for someone to do something'으로 되어 있다. 여기에서 'it'은 가주어라고 부르는 것인데, 뒤에 나오는 'for someone to do something' 전체를 받는 것이다. 그래서 'make it convenient(그것을 편리하게 만들다)'인데, '그것'은 'for you to get the banking services you need'를 받는다. **정답** (A)

140. 명사 어휘

해설 〈material (물건의) 재료, (특정 활동에 필요한) 자료 / device 기기 / service 서비스 / information 정보〉 빈칸 다음에 오는 문장을 보면, 'a smartphone, a laptop, or a home computer' 등 어떤 기기를 사용하든 경험은 동일할 것이라고 하기 때문에, 이 문장과 자연스럽게 연결되는 'devices'가 가장 적절하다. 'materials'는 '재료, 자료'를 의미하기 때문에 어색하다. **정답** (B)

141. 동사 어형

해설 〈attend 참석하다〉 워크숍은 미래에 이루어지는 행사(The workshops will be held ~)이므로, 과거시제(A)나, 동사가 없이 현재분사 단독으로(B) 쓰이는 것 등은 오답이다. 미래완료시제(가) 사용되는 맥락은 특정한 일이 미래에 완료될 것을 예상할 때 주로 사용하기 때문에 적절하지 않다. **정답** (C)

142. 알맞은 문장 고르기

해설 〈get a loan 대출을 받다 / rate ~율, 요금 / complete 완전한, 전체의 / account 계좌 / account balance 계좌 잔액〉 빈칸 다음에 'There'라는 단어가 있기 때문에 빈칸에는 'there'가 가리키는 곳이 언급이 되어야 한다. 또한, 2단락의 전체 내용은 변경사항에 관한 워크숍을 소개하고 있기 때문에, 그에 어울리는 문장이 와야 한다. 대출을 받거나(A), 계좌를 개설하고 (C), 잔액을 확인하는(D) 것은 워크숍과 관련성이 떨어진다. **정답** (B)

해석
(A) 저희 대출부서에서 좋은 이율로 대출을 받으세요.
(B) 전체 일정을 보려면 당사 웹사이트를 방문하세요.
(C) 오늘 오셔서 계좌를 개설하세요.
(D) 당사 웹사이트를 이용하여 귀하의 계좌 잔액을 확인하세요.

문제 143-146번은 다음 공지를 참고하시오.

> Vinemont Free Press는 1998년에 설립된 비영리 단체인 Friends of Vinemont에 의해 발행되는 독립적인 지역사회 소식지입니다. 우리 출판물은 Vinemont 주민들에게 지역사회에 영향을 미치는 문제에 대해 알리는 것을 목표로 합니다. Vinemont에 거주하는 모든 사람은 Vinemont Free Press에 기고하도록 초대됩니다. 투고물을 보내기 전에 안내 및 지침을 받기 위해 편집자에게 555-0343으로 연락하세요.
>
> 현재 발행부수는 약 2,000부이며, 소식지는 매주 화요일 지역 도서관, 주민센터, 노인센터 등으로 배달됩니다. 광고 공간은 지역 단체 및 기업이 이용 가능합니다. **광고 종류에 따라 요금이 다릅니다.** 자세한 내용은 광고 부서에 555-1903로 전화주세요.

표현 정리 independent 독립적인 publish 출판하다, 발행하다 nonprofit 비영리의 organization 단체, 기관 found 설립하다 publication 간행물, 출판물 aim to ~을 목표로 하다 inform 알리다, 정보를 제공하다 issue 이슈, 문제, 쟁점 affect 영향을 미치다 be invited to ~하도록 초대되다[요청받다] submission (서류·제안서 등의) 제출; (의견의) 개진 contact 연락하다 editor 편집자 guidance 안내 instruction 지침 current 현재의 circulation (신문·잡지의) 판매 부수 approximately 대략, 약 deliver 배달하다 senior center 노인센터, 노인복지관 advertise 광고하다 available 이용가능한, 사용가능한 complete 완전한 detail 세부사항

143. 명사 어형

해설 〈reside 살다, 거주하다 / resident 주민 / residential 거주하기 좋은, 주택지의〉 동사 'inform'은 'inform + 사람 + of something(~에게 …을 알

리다)'의 구조로 사용할 수 있기 때문에 빈칸에는 '주민'이라는 사람이 와야 한다. **정답** (B)

144. 동사 어휘

해설 〈contribute 기고하다, 기여하다 / advertise 광고하다 / purchase 구매하다 / distribute 분배하다, 유통하다〉 빈칸 다음에 'submission(제출)'이라는 단어가 있기 때문에, 구매를(purchase) 하거나 분배 또는 유통 (distribute)을 하는 것과 관계없다는 것을 알 수 있다. 광고에(advertise) 관한 것은 2단락 중반부에 나오기 때문에 해당 문장이 2단락으로 가면 더 자연스럽고, 빈칸 다음에 전치사 'to'도 'The Vinemont Free Press'에게 광고를 하는 것이 아니기 때문에 'advertise in the Vinemont Free Press'라고 해야 자연스럽다. **정답** (A)

145. 전치사 vs. 접속사

해설 〈although 비록 ~일지라도 / in addition 게다가, 또한 / before ~전에 / in spite of ~에도 불구하고〉 빈칸 앞은 the Vinemont Free Press에 관해 소개를 하고 있으며, Vinemont 주민들은 기고를 할 수 있다는 내용이다. 그러므로 기고를 하기 '전에' 안내와 지침을 받기 위해 편집자에게 연락하라는 말이 자연스럽다. **정답** (C)

146. 알맞은 문장 고르기

해설 〈highlight 강조하다 / festival 축제 / supporter 지지자 / encourage 격려하다, 권장하다 / rate 요금 / vary 달라지다, 변하다 / advertisement 광고〉 빈칸 앞 문장은 광고 공간에 대해서 말하고 있고, 뒤의 문장은 더 자세한 사항은 전화를 달라고 했기 때문에, 광고와 관련이 있는 (D)가 가장 자연스럽다. **정답** (D)

해석
(A) 인기있는 과월 호에서는 특별한 축제와 공휴일을 강조했습니다.
(B) 지역 예술단체는 우리의 가장 강력한 후원자 중 하나입니다.
(C) 우리는 여러분의 친구와 이웃에게 우리에 대해 알려 주실 것을 권장합니다.
(D) 광고 종류에 따라 요금이 다릅니다.

101. 소유격

해설 명사 'phones'를 수식하는 어구가 와야 하므로, 소유격이 적절하다.
정답 (B)

표현 정리 check in (호텔 등에) 체크인하다 instead of ～대신에
proceed 나아가다

해석 호텔 투숙객은 프런트 데스크로 가지 말고 휴대폰을 이용해 체크인해야 한다.

102. 전치사

해설 〈while ～동안에 / about ～에 관하여 / over ～에 걸쳐서 / with ～와 함께〉 'while'은 접속사로 뒤에 절(주어, 동사가 있는)이나 분사구문, 또는 전치사구가 온다. 하지만 명사구가 올 수는 없다. '지난 분기 동안(～에 걸쳐)'라는 뜻을 가지고 있는 전치사 'over'가 가장 자연스럽다.
정답 (C)

표현 정리 value 가치 stock 주식 surge 급등하다, 급상승하다
estimated 약, 어림잡은

해석 Natron Enterprises의 주식 가치는 지난 분기 동안 약 75% 급등했다.

103. 접속사

해설 〈then 그때, 그 뒤에 / so 그래서 / but 그러나 / and 그리고〉 '포괄적인 서비스(comprehensive service)'와 '완전한 만족(complete satisfaction)'을 내용상 '그리고'가 가장 자연스럽게 연결한다.
정답 (D)

표현 정리 goal 목표, 목적 provide 제공하다 comprehensive 포괄적인, 종합적인 complete 완전한 satisfaction 만족

해석 우리의 목표는 귀하가 머무는 동안 포괄적인 서비스와 완전한 만족을 제공하는 것입니다.

104. 동사 어형

해설 〈outline 개요를 서술하다, 윤곽을 보여주다〉 빈칸에는 문장의 동사가 와야 하고, 주어는 3인칭 단수이기 때문에 'outlines'가 적절하다. 'the requirements and objectives'가 목적어이므로 능동태가 와야 한다.
정답 (B)

표현 정리 requirement 요구사항 objective 목표 client 고객
in detail 상세하게, 자세하게

해석 Jordan 씨의 보고서는 모든 고객의 요구사항과 목표를 상세하게 서술하고 있다.

105. to부정사

해설 〈locate 찾아내다, ～에 놓다 / location 위치, 장소〉 명령형의 문장으로 'make ~ and keep ～'의 두 개의 동사로 이루어져 있다. 이것을 수식하기 위해서는 '찾기 위해(to locate)'가 가장 맥락에 어울린다. 만일 세 개의 동사로 이루어진 명령형을 만들려면 'locate, make, and keep'의 형태로 동사원형을 사용해야 한다.
정답 (D)

표현 정리 make a left turn 좌회전하다 past ～을 지나
municipal 시의

해석 Park Office Complex를 찾기 위해서는 Stanton Street에서 좌회전하고 시립 도서관을 지나 계속 가십시오.

106. 과거분사

해설 〈aim ～을 목표로 하다 / install 설치하다 / protect 보호하다 / service (서비스를) 제공하다〉 분사구문으로 원래 문장은 'The new overpass (which is) aimed at reducing rush-hour traffic ～'이다. 교통량을 줄이는 것을 '목표로 하는'이라고 해야 문맥이 통한다.
정답 (A)

표현 정리 overpass 고가도로 rush hour 러시아워, 혼잡한 시간
highly 매우 appreciate 고마워하다, 감사하다

해석 러시아워 교통량을 줄이기 위한 새로운 고가도로는 통근자들로부터 매우 높은 평가를 받고 있다.

107. 전치사

해설 〈regard 간주하다 / regarding ～에 관하여〉 문장의 주어는 'customers'이고 동사는 'will be removed'이기 때문에 주어와 동사 사이는 전부 수식어구이다. 'regarding'은 전치사로 사용되어 '～에 관하여'라는 의미이다.
정답 (D)

표현 정리 customer 고객 offer (보통 짧은 기간 동안의) 할인, 제의
remove 삭제하다.

해석 특별 할인에 관한 이메일 수신에 관심이 없는 고객은 이 목록에서 삭제될 것이다.

108. 형용사 어휘

해설 〈accidental 우연한, 우발적인 / surrounding 주변의, 둘러싸는 / consecutive 연속적인 / respective 각각의, 각자의〉 언급된 두 명(Alex Thompson, Jae Park)이 두 분야(marketing, product design)을 '각각' 전문으로 한다는 말이 자연스럽다.
정답 (D)

표현 정리 corporate 기업의, 회사의 consultant 컨설턴트 specialize in ～을 전문으로 하다 field 분야, 영역

해석 기업 컨설턴트 Alex Thompson과 Jae Park는 마케팅과 제품 디자인이라는 각자의 분야를 전문으로 한다.

109. 비교급

해설 〈late 늦은 / lately 최근에 / later 후에, 나중에 / lateness 늦음〉 빈칸 뒤에 비교급을 이끄는 'than'이 있기 때문에 당연히 'later'가 와야 한다. 'no later than'은 이 자체로 '늦어도 ～까지'라는 뜻으로 사용한다.
정답 (C)

표현 정리 intend ～할 작정이다, ～하려고 생각하다, 의도하다
participate 참여하다 submit 제출하다 registration 등록 form 양식

해석 워크숍에 참여하시려면 늦어도 3월 31일까지 등록양식을 제출해 주시기 바랍니다.

110. 과거분사 어휘

해설 〈repeated 반복된 / applied 적용된 / designated 지정된 / terminated 종결된, 종료된〉 고객이 서명하고 이름표를 착용해야 하는 곳은 '지정된 구역'이라는 내용이 가장 잘 어울린다.
정답 (C)

표현 정리 sign in 도착 서명을 하다 name tag 이름표

해석 고객은 지정된 구역에 있는 동안 로비에서 도착 서명하고 이름표를 착용해야 한다.

111. 전치사 vs. 접속사

해설 〈after ～후에 / until ～까지 / since ～이래로 / while ～하는 동안에, ～반면에〉 Ms. Kimble을 임명하려면 종합적으로 '검토한 후'라고 해야 맥락에 맞다. 'since'의 경우, '～한 이래로 지금까지 쭉'이라는 의미이기 때문에 적절하지 않다.
정답 (A)

표현 정리 comprehensive 종합적인, 포괄적인 review 검토, 평가 application 지원서 appoint 임명하다, 지명하다 administrative 행정의, 사무의 assistant 보조, 조수

해석 모든 지원서를 종합적으로 검토한 후, Mr. Winter는 Ms. Kimble을 행정 보조직으로 임명하기로 결정했다.

112. 부사 어형

해설 〈prompt 신속한, 자극하다, 촉구하다 / promptly 즉시, 신속히〉 동사 'conducted'를 수식하는 부사가 와야 하는 자리이다. **정답** (D)

표현 정리 financial 재정적인, 재무의 detect 발견하다 conduct 실시하다, 수행하다 investigation 조사 identify 확인하다, 밝히다

해석 회사는 재무 오류가 발견되었을 때, 원인 파악을 위한 조사를 즉시 실시했다.

113. 형용사 어휘

해설 〈functional 작동하는 / unavailable 사용[이용]할 수 없는 / completed 작성된, 완성된 / beneficial 도움이 되는, 유익한〉 다음주 업그레이드 동안 '사용할 수 없다'는 말이 논리적으로 맞다. **정답** (B)

표현 정리 temporarily 일시적으로

해석 다음주 네트워크 업그레이드 동안, Stellar Media 홈페이지는 일시적으로 사용할 수 없다.

114. 동사 어형

해설 〈transform 전환하다, 바꾸어 놓다 / transformation 전환, 변환〉 문장의 동사는 'help'이고 이 동사의 구조는 'help + 목적어 + (to) 동사원형'의 형태를 가진다. **정답** (A)

표현 정리 developer 개발자 marketable 시장성이 있는, 잘 팔리는

해석 Business Care는 소프트웨어 개발자가 자신의 아이디어를 시장성 있는 제품으로 전환하는 데 도움을 줄 수 있다.

115. 부사 어형

해설 〈definitely 확실히, 분명히 / definite 명확한, 분명한 / definitive 결정적인, 최종적인 / defined 정의된〉 'be'동사이기 때문에 뒤에 형용사나 명사가 와야 하는데, 빈칸 뒤에 보면 'the best part'라는 명사구가 이 역할을 하고 있다. 그러므로 명사구를 수식하는 부사가 가장 적절하다. **정답** (A)

표현 정리 even though 비록 ～할지라도 compare 비교하다 stay 체류

해석 도시 자체는 뉴욕과 비교할 수 없지만, 애틀랜타에서의 체류는 확실히 내 여행의 가장 좋은 부분이었다.

116. 동명사

해설 〈proceed 진행하다, 계속하다, 수익〉 전치사 'before' 다음이므로 동명사를 사용해야 한다. **정답** (C)

표현 정리 transaction 거래 ensure 보장하다, 확실하게 하다 verify 확인하다, 검증하다 account 계좌 balance 잔액, 잔고

해석 온라인 거래를 진행하기 전에 오늘 계좌 잔액을 확인하시기 바랍니다.

117. 명사 어휘

해설 〈continuity 연속성 / reluctance 꺼림, 주저함 / compassion 동정, 연민 / difference 차이〉 2주 전에 통지할 것을 요구하는데, 이것은 업무 흐름의 '연속성'을 유지하기 위한 것이라고 해야 자연스럽다. **정답** (A)

표현 정리 maintain 유지하다 workflow 업무 흐름, 작업 흐름 request 요구하다, 요청하다 employee 직원 provide 제공하다 written 서면의 notice 통지 in advance 미리, 사전에 vacation 휴가

해석 업무 흐름의 연속성을 유지하기 위해 우리는 직원들이 휴가 최소 2주 전에 서면통지를 할 것을 요청한다.

118. 전치사

해설 〈to ～에 / for ～을 위하여 / as ～로서 / about ～에 관하여〉 신분증을 제시해야 하는 이유를 나타내야 하는데, 이유를 말할 때 사용하는 전치사 'for'가 적절하다. **정답** (B)

표현 정리 visitor 방문객 present 제시하다 appropriate 적절한 identification 신분증 entry 입장 facility 시설

해석 방문객은 시설에 입장하기 위해 직원에게 적절한 신분증을 제시해야 한다.

119. to부정사

해설 〈safeguard 보호하다〉 보안조치를 강화하는 것은 중요한 데이터를 '보호하기 위한' 것이라고 해야 문맥이 성립한다. **정답** (D)

표현 정리 aim ～을 목표로 하다 enhance 강화하다 security 보안 measure 조치 critical 중요한 sensitive 민감한

해석 새로운 소프트웨어 업데이트는 중요하고 민감한 데이터를 보호하기 위한 보안조치를 강화하는 것을 목표로 한다.

120. 부사 어휘

해설 〈kindly 부디 ～해주세요, 친절하게 / highly 매우 / commonly 흔히, 일반적으로 / broadly 광범위하게〉 당사 웹사이트를 방문해 달라는 것을 표현하는데, 이럴 때 TOEIC에서 사용하는 말은 'please, kindly, simply, just' 등이다. **정답** (A)

표현 정리 feedback 피드백, 반응, 의견 household 가정의, 가족의, 가정 appliance 가전제품, 기기

해석 당사의 최신 가전제품에 대한 의견을 남기고 싶으시면, 당사 웹사이트를 방문하시기 바랍니다.

121. 현재분사

해설 〈feature ～을 특징으로 하다, 특징으로 삼다〉 주어 'The King Suites project'를 꾸미는 분사구문으로 원래 문장은 'The King Suites project, which features 200 guest rooms with ～'이다. 관계사 'which'를 생략하면서 'featuring'으로 바뀐 구문이다. **정답** (C)

표현 정리 guest room 객실 affordable [가격 등이] 알맞은, 저렴한

해석 저렴한 가격으로 200개의 객실을 갖춘 King Suites 프로젝트는 이번 주말까지 완료될 것으로 예상된다.

122. 형용사 어휘

해설 〈temporary 일시적인 / proposed 제안된 / scheduled 스케줄이 있는, 예정된 / underway 진행중인〉 메인 로비가 아니고 Heim Street 입구를 사용해야만 하는 것은 공사가 '진행중'이어야 한다. 공사가 제안되거나 예정되어 있다고, 로비를 사용 못하고 Heim Street 입구를 이용해야 한다는 것은 어색하다. **정답** (D)

표현 정리 employee 직원 require 요구하다, 필요로 하다 entrance 입구 maintenance 유지보수

해석 메인 로비에서 보수공사가 진행되는 동안, 직원들은 Heim Street 입구를 이용해야 한다.

123. 접속사 vs. 전치사

해설 〈although 비록 ~일지라도 / despite ~에도 불구하고 / but 그러나 / in case ~한 경우에 대비하여〉 두 문장을 연결할 수 있는 종속접속사가 필요하고, 내용상 예산이 제한적이었다는 말과 고품질의 결과를 냈다는 말은 역접의 관계이기 때문에 'although'가 적절하다. 'despite'은 전치사이기 때문에 문장을 이끌지 못하고, 'but'은 문장의 맨 앞이 아니고 두 문장 사이에 와야 한다. **정답** (A)

표현 정리 initial 초기의 budget 예산 allocation 할당 manage ~을 그럭저럭 해내다, 어떻게든 ~을 해내다 deliver 배달하다, 달성하다

해석 초기 예산 할당이 제한되었음에도 불구하고, 프로젝트 팀은 고품질의 결과를 달성할 수 있었다.

124. to부정사 어휘

해설 〈adapt 적응하다 / submit 복종하다, 굴복하다, 제출하다 / choose 선택하다 / execute 실행하다, 실시하다〉 충분한 시간(ample time)이라고 했기 때문에 변화에 '적응할' 수 있다고 해야 문맥이 성립한다. **정답** (A)

표현 정리 regulation 규정 take effect 효력이 발생하다 provide 제공하다 ample 충분한, 풍부한 employee 직원

해석 새로운 회사 규정은 6월부터 발효되어 직원들이 변화에 적응할 수 있는 충분한 시간을 제공한다.

125. 부사 어휘

해설 〈extremely 극단적으로, 대단히 / mainly 주로 / densely 밀집하여, 빽빽이 / punctually 늦지 않게, 시간대로〉 'A is attributed to B(A는 B 때문이다)'의 구조를 생각해보면, 시장 가치가 오른 것은 투자전략 때문이라는 원인과 결과의 관계가 성립하는데, '주로' 투자전략 때문이라고 해야 자연스럽다. **정답** (B)

표현 정리 market value 시장 가치 rise-rose-risen 오르다 quarter 분기 attribute A to B 'A'는 'B' 덕분이다[때문이다] investment 투자 strategy 전략

해석 회사의 시장 가치는 이번 분기에 15% 증가했는데, 이는 주로 투자전략에 기인한다.

126. 형용사 어휘

해설 〈extend 확장하다, 연장하다 / extending 확장하는, 연장하는 / extensive 광범위한, 대규모의 / extension 확장, 연장 / extensively 광범위하게, 널리〉 빈칸 앞에 관사가 있고, 뒤에는 명사인 'set'이 있기 때문에 들어갈 단어는 형용사가 적절하다. **정답** (B)

표현 정리 compile [사전·책·저작 등을] 여러 가지 자료로 만들다, 편찬[편집]하다 instructions 지침 optimize 최적화하다 feature 기능

해석 Michael Nguyen은 스마트폰 기능 최적화에 대한 광범위한 지침을 편집했다.

127. 부사 어휘

해설 〈regretfully 유감스럽게도, 애석하게도, 아쉽게도 / comparably 비교할 수 있을 정도로, 필적할 만큼, 동등하게 / frequently 자주, 빈번히 / immediately 즉시, 곧바로〉 다음달에 열리는 이사회에 '필적할 만큼, 자주, 즉시' 참석하지 않겠다는 말은 문맥이 통하지 않는다. **정답** (A)

표현 정리 announce 밝히다, 발표하다 attend 참석하다 board of directors 이사회

해석 Lee 씨는 다음달에 열리는 이사회에 아쉽게도 참석하지 않겠다고 밝혔다.

128. 명사 어휘

해설 〈decision 결정 / release (영화·연극의) 개봉, 첫 공개 / version 버전, 판 / responsibility 책임〉 영화에 관한 내용이고 개봉한다고(premiered) 했기 때문에 '개봉(release)'가 적절하다. **정답** (B)

표현 정리 prior to ~전에 official 공식적인 brief 짧은, 간단한 clip 동영상, 클립 upcoming 다가오는, 곧 있을 premiere (종종 수동태)[연극·작곡의] 첫 공연을 하다, [영화를] 개봉하다

해석 공식 개봉 2주 전, Cameron Crowe의 개봉예정 영화의 짧은 클립이 Film Daily Review에서 첫 공개되었다.

129. 동명사 어휘

해설 〈respond 응답하다 / decide 결정하다 / consider 고려하다 / activate 활성화하다, 활동적이게 하다〉 'respond'는 동사로 사용할 때 전치사 'to'가 온다. 그러므로 'to' 이하는 (동)명사가 와야 한다. 'consider'는 고려한다는 의미로 사용될 때 뒤에 to부정사가 아니고 동명사가 온다. 정보를 요청하는 것은 구매를 '결정하기 전'이기 때문에 'deciding'이 적절하다. **정답** (B)

표현 정리 urgently 긴급하게 request 요청하다 estimate 견적 purchase 구매하다

해석 Johnson 씨는 제품 구매를 결정하기 전에 견적에 대한 정보를 긴급하게 요청했다.

130. 명사 어휘

해설 〈task 업무, 일 / requirement 요건, 필요조건, 필요한 것 / comparison 비교 / strategy 전략〉 책임과 자격을 말하고 있기 때문에, '업무[직무]'라는 말에 해당되는 'job task'가 가장 자연스럽다. **정답** (A)

표현 정리 employee 직원 handbook 핸드북, 안내서 outline 요점을 말하다, 개요를 말하다 responsibility 책임 preferred 선호되는 qualification 자격 described 묘사된, 설명된

해석 직원 안내서는 설명된 직무에 대한 책임과 선호되는 자격을 요약하고 있다.

Part 6

문제 131-134번은 다음 초대장을 참고하시오.

> Caspar Business Association 창립 50주년을 기념하는 저녁식사에 귀하와 동반인을 진심으로 초대합니다.
>
> Caspar Business Association은 1971년부터 지역 비즈니스 커뮤니티의 요구에 부응해 왔습니다. 매년 Eagle Awards를 수여하여 회원 기업의 시민 참여를 기념합니다. 올해의 수상자로는 Gogol Printing, Yates Engineering, DC Accounting입니다. **지역사회에 대한 그들의 헌신을 인정하는 데 동참해 주십시오.**
>
> 정장 복장이 필요합니다.
>
> 3월 3일까지 555-9303으로 Heather White에게 회신해주십시오.

표현 정리 cordially 진심으로 in celebration of ~을 축하하여, ~을 기념하여 anniversary 기념일 needs 요구 commemorate 기념하다 civic 시의, 시민의 engagement 참여 present 수여하다, 제시하다, 발표하다 recipient 받는 사람, 수령인 attire 복장 require 요구하다, 필요로 하다 RSVP 회신[회답]을 하다

131. 동명사

해설 〈found 설립하다 / founder 설립자〉 빈칸 앞에 정관사가 있고 뒤에는 전치사구의 수식어구가 있기 때문에 빈칸에는 명사형인 'founding'이 와야 한다. 내용상 'the Caspar Business Association'의 설립 50주년인 것이지 '설립자[창립자]'의 50주년이 아니다. **정답** (C)

132. 동사 어형

해설 〈serve [욕망 · 요구 · 필요 등을] 채우다, 만족시키다; [목적에] 맞다; ~에 충분하다〉 빈칸에는 동사가 와야 하고, 문장 끝에 'since 1971(1971년 이후로 쭉)'이라는 어구가 있기 때문에 현재완료 시제가 와야 함을 알 수 있다. **정답** (C)

133. 형용사 어휘

해설 이 글은 올해 개최되는 50주년 창립기념일에 대해서 이야기하고, 해당 문장의 다음 문장은 올해 수상자도 언급하고 있기 때문에, 내년(A)이라는 말은 어울리지 않는다. 'all year'는 '일년 내내'라는 뜻이므로 50주년 기념일과는 맞지 않고, 이 글은 당연하게도 작년(D)에 대해서 말하는 것도 아니다. **정답** (B)

134. 알맞은 문장 고르기

해설 〈recognize [업적 · 공헌 등을] [상 등으로] 인정[평가]하다 / commitment 헌신 / contribute 공헌하다, 기여하다 / economic 경제의 / growth 성장 / vitality 활력 / indicate 나타내다, 가리키다 / prefer 선호하다 / celebrate 축하하다 / achievement 성취, 업적〉 2단락의 내용을 요약하면, 매년 업체를 선정해서 수상을 하고, 올해 수상자를 알려주고 있다. 그러므로, 이 행사에 오길 바란다는 내용이 자연스럽게 연결된다. 이 글을 읽는 사람이 기여를 했다거나(B), 음식(C) 혹은 호텔 직원(D) 등에 대한 언급은 맥락과 전혀 관계가 없다. **정답** (A)

해석
(A) 지역사회에 대한 그들의 헌신을 인정하는 데 동참해 주십시오.
(B) 귀하는 우리의 경제성장과 활력에 기여해 왔습니다.
(C) 저녁식사로 어떤 음식을 선호하는지 말씀해 주세요.
(D) 우리 호텔 직원 모두의 업적을 축하합시다.

문제 135~138번은 다음 이메일을 참고하시오.

> 발신: Julian Montgomery
> 수신: 모든 팀원
> 첨부파일: 프레젠테이션
>
> 이 이메일에 첨부된 것은 이번 분기 말까지 시행될 다가오는 프로젝트의 중요한 단계를 설명하는 프레젠테이션입니다. 프레젠테이션은 이 프로젝트의 전략적 목표에 대한 세부정보와 각 팀 구성원의 업무 및 책임에 대한 자세한 명세를 포함하고 있습니다.
>
> **몇몇 팀원이 프로젝트 토론에 적극적으로 참여했습니다.** 그들의 의견을 바탕으로, 우리는 성공적인 프로젝트의 완전한 실행을 보장할 포괄적인 계획을 설계했습니다. 그럼에도 불구하고, 우리는 프로젝트를 진행하면서 일부 조정이 필요할 수 있다는 것을 이해합니다.
>
> 프레젠테이션을 검토한 후에도, 프로젝트의 중요한 단계에 관해 여전히 질문이 있을 수 있습니다. 추가적인 도움이 필요하시면 언제든지 555-7892번으로 연락해 주세요.

표현 정리 attached 첨부된 upcoming 다가오는, 곧 있을 milestone 이정표, 단계, 중요한[획기적인] 단계[사건] implement 시행하다 quarter 4분의 1, 3개월 detailed 자세한, 상세한 strategic 전략적인 as well as ~뿐만 아니라 breakdown 명세(서) task 일, 업무

---

responsibility 책임 input 의견, 조언, 입력 design 설계하다, 디자인하다 comprehensive 포괄적인 ensure 보장하다 project delivery 프로젝트의 완전한 실행 adjustment 조정, 수정 require 요구하다, 필요로 하다 review 검토하다 regarding ~에 관하여 assistance 도움

135. 현재분사 어휘

해설 〈correct 바로잡다, 정정하다 / criticize 비판하다, 비평하다 / explain 설명하다 / propose 제안하다〉 1단락의 마지막 문장을 보면, 이 프레젠테이션에 관한 정보를 제시하고 있다. 또한 마지막 단락을 보면 프레젠테이션을 검토한 후에도 'project milestones'에 관한 질문이 있을 수 있다는 말을 하는 것으로 보아 정답은 'explaining'이다. **정답** (C)

136. 알맞은 문장 고르기

해설 〈be interested in ~에 관심이 있다 / budget 예산 / maintain 유지하다 / actively 적극적으로 / participate 참여하다 / strategy 전략 / valuable 가치 있는〉 빈칸 다음의 문장을 보면 'Based on their input'이라고 되어 있기 때문에, 'their'가 누구인지 빈칸에 언급이 되어 있어야 한다. 그리고, 예산에 관한 내용이나(A) 업무 문화는(B) 본문의 내용과 관련성이 없다. **정답** (C)

해석
(A) 일부 팀원은 프로젝트 예산에 관심이 있습니다.
(B) 우리는 모든 팀원에게 긍정적인 업무 문화를 유지합니다.
(C) 몇몇 팀원이 프로젝트 토론에 적극적으로 참여했습니다.
(D) 새로운 프로젝트 전략에 대해 배우는 것은 가치 있을 수 있습니다.

137. 접속부사

해설 〈for instance 예를 들어 / nonetheless 그럼에도 불구하고 / therefore 그러므로 / since then 그 이후로〉 앞 문장에는 긍정적인 내용인데, 뒤 문장은 약간의 수정이 필요할 수도 있다는 것을 인정하고 있다. 그러므로 '그럼에도 불구하고'가 잘 어울린다. **정답** (B)

138. 형용사 어형

해설 〈add 더하다, 첨가하다 / addition 추가된 것, 부가물 / additional 추가적인 / additionally 게다가〉 빈칸 뒤에 명사 'assistance'가 있으므로 이 명사를 수식하는 형용사가 와서 '추가적인 도움'의 어구가 적절하다. **정답** (C)

문제 139~142번은 다음 편지를 참고하시오.

> 6월 10일
> 현재 고객
> 123 Elm Street
> 고객님께,
>
> 새로운 고객 보상프로그램을 소개하게 되어 기쁘게 생각합니다. 이 프로그램은 귀하의 지속적인 지원에 보답하고 향후 구매 시 비용을 절약할 수 있도록 고안되었습니다.
>
> 다음 달부터, 자격을 갖춘 고객은 특별 고객 카드를 받을 것입니다. 새로운 고객 카드는 독특한 금색과 회사 로고로 쉽게 알아볼 수 있습니다.
>
> **프로그램 혜택을 빠르게 이용하려면 카드를 보관하십시오.** 카드 소지자는 독점 할인, 신제품 조기 이용 및 특별 프로모션을 누릴 수 있습니다.
>
> 이 프로그램에 등록하고 활용하는 방법에 대한 자세한 내용을 보려

면 당사 웹사이트 www.examplestore.com/loyalty를 방문하십시오.

Lisa Anderson
고객관리 매니저
Example Store

표현 정리 excited 흥분한, 신이 난, 들뜬 introduce 소개하다 loyalty program 고객 보상 프로그램, 로열티 프로그램 reward 보상하다 continued 지속적인 support 지지, 지원 purchase 구매 eligible 자격이 있는 receive 받다 distinctive 독특한 cardholder 카드 소지자 exclusive 독점적인 discount 할인 access 접근 promotion 프로모션, 판매 촉진, (제품의) 선전; 판매 촉진의 상품 detail 세부사항 sign up 등록하다, 가입신청하다 take advantage of 이용하다, 활용하다

139. 동사 어휘

해설 〈consolidate 강화하다, 통합하다 / inspect 점검하다, 검사하다 / design 설계하다, 디자인하다 / register 등록하다〉 'consolidate'는 여러 개의 것을 합쳐서 보다 나은 것을 만든다는 의미를 지니고 있는데, 본문에서는 첫 문장에 'new program'을 소개한다고 되어 있고, 그 외에 다른 내용이 없다. 그러므로 맥락에 어색하고, '이 프로그램은 ~하도록 고안되었다 (designed)'라고 해야 자연스럽다. **정답** (C)

140. 형용사 어형

해설 〈recognize 인정하다 / recognizable (쉽게) 알[알아볼] 수 있는 / recognizably 곧 알아볼 수 있을 정도로〉 빈칸 앞에 부사 'easily'가 수식하는 형용사가 와서 '쉽게 알아볼 수 있는'의 뜻이 되어야 자연스럽다. **정답** (B)

141. 알맞은 문장 고르기

해설 〈collective 공동의, 집단의 / benefit 혜택 / coworker 동료 / offer 할인, 제안 / access 접근 / program perk 혜택 / display 전시하다, 내보이다 / visible 보이는, 가시적인 / reminder 상기시키는[생각나게 하는] 것〉 이 편지는 고객에게 혜택을 주려(reward your continued support) 로열티 카드에 관한 정보를 주는 글이다. 또한 처음부터 끝까지 계속 'you'에 관한 글이고 다른 사람에 관한 언급이 전혀 없다. 게다가 빈칸 다음의 내용도 카드 소지자가 누릴 수 있는 혜택에(exclusive discounts, early access to new products, and special promotions) 대해서 설명을 하고 있다. 그러므로 공동 혜택을 위해 친구 및 가족과 공유를 하거나(A) 직장 동료에게 카드를 보여주는 것(B) 등은 빈칸 다음 문장과 연결이 자연스럽지 않다. 그것보다는 (C)에 'program perks'를 언급하고, 그 혜택이 무엇인지 곧바로 설명을 해주는 흐름이 가장 자연스럽다. **정답** (C)

해석
(A) 공동 혜택을 위해 친구 및 가족과 카드를 공유하십시오.
(B) 동료들이 할인을 누릴 수 있도록 카드를 보여주십시오.
(C) 프로그램 혜택을 빠르게 이용하려면 카드를 보관하십시오.
(D) 기억할 수 있도록 눈에 보이는 곳에 카드를 놓으십시오.

142. 형용사 어휘

해설 이 글은 1단락에 있듯이 'new customer loyalty program'에 관한 내용이기 때문에 'this program'으로 마무리하는 것이 가장 적절하다. **정답** (B)

문제 143–146번은 다음 이메일을 참고하시오.

수신: Jennifer Collins
발신: Alex Turner
제목: 장비 대여
날짜: 11월 12일

친애하는 Collins 씨,

장비 대여에 관해 문의해 주셔서 감사합니다. 해당 장치는 아직 이용 가능합니다.

이 최첨단 비디오 카메라는 다양한 설정에서 고품질 영상을 담는 데 적합합니다. 아마추어와 전문가 모두를 위해 설계된 이 카메라는 다목적 선택입니다. 카메라에는 삼각대와 외부 마이크를 포함한 다양한 액세서리가 함께 제공됩니다.

우리는 장기 할인과 함께 경쟁력 있는 가격을 제공합니다. 영화 제작자나 콘텐츠 제작자 모두에게 좋은 기회입니다.

장비 예약을 원하시거나 추가 문의사항이 있으시면 언제든지 555–6789로 연락주세요.

Alex Turner
장비 대여 관리자
TechWave Productions

표현 정리 inquiry 문의 equipment 장비 rental 대여 available 사용 가능한, 이용 가능한 state-of-the-art 최첨단의 capture ~을 필름/테이프/화폭 등에 담다 high-quality 고화질의 footage (특정한 사건을 담은) 장면[화면] a variety of 다양한 setting 세팅, 환경, 배경 design 설계하다, 디자인하다 amateur 아마추어(의) professional 전문가(의) versatile 다용도의, 다목적의 come with ~이 딸려 있다, 함께 제공된다 a range of 다양한 accessory 액세서리, 장신구 tripod 삼각대 external 외부의 microphone 마이크 opportunity 기회 filmmaker 영화 제작자 content 콘텐츠 hesitate 망설이다, 주저하다 contact 연락하다

143. 명사 어휘

해설 〈device 장치 / availability 사용 가능성, 이용 가능성 / reservation 예약 / manufacturer 제조업체〉 이 이메일은 첫 문장에서 알 수 있듯이, 카메라를 대여하려는 Jennifer Collins에게 보내는 것이다. 그러므로 카메라를 가리키는 'device'가 적절하다. **정답** (A)

144. 전치사

해설 〈include 포함하다 / including 포함하여〉 빈칸 앞에는 완전한 문장이므로 (A)나 (D)와 같이 동사가 들어갈 수는 없다. 전치사 'including'이 와서 전치사구를 형성해야 문장이 성립한다. **정답** (C)

145. 알맞은 문장 고르기

해설 〈competitive 경쟁력 있는 / rate 요금 / long-term 장기의 / similar 유사한, 비슷한 / rental agency 대여업체 / as well 또한 / recommend 추천하다 / rent 대여하다 / backup 예비(품) / user manual 사용설명서 / proper 적절한 / operation 운용, 작동〉 이 글은 TechWave Productions라는 대여업체에서 대여 문의를 한 Jennifer Collins에게 쓴 이메일이라는 것을 염두에 두어야 한다. 다른 업체를 언급한 (B)는 전혀 어울리지 않는다. 그리고 두 번째 카메라를 대여하라는 것이나(C) 사용설명서를 읽어보라는 것은, 빈칸 뒤에 '좋은 기회'라고 말하는 것과 맥락에 맞지 않다. '장기 할인과 좋은 가격이니 좋은 기회다'고 하는 것이 가장 적절하다. **정답** (A)

해석
(A) 우리는 장기 할인과 함께 경쟁력 있는 가격을 제공합니다.
(B) 다른 대여업체에서도 유사한 장비를 찾을 수 있습니다.
(C) 예비로 두 번째 카메라를 대여하는 것을 추천합니다.
(D) 올바른 사용을 위해 반드시 사용설명서를 읽어보십시오.

146. 동사 어휘

해설 〈buy 구매하다 / stay 머무르다 / reserve 예약하다 / describe 묘사하다〉 이 글은 장비 임대에 관한 것이므로, 장비를 '예약'하고 싶다면 전화를 달라는 것이 가장 자연스럽다. **정답** (C)

TEST 13

Part 5

101. 동사 어형

해설 〈offer 제공하다〉 'Dynamic Reliefs'은 회사 이름이기 때문에 단수이고, 업체가 할인을 제공하는 것이므로 능동태여야 한다. **정답** (A)

표현 정리 on a first-come, first-served basis 선착순으로
popular 인기있는

해석 Dynamic Reliefs는 가장 인기있는 일부 제품에 대해 선착순으로 고객에게 할인을 제공한다.

102. 부사 어형

해설 〈diligent 부지런한 / diligence 근면 / diligently 부지런하게〉 문맥상 동사 'has worked'를 꾸미는 부사가 와야 한다. 그래서 '부지런히 노력하다'의 뜻이 된다. **정답** (C)

표현 정리 attract 유치하다, 유혹하다 **investor** 투자자
real estate 부동산

해석 Anderson 씨는 자신의 부동산 개발 프로젝트에 투자자를 유치하기 위해 부지런히 노력해 왔다.

103. 전치사 vs. 접속사

해설 〈whenever ~할 때마다 / along ~을 따라서 / so that ~하도록, ~하기 위해서 / until ~할 때까지〉 다음 교대조가 도착할 '때까지' 근무장소에 있다는 것이 맥락상 가장 적절하다. 참고로 'whenever 'so that'은 접속사로 일반적으로 주어 동사가 있는 절이 와야 한다. **정답** (D)

표현 정리 employee 직원 **require** 요구하다, 필요로 하다 **workstation** 근무 장소 **handle** 다루다, 처리하다 **arrival** 도착 **shift** 교대, (교대제의) 근무 시간; 교대[근무]조

해석 모든 직원은 다음 교대조가 도착할 때까지 근무 장소에 머물면서 통화를 처리해야 한다.

104. 동명사 어휘

해설 〈handle 다루다, 처리하다〉 '결정을 하다'는 동사로 'make' 'reach' 'come to' 등을 사용할 수 있다. **정답** (B)

표현 정리 despite ~에도 불구하고 **promising** 전망이 좋은, 유망한 **appearance** 외모, 겉모습 **carefully** 주의 깊게, 신중하게 **review** 검토하다 **detail** 세부사항

해석 제안의 전망이 밝음에도 불구하고, 최종 결정을 내리기 전에 세부사항을 신중하게 검토할 필요가 있다.

105. to부정사

해설 〈increase 증가하다 / increasing 증가하는 / increasingly 점점, 더욱 더〉 to부정사이기 때문에 동사원형이 적절하다. 문장에서 'expect'의 동사구조는 'expect A to do ~'인데, 수동태로 'A is expected to do ~'의 형식이 된 것이다. **정답** (B)

표현 정리 economic 경제의 **forecast** 전망 **profit** 이윤, 이익
upcoming 다가오는, 곧 **quarter** 분기, 3개월

해석 경제 전망에 따르면 Horizon Innovations의 이익은 향후 분기에 증가할 것으로 예상된다.

106. 전치사 vs. 접속사

해설 〈despite ~에도 불구하고 / although 비록 ~일지라도 / in case of 만일 ~한다면 / in order that ~하기 위해, ~할 목적으로〉 대부분의 눈을 치웠다는 것과 장비가 없다는 것은 '~임에도 불구하고'라고 해야 문맥이 성립한다. **정답** (A)

표현 정리 official (회사·단체 등의) 임원, 직원, 담당자 clear A from B 'B'에서 'A'를 치우다 equipment 장비 shortage 부족, 결핍

해석 Edgewood 담당자는 일부 장비가 없음에도 불구하고 고속도로에 쌓인 눈을 대부분 치웠다.

107. 소유격

해설 빈칸 앞의 'to'는 전치사이고 '그의 부서'라고 해야 맥락이 성립하므로 'his'가 정답이 된다. **정답** (B)

표현 정리 urge 요구하다, 촉구하다 employee 직원 maintenance 유지보수 request 요청 directly 직접적으로

해석 John Anderson은 직원들에게 유지보수 요청을 그의 부서로 직접 보낼 것을 요구했다.

108. 동사 어휘

해설 〈contain 포함하다 / allocate 할당하다 / postpone 연기하다 / suspend 중단하다, 정지하다〉 생산성을 높이기 위해 할 수 있는 논리적인 일은 자원을 '할당'하는 것이다. **정답** (B)

표현 정리 administration 행정, 관리, 운영 intend 계획하다, 의도하다 additional 추가의 resource 자원 department 부서 enhance 높이다, 강화하다 productivity 생산성

해석 행정부는 생산성을 높이기 위해 추가 자원을 부서에 할당할 계획이다.

109. 접속사

해설 〈once 일단 ~하면 / even 심지어 / until ~할 때까지 / otherwise 그렇지 않으면〉 완전한 두 문장을 연결하는 접속사가 필요하다. 참고로 'even' 'otherwise'는 부사이기 때문에 문장을 연결할 수 없다. **정답** (A)

표현 정리 research 연구 laboratory 실험실, 연구실 complete 완성된, 완전한

해석 계획이 완료되면 Olympus Innovations 제품 디자인 팀의 여러 구성원이 연구실로 이동할 것이다.

110. 명사 어휘

해설 〈merger 합병 / avenue 길 / omission 생략, 누락 / resource 자원〉 Apex Tech의 CEO가 Thompson Machines와의 '합병'에 회의적이라고 해야 '재정 문제 때문에'라는 말이 성립한다. **정답** (A)

표현 정리 skeptical 회의적인 due to ~때문에 financial 재정의

해석 Apex Tech의 최고경영자는 재정 문제로 인해 Thompson Machines와의 합병에 회의적이다.

111. 동사 어형

해설 〈exceed 초과하다〉 관계대명사 'who'가 있으므로 동사가 와야 관계사절이 완성된다. 그리고 주어는 복수이기 때문에 동사도 그에 맞게 수일치가 이루어져야 한다. **정답** (B)

표현 정리 employee 직원 sales quota 판매 할당량

해석 월말까지 판매 할당량을 초과한 직원에게 보너스가 주어질 것이다.

112. 동사 어형

해설 〈train 교육하다, 훈련하다〉 빈칸에는 문장의 동사가 와야 한다. 그리고 '다음 주'라는 미래를 지칭하는 어구가 있고, 직원들이 훈련을 '받는' 것이기 때문에 수동태가 와야 한다. **정답** (D)

표현 정리 explain 설명하다 director (회사·법인의) 중역, 이사 policy 정책 employee 직원

해석 이사의 정책에 설명된 대로, 직원들은 다음 달부터 새로운 소프트웨어 시스템에 대한 교육을 받게 된다.

113. 과거분사

해설 〈interfere 간섭하다, 방해하다 / await ~을 기다리다 / instruct 지시하다, 교육하다 / regard 간주하다〉 간절히 '기다려졌던' 개장이라고 해야 문맥이 성립한다. **정답** (B)

표현 정리 eagerly 간절히, 열성적으로 attract 끌어들이다 complex 복합단지 shopping mall 쇼핑몰

해석 간절히 기다려온 새로운 Horizon Air Hub의 개장은 쇼핑몰을 갖춘 이 현대적인 복합단지로 여행객들을 끌어들일 것이다.

114. 부사 어형

해설 〈close 가까운, 닫다, 마감하다 / closely 면밀하게, 긴밀하게, 가까이〉 to부정사의 동사 'observe'를 수식하는 부사가 와야 하는 자리이다. **정답** (D)

표현 정리 following ~후에 unexpected 예상치 못한 incident 사고 lab 연구실 employee 직원 direct 지시하다, 관리하다, 감독하다 observe 관찰하다, ~을 잘 보다 workstation 작업장소, 작업장소

해석 연구실에서 예상치 못한 사고가 발생한 후 Retex Supply의 직원들은 작업대를 면밀히 관찰하라는 지시를 받았다.

115. 명사 어휘

해설 〈connection 연결 / foundation 기초, 기반 / permission 허가 / admiration 존경, 감탄〉 교육 세션에 등록하기 위해 상사에게서 받아야 하는 것은 '허가'이다. **정답** (C)

표현 정리 register 등록하다 session 세션, 회기, 기간 employee 직원 obtain 받다, 획득하다 immediate supervisor 직속 상사

해석 교육에 등록하기 전에, Style Craft 직원은 직속 상사로부터 허가를 받아야 한다.

116. 부사 어형

해설 〈consider 고려하다 / considerable 상당한 / considerably 상당히〉 형용사 비교급인 'harder'를 수식할 수 있는 것은 부사이므로 'considerably'가 정답이 된다. **정답** (D)

표현 정리 according to ~에 따르면 posting 올린 글 message board 게시판 certification 자격증 previous 이전의

해석 온라인 게시판에 있는 글에 따르면, 새로운 자격증 시험은 이전 시험보다 상당히 어렵다.

117. 과거분사

해설 〈associate 관련시키다, 연관시키다, 동료 / association 협회, 단체, 연합, 관련〉 빈칸은 'the routine tasks'를 수식하는 단어가 와야 한다. 사무실 서류작업과 '관련된'이 가장 적절하다. 참고로 원문장은 '~ than the routine tasks (which are) associated with office paperwork.'인데, 'which are'가 생략되었다. **정답** (D)

표현 정리 client 고객 interaction 상호작용 undeniably 틀림없이, 확실히 rewarding 보람 있는 routine 일상적인 task 일, 업무

해석 고객과의 상호작용은 사무실 서류작업과 관련된 일상적인 작업보다 확실히 더 보람이 있다.

118. 명사 어휘

해설 〈amount 양, 액수 / equipment 장비, 설비 / reliance 의존 / impact 영향〉 아시아 국가들의 경제가 유가에 의해 큰 영향을 받는 이유는 '무역에 높은 의존'이라고 해야 맥락에 맞다.　**정답** (C)

표현 정리 trade 무역 affect 영향을 주다 oil 석유

해석 아시아 국가들의 무역 의존도가 높기 때문에 이들 국가의 경제는 유가 변동에 큰 영향을 받는다.

119. 소유격

해설 빈칸은 자동차 회사인 'Vision Motors'를 받고 명사 'image'를 수식하는 소유격이어야 한다. 하나의 회사를 받으므로 'its'가 적절하다.　**정답** (B)

표현 정리 aim ~을 목표로 하다 enhance 강화하다 discontinue 중단하다 vehicle 차량 focus on ~에 집중하다 modernization 현대화

해석 Vision Motors는 노후 차량 생산을 중단하고 현대화에 집중함으로써 이미지를 강화하려고 한다.

120. 부사 어휘

해설 〈overly 과도하게, 지나치게 / thoroughly 철저하게, 완벽하게 / relatively 비교적, 상대적으로 / respectively 각각, 각자〉 한달 전에 채용되었으므로 '비교적' 새로운 사람이라는 말이 자연스럽다.　**정답** (C)

표현 정리 receptionist 접수 계원, 접수 담당자 hire 고용하다

해석 새로운 접수 담당자는 불과 한달 전에 채용되었기 때문에, 그녀는 우리 회사에 비교적 새로운 사람이다.

121. to부정사

해설 〈while ~동안에 / since ~이래로, ~때문에 / as long as ~하는 한 / in order to ~하기 위하여〉 빈칸 다음에 동사 'make'가 왔기 때문에, 접속사 혹은 전치사 역할을 하는 선택지들은 정답이 될 수 없다.　**정답** (D)

표현 정리 plan 계획하다 development 개발 make the most of 최대한 활용하다, 가장 잘 이용하다 internship 인턴십

해석 Linda는 인턴십을 최대한 활용하기 위해 소프트웨어 개발팀과 협력할 계획을 세웠다.

122. 과거분사

해설 〈extend 확장하다, 연장하다 / extended 확장된, 연장된, 늘어난 / extension 확장, 연장〉 동사 'is offering'의 목적어는 'weekday hours'이고, 이 목적어를 수식하는 형용사를 선택하는 문제이다. 근무시간은 '연장된'의 수동태가 되어야 하므로 과거분사가 적절하다.　**정답** (C)

표현 정리 in response to ~에 대응하여 frequent 빈번한 request 요청 offer 제공하다 workday 근무일, 작업일 serve 서비스를 제공하다

해석 고객의 빈번한 요청에 대응하여, Photon Dynamics는 이제 더 나은 서비스를 제공하기 위해 연장된 근무시간을 제공하고 있습니다.

123. 형용사 어휘

해설 〈capable 할 수 있는, 능력 있는 / proficient 능숙한 / alert 경계하는, 기민한 / qualified 자격이 되는〉 빈칸 뒤에 있는 전치사 'of'와 같이 어울리

는 형용사는 'be capable of'이다. 참고로 'be proficient at[in, on](~에 능숙한)' 'be alert to something(경계하는)' 'be qualified for(자격이 되는)'으로 보통 쓰인다.　**정답** (A)

표현 정리 discuss 논의하다 proposed 제안된 expansion 확장 manage 해내다, 관리하다

해석 제안된 확장을 논의하기 전에, 우리 회사는 이를 해낼 수 있는지를 결정할 것이다.

124. 동사 어휘

해설 〈prepare 준비하다 / schedule 스케줄에 넣다, 예정하다 / dedicate 전념하다, 헌신하다 / distribute 분배하다〉 빈칸 뒤의 'to'는 전치사이기 때문에 'supporting' 형태의 동명사가 왔다. 그것을 염두에 두면 'be dedicated to + (동)명사'가 가장 적절하다. 참고로, 'prepare'나 'schedule'은 to부정사를 사용한다. 'be prepared to do ~' 'be scheduled to do ~'　**정답** (C)

표현 정리 support 지원하다 professional 전문적인 development 개발, 발전

해석 전문 사무직 협회는 사무직 직원의 전문성 개발을 지원하는 데 전념하고 있다.

125. 부사 어형

해설 〈enthusiast 열심인 사람, 광, 팬 / enthusiastically 열광적으로 / enthusiastic 열광적인 / enthusiasm 열정, 열광〉 주어는 'The audience members'이고, 빈칸은 동사 'applauded'를 수식하는 부사가 와야 하는 자리이다.　**정답** (B)

표현 정리 audience 관객 applaud 박수갈채하다, 박수를 보내다 performer 공연하는 사람, 공연자, 연주자 express 표현하다 appreciation 감사 outstanding 뛰어난

해석 관객들은 각 공연자에게 열광적으로 박수갈채를 보내며 뛰어난 공연에 감사를 표했다.

126. 전치사

해설 '5:00 P.M.까지'라는 말은 'by' 혹은 'until'을 사용할 수 있다. 정확한 시간을 나타낼 때는 'at 5:00 P.M.(5시에)'라고 할 수 있다.　**정답** (C)

표현 정리 ensure 보장하다, 확실하게 하다 submit 제출하다 proposal 제안서 timely 적시의, 시기에 알맞은 review 검토 consideration 고려

해석 시기적절한 검토와 고려를 위해, 이번 금요일 오후 5시까지 제안서를 제출해 주시기 바랍니다.

127. 형용사 어휘

해설 〈introduction 소개 / introduced 소개된 / introductory 소개하는, 입문의 / introduce 소개하다〉 'three-day workshop'을 수식하는 형용사가 와야 하는 자리이다.　**정답** (C)

표현 정리 seminar 세미나 workshop 워크숍, 토론회 design 설계하다, 디자인하다 individual 개인 seek 찾다, 추구하다 career 경력 advancement 앞으로 나아감, 향상

해석 세미나는 경력 향상을 추구하는 사람을 위해 설계된 3일간의 입문 워크숍으로 시작된다.

128. 동사 어형

해설 〈finance 자금을 공급하다[조달하다] / financial 재정적인, 재무의〉 동

사 'help'의 구조를 묻는 문제이다. 'help + 목적어 + (to) do something' 또는 'help (to) do something'의 구조로 흔히 쓰인다. **정답** (A)

표현 정리 proceeds 수익금 **fundraiser** (기금) 모금행사, 기금 조달자 **construction** 건설, 건립

해석 기금 모금행사의 수익금은 센터의 새로운 어린이 학습도서관 건립에 자금을 조달하는 데 도움이 될 것이다.

129. 부사 어휘

해설 〈suddenly 갑자기 / confidentially 은밀히 / previously 이전에 / typically 일반적으로, 보통〉 접속사 'but'이 있기 때문에 앞 문장과 대조를 이루는 내용이 와야 한다. 회의실은 예약을 해야 이용할 수 있지만, 휴게실은 '일반적으로' 하루 종일 이용할 수 있다는 내용이 적절하다. **정답** (D)

표현 정리 conference 회의 **reserve** 예약하다 **in advance** 미리, 사전에 **scheduled** 예정된 **break room** 휴게실 **accessible** 사용가능한, 이용가능한 **employee** 직원 **throughout** ~내내, ~동안

해석 회의실은 예정된 회의를 위해 미리 예약되어 있지만, 휴게실은 일반적으로 직원들이 하루 종일 이용할 수 있다.

130. 명사 어휘

해설 〈inventory 품목 일람, 상품 목록, 재고 품목 / coverage (신문·텔레비전·라디오의) 보도[방송], (정보의) 범위, 보장범위 / property 자산, 부동산, (사물의) 특성 / exhibition 전시, 전시회, 박람회〉 동사 'take'와 어울리면서 맥락에 적합한 명사를 찾는 문제이다. 'artworks'에 대한 내용이므로, 'take inventory of something(목록을 조사하다)'가 가장 잘 어울린다. **정답** (A)

표현 정리 curator 큐레이터(박물관·미술관 등의 전시 책임자) **artwork** 미술품, 예술작품 **display** 전시하다 **art gallery** 미술관

해석 큐레이터는 이번 주 토요일 오전 10시에 개장하는 새 미술관에 전시된 작품 목록을 조사할 것이다.

Part 6

문제 131~134번은 다음 이메일을 참고하시오.

수신: johndoe@cloudinno.com
발신: marketing@datafusionsystems.com
날짜: 6월 15일
제목: 당첨자 발표

Doe 님께,

제 이름은 Sarah Johnson이고 Data Fusion Systems의 마케팅 매니저입니다. 귀하의 설문조사가 이번 달 경품 추첨에 선정되었음을 알려드리고자 글을 씁니다. 그 결과 귀하는 새로운 태블릿을 획득하게 되었습니다. 축하드립니다!

당사 본사에서 상품을 수령하실 수 있습니다. 그 대신에, 원하는 주소로 태블릿이 배송되도록 할 수도 있습니다. 후자를 선택하는 경우 태블릿을 배송 받을 주소를 알려주십시오.

향후 설문조사에 참여해 주시길 바랍니다. 귀하의 의견은 저희에게 소중합니다.

Sarah Johnson

표현 정리 inform 알리다 **survey** 설문조사 **entry** 참가, 입장 **prize** 경품, 상품 **draw** 추첨, 제비뽑기 **as a result** 결과적으로

win (이겨 무엇을) 따다[타다/차지[쟁취]하다] **brand-new** 완전히 새로운, 신품인 **claim** 얻다, 차지하다, 주장하다 **headquarters** 본사 **arrange** 주선하다 **ship** 배송하다 **prefer** 선호하다 **address** 주소 **latter** 후자의 **option** 옵션, 선택 **provide** 제공하다 **deliver** 배달하다, 배송하다 **feedback** 피드백, 의견 **valuable** 소중한

131. 동사 어형

해설 〈select 선택하다〉 빈칸 다음 문장에 보면 'you have won a brand-new tablet'이라고 되어 있으므로 이미 당첨되었다는 것을 알 수 있다. 그러므로 과거시제이자 수동태인 'was selected'가 적절하다. **정답** (D)

132. 접속부사

해설 〈therefore 그러므로 / lastly 마지막으로 / alternatively 그 대신에 / additionally 게다가〉 빈칸 다음 문장을 보면 'If you choose the latter option'이라고 했기 때문에, 2개의 옵션을 제시했다는 것을 알 수 있다. 첫번째는 본사에서 상품을 수령하는 것이고, 두번째 옵션은 배송을 하는 것인데, 'alternatively(그 대신에)'가 그에 어울리는 단어다. 'additionally'는 앞의 내용에 추가해서 뭔가 더할 때 사용하는 단어이지, 본문처럼 2가지의 옵션을 주고 선택하라는 내용에서는 적절하지 않다. **정답** (C)

133. 관계사

해설 관계사가 받는 단어가 'address'라는 명사이기 때문에, 사물을 받는 관계대명사인 'which'가 적절하다. 'you would like the tablet delivered to the address'라는 문장에서 'address'를 관계사(which)로 받아서 'to which you would like the tablet delivered.'로 된다. **정답** (A)

134. 알맞은 문장 고르기

해설 〈contact 연락하다 / take part in 참여하다 / survey 설문조사 / receive 받다 / numerous 수많은 / response 응답 / entry 참가, 입장 / randomly 무작위로〉 설문조사가 당첨된 것을 알려주고 그에 따른 상품수령에 대해 안내한 다음에, 마무리하는 단락이다. 빈칸 다음에 있는 '귀하의 의견이 소중하다'는 말과 어울리는 내용은, 앞으로도 있을 설문조사에 참여해 달라고 부탁하는 것이다. 그래야 귀하의 의견은 소중하다는 말이 이어져서 자연스럽다. **정답** (B)

해석
(A) 이번이 저희가 귀하에게 연락하는 마지막입니다.
(B) 향후 설문조사에 참여해주시길 바랍니다.
(C) 저희는 많은 설문조사 응답을 받았습니다.
(D) 귀하의 설문조사가 무작위로 선택되었습니다.

문제 135~138번은 다음 기사를 참고하시오.

BioMed Pharmaceuticals는 다음 분기에 새로운 의료제품 라인을 출시할 계획이라고 발표했다. 회사 사장인 Emily Roberts는 "우리의 전략은 매년 하나의 새로운 제품 카테고리를 내놓는 것입니다."라고 말했다. "지금까지 우리는 목표를 초과 달성했습니다." 회사는 지난 해 6개의 새로운 시장으로 사업을 확장했다.

의료 전문가들은 이 발표에 매우 기뻐하고 있다. 그들은 이들 신제품이 환자들에게 소중한 치료 선택권을 제공할 것으로 기대하고 있다.

이 회사는 최근 혁신적인 의약품 제조를 전문으로 하는 연구개발 회사를 인수했다. **인수된 회사의 전문지식을 통합하는 것이 필수적이다.** 작업은 두 달 이내에 완료될 예정이다.

표현 정리 announce 발표하다 **launch** 출시하다, 시작하다 **line** (상품의)

종류 healthcare 의료, 보건 quarter 4분의 1, 3개월 strategy 전략 introduce (사용할 수 있도록) 내놓다[도입하다] category 카테고리, 범주 so far 지금까지 exceed 넘어서다, 초과하다 expand 확장하다 medical 의료의 anticipate 기대하다 provide 제공하다 valuable 소중한, 가치 있는 treatment 치료 patient 환자 recently 최근에 acquire 인수하다, 획득하다 research 연구 development 개발 specialize in ~을 전문으로 하다 innovative 혁신적인 formulation 제조, 제제

135. 대명사

해설 새로운 제품라인을 출시하는 것은 'BioMed Pharmaceuticals'이기 때문에, 'it'이 되어야 한다. 회사 이름에 's'가 있어도 이것이 복수를 의미하는 것이 아니고 이름의 일부분이기 때문에 단수 취급한다. 예를 들어, 사람 이름인 'James'를 동사 'are'로 받지 않는 것과 마찬가지다. **정답** (A)

136. 명사 어휘

해설 〈supplier 공급회사 / ability 능력 / export 수출 / target 목표〉 앞 문장을 보면 회사의 전략은 새로운 제품 카테고리를 내놓는 것이라고 했고 빈칸 뒤를 보면, 6개의 새로운 시장으로 확장했다고 했기 때문에, '목표'를 초과 달성했다는 말이 가장 자연스럽다. **정답** (D)

137. 과거분사

해설 〈excite 흥분시키다, 들뜨게 하다 / excited 신이 난, 흥분한 / exciting 신나게 하는, 흥분하게 하는 / excitement 흥분, 신남〉 주어가 사람이기 때문에, '흥분한, 신이 난'의 뜻인 과거분사 'excited'를 사용해야 한다. **정답** (B)

138. 알맞은 문장 고르기

해설 〈preliminary 예비의 / clinical trial 임상시험 / promising 유망한, 조짐이 좋은 / researcher 연구자 / formulation 제제, 제조 / integrate 통합하다 / acquire 인수하다, 획득하다 / expertise 전문지식 / essential 필수적인 / customer 고객/ benefit 혜택을 받다, 이익을 보다 / advanced 진보한, 선진의, 고급의 / medical 의료의 / solution 솔루션, 해법〉 마지막 단락은 해당 회사가 연구개발 회사를 인수했다는 내용이다. 빈칸 다음에는 'Work is scheduled to be completed'라고 되어 있는데, 어떤 작업(work)이 두 달 안에 끝난다는 것인지 빈칸에 내용이 적혀 있어야 한다. 회사 인수와 관련이 있고 'work'에 관한 내용이 있는 선택지는 (C)이다. **정답** (C)

해석
(A) 예비 임상시험에서 유망한 결과가 나왔다.
(B) 연구자들은 새로운 제제를 시험하기 시작했다.
(C) 인수된 회사의 전문지식을 통합하는 것이 필수적이다.
(D) 고객은 진보된 의료 솔루션의 혜택을 누릴 수 있다.

문제 139-142번은 다음 이메일을 참고하시오.

> 수신: 모든 팀원
> 발신: Susan Chen
> 날짜: 1월 20일
> 제목: 사무실 이전 지침
>
> 이 이메일은 모든 팀 구성원에게 다가오는 사무실 이전에 대해 알리고자 합니다. 모든 사람에게 원활한 이전을 보장할 수 있도록 새로운 지침을 마련했습니다. 지침에는 모든 팀원이 주말까지 개인 물품을 포장해야 한다고 명시되어 있습니다.
>
> 사무실로 돌아오면 새 작업공간과 그 설정에 대한 세부정보가 제공됩니다. **이 지침을 열심히 따르십시오.**

> 새로운 사무실 이전 지침은 가능한 한 번거롭지 않은 이전을 하는 것을 목표로 합니다. 본 지침을 준수하는 데 협조해 주시면 대단히 감사하겠습니다.

표현 정리 serve 도움이 되다, 적합하다 inform 알리다 upcoming 다가오는, 곧 있을 relocation 이전 outline 윤곽을 그리다, 요점을 말하다 guideline 가이드라인, 지침 ensure 보장하다 transition 전환, 이행, 이동 require 요구하다, 필요로 하다 pack 싸다, 포장하다 upon ~하자마자 provide 제공하다 detail 세부사항 workspace 작업공간, 근무공간 setup 설정 hassle-free 번거롭지 않은, 성가시지 않은 cooperation 협조 adhere to ~을 고수하다, 충실히 지키다 greatly 대단히, 크게 appreciate 감사하다, 고마워하다

139. 형용사 어휘

해설 〈entire 전체의 / affordable 저렴한 / mandatory 의무적인, 강제적인 / smooth 원활한, 매끄러운〉 이 글의 전체 내용은 사무실 이전에 대한 것이고, 개인 물품을 포장하고, 지침이 제공되니 잘 따라달라는 당부를 포함하고 있다. 마지막 단락에 'aim to make the transition as hassle-free as possible'에서도 나와 있듯이 '원활한 전환(smooth transition)'을 목표로 한다. **정답** (D)

140. 동사 어형

해설 〈state (특히 문서에) 명시하다 / statement 진술(서), 성명(서)〉 주어인 'The guidelines' 다음에 오는 동사가 있어야 한다. 그리고, 가이드라인이 that절 이하의 내용을 명시하고 있다는 일반적인 사실을 나타내고 있어야 하므로 현재시제가 가장 적절하다. **정답** (B)

141. 명사 어휘

해설 〈employment 고용 / acceptance 동의, 받아들임 / return 돌아옴 / evacuation 비우기, 대피〉 사무실 이전에 관한 내용이라는 것을 염두에 두고, 빈칸 다음에 전치사 'to'와 잘 어울리는 단어를 찾는 문제이다. 직원을 대상으로 하기 때문에 고용(A)과는 관계가 없고, 사무실 동의(B)와도 맞지 않는다. 'evacuation'은 일반적으로 '비상상황이 있을 경우 대피'라는 의미로 사용되기 때문에 사무실 이전과는 어울리지 않는 단어이다. **정답** (C)

142. 알맞은 문장 고르기

해설 〈follow 따르다 / instructions 지침 / diligently 열심히, 부지런히 / office supplies 사무용품 / request 요청 / extension 내선, 구내전화 / directory 디렉토리, (이름·주소 등의 관련 정보를 보통 알파벳순으로 나열한) 안내 책자〉 이 글의 내용은 사무실 이전인데, 그에 관한 지침에 대해 설명하고 있다. 지침이라는 것을 설명하는 단어는 1단락은 'guidelines' 2단락은 'details' 3단락은 'guidelines' 등을 사용하고 있다. 빈칸에는 'instructions'를 사용해서 지침에 대해서 일관성 있게 설명하고 있는 (A)가 가장 자연스럽다. **정답** (A)

해석
(A) 이 지침을 열심히 따르십시오.
(B) 요청 시 사무용품을 주문할 수 있습니다.
(C) 업데이트된 내선 전화번호부가 공유됩니다.
(D) 교육이 다음 주에 열릴 것입니다.

문제 143-146번은 다음 기사를 참고하시오.

> Rivertown에서 건강 프로그램이 시작된 이래, 직원 참여가 눈에 띄게 증가하면서 전반적인 건강 및 피트니스 수준이 10% 향상되었다. 작년에 Rivertown 직원들의 건강한 라이프스타일을 증진시키기 위

해 4가지 조율된 계획이 시작되었다. 몇 달 안에 많은 직원들이 자신의 건강과 행복에 긍정적인 변화가 있었다고 보고했다.

프로그램 대변인 Sarah Davis는 "우리는 Rivertown의 건강 프로그램에서 긍정적인 결과를 기대했지만 그 결과는 우리의 기대를 뛰어넘었습니다"라고 말했다. Rivertown 직원의 약 55%가 프로그램 활동에 적극적으로 참여하고 있다.

건강 프로그램은 최근 인근 마을인 Harborville의 직원들을 위한 새로운 피트니스 강좌를 도입했다. 이 수업은 체력 단련과 행복 증진을 목표로 하며, 따뜻한 호응을 얻고 있다. **Harborville의 피트니스 수업은 폭넓은 인기를 얻었다.**

표현 정리 inception 시작 overall 전반적인 notable 눈에 띄는, 중요한 participation 참여 coordinated 조율된, 협조된, 조정된 launch 시작하다 promote 증진시키다, 촉진하다 workforce 직원, 노동자 positive 긍정적인 outcome 결과 spokesperson 대변인 exceed 넘다, 초과하다 expectation 기대 approximately 대략, 약 actively 적극적으로 engage in ~에 참여하다 introduce 도입하다, 소개하다 nearby 근처의, 인근의 aim to ~을 목표로 하다 reception 반응, 호응

143. 동사 어형
해설 〈improve 향상시키다, 증가시키다〉 문장의 앞에 전치사 'since(~이래로 쭉)'는 현재완료와 같이 쓰이는 대표적인 전치사이다. **정답** (A)

144. 명사 어휘
해설 〈meeting 회의 / exhibit 전시(회), 전시품 / objection 반대 / initiative (특정한 문제 해결·목적 달성을 위한 새로운) 계획〉 직원들의 건강을 증진시키기 위해서 시행하는 Wellness Program에 관한 글이고, 이 프로그램은 성공적이었다는 내용이다. 이에 맞게, 4가지 '계획'이 실행되어 많은 직원들이 긍정적인 변화를 보고했다고 해야 자연스럽다. **정답** (D)

145. 부사 어휘
해설 〈recently 최근에 / merely 단지, 그저 / extremely 극도로, 극히 / nearly 거의〉 Wellness Program이 성공해서 다른 지역(Harborville)에도 개설하는 것이므로 '최근에'라는 말이 가장 적절하다. 'nearly'라는 말은 거의 도입 직전이라는 뜻인데, 이하 문장을 보면 따뜻한 호응을 얻었다(they have received a warm reception)고 했기 때문에 이미 도입되었다는 것을 알 수 있다. **정답** (A)

146. 알맞은 문장 고르기
해설 〈participant 참가자 / track 추적하다 / progress 진행상황, 진전 / flourish 번성하다 / significant 상당한, 중대한 / resident 주민 / gain 얻다 / widespread 광범위한, 널리 퍼진 / popularity 인기〉 1단락과 2단락은 Wellness Program의 도입과 성공적인 결과에 대해 언급하고 있다. 3단락은 새로운 피트니스 강좌를 다른 지역(Harborville)에도 개설했다는 내용이므로, 빈칸에는 새로운 강좌와 연관된 내용이면서 긍정적인 의미를 가진 문장이 와야 가장 잘 어울린다. 그러므로, 'Rivertown'에 관한 내용의 (B), (C)는 적절하지 않다. **정답** (D)

해석
(A) 참가자는 프로그램 앱을 사용하여 진행상황을 추적할 수 있다.
(B) Rivertown의 지역 경제가 번성하고 있다.
(C) 상당수의 Rivertown 주민들이 프로그램에 참여했다.
(D) Harborville의 피트니스 수업은 폭넓은 인기를 얻었다.

TEST 14
Part 5

101. 전치사 vs. 관계사
해설 〈since ~이후로, ~때문에 / until ~때까지 / between ~사이에 / while ~동안에, 반면에〉 '이달 말'은 미래의 특정 시점이므로, '그때까지' 제공한다고 해야 문맥에 맞다. **정답** (B)

표현 정리 provide 제공하다 reduction 감소, 인하 several 일부, 몇몇의 best-selling 베스트셀러의, 가장 잘 팔리는

해석 Courageous Aches는 이달 말까지 여러 베스트셀러 품목에 대한 가격인하를 제공한다.

102. 부사 어형
해설 〈direct 직접의, 지도하다, 감독하다 / direction 방향, 지시 / directed 지도된, 관리된 / directly 직접적으로〉 빈칸 앞에 전치사가 있고 이 전치사의 목적어인 동명사 'contacting'이 있기 때문에, 이 동명사를 꾸며주는 부사가 와야 하는 자리이다. **정답** (D)

표현 정리 office supplies 사무용품 purchase 구매하다 contact 연락하다, 접촉하다

해석 사무용품은 구매부서에 직접 연락함으로써 구매될 수 있다.

103. 소유격
해설 문장의 동사는 'must complete'이고 목적어는 'visa applications'이다. 이 사이에 들어가는 대명사는 소유격이 와야. 동사, 목적어의 형태가 변하지 않고 유지된다. **정답** (B)

표현 정리 complete 완료하다, 완성하다 application 신청(서) depart 떠나다, 출발하다 overseas 해외의, 외국의

해석 여행자는 해외여행을 떠나기 30일 전까지 비자 신청을 완료해야 한다.

104. 전치사
해설 〈under ~아래에 / among ~사이에 / past ~을 지나서 / beyond ~을 넘어서〉 추가 업무가 '직원들 사이에' 나누어졌다고 해야 자연스럽다. **정답** (B)

표현 정리 instead of ~대신에 recruit 채용하다, 모집하다 administrative 행정의 additional 추가의 duty 업무, 의무 distribute 분배하다, 배포하다 current 현재의

해석 행정직원을 추가로 채용하는 대신, 추가 업무가 현 사무직원들 사이에 배분되었다.

105. 명사 어형
해설 〈perform 수행하다, 실행하다, 공연하다 / performer 실행하는 사람, 공연하는 사람 / performance 성과, 수행〉 빈칸 앞에 소유격(member's)이 있기 때문에 뒤에 명사가 와야 한다. 내용상 직원의 '성과'에 대한 평가이기 때문에 (D)가 적절하다. **정답** (D)

표현 정리 request 요청하다 perform 실행하다, 수행하다 yearly 매년 evaluation 평가

해석 부서장은 각 직원의 성과에 대해 매년 평가를 수행하도록 요청된다.

106. 전치사 vs. 관계사
해설 〈although 비록 ~일지라도 / due to ~때문에 / since ~이후로 /

because ~때문에) 마감일이 연기된 것은 추가 업무 '때문에'라고 해야 문맥이 맞고, 빈칸 다음에 명사구가 있기 때문에 전치사가 와야 한다. 참고로 'since'는 접속사로 사용되면 '~때문에'라는 의미가 있지만, 전치사로 사용될 때는 '~이후로'라는 뜻만 가진다. 'although' 'because'는 전부 접속사이기 때문에 맥락에 관계없이 문장에 어울리지 않는다. **정답** (B)

표현 정리 postpone 연기하다, 미루다 unforeseen 예상치 못한, 의외의 extra 추가의, 여분의 assign 배정하다, 할당하다

해석 예상치 못한 추가 업무가 배정되어 프로젝트 마감일이 다음 주로 연기되었다.

107. 동사 어휘

해설 〈aim 목표로 하다, 겨냥하다 / accept 받아들이다, 수용하다 / ensure 보증하다, 확실하게 하다 / distinguish 구별하다, 구분하다〉 시 의회의 캠페인이 대중의 인식을 높이는 것을 '목표로 한다'고 해야 자연스럽다. 참고로, 'accept'는 뒤에 '명사(구)'가 오고, 'ensure'는 뒤에 'that절'이나 '명사(구)'가 온다. **정답** (A)

표현 정리 city council 시 의회 enhance 강화하다, 개선시키다, 높이다 public awareness 대중의 인식 environmentally friendly 환경 친화적인 waste 폐기물 management 관리

해석 시 의회의 집중 캠페인은 새로운 환경 친화적인 폐기물 관리 시스템에 대한 대중의 인식을 높이는 것을 목표로 한다.

108. 과거분사

해설 〈approve 승인하다 / approval 승인〉 명사 'individuals'를 수식하는 단어가 필요한데, individuals가 승인을 하는 것이 아니고, '승인을 받은'이어야 하므로 과거분사가 와야 한다. **정답** (B)

표현 정리 entrance 들어가기, 출입 highly 매우 sensitive 민감한 restrict 제한하다

해석 사무실의 매우 민감한 구역의 출입은 승인된 개인으로만 제한된다.

109. 접속사

해설 〈as ~함에 따라, ~때문에 / therefore 그러므로 / although 비록 ~에도 불구하고 / in fact 사실상〉 두 문장을 연결하는 접속사가 필요한데, 내용상 '고객이 많이 올 것이라고 예상함에 따라'라고 해야 자연스럽다. 참고로, 'therefore' 'in fact'는 접속사가 아니기 때문에 두 문장을 연결하지 못한다. **정답** (A)

표현 정리 a high volume of 다량의, 다수의 prepare 준비하다 additional 추가의, 여분의 inventory 재고 shelf 선반, 진열대

해석 이번 주말에는 많은 고객이 올 것으로 예상해서, 직원들이 매장 진열대에 추가 재고를 준비하고 있다.

110. 명사 어휘

해설 〈practice 실행, 연습, 관습 / contribution 기여 / admission 승인, 입학 / distinction 구별, 차이〉 'contribution'은 뒤에 전치사 'to'가 와서 '~에 대한 기여'라는 의미로 사용된다. **정답** (B)

표현 정리 dedication 헌신 hard work 노력, 노고 significant 중요한, 상당한

해석 그녀의 헌신과 노력은 프로젝트 기간 동안 팀의 성공에 상당히 기여했다.

111. 형용사 어형

해설 〈present 현재의, 제시하다 / presented 제시된 / presenting 제시하는 / presenter 제출자〉 빈칸 앞에 관사가 있고, 뒤에는 명사가 있기 때문에

형용사가 가장 적절하다. 내용상 '현 위치에, 현 장소에'라는 말이 가장 어울린다. **정답** (A)

표현 정리 relocate 재배치하다, 옮기다 employee 직원 while ~하면서, ~하는 반면에 remain 남다

해석 Visual Vortex는 일부 직원을 재배치하고 있고, 다른 직원들은 현재 장소에 남을 것이다.

112. 동사 어형

해설 〈permit 허가하다, 허용하다〉 Davis 씨가 참여하는 것이기 때문에 허가를 '받는다'는 내용이 와야 맞다. 그러므로 수동태인 (C)가 정답이 된다. **정답** (C)

표현 정리 following ~후 take part in 참여하다 professional 전문적인 development 개발

해석 오늘 일찍 전화 논의 후, Davis 씨는 전문 개발교육에 참여하도록 허가되었다.

113. 동사 어휘

해설 〈guide 안내하다, (특히 복잡하거나 어려운 것을 하는 법을) 설명하다 / comply 따르다 / respond 대응하다, 응답하다 / recommend 추천하다〉 교육이 직원들에게 시스템을 활용하는 방법에 대해 '안내하다, 설명하다'가 가장 어울린다. 참고로, 'comply'는 자동사로 'comply with something'의 구조로 사용되며 '(법·명령 등에) 따르다[준수하다]'의 뜻이다. **정답** (A)

표현 정리 employee 직원 utilize 활용하다 latest 최신의 merger 합병

해석 그 워크숍은 회사 합병 후 최신 디지털 시스템을 활용하는 것에 대해 직원을 안내한다.

114. 동사 어형

해설 'Ms. Porter'로 시작되는 완전한 문장이 뒤에 있기 때문에, 앞문장은 수식어구이다. to부정사는 '~하기 위하여'라는 의미로 문맥이 성립하지 않기 때문에, 분사구문이 와야 하는데 유용한 정보를 받은 사람이 주절의 주어인 'Ms. Porter'이므로, 능동태가 되어야 한다. **정답** (A)

표현 정리 helpful 도움이 되는, 유용한 feel obliged 의무감을 느끼다 attend 참석하다

해석 지난 주 회의에 대한 유용한 정보를 받은 Ms. Porter는 세미나에 참석해야 할 의무감을 느낀다.

115. 명사 어휘

해설 〈qualification 자격 / contract 계약 / directory 명단, 목록 / improvement 향상〉 업무 효율성 최적화의 결과와 잘 어울리는 것은 직원 생산성의 '향상'이다. **정답** (D)

표현 정리 marked 눈에 띄는, 두드러진, 현저한 productivity 생산성 recent 최근의 optimize 최적화하다 efficiency 효율성

해석 Pepper Pulp Company의 직원 생산성의 눈에 띄는 향상은 최근 업무 효율성 최적화에 관한 세미나의 결과이다.

116. 과거분사

해설 〈outline 개요를 서술하다〉 본문은 'Members conform to regulations and procedures'로 완전한 문장이 된다. 그러므로 나머지는 전부 수식어구인데, 원래 문장은 '~ and procedures (which are) outlined in the employee guidebook.'이므로 과거분사형이 정답이 된다. **정답** (C)

표현 정리 conform 따르다, 준수하다 regulation 규정

procedure 절차 guidebook 가이드북, 안내서

해석 Harper Group의 모든 팀원은 직원 가이드북에 설명된 규정 및 절차를 준수해야 한다.

117. 관계사

해설 두 문장을 관계사가 연결하고 있는데, 빈칸 다음에 완전한 문장이기 때문에 관계대명사인 'what' 'who'는 올 수 없다. 그리고 'where'는 선행사로 장소를 받는 관계사인데, 사람이 선행사이기 때문에 적절하지 않다. **정답** (D)

표현 정리 commend 칭찬하다, 추천하다 performance 성과, 실적, 공연 exceed 능가하다 expectation 기대 awards presentation 시상식

해석 The Chicago Sun Today는 시상식에서 기대 이상의 성과를 낸 팀원들을 칭찬할 것이다.

118. 명사 어휘

해설 〈accordance 일치 / recognition 인식, 인정 / attraction 끄는 힘, 매력 / education 교육〉 'in accordance with(~에 따라)'라는 숙어를 묻는 문제이다. 참고로 'in recognition of(~을 인정하여, ~이 보답으로)'라는 숙어도 있다. **정답** (A)

표현 정리 employee 직원 require 요구하다, 필요로 하다 attend 참석하다 mandatory 필수의, 의무적인 session 세션, 회기

해석 모든 직원은 회사 정책에 따라 필수 교육에 참석해야 한다.

119. 전치사

해설 〈about ~에 관하여 / within ~안에, ~내부에 / beside ~옆에 / to ~에게〉 동사 'present'는 'present something to someone'의 구조로 사용될 수 있는 동사이다. **정답** (D)

표현 정리 feature 출연시키다, 특별히 포함하다, 특징으로 삼다 worldwide 전세계의 present 보여주다, 발표하다, 주다 delicious 맛있는 recipe 레시피, 요리법 global 세계의 audience 시청자, 관객

해석 Johnson 씨는 TV에 출연하여 전세계 시청자에게 맛있는 요리법을 선보일 것이다.

120. 부사 어휘

해설 〈generally 대체로, 일반적으로 / originally 원래, 처음에는 / promptly 신속히, 즉시 / previously 이전에〉 필요성을 인식했으므로 '신속하게' 도입을 하는 것이 자연스럽다. **정답** (C)

표현 정리 acknowledge 인식하다 transparency 투명성 financial 재무의, 재정의 decide 결정하다 introduce 도입하다

해석 CEO는 재무보고 투명성의 필요성을 인식하고 신속하게 새로운 시스템을 도입하기로 결정했다.

121. 형용사 어휘

해설 〈instructional 교육의[을 위한] / effective 효과적인 / constant 일정한, 지속적인 / accessible 접근할 수 있는, 이용 가능한〉 빈칸 앞의 'easily (쉽게)'가 힌트가 된다. '쉽게 접근 가능한, 이용 가능한'이라고 해야 자연스럽다. **정답** (D)

표현 정리 ensure 보장하다 easily 쉽게 diverse 다양한 needs 요구

해석 새로운 웹사이트 디자인은 다양한 요구를 가진 사용자들이 정보에 쉽게 접근할 수 있도록 보장한다.

122. 동사 어형

해설 〈improve 향상시키다, 증진시키다〉 동사 'help'는 'help 목적어 + (to) do' 또는 'help (to) do'의 구조로 사용될 수 있다. 'further'는 부사로 '더, 더욱'의 뜻으로 사용되었다. **정답** (C)

표현 정리 strategy 전략 currently 현재 work on 작업하다 further 더, 더욱 electronics 전자기기, 전자공학 division 부, 부문

해석 Kenwood 씨가 현재 작업하고 있는 마케팅 전략은 우리 전자 부문의 이미지를 더욱 향상시키는 데 도움이 될 것이다.

123. 형용사 어휘

해설 〈crucial 중요한 / reluctant 꺼리는, 주저하는 / apologetic 사과하는, 사죄하는 / confident 자신있는, 확신하는〉 의사소통이 조직의 성공에 '중요하다'라고 해야 문맥이 자연스럽다. **정답** (A)

표현 정리 transparent 투명한 clear 분명한, 명확한 communication 의사소통 organization 조직 alike 모두

해석 직원 간의 투명하고 명확한 의사소통은 크고 작은 조직 모두의 성공에 매우 중요하다.

124. 전치사 vs. 접속사

해설 〈rather 오히려 / before ~전에 / since ~이후로 / while ~동안에, ~하는 반면에〉 문장에서 'two days'가 다른 어구와 연결이 되어야 의미가 성립하는데, 'two days before the meeting(회의 이틀 전에)'라는 의미이다. 다른 선택지는 'two days'와 연결이 안된다. **정답** (B)

표현 정리 council 의회 suggest 제안하다 send out 보내다, 배부하다 minute 의사록, 회의록 attendee 참석자

해석 몇몇 시의회 의원들은 예정된 회의 이틀 전에 참석자들에게 회의록을 보낼 것을 제안했다.

125. 형용사 어형

해설 〈depend 의지하다, 의존하다 / dependable 신뢰할 수 있는, 의지할 수 있는 / dependent 의존하는 / dependence 의존, 종속〉 '~에 달려있다, ~에 좌우된다'의 의미로 'be dependent on something'의 구조를 사용할 수 있다. 부사 'heavily'가 'dependent'를 수식하고 있다. **정답** (C)

표현 정리 heavily 크게, 상당히 cooperation 협력

해석 프로젝트에서 Acme Innovations의 성공은 팀원들의 협력에 크게 좌우된다.

126. 부사 어휘

해설 〈equally 균등하게, 평등하게 / currently 현재 / usually 보통, 일반적으로 / dramatically 극적으로〉 새로운 사업전략을 시행한 후에, 이익이 '극적으로' 증가했다고 해야 문맥이 성립한다. 'equally'는 비교대상이 있어야 그 대상과 '균등하게, 평등하게'라는 말이 성립한다. 'currently'는 과거에서 발생한 결과(increased)에 사용하지 않는다. **정답** (D)

표현 정리 profit 이익 increase 증가하다 implement 시행하다 strategy 전략

해석 새로운 사업전략을 시행한 후 회사의 이익은 극적으로 증가했다.

127. 동사 어휘

해설 〈increase 증가시키다 / evaluate 평가하다 / prevent 예방하다, 막다 / sustain 지속하다, 지지하다〉 'if' 이하에는 데이터 침해를 막는 방법이 설명되고 있기 때문에 '막다, 예방하다'라는 말이 적절하다. **정답** (C)

표현 정리 breach 침해, 위반 **employee** 직원 **regularly** 정기적으로 **update** 업데이트하다. 새롭게 하다 **password** 비밀번호 **undergo** 겪다, 경험하다 **cybersecurity** 사이버 보안

해석 직원들이 정기적으로 비밀번호를 업데이트하고 사이버 보안교육을 받으면 데이터 침해가 예방될 수 있다.

128. 과거분사

해설 〈establish 설립하다, 확립하다 / establishment 설립〉 빈칸 뒤의 명사 'tech hub'를 수식하는 형용사가 필요하다. 'tech hub'가 무엇을 설립하는 것이 아니고, '설립된'의 수동의 의미가 와야 하므로 'established'가 적절하다. **정답** (B)

표현 정리 newly 새롭게 **hub** 허브, 중심 **downtown** 도심지, 시내 **go-to** (도움·충고·정보를 얻기 위해) 찾는 사람[곳] **destination** 목적지 **startup** 벤처, 스타트업

해석 도심지역에 새로 설립된 기술 허브는 빠르게 이 지역에서 스타트업의 인기 목적지가 되고 있다.

129. 형용사 어휘

해설 〈able 할 수 있는 / eligible 자격이 있는, 적격의 / responsible 책임이 있는 / possible 가능한〉 빈칸 뒤의 전치사 'for'가 힌트가 될 수 있다. 'be able to' 'be eligible for' 'be responsible for' 형식으로 쓰일 수 있는데, 임금인상을 받을 '자격이 되는, 알맞은'이라는 단어가 적절하다. 원래 문장은 'Employees (who are) eligible for a raise ~'인데, 'possible'이 안되는 이유는 'Employees are possible for a raise.'라는 문장이 성립하지 않기 때문이다. **정답** (B)

표현 정리 employee 직원 **raise** 임금인상 **apply** 신청하다 **promotion** 승진

해석 임금인상 대상 직원은 다음 달 승진 신청도 고려해야 한다.

130. 부사 어휘

해설 〈formerly 이전에, 예전에 / exactly 정확히 / substantially 상당히, 많이 / plentifully 풍부하게〉 새로운 업데이트 'new update'의 장점을 설명하는 맥락이기 때문에, 효율성을 '대폭, 상당히' 개선한다는 말이 적절하다. 효율성을 '정확하게(exactly) 개선했다' 혹은 '풍부하게(plentifully) 개선했다'는 말은 어색하다. **정답** (C)

표현 정리 design 디자인하다, 설계하다 **improve** 향상시키다 **efficiency** 효율성 **reduce** 줄이다 **unnecessary** 불필요한 **process** 설계

해석 새로운 소프트웨어 업데이트는 효율성을 대폭 향상하고 불필요한 프로세스를 줄이도록 설계되었다.

Part 6

문제 131-134번은 다음 공지를 참고하시오.

> **공표**
> 우리는 지역사회 회원들의 공지를 환영합니다. 공지는 150단어를 넘지 않아야 합니다. 사진, 서류 등 첨부파일은 접수되지 않습니다.
>
> 공지는 마을 내 지역사회 행사나 뉴스와 관련된 것이어야 합니다. 제출물에는 주최자의 이름, 조직 및 연락처가 포함되어야 합니다. 우리는 익명의 공지를 게재하지 않습니다.
>
> 제출물이 너무 많아서, 보내주신 모든 공지에 개별적으로 답변을 드

> 릴 수는 없습니다. **대신, 자동 이메일이 전송됩니다.**
> 공간 제한으로 인해, 접수된 모든 공지가 게시되지는 않습니다.

표현 정리 welcome 환영하다 **announcement** 공지 **local** 지역의 **no more than** ~이하의 **attachment** (이메일의) 첨부 파일, 부가[부착]물 **document** 서류 **accept** 받아들이다, 받아주다 **pertain to** ~와 관계가 있다 **submission** 제출(물) **contain** 포함하다 **organizer** 주최자 **organization** 조직, 단체 **publish** 게재하다 **due to** ~때문에 **volume** 용량, 양 **reply** 답장을 보내다 **note** ~을 주목하다 **restriction** 제한

131. 전치사

해설 〈include 포함하다 / including ~을 포함하여〉 문장의 동사는 'will not be accepted'가 있으므로 빈칸에는 전치사 'including'이 와야 한다. **정답** (C)

132. 형용사 어휘

해설 〈enclosed 동봉된 / inaccurate 부정확한 / intimate 친(밀)한 / anonymous 익명의〉 2단락은 공지가 마을과 관련이 있어야 하고, 누가 공지를 하는지에 대한 정보가 제시되어야 한다는 내용이다. 그러므로 그에 연결되는 '익명의 공지는 게재하지 않는다'가 가장 잘 어울린다. **정답** (D)

133. 부사 어형

해설 〈person 사람 / personal 개인적인 / personality 성격, 개성 / personally 개인적으로〉 to부정사의 동사를 수식하는 것은 부사이기 때문에 'personally'가 정답이 된다. **정답** (D)

134. 알맞은 문장 고르기

해설 〈instead 대신에 / automated 자동의, 자동화된 / editor 편집자〉 빈칸 앞부분을 보면, 제출물이 많기 때문에 일일이 답장을 해줄 수는 없다는 내용이 나온다. 그와 연결되는 것은 (A)이다. **정답** (A)

해석
(A) 대신, 자동 이메일이 전송됩니다.
(B) 신문은 여전히 정보의 원천입니다.
(C) 여러분의 의견은 우리 지역사회에 중요합니다.
(D) 하지만 편집자에게 자유롭게 글을 쓸 수 있습니다.

문제 135-138번은 다음 편지를 참고하시오.

> John Smith
> 123 Elm Street,
> Greenwood, 캘리포니아 45148
>
> 친애하는 Smith 씨,
>
> Greenwood 교육기금 장학금 신청서를 제출해 주셔서 감사합니다. 우리는 필요한 모든 자료와 함께 귀하의 작성된 신청서를 접수했습니다.
>
> 올해의 신청서는 앞으로 몇 주 안에 장학금 위원회에서 검토될 것입니다. **심사위원단이 신청서를 평가합니다.** 최종 심사대상자로 선정되시면 연락을 받게 되며, 면접이 잡힐 것입니다. 최종 심사대상자는 7월에 통보될 것입니다.
>
> Greenwood 교육기금은 지역 학생들에게 힘을 실어주는 교육 프로그램을 지원하는 데 전념하고 있습니다. 우리는 우리 지역사회를 위한 교육의 가치를 굳게 믿습니다.
>
> 지원서나 평가과정에 대해 문의사항이 있으시면, 1-888-555-1141로

> 연락주십시오.
>
> Emily Johnson

표현 정리 submit 제출하다 application 신청서, 지원서 scholarship 장학금 completed 작성된, 완료된 material 자료 review 검토하다 committee 위원회 coming 다가오는, 다음의 select 선정하다, 선택하다 finalist 최종 심사대상자, 결승전 진출자 contact 연락하다 arrange 마련하다, 주선하다 notify 통보하다, 통지하다 be dedicated to ~에 전념하다, 헌신하다 educational 교육의 empower 권리[권한]을 주다, 힘을 실어주다 firmly 확고하게, 굳게 value 가치 inquiry 문의 evaluation 평가

135. 동사 어형

해설 〈receive 받다〉 첫 문장에 신청서를 제출해서 감사한다는 말이 있기 때문에, 이미 신청서를 받았던 것을 알 수 있다. 그러므로, 완료의 의미가 있는 현재완료 시제가 적절하다. 과거시제도 사용할 수 있는데, 빈칸 뒤에 '신청서'가 목적어이기 때문에 능동태여야 한다. **정답** (C)

136. 알맞은 문장 고르기

해설 〈benefit 도움을 주다 / panel 패널, 전문가 집단 / evaluate 평가하다 / appreciate 감사하다, 고마워하다 / interest 관심〉 2단락은 신청서 검토와 최종 심사대상자 선정, 그리고 인터뷰 등 평가과정에 대해서 설명을 하고 있다. 그러므로 이에 관련된 (B)가 가장 적절하다. **정답** (B)

해석
(A) 과거에 장학금은 많은 학생들에게 도움을 주었습니다.
(B) 심사위원단이 신청서를 평가합니다.
(C) Greenwood 교육기금에 관심을 가져 주셔서 감사합니다.
(D) 현지 교사들은 장학금을 신청하도록 강력히 권장 받습니다.

137. 동명사

해설 〈support 지원하다 / supportive 지원하는, 힘을 주는〉 동사 'dedicate'의 구조는 'dedicate A to B'(A를 B에 바치다[전념하다, 헌신하다])이다. 여기에서 'to'는 전치사이기 때문에 뒤에 (동)명사가 오게 된다. 참고로 'dedicate'은 수동태로 자주 쓰이며 'A is dedicated to B'로 사용되어 (A는 B에 헌신하다[헌신된다])의 뜻이 된다. **정답** (D)

138. 명사 어휘

해설 〈process 과정 / competition 경쟁 / committee 위원회 / opportunity 기회〉 이 글의 'you'는 장학금 신청서를 제출한 John Smith이기 때문에, 평가가 어떻게 되는지 '평가과정'에 질문이 있을 수 있다는 것을 알 수 있다. **정답** (A)

문제 139-142번은 다음 정보를 참고하시오.

> **Tech Innovations가 곧 이전합니다!**
>
> 6월 1일자로, 123 Innovation Avenue에 있는 Thompson Tower의 5호실에서 저희를 만나실 수 있습니다. 더 큰 장소로 인해, 확장에 필요한 공간을 갖게 될 것입니다. 올해 말에 저희는 새로운 제품 라인을 출시할 예정이며, 저희 팀은 성장할 것입니다.
>
> Sarah Martinez와 그녀의 소프트웨어 엔지니어 팀이 저희와 합류할 것입니다. Sarah는 10년 넘게 소프트웨어 개발 분야에서 일해 왔으며 자신의 전문지식을 당사에 제공하게 되어 기쁘게 생각하고 있습니다. **저희는 Sarah와의 협력을 기대하고 있습니다.**
>
> 비록 저희 사무실이 새로운 모습으로 변하고 새로운 얼굴을 보게 되

겠지만, 우수한 기술 솔루션을 제공하려는 저희의 약속은 변함이 없습니다.

표현 정리 relocate 이전하다 location 장소 expansion 확장 launch 출시하다 grow 성장하다 development 개발 decade 10년 excited 신이 난, 들뜬 expertise 전문지식[기술] look 외모, 겉모습 fresh 새로운, 신선한 commitment 약속, 책무 provide 제공하다 excellent 우수한, 뛰어난 remain 계속 ~이다, 남아있다 unchanged 변하지 않는

139. 전치사

해설 〈before ~전에 / within ~내에 / as of ~일자로, ~현재로 / until ~까지〉 회사 이전에 관한 문장의 시제를 보면 전부 미래시제로 되어 있기 때문에, 이전하는 것은 미래에 발생하는 일임을 알 수 있다. 그러므로 'as of'가 가장 적절하다. **정답** (C)

140. 형용사 어휘

해설 〈closer 더 가까운 / sunnier 더 화창한 / exact 정확한 / larger 더 큰〉 빈칸 다음 문장에 확장에 필요한 공간을 갖는다는 말이 있기 때문에, '더 큰 장소'라는 말이 어울린다. **정답** (D)

141. 알맞은 문장 고르기

해설 〈accept 받아들이다 / client 고객 / look forward to ~을 기대[고대]하다 / collaborate 협력하다 / reach 도달하다 / maximum 최대 / capacity 용량, 수용력 / appreciate 감사하다, 고마워하다 / patience 인내, 참을성 / transition 전환, 이행〉 2단락은 Sarah Martinez에 대해 소개를 하고, 그녀가 같이 일하게 되었다는 내용이다. 그러므로, '같이 협력하길 기대하고 있다'는 말이 논리적으로 맞다. **정답** (B)

해석
(A) 저희는 새로운 고객을 받아들일 수 없습니다.
(B) 저희는 Sarah와의 협력을 기대하고 있습니다.
(C) 저희는 최대 수용인원에 도달했습니다.
(D) 이전하는 동안 양해해 주셔서 감사합니다.

142. 접속사

해설 〈although 비록 ~일지라도 / until ~때까지 / after ~이후에 / since ~이후로, ~때문에〉 새로운 모습과 새로운 직원이 있을 것이란 말과, 우리의 약속은 변함없다는 말을 잘 연결하는 것은 '…일지라도' 밖에 없다. 참고로, 시간이나 조건의 부사절은 미래시제 대신에 현재시제를 사용하기 때문에 'after'이나 'until'을 사용하고자 한다면, '(after 또는 until) our office has a new look ~'으로 해야 한다. 하지만, 이렇게 고친다고 해도 맥락이 어색하다. **정답** (A)

문제 143-146번은 다음 이메일을 참고하시오.

> 수신: jillharris@mytravelclub.com
> 발신: membership@adventurelife.com
> 제목: 귀하의 멤버십
> 날짜: 9월 10일
>
> 친애하는 Harris 씨,
>
> 귀하의 Adventure Life 멤버십이 10월 1일에 종료됨을 알려드립니다. 현재 독점 여행 혜택에 대한 1년 멤버십 요금은 $149입니다. 아무 조치도 취하지 않으시면, 자동으로 귀하의 멤버십을 갱신하고 해당 금액을 귀하의 신용카드에 청구할 것입니다.
>
> 또한 회원들을 위한 흥미로운 제안에 대해서도 말씀드리고 싶습니다. **단 $249에 2년 프리미엄 멤버십을 이용할 수 있습니다.** 이것은

맞춤형 여행일정과 전 세계 모험 투어에 대한 판촉 패키지를 포함하여 당사의 최고 여행 서비스를 완전히 이용할 수 있는 것을 포함합니다.

이 특별 혜택을 이용하시려면 늦어도 9월 30일까지 이 이메일에 회신해 주시기 바랍니다.

Robert Anderson
회원 서비스 코디네이터

표현 정리 remind 상기시키다 fee 요금 exclusive 독점적인 benefit 혜택 automatically 자동으로 renew 갱신하다 charge 청구하다 exciting 흥미로운, 놀라운 include 포함하다 access 접근 top-tier 일류의, 최고의 personalized 개인에 맞춘 itinerary 여행일정표 promotional 판촉의, 홍보의 package 패키지, 일괄상품 adventure 모험 take advantage of 이용하다, 활용하다 offer 할인(혜택) respond 응답하다, 회신하다

143. 동사 어휘
해설 〈end 끝나다, 종료되다 / extend 연장하다 / inform 알리다 / return 돌아오다, 돌려주다〉 1단락의 마지막 문장에 보면, 아무것도 하지 않으면 '자동으로 갱신한다(automatically renew)'고 했기 때문에 멤버십이 '종료된다(end)'라고 해야 자연스럽다. **정답** (A)

144. 접속사
해설 〈in fact 사실은 / while ~동안에, ~하는 반면에 / if ~한다면 / as soon as ~하자마자〉 아무것도 하지 않는다는 말과, 자동으로 멤버십을 갱신한다는 말 사이에 들어갈 수 있는 말은 'if'가 가장 적절하다. 'in fact'는 부사로 접속사 역할을 할 수 없다. 'while' 'as soon as'의 경우, 문법적으로는 성립하지만 의미가 통하지 않는다. **정답** (C)

145. 알맞은 문장 고르기
해설 〈encourage 권장하다 / participate in 참여하다 / travel-themed 여행을 주제로 한 / contest 대회 / premium 프리미엄의, 고급의 / look forward to ~을 기대하다 / attend 참석하다 / exhibition 전시회 / representative 대표자, 대리인〉 빈칸 다음에 'It includes ~'라는 문장은, 다양한 혜택에 대해서 나열하고 있다. 그러므로 'It'이 가리키는 바가 명확히 빈칸에 있어야 한다. 그리고 이 글의 전체 내용은 멤버십에 대한 것이라는 것을 염두에 두면 가장 자연스럽게 연결되는 문장은 (B)이다. **정답** (B)
해석
(A) 여행을 주제로 한 대회에 참가하시길 권장합니다.
(B) 단 $249로 2년 프리미엄 멤버십을 이용할 수 있습니다.
(C) 저희 잡지에서 귀하의 여행 이야기를 읽기를 기대하고 있습니다.
(D) 귀하는 당사 대표로서 여행 전시회에 참석하도록 초대받았습니다.

146. 비교급
해설 〈late 늦은 / latest 가장 최근의 / lateness 늦음 / later 나중에〉 빈칸 뒤에 비교급을 나타내는 'than'이 있기 때문에 'later'를 사용해야 한다. 참고로, 마감일을 언급할 때, 'no later than(늦어도 ~까지는)'이라는 어구를 종종 사용한다. **정답** (D)

101. 대명사
해설 'to present'의 목적어가 필요하기 때문에 목적격이 적절하다. **정답** (C)

표현 정리 organize 정리하다 present 발표하다, 제시하다 session 회기, 세션

해석 회의가 시작되기 전에 모든 프레젠테이션 슬라이드를 정리하여 세션 중에 쉽게 발표할 수 있도록 하세요.

102. 전치사
해설 〈follow 따르다, 뒤를 잇다 / following ~후에〉 주어, 동사, 목적어(DCI anticipates increase.)의 완전한 문장이 있기 때문에 빈칸을 포함한 뒤에 오는 것은 수식어구이다. 그러므로 전치사 'following'이 가장 적절하다. **정답** (C)

표현 정리 anticipate 예상하다 significant 상당한, 의미 있는 increase 증가 client 고객 aggressive 공격적인 effort 노력

해석 DCI Corporation은 공격적인 마케팅 노력으로 인해 고객층이 상당히 증가할 것으로 예상한다.

103. 동사 어휘
해설 〈go 가다 / visit 방문하다 / inquire 문의하다, 조사하다 / stop 멈추다, 막다〉 조명기구 수리를 위해 '방문하다'라고 해야 적절하다. 'go'는 뒤에 전치사 'to'가 와서 'go to your office'라고 해야 한다. 'stop'은 뒤에 'by'를 써서 'stop by your office'라고 하면 적절하다. **정답** (B)

표현 정리 electrician 전기기사, 전기 기술자 be scheduled to ~하기로 예정되어 있다 repair 수리 faulty 결함이 있는 light fixture 조명기구

해석 Victory Appliance의 전기기사가 결함이 있는 조명기구를 수리하기 위해 내일 귀하의 사무실을 방문할 예정입니다.

104. 동사 어형
해설 〈require 요구하다, 필요로 하다〉 직원들이 본인들의 차량을 등록하도록 누구에게 요청을 하는 것이 아니다. '요청을 받는다'라는 수동의 의미가 되어야 한다. **정답** (D)

표현 정리 in order to ~하기 위해 secure 확보하다, 보장하다 allocate 할당하다 parking spot 주차 공간 employee 직원 register 등록하다 vehicle 차량 transportation 교통, 운송

해석 할당된 주차 공간을 확보하기 위해, 직원은 운송 사무실에 차량을 등록해야 한다.

105. 부사 어휘
해설 〈formerly 이전에, 예전에 / particularly 특히 / currently 현재 / attentively 주의 깊게, 배려하여〉 보다 큰 회사에서 '이전에' 근무했다고 해야 동사 'served'를 수식하는 말로 적절하다. 'particularly'의 경우 '특히 근무했다'는 어색하고, 'served particularly as the CFO(특별하게 CFO로 근무했다)'의 형식으로 'as the CFO'를 꾸미는 말로 사용할 수는 있다. **정답** (A)

표현 정리 serve 근무하다 chief financial officer 최고 재무 책임자 sizable 상당한 크기의, 꽤 큰

해석 Hind Paper Firm의 신임 대표는 이전에 좀 더 규모가 큰 회사의 최고 재무 책임자(CFO)로 근무했다.

106. 형용사 어형

해설 〈afford ~할 여유가 있다 / affordable 저렴한, 감당할 수 있는 / affordably 감당할 수 있게〉 동명사 'developing'의 목적어는 'housing'이고, 이 명사를 수식하는 형용사가 필요하다. **정답** (C)

표현 정리 be committed to ~에 전념하다, 헌신하다 develop 개발하다 housing (집합적) 집, 주택 resident 주민

해석 Chapman 주택 당국은 Spokane의 모든 주민들을 위한 저렴한 주택 개발에 최선을 다하고 있다.

107. 동사 어휘

해설 〈transfer 옮기다, 이동시키다 / supply 공급하다 / publicize 알리다, 광고하다 / undergo 겪다, 받다〉 제안이 평가를 '받는다'라는 말이 와야 자연스럽다. **정답** (D)

표현 정리 proposal 제안 evaluation 평가 approval 승인 supervisor 상사, 감독관, 관리자

해석 다음 주에는 Potter 씨 팀의 마케팅 제안이 직속 상사의 승인을 위해 평가를 받게 된다.

108. 전치사

해설 〈for ~를 위하여 / with ~와 함께 / about ~에 관하여 / throughout ~동안 쭉, 내내〉 최근에 설립된 시설물의 목적이 전문성 개발 교육이라고 해야 자연스럽기 때문에 목적을 나타내는 전치사 'for'가 가장 적절하다. **정답** (A)

표현 정리 be expected to ~할 것으로 예상된다 unveil 공개하다, 발표하다 recently 최근에 established 설립된 facility 시설 professional 전문적인, 전문가의

해석 앞으로 이틀 안에 Redwood City는 전문성 개발 교육을 위해 최근 설립된 시설을 공개할 것으로 예상된다.

109. 부사 어형

해설 〈success 성공 / successful 성공적인 / successfully 성공적으로 / succeed 성공하다, 뒤를 잇다〉 동사 'concluded'를 수식하는 부사가 필요한 자리이다. **정답** (C)

표현 정리 extensive 광범위한 negotiation 협상 process 과정 conclude 결론을 내리다, 끝내다, (협정·조약을) 맺다[체결하다] deal 거래(서), (사업상의) 합의 acquire 인수하다, 획득하다, 얻다

해석 3주간의 광범위한 협상 과정 끝에, Vibrant Designs는 Big Sky Vision 인수 거래를 성공적으로 마쳤다.

110. 형용사 어휘

해설 〈helpful 도움이 되는 / sensible 분별 있는, 합리적인 / distinctive 독특한 / debatable 논란의 여지가 있는〉 접속사 'although'가 힌트가 되는 문장이다. 종속절과 의미상 대립이 되는 내용이 주절에 와야 하기 때문에 '논란이 되는'이라는 뜻의 'debatable'이 적절하다. **정답** (D)

표현 정리 express 표현하다 confidence 자신감 strategy 전략 long-term 장기적인 feasibility 타당성 expert 전문가

해석 팀장은 전략에 대한 자신감을 표현했지만, 장기적인 타당성은 업계 전문가들 사이에서 논란의 여지가 있다.

111. to부정사

해설 〈enhance 강화하다 / enhancement 강화〉 주절의 내용인 친목 행사를 개최하기를 권고하는 이유가 나오는 것이 가장 자연스럽다. **정답** (C)

표현 정리 communication 소통 executive 임원 employee 직원 board of directors 이사회 recommend 추천하다, 권고하다 organize 개최하다, 조직하다 frequent 자주, 빈번한 social event 친목 행사, 사교모임

해석 임직원 간의 소통을 강화하기 위해, 이사회는 친목 행사를 자주 개최할 것을 권고한다.

112. 부사 어휘

해설 〈relatively 상대적으로, 비교적으로 / directly 곧장, 똑바로 / widely 널리, 폭넓게 / openly 터놓고, 드러내 놓고〉 'Cramer Boulevard'라는 도로가 기차역으로 '곧장, 바로' 이어진다고 해야 적절하다. **정답** (B)

표현 정리 lead to ~로 이어지다 train station 기차역

해석 가장 붐비는 도로 중 하나로서, Cramer Boulevard는 Marston의 기차역으로 바로 이어진다.

113. 명사 어휘

해설 〈element 요소, 구성 / development 발전, 전개 / reflection 반영, 심사숙고 / distraction 주의산만, 혼란〉 'development'는 '새로이 전개된 사건[국면] 또는 성취' 등을 나타낼 때 사용하는 단어로 본문의 '암 연구의 중대한'에 연결되는 말로 가장 적절하다. **정답** (B)

표현 정리 press conference 기자회견 be scheduled for ~로 예정되어 있다 be expected to ~할 것으로 예상되다 announce 발표하다 significant 중대한, 중요한 cancer 암 research 연구

해석 다음 주에 예정된 기자회견에서는 암 연구의 중대한 발전이 발표될 것으로 예상된다.

114. 동사 어형

해설 〈consider 고려하다 / considerable 상당한, 많은 / consideration 고려〉 지원자(candidates)는 회계직에 '고려되는' 것이므로 수동태가 와야 한다. **정답** (B)

표현 정리 accounting 회계 candidate 지원자 submit 제출하다 résumé 이력서 reference 추천서, 추천인

해석 ATC, Inc.의 회계직에 고려되려면 지원자는 이력서와 추천서 3부를 제출해야 한다.

115. 접속사

해설 〈instead 대신에 / when ~할 때 / but 그러나 / otherwise 그렇지 않으면〉 원래 문장은 '~ over company vehicles when they commute within the city.'인데, 주어가 같으므로 생략하고 동사는 시제가 같으므로 -ing를 붙여서 분사구문으로 바꾼 것이다. **정답** (B)

표현 정리 minimize 최소화하다 expense 비용 employee 직원 be advised to ~하도록 권고 받다 vehicle 차량 commute 통근하다 within ~내에서

해석 비용 최소화를 위해 직원들은 시 내에서 통근할 때 회사 차량보다는 지하철을 이용하도록 권고 받는다.

116. 명사 어휘

해설 〈availability 이용가능성, 사용가능성 / attraction 명소, 매력 / reputation 명성, 평판 / analysis 분석〉 박물관이 관광객을 끌어들이는 장

소가 될 것이라는 내용인데, 그런 장소를 'attraction'이라고 한다. **정답** (B)

표현 정리 long-awaited 오랫동안 기다려온 launch 개관, 개시, 출시 museum 박물관 be likely to ~할 것 같다 tourist 관광객

해석 오랫동안 기다려온 박물관의 개관은 시의 이 문화명소로 관광객을 끌어들일 것 같다.

117. 형용사 어형

해설 〈enthusiast 열렬한 지지자 / enthusiasm 열광, 열정 / enthusiastic 열렬한, 열광적인 / enthusiastically 열광적으로〉 명사 'individuals'를 수식하는 형용사가 필요하다. '열정적인 개인'이라는 의미로 'enthusiastic'이 적절하다. **정답** (C)

표현 정리 actively 적극적으로 search for ~을 찾다 individual 개인

해석 뉴욕의 Harwood Consulting은 우리 영업팀의 일원이 될 열정적인 사람을 적극적으로 찾고 있습니다.

118. 형용사 어휘

해설 〈expert 전문가의, 전문적인, 전문가 / adverse 부정적인, 반대의, 불리한 / satisfied 만족한 / multiple 많은, 다수의〉 'expert'는 명사로도 사용되지만 형용사로 '전문적인'이란 뜻을 가지고 있다. 법률 상담이 '만족하는'이 아니라 '만족시키는'의 개념이므로 'satisfying'이면 정답이 될 수 있다. 'multiple'은 셀 수 있는 단어와 같이 사용하기 때문에, 'multiple'을 사용하려면 'consultations'라고 해야 한다. **정답** (A)

표현 정리 consistently 한결같이, 일관적으로 be prepared to ~할 준비가 되다 offer 제공하다 client 고객 legal 법률과 관련된, 합법적인 consultation 상담

해석 Smith & Associates는 고객에게 전문적인 법률 상담을 제공할 준비가 한결같이 되어 있다.

119. to부정사

해설 〈effect 영향, 효과, 초래하다 / effective 효과적인 / effected 초래된 / effectively 효과적으로〉 that절의 동사 'enhanced'를 수식하는 부사가 와야 하는 자리다. **정답** (D)

표현 정리 recent 최근의 survey 설문조사 promotional 판촉의, 홍보의 enhance 강화하다, 향상시키다 consumer 소비자 perception 인식

해석 최근 설문조사에 따르면 온라인 홍보 캠페인이 우리 브랜드에 대한 소비자 인식을 효과적으로 향상시켰다.

120. 부사 어휘

해설 〈respectively 각각 / vaguely 희미하게, 모호하게 / financially 재정적으로 / routinely 일상적으로, 정기적으로〉 두 가지의 사항을 나열하고, 그 '각각'이라는 말을 할 때 'respectively'를 사용한다. **정답** (A)

표현 정리 president 사장 preside over ~을 주재하다 committee 위원회 debate 토론 noon 정오

해석 Ventura Ltd.의 사장인 Warren 씨는 정오와 오후 2시 30분에 위원회 회의와 토론을 각각 주재했다.

121. 전치사

해설 〈as ~로서, ~처럼 / against ~에 반하여 / beside ~옆에 / upon ~하자마자〉 선정과정이 끝나면 멤버 이동이 있다는 내용이기 때문에, 'upon(~하자마자, ~이면)'이 가장 적절하다. **정답** (D)

표현 정리 transition 이동하다, 변천, 변화 research 연구 laboratory 연구실, 실험실

해설 선정과정이 완료되면 제품 디자인 팀의 일부 구성원이 연구실로 이동하게 된다.

122. 부사 어휘

해설 〈void 무효로 하다, 취소하다 / maintain 유지하다 / provide 제공하다 / complete 완료하다, 마치다〉 필요한 서류를 제출해야 임대계약이 완성된다고 해야 문맥이 성립한다. 본문은 서류 제출을 못한 것이기 때문에, 임대계약을 무효 시킨다고 해야 자연스럽다. **정답** (A)

표현 정리 failure ~못하기 submit 제출하다 necessary 필요한 document 서류 deadline 마감일 rental agreement 임대계약

해석 마감일 이전에 필요한 모든 서류를 제출하지 않는 것은 임대계약을 무효화할 것이다.

123. 전치사

해설 동사 'enclose'는 '둘러싸다, 에워싸다, 동봉하다' 등의 뜻이 있는데, 이 중에서 '동봉하다'라는 의미로 사용할 때, 동사구조는 'enclose A in[with] B(A를 B에 동봉하다)'의 형식으로 사용한다. 참고로, 본문에서는 '~ project proposal (which is) enclosed with this letter.'인데, 이해하기 편하게 해당 부분만 능동태로 보면 'enclose the project proposal with this letter'가 된다. **정답** (A)

표현 정리 copy 사본 building cost 건축비 detail 상세히 알리다[열거하다] enclose 동봉하다

해석 이 편지에 동봉된 프로젝트 제안서에 자세히 설명된 총 건축비의 사본을 보시기 바랍니다.

124. 명사 어형

해설 〈design 디자인, 디자인하다, 설계하다 / designer 디자이너〉 빈칸 다음의 'and'는 동등한 것을 연결하는 접속사로, 뒤에 'print'라는 명사가 있기 때문에 앞에도 'design'이라는 명사가 오는 것이 자연스럽다. **정답** (B)

표현 정리 situated ~에 위치한 comprehensive 종합적인, 포괄적인 provider 제공업체

해석 Hazelton에 위치한 Greystoke Product Graphics는 종합적인 디자인 및 인쇄 서비스 제공업체이다.

125. 전치사

해설 〈under ~아래, (상태·과정) ~중 / besides ~외에 / across ~을 가로질러서 / alongside ~와 함께〉 내용상 '고려중인'이라는 뜻이 와야 하는데, 'under consideration'으로 표현한다. 토익에 나온 유사한 표현으로는 'under discussion(논의중인)' 'under review(검토중인)' 'under pressure (압력감을 느끼는, 스트레스를 받는)' 등이 있다. **정답** (A)

표현 정리 intense 심한, 격렬한 competition 경쟁 individual 개인 requisite 필수의, 필요한 professional 전문의, 전문적인 no longer 더 이상 ~아니다 consideration 고려

해석 치열한 경쟁으로 인해 필수 전문교육을 받지 못한 사람은 더 이상 고려되지 않는다.

126. 과거분사 어휘

해설 〈place 놓다, 두다 / raise 들어올리다, (안건·문제 등을) 제기[언급]하다 / design 디자인하다, 설계하다 / review 재검토하다〉 'concerns(우려, 걱정)'라는 단어와 잘 어울리는 동사를 찾는 문제인데, 'raise' 'voice'

'express' 등이 가장 자주 쓰이는 동사이다. 본문은 'Despite concerns (which were) raised about alterations ~'가 원래 문장이다. **정답** (B)

표현 정리 despite ~에도 불구하고 **concern** 우려, 걱정 **alternation** 변화, 변경 **benefits** 복리후생 **plan** (특정한 연금·보험료 등을 위한) 제도 **vice president** 부사장 **respond** 응답하다, 대응하다

해석 회사의 복리후생 제도 변경에 대한 제기된 우려에도 불구하고, 부사장은 응답하지 않았다.

127. 동명사

해설 〈evaluate 평가하다 / evaluation 평가〉 전치사 'after'가 있고 빈칸 뒤에 'all online job applications'라는 명사구가 있기 때문에, 이 명사구를 목적어로 받으면서 전치사 'after' 다음에 올 수 있는 것은 동명사인 'evaluating'이다. **정답** (C)

표현 정리 application 지원서 **personnel** 인력, 직원 **candidate** 후보자

해석 모든 온라인 입사 지원서를 평가한 후, America Airlines의 인사 관리자는 5명의 후보자를 선택했다.

128. 명사 어형

해설 〈represent 대표하다 / representative 담당자, 대표자, 대리인〉 동사 부분은 'visits to conduct'인데, ~을 수행하기 위해 방문하는 것은 사람이 어야 한다. 그리고 'a tech support' 'visits'라고 했기 때문에 단수 주어가 와야 한다. **정답** (D)

표현 정리 support 지원 **conduct** 수행하다, 실시하다 **maintenance** 유지보수 **copy machine** 복사기

해석 매달 기술지원 담당자가 방문하여 2층 복사기의 유지보수를 수행합니다.

129. 명사 어휘

해설 〈references 언급, 참조, 추천(서) / performances 실적, 성과, 공연 / satisfaction 만족 / qualifications 자격〉 전문 자격증 및 경험에 대한 자세한 목록을 요구하는 이유에 대해서 생각을 해 보면, 직위(일자리)에 대해 적임자를 찾기 위해 지원자에게 요구하는 서류 목록이라는 것을 알 수 있다. 그러므로 '자격이 되는지를 평가하는(evaluate your qualifications)'이라는 표현이 가장 적절하다. **정답** (D)

표현 정리 evaluate 평가하다 **request** 요청하다 **detailed** 자세한, 상세한 **certification** 자격증, 증명(서) **relevant** 관련 있는 **experience** 경험

해석 해당 직위에 대한 귀하의 자격을 평가하기 위해, 귀하의 전문 자격증 및 관련 경험에 대한 자세한 목록을 요청합니다.

130. 접속사

해설 〈provided that 만일 ~이라면, ~을 전제로 / meanwhile 그 동안, 한편 / as though 마치 ~인 것처럼 / as for ~에 관해서는〉 빈칸 앞뒤로 완전한 두 문장이 있기 때문에, 빈칸에는 이 두 문장을 연결하는 접속사가 와야 한다. 'meanwhile'은 명사나 부사 역할을 하고, 'as for'는 전치사구이므로 정답이 될 수 없다. 내용상 '자금이 확보되면 시작한다'고 해야 자연스럽다. **정답** (A)

표현 정리 commence 시작하다 **on schedule** 예정대로, 시간표대로 **required** 필요한, 요구되는, 필수인 **funding** 자금 **secure** 확보하다, 보장하다

해석 다음 달까지 필요한 자금이 확보되면 그 프로젝트는 예정대로 시작될 것이다.

Part 6

문제 131-134번은 다음 이메일을 참고하시오.

수신: Emily Harrison
발신: David Miller
Re: 예약 문의
날짜: 6월 10일

친애하는 Harrison 씨,

다가오는 여행을 위해 Pine View Hotel의 Room #235 예약에 대해 문의해 주셔서 감사합니다. 객실은 호수의 아름다운 전망을 볼 수 있는 2층에 위치해 있습니다. 하지만 호텔 레스토랑은 개조공사로 인해 문을 닫았습니다.

투숙객이 바뀔 때마다 객실이 철저히 청소되고, 깨끗한 리넨과 수건이 제공되는 것을 호텔 직원은 확실히 합니다. 귀하의 편의를 위해, 객실에 커피 메이커가 있습니다. **또한, 객실에는 무료 Wi-Fi가 포함되어 있습니다.**

예약 확정을 원하는지 여부와 시기를 알려 주시기 바랍니다.

David Miller

표현 정리 inquiry 문의 **upcoming** 다가오는, 곧 있을 **situate** 두다, 위치시키다 **view** 전망, 전경 **mention** 언급하다 **renovation** 개조공사, 수리, 보수 **ensure** 반드시 ~하게[이게] 하다, 보장하다 **linen** 리넨 제품(침대 시트, 식탁보, 베갯잇 등) **provide** 제공하다 **convenience** 편의, 편리 **coffee maker** 커피메이커, 커피 끓이는 기구 **confirm** 확정하다, 확인하다 **reservation** 예약

131. 동명사

해설 〈purchase 구매하다 / book 예약하다 / manage 다루다, 운영하다 / finance 자금을 대다〉 이 글은 호텔방 예약문의에 대답하는 이메일이다. 본문의 마지막 문장 'confirm the reservation'에 명확하게 나와있다. 그러므로 'booking'이 정답이 된다. **정답** (B)

132. 접속부사

해설 〈therefore 그러므로 / since then 그 이후로 / however 그러나 / moreover 게다가, 더욱이〉 빈칸 앞 문장에는 아름다운 전망이 있다는 긍정적인 내용이고, 뒤의 문장은 호텔 레스토랑이 문을 닫았다는 부정적인 내용이기 때문에 '그러나(however)'가 가장 적절하다. **정답** (C)

133. 알맞은 문장 고르기

해설 〈additionally 또한 / include 포함하다 / complimentary 무료의 / arrange 주선하다, 마련하다 / sufficient 충분한 / notice 통지, 공지 / bedding 침구 / stay 머무름, 방문 / fortunately 다행히 / heating 난방 / cooling 냉방〉 2단락은 호텔방에 관한 장점을 나열하고 있다. 방은 깨끗하게 청소되며(the room is cleaned thoroughly), 깨끗한 리넨과 수건이 제공되고(fresh linens and towels), 커피 메이커도 있다(there is a coffee maker). 또 다른 장점인 Wi-Fi가 제공된다고 하면 자연스럽게 연결된다. **정답** (A)

해석

(A) 또한, 객실에는 무료 Wi-Fi가 포함되어 있습니다.

(B) 충분한 사전 통지를 통해 투어를 마련해 드릴 수 있습니다.

(C) 머무르는 동안 침구를 직접 가져오셔야 합니다.

(D) 다행히 방에는 난방이나 냉방 시스템이 없습니다.

134. 대명사

해설 예약을 확정하는지 여부(if)와 시기는(when) 당연히 호텔 측에 알려줘야 하는 것이므로 'us'가 정답이 된다. 이 글을 쓰고 있는 사람은 호텔 직원이기 때문이다. **정답** (D)

문제 135–138번은 다음 보도 자료를 참고하시오.

> 로스앤젤레스 – AxiomSoft Technologies는 연말까지 AppCraft라는 앱 개발자를 위한 새로운 소프트웨어 개발 플랫폼을 출시할 것이라고 발표했습니다.
>
> 작동 방식은 다음과 같습니다. 앱 개발자는 세부정보를 등록하고 이용약관에 동의한 후 AppCraft에 액세스할 수 있습니다. 이 플랫폼은 개발자가 애플리케이션을 효율적으로 생성, 테스트 및 출시할 수 있도록 다양한 도구와 리소스를 제공합니다. **사용자는 필요에 따라 고객 지원에 액세스할 수 있습니다.**
>
> 이 서비스의 가격은 아직 결정되지 않았지만 업계 내에서 경쟁력이 있을 것으로 예상됩니다. AppCraft는 웹 브라우저를 통해 액세스할 수 있으며, 앱 개발을 향상시킬 수 있는 다수의 템플릿과 기능이 이용 가능합니다.

표현 정리 announce 발표하다 platform 플랫폼(사용 기반이 되는 컴퓨터 시스템·소프트웨어) developer 개발자 name 명명하다, 이름을 지어주다 access 액세스하다, 접근하다 register 등록하다 detail 세부사항, 세부정보 terms of use 이용약관 provide 제공하다 a range of 다양한 tool 도구 resource 리소스, 자원 enable 가능하게 하다 publish 출시하다, 발표하다, 공개하다 efficiently 효율적으로 pricing 가격 책정 determine 결정하다 competitive 경쟁력 있는 multiple 많은, 다수[복수]의, 다양한 template (컴퓨터) 템플릿 available 이용가능한, 사용가능한 enhance 강화하다

135. 동사 어휘

해설 〈expand 확대하다, 확장하다 / adapt 적응시키다, 순응시키다 / introduce 도입하다, 출시하다, 소개하다 / discontinue 중단하다〉 2단락과 3단락을 보면, 새로운 플랫폼이 작동하는 방식과 가격, 성능 등이 설명되어 있다. 그러므로 플랫폼을 '출시하다'라고 해야 자연스럽다. **정답** (C)

136. 알맞은 문장 고르기

해설 〈customer support 고객 지원 / straightforward 간단한, 쉬운 / process 과정 / advance (지식·기술 등이) 증진되다[진전을 보다] / tremendously 엄청나게 / set up 설정하다 / code 코드(프로그램의 데이터 처리 형식에 맞는 데이터) / review 검토〉 2단락은 새로운 플랫폼의 '작동 방식(how it works)'에 관한 내용이다. 먼저 사용자를 등록하고(register) 이용약관에 동의한 후(agree to the terms of use), 앱을 만들기 위한 다양한 도구와 리소스를(a range of tools and resources) 이용할 수 있다. 이렇게 플랫폼을 어떻게 이용하는지 설명하고 있기 때문에, 여기에 더하여 '고객 지원'에 대해 언급하는 것이 가장 자연스럽다. 그러면, 플랫폼에 등록, 동의, 도구 및 리소스 이용, 앱 개발, 그리고 고객 지원의 순서대로 플랫폼을 이용하는 것에 대해 설명을 전반적으로 하는 것이 된다. **정답** (A)

해석
(A) 사용자는 필요에 따라 고객 지원에 액세스할 수 있습니다.
(B) AppCraft에 액세스하는 과정은 간단합니다.
(C) 컴퓨터 소프트웨어가 엄청나게 발전했습니다.
(D) 개발자는 코드 검토에 대한 지침을 설정합니다.

137. 동사 어형

해설 〈expect 예상하다, 기대하다〉 빈칸의 주어는 'the pricing for this service'이다. 이것은 가격 경쟁력이 있을 것으로 '예상되는, 기대되는' 것이기 때문에 수동태가 되어야 한다. **정답** (D)

138. 명사 어휘

해설 〈theory 이론 / feature 기능 / objective 목표 / payment 지불〉 이 플랫폼에서 앱 개발을 강화하기 위해서 사용 가능한(available to enhance app development) 두 가지가 'templates'와 빈칸이기 때문에 맥락에 맞는 것은 '기능(features)'이다. **정답** (B)

문제 139–142번은 다음 이메일을 참고하시오.

> 발신: Jennifer Patterson
> 수신: Maria Hernandez
> 날짜: 6월 15일 목요일 오후 3시 45분
>
> 친애하는 Hernandez 씨께
>
> 귀하에게 잘못된 주문품을 보낸 것에 대해 진심으로 사과드리고자 이 글을 씁니다. 기록을 검토한 결과, 말씀하신 대로 2023년 봄 컬렉션이 아닌 2023년 전체 카탈로그를 주문하셨습니다. **이러한 배송 오류가 항상 예상되는 것은 아닙니다.**
>
> 올바른 주문이 귀하의 집 주소로 발송되었습니다. 영업일 기준 3~5일 이내에 받지 못하시면 꼭 알려주세요.
>
> 저희의 실수를 만회하기 위해, 다음 구매 시 20% 할인을 제공해 드리고자 합니다. 죄송하다는 것을 표현하는 저희의 방식입니다.
>
> Jennifer Patterson
> 고객 서비스 매니저

표현 정리 extend 주다, 제공하다, 확장하다 sincere 진실된, 진심의 apology 사과 order 주문(품), 주문하다 record 기록 indicate 가리키다, 명시하다 receive 받다 business day 영업일 make up for 보상하다 purchase 구매 express 표현하다

139. 동사 어형

해설 〈review 검토하다〉 첫 문장에서 주문품을 잘못 보냈다고 인정하고 있기 때문에 기록을 검토한 것은 과거의 일이다. 이 경우, 쓸 수 있는 시제는 과거시제나 현재완료시제이다. **정답** (B)

140. 알맞은 문장 고르기

해설 〈collection 컬렉션, 모음집 / feature 특별히 포함하다, 특징으로 삼다 / a variety of 다양한 / recommend 추천하다, 권고하다 / shipment 배송 / foresee-foresaw-foreseen 예견하다, 예상하다 / additional 추가적인 / dispatch 발송하다, 보내다〉 1단락은 실수에 대한 사과를 하면서, 그 실수가 구체적으로 어떤 것인지 말하고 있다. 단락의 요지는 잘못된 배송에 관한 내용이므로, 그와 관련된 (C)가 자연스럽다. 잘못 보낸 물건이 'the 2023 Spring Collection'인데, 그에 대한 내용을 설명하는 (A)는 어울리지 않는다. 고객에게 잘못을 떠넘기는 듯한 (B)는 더욱 말이 안 되며, 이 단락은 추가 품목에 관한 것(D)이 아니고 잘못 보낸 주문품에 관한 것이다. **정답** (C)

해석
(A) 새 컬렉션은 다양한 색상과 디자인이 특징입니다.
(B) 주문을 두 번 확인할 것을 권장합니다.
(C) 이러한 배송 오류가 항상 예상되는 것은 아닙니다.
(D) 귀하의 추가 품목은 다음 주에 발송될 것입니다.

141. 형용사 어휘

해설 〈correct 올바른 / recent 최근의 / professional 전문적인 / invalid 효력 없는〉 잘못된 주문품에 관한 내용이므로, '올바른' 주문품을 보냈다고 하는 것이 맥락에 어울린다. **정답** (A)

142. 동사 어휘

해설 〈renew 갱신하다 / cancel 취소하다 / apply 적용하다, 지원하다 / offer 제공하다, 제안하다〉 실수를 만회하기 위해, 20% 할인을 해주겠다는 말이므로 할인을 '제공하다'라는 말이 적절하다. 참고로 'apply'의 동사 구조는 'apply someone something'이 될 수 없기 때문에 'apply you a discount'라는 구조가 성립하지 않는다. **정답** (D)

문제 143–146번은 다음 편지를 참고하시오.

> 12월 10일
>
> Ethan Davis
> 123 River Road, 아파트 5B
> Rhodes, 텍사스 54321
>
> 친애하는 주민께,
>
> 귀하의 12월 공과금이 연체되었음을 알려드리고자 이 글을 씁니다. 주택계약에 따라 공과금은 매월 1일에 청구됩니다. 5일간의 유예기간이 주어지지만, 매월 5일 오후 5시 이후에는 $20의 연체료가 발생됩니다.
>
> 제때 납부를 할 수 없게 하는 예상치 못한 재정상황에 직면하고 계시다면, 주택 관리팀에 문의하세요. 이 기간 동안 귀하에게 도움이 될 지불 계획과 같은 옵션에 대해 논의할 수 있습니다.
>
> **이 문제에 대한 귀하의 즉각적인 관심을 기대합니다.**
>
> Emily Anderson
> Rhodes 주택 관리

표현 정리 inform 알리다 utilities (수도·전기·가스 같은) 공익사업, 공과금 payment 지불, 지급 as per ~에 따라 housing 주택 contract 계약 bill 고지서, 청구서 grace period 유예기간 provide 제공하다 late fee 연체료 incur (비용을) 발생시키다[물게 되다] face 직면하다 financial 재정적인 prevent 막다 on time 제때, 시간을 어기지 않고 reach out to ~에 연락을 하다

143. 형용사 어휘

해설 〈appreciative 고마워하는, 감탄하는 / accessible 접근 가능한 / overdue 연체된, 기한이 지난 / redundant 불필요한〉 1단락은 공과금 납부에(utilities payment) 관한 내용이고, 유예기간(grace period), 연체료(late fee) 등을 언급하고 있으므로 공과금이 '연체(overdue)'되었음을 알 수 있다. **정답** (C)

144. 동사 어형

해설 해당 문장에 'as per our housing contract(우리의 주택계약에 따라)'라는 말이 있으므로 계약사항에 정해진 규칙을 말하고 있다는 것을 알 수 있다. 이런 경우, 현재시제를 사용하므로 'are to be'가 정답이 된다. **정답** (D)

145. 과거분사

해설 〈unexpected 예상 못한, 예기치 않은 / unexpectedness 예상 못함. 뜻밖 / unexpectedly 예상외로, 갑자기〉 재정상황(financial situation)을 수식하는 형용사가 와야 하는데, 상황은 '예상이 안되는'의 수동적인 개념이므로 과거분사를 사용한다. 'financial'이 형용사이기 때문에 형용사를 수식하는 부사가(D) 온다고 생각할 수도 있는데, 문법적으로는 성립하지만, 'unexpectedly financial(예상 외로 재정적인)'은 해당 문장에서는 의미가 통하지 않는다. '부사 + 형용사 + 명사'의 구조로 예를 들면, 'the incredibly beautiful sunset' 'an amazingly peaceful garden' 등 부사가 형용사를 수식하는 구조는 의미가 통한다. **정답** (A)

145. 알맞은 문장 고르기

해설 〈recent 최근의 / payment 지불, 지급 / look forward to ~을 기대하다 / prompt 즉각적인, 신속한 / attention 관심, 주의 / matter (고려하거나 처리해야 할) 문제[일/사안] / lease 임대 / agreement 계약, 합의 / typically 보통, 일반적으로, 전형적으로 / resident 주민 / encourage 권장하다, 격려하다 / attend 참석하다〉 이 글의 전체 내용은, 연체된 공과금에 관한 설명과 재정문제가 있으면 도와주겠다는 것이다. 그리고 글을 마무리하는 것이므로 '연체 문제에 즉각적인 관심을 가져달라'는 말이 가장 자연스럽다. **정답** (B)

해석
(A) 가장 최근의 지불에 감사드립니다.
(B) 이 문제에 대한 귀하의 즉각적인 관심을 기대합니다.
(C) 주택 임대계약은 일반적으로 1년입니다.
(D) 주민들은 지역사회 회의에 참석하도록 권장됩니다.

TEST 16

Part 5

101. 명사 어형

해설 동사 〈have expressed〉에서 알 수 있는 것은, 주어가 복수이고 사람이라는 것이다. 선택지에서 〈planners〉가 이 조건에 들어맞는다. **정답** (B)

표현 정리 numerous 다수의 urban 도시의 opposition 반대 proposed 제안된 transportation 교통

해석 수많은 도시 계획가들이 제안된 대중교통 시스템에 대해 강력한 반대를 표명했다.

102. 명사 어휘

해설 〈adjustment 조정 / extension 연장 / destination 목적지 / commitment 헌신〉 중에서 빈칸 다음의〈to fostering a culture of innovation〉 내용과 자연스럽게 연결되는 명사를 찾아야 한다. commitment는 '약속, 전념, 헌신, 노력' 등의 뜻으로 쓰이고 내용에 가장 적절하다. 참고로 〈dedication to -ing, commitment to -ing〉는 자주 나오는 어구이다. **정답** (D)

표현 정리 acknowledge 인정하다 foster 육성하다 innovation 혁신 dedicated 헌신적인

해석 Rodriguez 씨는 헌신적인 업무 수행을 통해 혁신문화를 조성하려는 귀하의 노력을 인정합니다.

103. 부사 어휘

해설 〈mostly 대부분 / formerly 이전에 / likely ~할 것 같은[것으로 예상되는], 가능성 있게 / newly 최근에, 새로〉 중에서 본문과 가장 잘 어울리는 것은 '다시 사용할 것으로 예상되는'의 뜻으로 연결되는 likely이다. **정답** (C)

표현 정리 conference 회의 occupy 차지하다 available 이용 가능한

해석 지금 회의실이 사용 중이면, 곧 다시 사용할 수 있으니 잠시 기다려 주시기 바랍니다.

104. 동사 어형

해설 문장에서 주어는 〈Reservations〉이고 빈칸에는 '예약'이라는 주어와 같이 쓰일 수 있는 동사가 와야 한다. 주어가 사물이고 빈칸 뒤에 수동태를 시사하는 'by'가 있으므로 수동태인 'are being accepted'가 적절하다. **정답** (D)

표현 정리 reservation 예약 conference 회의 facilities 시설 management 관리 on a first-come, first-served basis 선착순으로

해석 회의실 예약은 시설관리팀에서 선착순으로 받고 있다.

105. 명사 어형

해설 빈칸 앞에는 관사 'the'가 있기 때문에 명사가 와야 한다. **정답** (C)

표현 정리 board of directors 이사회 focus 중점을 두다, 초점을 맞추다 long-term 장기적인 emerging markets 신흥 시장 development 개발

해석 회사 이사회는 신흥 시장의 장기적인 발전에 초점을 맞추고 있다.

106. 동명사 어휘

해설 〈improve 개선하다, 향상시키다 / provide 제공하다 / respond 대응하다 / remove 제거하다〉 중에서 '고객에게 가치 있는 피드백'과 가장 잘 연결되는 단어를 찾는 문제이다. 'provide A to B(A를 B에게 제공하다)'의 형식이 가장 잘 어울린다. **정답** (B)

표현 정리 consultant 컨설턴트 assist 도움을 주다 valuable 가치 있는 feedback 피드백 employee 직원

해석 비즈니스 컨설턴트 Ken Ogata는 직원들에게 가치 있는 피드백을 제공할 수 있도록 매니저들을 지원한다.

107. 주격 관계대명사

해설 문장의 주어는 'Those'이고 동사는 'will receive"이다. 주어를 꾸며주는 관계사를 찾는 문제인데, 빈칸 뒤에 동사 'submit'이 오기 때문에 주격이 필요하다. **정답** (B)

표현 정리 submit 제출하다 receive 받다 additional 추가적인 benefits 혜택

해석 이번 주 말까지 아이디어를 제출한 사람들은 12월에 추가 혜택을 받을 것이다.

108. 주격 인칭대명사

해설 문장의 that절을 보면, 주어가 'the form' 동사가 'lacked'이고, 〈------ submitted〉는 주어 'the form'을 수식하는 것을 알 수 있다. 'submitted'가 동사이므로 이것과 어울리는 주격이 와야 한다. **정답** (D)

표현 정리 aware 인식하다, 유의하다 form 양식 submit 제출하다 lack 부족하다 documentation 서류 process 처리하다

해석 그녀가 제출한 양식은 처리에 필요한 서류가 누락되어 있다는 것을 유의하기 바랍니다.

109. 동사 어휘

해설 〈describe 설명하다, 묘사하다 / revise 수정하다 / estimate 추정하다 / include 포함하다〉 중에서 본문의 주어 'All expense reports'와 목적어 'a detailed breakdown'를 잘 연결시키는 'include'가 정답이 된다. **정답** (D)

표현 정리 expense 비용 detailed 상세한 breakdown 세부내역, 명세(서) costs 비용 attached 첨부된 receipt 영수증

해석 모든 경비 보고서는 첨부된 영수증과 함께 상세한 비용 내역을 포함해야 한다.

110. 부사 어형

해설 〈near 가까운 / nearby 근처의 / nearly 거의 / nearest 가장 가까운〉 중에서 형용사 'complete'을 꾸며주는 적절한 뜻의 부사가 와야 한다. **정답** (C)

표현 정리 update 업데이트 mobile app 모바일 앱(mobile 이동하는, 이동식의, 움직임이 자유로운) stage 단계

해석 회사 모바일 앱을 위한 소프트웨어 업데이트가 최종 단계에 있으며 거의 완료되었다.

111. 부사 어휘

해설 〈also 또한 / instead 대신에 / next 다음에 / then 그 다음에, 그 때〉 중에서 빈칸 앞에 'but'과 내용이 잘 어울릴 수 있는 'instead'가 정답이 된다. **정답** (B)

표현 정리 no longer 더 이상 ~아니다 store 저장하다 physical 물리적인 format 형식 digitize 디지털화하다 access 접근

해석 고객 기록은 더 이상 물리적 형식으로 보관되지 않고, 대신에 더 쉽게 접근할 수 있도록 디지털화될 것이다.

112. 접속사

해설 〈as ~하므로 / when ~할 때 / because ~때문에 / since ~이후로, ~때문에〉 중에서 내용을 보면, 사무기기를 빌리는 것과 상사의 승인을 받는 것은 '~할 때'라는 말이 와야 가장 잘 어울린다.　**정답** (B)

표현 정리 employee 직원　seek 찾다, 구하다, 청하다　approval 승인　supervisor 상사　borrow 빌리다　office 사무실　equipment 장비

해석 회사 직원은 사무기기를 빌릴 때 반드시 상사의 승인을 받아야 한다.

113. 형용사 어휘

해설 〈functional 기능적인 / operational 운영 중인 / profitable 수익성 있는, 이득이 되는 / eligible 자격이 있는〉에서, 투자라는 말이 있기 때문에, 시장이 '수익성이 있는, 이득이 되는'이라는 뜻이 가장 잘 어울린다.　**정답** (C)

표현 정리 international 국제적인　investor 투자자　quarter 분기

해석 지난 분기 동안 여러 국제시장이 투자자들에게 더 많은 수익을 안겨주었다.

114. 현재분사형 전치사

해설 본문에서 〈our company must adjust its practices〉라는 완전한 문장이 있기 때문에, 빈칸에는 수식어구를 이끌 수 있는 전치사인 'concerning(~에 관한)'이 적절하다. 〈concern 우려, 걱정, 중요한 것, 관심사 / concerned 걱정하는, 관심이 있는〉　**정답** (C)

표현 정리 upcoming 다가오는　budgetary 예산의　restriction 제한　adjust 조절하다　practices 관행　facilities 시설물

해석 다가오는 예산 제한으로 인해, 우리 회사는 시설과 관련된 관행을 조정해야 한다.

115. 부사 어형

해설 빈칸 앞에 'a plan to'가 있고 뒤에 동사 'boost'가 있기 때문에, to부정사라는 것을 알 수 있고 동사를 수식할 수 있는 것은 부사이므로 'marginally'가 정답이 된다. 〈margin 마진 / marginal 미미한 / marginalize 하찮은 존재 같은 기분이 들게 하다[존재로 만들다] / marginally 미미하게, 아주 조금〉　**정답** (D)

표현 정리 strategy 전략　devise 계획하다, 고안하다　boost 증대하다　profitability 수익성　downturn 경기 침체

해석 Tempura Corporation의 전략팀은 침체기에 수익성을 약간 높일 수 있는 계획을 고안했다.

116. 소유격 대명사

해설 대명사 문제로, 내용상 Green Mart를 받아서 'Green Mart의 물류센터'라는 말이 와야 맥락에 어울린다.　**정답** (A)

표현 정리 majority 대다수　product 제품　source (특정한 곳에서 무엇을) 얻다　local 지역의, 현지의　supplier 공급업체　locate 위치시키다　distribution center 물류센터, 유통센터

해석 Green Mart에서 판매되는 대부분의 제품은 (Green Mart의) 물류센터 옆에 위치한 현지 공급업체로부터 공급받는다.

117. 형용사 어휘

해설 'agreement'를 수식할 수 있는 적절한 형용사를 찾는 문제로 'productive negotiations(생산적인 협상)', 'both companies(두 회사)'라고 했으므로 이것에 가장 잘 어울리는 'mutual(상호간의, 서로의)'가 적절한 답이다. 'multiple'은 복수 개념인데, 단수 'a'가 있으므로 답이 될 수 없고, 'formal, helpful'은 문법적으로는 가능하나 가장 자연스러운 형용사는

'mutual'이다. 〈multiple 다수의 / formal 공식적인 / helpful 도움이 되는 / mutual 상호적인〉　**정답** (D)

표현 정리 productive 생산적인　negotiation 협상　representative 대표, 대표적인　agreement 합의

해석 생산적인 협상 끝에, 두 회사의 대표들은 상호 합의에 도달했다.

118. 동사 어형

해설 주어 'Ms. Patel'을 받을 수 있는 동사가 와야 하고, 사람이 교육을 이수하는 것이기 때문에 능동태가 와야 한다. (A)는 복수동사이므로 단수 주어와 맞지 않다.　**정답** (D)

표현 정리 mandatory 의무적인　safety training 안전교육　employee 직원　department 부서

해석 Patel 씨는 부서의 모든 직원에 대한 의무 안전교육을 이수했다.

119. 전치사구

해설 빈칸에 적절한 전치사구를 찾는 문제로 'in an effort to do something(~을 하려는 노력으로, ~하기 위해)'가 가장 적절하다. 〈arrangement 준비, 합의, 배치, 편곡 / impact 영향 / investment 투자〉　**정답** (C)

표현 정리 adopt 채택하다, 쓰다, 입양하다　automate 자동화하다　reduce 줄이다　operational 운영의

해석 기업들은 운영 비용을 절감하기 위해 자동화 시스템을 채택하고 있다.

120. 동사 어형

해설 'decide to do something'의 동사구조를 묻는 문제로 빈칸에는 동사원형이 와야 한다. 〈secure 확보하다〉　**정답** (A)

표현 정리 growing 증가하는　needs 수요　decide 결정하다　medical equipment 의료장비　provider 공급업체, 제공자

해석 증가하는 수요를 충족하기 위해, 병원은 의료장비 공급업체를 확보하기로 결정했다.

121. 과거분사형 전치사

해설 〈the event may be rescheduled for tomorrow〉가 완전한 문장이다. 그러므로 전치사구를 이끄는 전치사나 분사구문을 이끄는 접속사가 올 수 있다. 내용상 '~을 고려해 볼 때'라는 말이 가장 적절하다. 〈as ~로서 / about ~에 관하여 / given ~을 고려해 볼 때 / until ~때까지〉　**정답** (C)

표현 정리 current 현재의　inclement 좋지 못한　weather conditions 기상조건, 기상상태　reschedule 일정을 변경하다

해석 현재 악천후를 고려해 볼 때, 이벤트 일정이 내일로 변경될 수 있다.

122. 대명사

해설 앞에 언급된 'cars'를 받고 뒤에 오는 'produced'의 수식을 받을 수 있는 (B) those가 정답이 된다. 한 문장에서 비교를 할 때는 단수일 때는 that을 쓰고 복수일 때는 those로 비교를 한다.　**정답** (B)

표현 정리 fuel efficient 연료효율이 좋은　manufacturer 제조업체

해석 RCM Motors의 신차는 다른 제조업체에서 생산한 자동차보다 연료효율이 더 높을 것이다.

123. 부사 어형

해설 완전한 두 문장이 접속사 'although'로 연결이 되고 있기 때문에, 빈칸에는 부사 'fortunately(다행히)'가 와야 한다.　**정답** (C)

표현 정리 presentation 발표　end 끝나다　later than expected 예상

보다 늦게 **audience** 청중 **remain** 계속 ~이다, 남다 **engage** (주의·관심을) 사로잡다[끌다] **throughout** 동안 쭉, 내내

해석 발표가 예상보다 늦게 끝났지만 다행히도 청중들은 시종일관 집중했다.

124. 형용사 어휘

해설 본문의 동사 'deem'은 'consider'와 마찬가지로 'deem A B(A를 B로 간주하다)'라는 형태로 쓰이고 보통은 수동태로 많이 사용한다. 추천서 없는 이력서는 '유효하지 않다'라고 되어야 맥락이 통하므로 답은 'invalid'가 된다. 〈instant 즉각적인, 순간의 / notable 주목할 만한 / urgent 긴급한 / invalid 효력 없는, 무효한〉 **정답** (D)

표현 정리 résumé 이력서 **submit** 제출하다 **reference** 추천서, 참조 **deem** 간주하다

해석 추천서 없이 제출된 이력서는 유효하지 않은 것으로 간주되어 채용에 고려되지 않는다.

125. 형용사 어형

해설 동사구조를 보면 'make 목적어 + 형용사'의 형태를 묻는 문제이다. '정보가 접근 가능하다(information is accessible)'의 내용이 되어야 말이 성립하므로 'accessible'이 답이 된다. 〈accessible 접근 가능한 / access 접근, 접근하다〉 **정답** (B)

표현 정리 app 앱, 애플리케이션 **travel information** 여행정보 **tourist** 관광객

해석 새로운 앱은 관광객들이 스마트폰으로 여행정보를 접근할 수 있게 해 줄 것이다.

126. 전치사구

해설 내용에 맞는 전치사구를 찾는 문제로, '고객의 이익에 따라'라는 말이 나와야 맥락에 맞다. 〈in accordance with ~에 따라 / as a result of ~의 결과로 / as opposed to ~와는 대조적으로 / in place of ~을 대신해서〉 **정답** (A)

표현 정리 financial 금융의 **professionals** 전문가 **manage** 관리하다, 다루다 **investment** 투자 **interests** 이익 **client** 고객

해석 금융 전문가는 고객의 이익에 따라 투자를 관리해야 한다.

127. 전치사 vs. 접속사

해설 자금 손실이 있다는 말과 조직이 번창했다는 말은 서로 반대되는 내용이기 때문에 'despite'이 적절하다. **정답** (B)

표현 정리 lose 잃다 **funding** 기금, 자금 **organization** 조직 **thrive** 번성하다, 번창하다 **innovative** 혁신적인

해석 자금 손실에도 불구하고 그 조직은 혁신적인 솔루션을 통해 번창했다.

128. 명사 어휘

해설 'restrict A to B(A를 B로 제한하다)'라는 동사구조를 알면 '할당된 업무'라는 어구가 와야 하는 것이 적절하다. 〈tasks 일, 업무 / applications 지원, 적용 / relationships 관계 / placements 취업알선, 현장실습, 배치〉 **정답** (A)

표현 정리 maintenance 유지(보수) **require** 요구하다 **restrict** 제한하다 **mobile phone** 휴대폰 **assigned** 할당된 **office hours** 근무시간

해석 유지보수 직원은 근무시간 동안 휴대폰 사용을 할당된 업무로 제한해야 한다.

129. 과거분사 어휘

해설 〈determine 결정하다 / consider 생각해보다, 고려하다 / reject 거부하다 / inform 알리다, 통지하다〉 중에서, 테스트 후에 제품의 성능이 '결정된다'고 해야 자연스럽다. 'consider'는 '엄격한 테스트 후에'라는 어구와 맞지 않는다. 'inform'은 '알리다'라는 뜻으로 사용할 때 목적어로 사람이 오기 때문에, 본문의 수동태 형태에서는 주어가 사람이 되어야 한다. **정답** (A)

표현 정리 quality 품질 **reliability** 신뢰성 **performance** 성능 **accurately** 정확하게 **rigorous** 엄격한 **comprehensive** 포괄적인 **procedure** 절차

해석 제품의 품질, 신뢰성 및 성능은 엄격하고 포괄적인 테스트 절차를 거쳐야만 정확하게 결정될 수 있다.

130. 부사 어휘

해설 〈gradually 점차적으로 / currently 현재, 지금 / correctly 올바르게 / additionally 게다가〉에서, 'as more(더 많이 ~하게 됨에 따라)'와 연결되는 것은 '점차적으로'이다. **정답** (A)

표현 정리 projection 예상, 추정 **suggest** 제안하다, 시사하다 **interest** 관심 **electric vehicle** 전기 자동차 **charging infrastructure** 충전 인프라 **available** 사용 가능한

해석 우리의 예측에 따르면 더 많은 충전 인프라가 사용 가능하게 됨에 따라 전기 자동차에 대한 관심이 점차 높아질 것이다.

Part 6

문제 131-134번은 다음 이메일을 참고하시오.

> 수신: Emily Davis <emily@emailco.com>
> 발신: SKY Tech Solutions <info@skytech.com>
> 제목: 사용자 설문조사
> 날짜: 5월 5일
>
> 친애하는 Davis 씨,
>
> SKY Tech Solutions를 선택해 주셔서 감사합니다. 우리는 귀하와 같은 고객을 소중히 여기며 귀하의 경험이 특별해지기를 바랍니다.
>
> 귀하의 경험을 이해하는 데 도움이 되도록 간단한 설문조사에 참여해 주시기 바랍니다. 귀하의 의견은 필요한 부분을 개선하는 데 도움이 될 것입니다. 아래 링크를 클릭하시면 설문조사를 시작하실 수 있습니다.
>
> 설문조사 시작
>
> 설문조사가 완료되면 추첨에 응모하여 $50 상당의 기프트 카드를 받으실 수 있습니다.
>
> **귀하의 참여에 감사드립니다.**

표현 정리 survey 설문조사 **value** 소중히 여기다, 중시하다 **customer** 고객 **exceptional** 예외적인, 뛰어난, 특별한 **guide** 안내하다, 지도하다, 인도하다 **improvement** 개선, 향상 **click** 클릭하다, 버튼을 누르다 **completion** 완료, 완성 **drawing** 추첨 **win** 이기다, (노력·경쟁에 의하여) ~을 얻다, 획득[입수]하다

131. 대명사

해설 문맥을 보면 '귀하와 같은 고객'이라는 뜻이 와야 하므로 전치사 'like'의 목적어 역할을 할 수 있는 'you'가 정답이 된다. **정답** (A)

132. 동명사

해설 동사 'consider'는 'consider + 동명사[명사]'의 형태로 '~하는 것을 고려하다'라는 뜻으로 사용된다. 그 외에 'consider + 목적어 + to be[as]'의 구조도 가진다. **정답 (A)**

133. 명사 어휘

해설 〈donation 기부(금), 기증 / transaction 거래, 처리, 업무 / choice 선택 / input 입력, 의견, 조언〉에서, 본문의 내용은 설문조사를 통해서 의견을 달라는 것이기 때문에, '의견'을 나타내는 'input'이 가장 적절하다. **정답 (D)**

134. 알맞은 문장 고르기

해설 본문은 설문조사에 참여해 달라는 요청이 핵심이다. 그것을 부탁한 다음에 참여에 대한 보상으로 추첨을 말했고, 이 이메일을 끝맺는 말은 '참여해줘서 감사하다'는 내용이 가장 적절하다. **정답 (B)**

해석
(A) 주문해 주셔서 감사합니다.
(B) 귀하의 참여에 감사드립니다.
(C) 기록을 위해 이 이메일을 보관하십시오.
(D) 귀하의 결제가 처리되었습니다.

문제 135-138번은 다음 메모를 참고하시오.

> **메모**
>
> 발신: Lisa Jones, 인사부 이사
> 수신: 모든 직원
> 날짜: 2월 10일
> 제목: 교육 공지
>
> 다가오는 교육 프로그램에 대해 알려드리고자 이 글을 씁니다. 이 계획은 우리 조직 내의 다양한 팀에 영향을 미칩니다. 이는 각자의 역할에 대한 기술과 지식을 향상시키기 위해 고안되었습니다.
>
> 또한, 이러한 교육은 근무시간 중에 실시됩니다. **우리는 여러분의 일상업무에 지장을 최소화하기 위해 노력하고 있습니다.** 본 교육에 참여하는 데 있어서 귀하의 협조에 대단히 감사드립니다.
>
> 교육 날짜, 시간, 장소에 대한 자세한 내용은 첨부된 일정을 확인하시기 바랍니다. 문의사항이나 우려사항이 있으면 인사부로 연락주시기 바랍니다.
>
> 우리는 이러한 교육이 귀하의 전문성 개발에 도움이 될 것이라고 믿습니다.

표현 정리 announcement 공지, 발표 inform 알려주다 upcoming 다가오는, 곧 initiative 계획, 조치, 주도권 various 다양한 organization 조직, 기관 improve 향상시키다 respective 각각의, 각자의 conduct 실시하다, 수행하다 working hours 업무시간, 근무시간 cooperation 협조 appreciate 감사하다, 고마워하다 review 검사하다, 검토하다 attached 첨부된 detail 세부내용, 자세한 내용 location 장소 benefit ~의 득이 되다, ~에 이익을 주다

135. 동사 어형

해설 〈affect 영향을 주다〉 본문의 내용은 미래에 일어나게 되는 'upcoming training program'에 관한 내용이기 때문에 정해진 사실을 말할 때 사용하는 현재시제나 미래의 일을 나타내는 미래시제를 사용해야 한다. 주어가 영향을 목적어에 미치는 것이기 때문에 능동태가 와야 한다. **정답 (A)**

136. 접속부사

해설 〈however 그러나 / in contrast 대조적으로 / furthermore 또한, 게다가 / otherwise 그렇지 않으면〉에서, 빈칸의 앞뒤 내용을 보면, 교육 프로그램에 대해 공지하고, 그 다음 근무시간에 실시될 것이라고 말하고 있기 때문에, 앞에 언급한 내용에 덧붙여서 추가적인 정보를 제공하는 것이지, 앞의 내용과 대비되는 것이 아니기 때문에 'furthermore(또한, 게다가)'가 적절하다. **정답 (C)**

137. 알맞은 문장 고르기

해설 사무실이나(A) 어제 있었던 도움에(B) 관한 내용은 본문과 맞지 않다. '계속해서 요청하다'라는 내용도(D) 요청을 했다는 내용이 있어야 '계속해서'라는 어구가 맞는데, 어색하다. 빈칸 앞에서 근무시간에 교육이 이루어진다고 했으므로 직원들의 'daily routines(일상업무, 일상생활)'가 지장을 받을 수 있다. 때문에 그 부분을 최소화하겠다는 내용이 맥락상 적절하다. **정답 (C)**

해석
(A) 우리는 남은 하루 동안 사무실을 개조할 예정입니다.
(B) 어제 도움에 대해 감사드립니다.
(C) 우리는 여러분의 일상업무에 지장을 최소화하기 위해 노력하고 있습니다.
(D) 우리는 계속해서 직원들에게 피드백을 요청할 것입니다.

138. 명사 어휘

해설 〈development 개발, 발전 / procedure 절차, 과정 / opinion 의견 / communication 대화, 의사소통〉 1단락에 보면, 'It's designed to improve your skills and knowledge ~'라고 되어 있기 때문에, 이 프로그램을 도입하는 이유는 직원들의 능력 개발이므로 그에 맞는 'development'가 가장 적절하다. **정답 (A)**

문제 139-142번은 다음 편지를 참고하시오.

> 3월 15일
>
> Daniel Sullivan 씨
> 789 Willowbrook Lane, 5B호
> 시카고, 일리노이 60601
>
> 친애하는 Sullivan 씨:
>
> 귀하의 새로운 역할과 이전에 대해 알려드리게 되어 기쁘게 생각합니다. 4월 1일부터 귀하는 NF Solutions의 시카고 사무소에서 프로젝트 관리자 직책을 맡게 됩니다. 이 자격으로 귀하는 수석 프로젝트 디렉터인 Karen Brown에게 직접 보고하게 됩니다.
>
> 또한, 귀하의 이전을 수월하게 하기 위해 이전에 관한 도움을 제공하게 된 것을 기쁘게 생각합니다. **교통비와 숙소비는 저희가 부담합니다.** 관련 영수증을 모두 보관하시고 그 영수증을 신속하게 인사부에 제출하시기 바랍니다.
>
> NF Solutions 팀 전체는 귀하의 경력에서 이 흥분되는 단계에 대해 축하를 드립니다. 문의사항이 있거나 지원이 필요하신 경우, 주저하지 마시고 연락주시기 바랍니다. 귀하의 이전에 행운을 빕니다.
>
> Oliver Anderson

표현 정리 delighted 기쁜, 즐거운 inform 알리다 role 역할 transfer 이전, 전근, 이송 assume (권력, 책임을) 맡다, 추정하다 capacity 자격, 지위, 수용능력 furthermore 또한, 게다가 offer 제공하다 relocation 이전, 이동, 재배치 assistance 도움 facilitate 촉진하다, 수월하게 하다 relevant 관련된 receipt 영수증 promptly 신속히, 즉시 submit 제출하다 entire 전체의 congratulate 축하하다 inquiry 문의(사항) hesitate 망설이다, 주저하다

139. 형용사 어휘

해설 〈effected 초래된 / effective (특정한 일시를) 기하여, 효과적인 / effectiveness 효과 / effectively 효과적으로, 사실상〉 본문의 내용은 4월 1일자로 관리자가 된다는 뜻이므로 'effective'가 적절하다. 참고로 '~일자로 효력이 발생하는'이라는 뜻으로 사용할 때 'effective + (전치사) + 시간'의 형식으로 전치사(on, from, as of)를 사용할 수도 있다. **정답** (B)

140. 부사 어휘

해설 〈creatively 창의적으로, 독창적으로 / directly 직접적으로, 곧바로 / evenly 고르게, 대등하게 / similarly 비슷하게, 마찬가지로〉 프로젝트 매니저라는 직책은 Karen Brown에게 직접 보고하게 된다는 말이 가장 적절하다. **정답** (B)

141. 알맞은 문장 고르기

해설 빈칸 앞문장은 이전하는 데 도움을 주겠다고 했고, 뒤에는 이전과 관련된 영수증은 인사부에 제출하라고 했기 때문에, 비용을 부담해 주겠다는 (A)가 가장 적절하다. **정답** (A)

해석
(A) 교통비와 숙소비는 저희가 부담합니다.
(B) 급여 및 복리후생 제도는 나중에 논의할 것입니다.
(C) 새로운 지역의 생활비가 더 저렴합니다.
(D) 통근 교통편을 직접 마련하세요.

142. 명사 어휘

해설 〈investment 투자 / application 지원, 적용 / transition (다른 상태·조건으로의) 이행(移行), 과도기, 변하는 시기 / business 사업, 일〉 본문의 내용은 시카고 사무소로 발령이 나서 그곳으로 이전하는 것과 관련된 내용이기 때문에, 그것을 요약하는 'transition'이 가장 적절하다. **정답** (C)

문제 143-146번은 다음 이메일을 참고하시오.

발신: Sarah Mitchell <smitchell@innovatecorp.com>
수신: David Anderson <davida@emaillink.net>
날짜: 6월 10일 월요일

친애하는 Anderson 씨:

Innovate Corporation의 제품에 관해 문의해 주셔서 감사합니다. 귀하의 관심과 질문은 저희에게 중요합니다. 그러나, 문의하신 상품이 현재 품절되었음을 알려드리게 되어 유감스럽습니다.

고객에게 정보를 제공하기 위해, 당사 웹사이트 www.innovatecorp.com/products에서 제품의 이용 가능성을 정기적으로 업데이트합니다. **실시간 재고 현황을 보려면 당사 웹사이트를 방문하세요.**

그 동안에, 구매를 결정하셨다면 당사 웹사이트에서 다른 제품을 살펴보시기 바랍니다. 저희는 귀하의 요구를 충족시킬 수 있는 다양한 고품질 제품을 보유하고 있습니다.

Innovate Corporation을 고려해 주셔서 감사드리며, 곧 도움을 드릴 수 있기를 기대합니다.

Sarah Mitchell

표현 정리 appreciate 감사하다, 고마워하다 inquiry 문의사항 regarding ~에 관하여 interest 관심 regret 유감으로 여기다, 후회하다 inform 알리다 inquire 문의하다 out of stock 재고가 없는 regularly 정기적으로 update 최신정보를 알려주다, 업데이트하다 availability 가용성, 이용할 수 있음 in the meantime 그 동안에, 그 사이에 a wide range of 광범위한, 다양한 look forward to ~을 기대하다, 고대하다

143. 접속부사

해설 〈however 그러나 / otherwise 그렇지 않으면 / to this end 이를 위해, 이 목적을 위해 / additionally 추가적으로, 게다가〉 빈칸 앞에는 제품 문의에 대한 감사의 말을 전하고, 뒤에는 재고가 없다는 말을 하고 있기 때문에, 이 내용을 자연스럽게 연결을 할 수 있는 단어는 '그러나'이다. **정답** (A)

144. 알맞은 문장 고르기

해설 〈real-time 실시간 / status 현황, 상태〉 앞 문장에 보면, 재고가 있는지(product availability)에 관해 웹사이트에 업데이트를 하고 있다는 내용이 있다. 그에 이어져서 '재고현황'에 대한 언급을 하는 (D)가 가장 자연스럽다. **정답** (D)

해석
(A) 대부분의 고객은 온라인 쇼핑을 선호합니다.
(B) 신제품 출시가 다음 달로 예정되어 있습니다.
(C) 저희는 다른 제품에 대해 할인을 제공할 수 있습니다.
(D) 실시간 재고 현황을 보려면 당사 웹사이트를 방문하세요.

145. 동사 어휘

해설 〈offer 제안하다 / examine 검토하다, 살펴보다 / revise 개정하다, 수정하다 / approve 승인하다〉 빈칸 다음 문장을 보면, 다양한 제품을 가지고 있다는 광고를 하고 있다. 그러므로 그 이전 문장은 당사 웹사이트의 다른 옵션도 '살펴보다'라는 단어가 가장 어울린다. **정답** (B)

146. 동명사

해설 'look forward to'는 뒤에 동명사를 취해서 '~을 기대한다'라는 의미로 사용된다. **정답** (C)

TEST 17

Part 5

101. 목적격 인칭대명사

해설 내용상 회의실에 두고 간 것은 'photocopies'여야 하고 긍정문이므로, 복수를 받는 'them'이 가장 적절하다.　　　　　　　　**정답** (C)

표현 정리 photocopy 복사 financial 재무의, 재정의 board meeting 이사회 conference 회의

해석 Garcia 씨는 이사회가 열리기 전에 재무보고서를 복사하여 회의실에 두고 갔다.

102. 형용사 어휘

해설 〈valid 유효한, 타당한 / rigorous 철저한, 엄격한 / internal 내부의 / numerous 많은〉에서 '신분증'과 가장 잘 어울리는 단어는 'valid'이다.　　　　　　　　**정답** (A)

표현 정리 visitor 방문객 provide 제공하다, 제시하다 identification 신분증 receptionist 리셉션 직원, 접수 담당자 front desk 프런트 데스크

해석 건물을 방문하는 모든 방문객은 프런트 데스크의 리셉션 직원에게 유효한 신분증을 제시해야 한다.

103. 과거분사

해설 that절에서 주어는 'the products'이고 동사는 'are'이기 때문에, 빈칸은 주어 'products'를 수식하는 과거분사형이 와야 한다. 원문장은 'the products which are designed by Lion Group Fashions are of the quality the company asserts'인데, (which are)가 생략된 분사구문 형태이다.　　　　　　　　**정답** (D)

표현 정리 recent 최근의 quality 품질 assert 주장하다

해석 최근 연구에 따르면, Lion Group Fashions에 의해 디자인된 제품은 회사가 주장하는 품질에 부합한다.

104. 접속사

해설 완전한 두 문장이 있기 때문에, 이 두 문장을 연결하는 접속사가 필요하다. '새 카드를 요청할 경우'라고 해야 수수료가 발생한다는 말과 연결된다.　　　　　　　　**정답** (D)

표현 정리 fee 수수료, 요금 incur (비용을) 발생시키다[물게 되다] account 계좌 request 요청하다

해석 새 ATM 카드를 요청하는 경우 귀하의 계좌에 $20의 수수료가 발생합니다.

105. 동사 어형

해설 문장의 주어 'Mr. Jones'에 연결되는 동사가 필요하다. (A)의 경우, 시제는 차치하더라도 일단 주어가 3인칭 단수이므로 'decides'로 해야 한다.　　　　　　　　**정답** (B)

표현 정리 promote 승진시키다 attend 참석하다 seminar 세미나

해석 회사에서 막 승진한 Jones 씨는 다음 달 세미나에 참석하기로 결정했다.

106. 주격 인칭대명사

해설 빈칸 뒤에 동사구인 'could update'가 나오므로 'Mr. Anderson'을 받아줄 수 있는 주격대명사가 와야 문맥이 통한다.　　　　　　　　**정답** (A)

표현 정리 volunteer 자원하다, 자원봉사로 하다 pick up 픽업하다, 차로

태우러 가다 customer 고객 update 가장 최근의 정보를 알려주다[덧붙이다] seminar 세미나

해석 Anderson 씨는 세미나 전에 고객에게 최신 정보를 알려주려고 공항에서 고객을 픽업해 주기로 자원했다.

107. 동사 어휘

해설 〈handle 다루다 / respond 반응을 보이다, 대답하다 / arrive 도착하다 / equip 장비를 갖추다, (필요한 지식 등을 가르쳐) 준비를 갖춰 주다〉 '전자기기는 주의해서 다루어져야 한다'라는 뜻이 와야 하므로 (A)가 적절하다.　　　　　　　　**정답** (A)

표현 정리 customer 고객 frequently 자주, 종종 inform 알리다 electronic 전자의 device 기기, 장치 care 조심, 주의 avoid 피하다 damage 손상

해석 고객들에게 전자기기는 손상되지 않도록 주의해서 다루어져야 한다는 것을 자주 알려준다.

108. 부사 어형

해설 문장의 동사구 'is acknowledged'의 사이에 올 수 있는 것은 부사밖에 없다. 〈general 일반적인, 보통의 / generally 일반적으로, 대개, 보통 / generality 일반성, 보편성 / generalness 전체성, 포괄성〉　**정답** (B)

표현 정리 latest 최신의 acknowledge 인정하다 advanced 선진의, 고급의 feature 기능 performance 성능

해석 FX Corporation의 최신 스마트폰 모델인 Stellar는 일반적으로 고급 기능과 성능으로 인정받고 있다.

109. 형용사 어휘

해설 〈extraneous 관련 없는 / dependent 의존하는 / essential 필수적인 / professional 전문적인, 전문가의〉 Dr. Smith가 유일한 외과의사라는 것을 고려해보면 의료 서비스에 '필수적'이라는 말이 가장 적절하다.　**정답** (C)

표현 정리 surgeon 외과의사 clinic 클리닉, 병원, 진료소 community 지역사회 health care 건강관리 (방법), 의료, 보건

해석 Smith 박사는 병원의 유일한 외과의사이며 지역사회의 의료 서비스에 필수적이다.

110. 의문형용사

해설 여러 지원자 중에서 '어떤 지원자가 가장 적합한지'를 파악한다는 말이 가장 적절하다.　　　　　　　　**정답** (D)

표현 정리 reexamine 재검토하다 application form 지원서 figure out 파악하다, 이해하다, 알아내다 candidate 지원자 fitting 어울리는, 적합한 role 역할

해석 Brown 씨는 어떤 지원자가 이 역할에 가장 적합한지 파악하기 위해 지원서를 다시 검토해야 했다.

111. 명사 어휘

해설 〈strength 힘 / goal 목표 / possession 소유(물) / observation 관찰, 감시〉 중에서 '개인의 개발을 위해서'와 가장 잘 연결되는 것은 '목표'이다.　　　　　　　　**정답** (B)

표현 정리 annual 연례의, 매년의 review 검토 process 과정 employee 직원 define 정하다, 규정하다, 분명히 밝히다 personal 개인의 development 개발, 발달

해석 연례 검토과정의 일환으로 모든 직원은 개인 개발을 위한 한가지 목표를 정해야 한다.

112. 부사 어휘

해설 〈previously 이전에 / perfectly 완벽하게 / consequently 결과적으로 / exactly 정확하게〉 품질이 저하된 것은 '이전에' 습기가 많은 곳에 보관되었기 때문이라고 보는 것이 적절하다. **정답** (A)

표현 정리 artwork 미술품 deteriorate 악화되다, 더 나빠지다
over time 시간이 지남에 따라 store 저장하다, 보관하다 damp 축축한, 습기가 많은

해석 미술품은 이전에 습기가 많은 방에 보관되어 있었기 때문에 시간이 지남에 따라 품질이 저하되었다.

113. 동사 어형

해설 문장에서 동사가 필요하고 주어가 사람이기 때문에 능동태가 와야 한다. 주어가 복수이므로 'are planning'이 가장 적절하다. **정답** (D)

표현 정리 candidate 지원자 submit 제출하다 résumé 이력서

해석 지원자들은 이번 주말까지 이력서를 제출할 계획이다.

114. 명사 어형

해설 빈칸 앞에 전치사 'at'이 있기 때문에, 전치사구라는 것을 알 수 있고 빈칸에는 명사만 올 수 있다. 'concentrate'은 동사로 '모으다[집중시키다], 농축시키다'의 뜻이고 명사로는 '농축물'의 뜻으로 사용된다. 본문에서는 '농축물'이 아니고 '농도'라는 뜻의 'concentration'을 사용해야 '권장 농도로 혼합될 때'라는 말이 된다. **정답** (B)

표현 정리 mix 혼합하다, 섞다 recommended 권장되는 detergent 세제 excel 뛰어나다 remove 제거하다 grease 기름 grime 때

해석 Turbo Clean 세제는 권장 농도로 혼합할 때, 기름과 때를 제거하는 데 탁월하다.

115. 전치사

해설 'search'의 동사 구조는 찾으려는 대상이 전치사 'for' 뒤에 와서 'search for something'의 형태를 갖는다. **정답** (C)

표현 정리 manager 매니저, 관리자 initially 처음에 intend 의도하다, 작정하다 examine 검토하다 carefully 주의 깊게, 면밀히 search 찾다, 살펴보다

해석 매니저는 처음에 오류를 찾기 위해 기록을 면밀히 검토하려고 했다.

116. 동명사

해설 빈칸 앞에 전치사 'with'와 뒤에 명사 'advertising materials'를 연결하는 것은 동명사 'checking' 밖에 없다. 그래서 '광고 자료를 확인하는 것'이 되어야 한다. **정답** (D)

표현 정리 employee 직원 department 부서 task sb with sth (~에게) 일[과제]을 맡기다[주다] advertising materials 광고 자료 supervisor 감독관, 상사

해석 마케팅 부서의 직원들은 상사의 감독하에 모든 광고 자료를 확인하는 일을 맡았다.

117. 형용사 어형

해설 〈operate 운영하다, 가동하다 / operation 운영, 가동 / operational 운영의, 가동의 / operationally 기능을 다하여, 운행 가능하게, 조작상, 사용 중에〉 빈칸 앞의 'be'와 연결되는 것은 명사나 형용사이고 내용상 '운영되지 않을 것이다'라는 말이 와야 적절하므로 형용사가 정답이 된다. **정답** (C)

표현 정리 production site 생산 현장 until ~때까지 acquire 얻다,

습득하다, 획득하다 resources 자원

해석 생산 현장은 다른 회사로부터 더 많은 자원을 확보할 때까지 운영되지 않을 것이다.

118. 부사 어휘

해설 관사 'a'와 과거분사 'valued' 사이에 올 수 있는 적절한 부사를 찾는 문제로 내용상 '매우 소중한'이 되어야 가장 적절하다. 〈highly 매우 / diligently 성실하게 / sharply 날카롭게, 급격히 / evenly 고르게〉 **정답** (A)

표현 정리 following ~후에 evident 분명한, 눈에 띄는 valued 귀중한, 소중한 addition 추가된 것

해석 월요일 회의 후, 신임 사장이 회사에 매우 소중한 인물이라는 것이 분명해졌다.

119. 부사

해설 빈칸 앞에 전치사 'in'이 'hour'와 같이 전치사구를 형성하고 있기 때문에, 또 다른 전치사는 올 수 없고, '대략, 약'이라는 뜻의 부사인 'about'만 가능하다. **정답** (B)

표현 정리 preparation 준비 recipe 레시피, 조리법 complete 완료하다, 끝마치다

해석 이러한 유형의 빠르고 간단한 레시피의 준비는 약 한 시간 안에 완료될 수 있다.

120. 명사 어형

해설 〈architect 설계자, 건축가 / architecture 건축 / architecturally 건축적으로〉 'proficient(능숙한)'은 사람에 해당하는 것이므로 architects 가 정답이 된다. 복수인 이유는 'All(모든)'이라고 본문에 있기 때문이다. **정답** (D)

표현 정리 proficient 능숙한, 능한 latest 최신의

해석 모든 소프트웨어 설계자는 프로젝트의 최신 프로그래밍 언어에 능숙해야 한다.

121. 명사 어휘

해설 〈location 장소 / position 위치 / distribution 분배, 유통 / direction 방향, 지시〉 빈칸 앞에 'Silicon Valley'는 실리콘 밸리라는 장소를 말하는 것이므로 'location(장소)'이 가장 적절하다. **정답** (A)

표현 정리 latest 최신의 research center 연구센터 prove 증명하다, 입증하다 strategic 전략적인

해석 Tech Gear는 매우 전략적이라고 입증된 장소인 Silicon Valley에 최신 연구센터를 열었다.

122. 부사 어형

해설 빈칸 뒤에 비교급을 나타내는 'than'이 있기 때문에 'more'가 있는 (C)가 적절하다. **정답** (C)

표현 정리 process 프로세스, 과정 enhancement 개선, 증대, 강화 collaborate 협력하다, 협업하다 anticipate 예상하다, 기대하다 department 부서

해석 프로세스 개선 팀은 예상보다 더 효과적으로 여러 부서와 협업하고 있다.

123. 부사 어휘

해설 〈cordially 진심으로, 다정하게 / previously 이전에 / recently 최근에, 얼마 전에 / strongly 강력히, 강하게〉 누군가를 정중하게 초대할 때 전형적

으로 사용하는 부사로 'be cordially invited to a place'라는 문장이 하나의 표현처럼 많이 사용된다. **정답 (A)**

표현 정리 participant 참가자 conference 컨퍼런스, 회의 gala 경축행사, 축제, 갈라 celebrate 기념하다, 축하하다 event 행사

해석 성공적인 행사를 축하하기 위해 컨퍼런스의 모든 참가자를 갈라 디너에 진심 어린 마음으로 초대합니다.

124. 접속사

해설 빈칸에는 완전한 두 문장을 연결하는 접속사가 와야 한다. 내용상 '~때문에'라는 말이 와야 '더욱 엄격한 통제가 이루어졌다'는 맥락과 연결이 된다. **정답 (A)**

표현 정리 stricter 보다 엄격한 access 접근 put sth in place (계획, 조치 등을) 시행/이행하다, (법률, 규정, 제도 등을) 확립하다 unauthorized 무단의, 허가 받지 않은

해석 무단 접근이 문제가 되었기 때문에 더욱 엄격한 접근 통제가 이루어졌다.

125. 형용사 어휘

해설 〈preferable 선호되는, 더 나은 / probable (어떤 일이) 있을[사실일] 것 같은, 개연성 있는 / worthy ~을 받을 만한, (~을 받을) 자격이 있는 / dependable 믿을[신뢰할] 수 있는〉 일자리를 찾는 사람에게서 사전 경험이 '선호된다'라고 해야 자연스럽다. **정답 (A)**

표현 정리 candidate 후보자, 지원자 seek 찾다, 구하다 organization 조직 similar 비슷한, 유사한 prior 사전의, 이전의

해석 우리 조직에서 일자리를 구하는 후보자의 경우, 유사한 이전 경력이 있으면 선호된다.

126. 전치사

해설 문맥상 대회에 참가한 셰프들 '중에서'라고 해야 맥락이 통한다. following은 전치사로 쓰일 때 '~후에'라는 뜻이다. **정답 (B)**

표현 정리 chef 셰프, 요리사 competition 경연대회, 경쟁 recognize 인정하다, 알아보다 innovative 혁신적인 culinary 요리[음식]의

해석 대회에 참가한 셰프들 중에서 Smith 셰프는 자신의 요리 창작물에서 가장 혁신적인 셰프로 인정받았다.

127. 전치사구

해설 〈since 이후로 / until ~까지 / due to ~때문에 / in spite of ~에도 불구하고〉 중에서, 판매가 급증한 것은 놀라운 기능 '덕분에'라고 해야 문맥이 성립한다. **정답 (C)**

표현 정리 electric car 전기차 soar 급증하다 shortly after ~직후 launch (상품을) 출시[출간]하다 remarkable 놀랄만한, 주목할 만한 feature 기능 offer 제공하다

해석 신형 전기차 모델은 놀라운 기능 덕분에 출시 직후 판매가 급증했다.

128. 동사 어휘

해설 〈advise 권고하다, 조언하다 / indicate 나타내다, 가리키다 / explain 설명하다 / comment 논평을 하다, 코멘트를 하다〉 본문과 같은 '동사 + 목적어 + to부정사'의 구조를 사용하는 것은 'advise' 뿐이다. 내용상으로도 '권고하다'가 가장 적절하다. **정답 (A)**

표현 정리 manager 매니저, 관리자 strongly 강력히 employee 직원 adopt 채택하다, 입양하다 effective 효과적인 strategy 전략 top-performing 최고의 성과를 내는

해석 매니저는 모든 직원들에게 최고 성과를 내는 팀원들이 사용하는 효과적인 전략을 채택할 것을 강력히 권고했다.

129. 과거분사 어휘

해설 〈appear ~인 것 같다, 나타나다 / settle (해외나 식민지에) 정착하다 / deserve ~을 받을 만하다[누릴 자격이 있다], ~을 (당)해야 마땅하다 / originate 비롯되다, 유래하다, 고안해내다〉 본문에 보면 원래 문장이 'The coastal town of Tidewater, (which was) ------- by settlers ~'의 형식인데, appear는 자동사이기 때문에 수동태가 될 수 없고, originate은 자동사로 '비롯되다, 유래하다'의 뜻이고 타동사로는 '발명[고안]하다'이기 때문에 본문처럼 수동태가 되면 타동사로 사용했다는 것인데, 문맥이 통하지 않는다. **정답 (B)**

표현 정리 coastal 해안의 settler 정착민 tourist destination 관광지

해석 1600년대에 포르투갈 정착민들이 정착한 해안 마을인 Tidewater는 이제는 인기있는 관광지다.

130. 명사 어휘

해설 〈opposition 반대 / exception 예외 / distribution 배포, 유통 / function 기능, 행사〉 프린터에 문제가 있기 때문에 상품권의 '배포'를 연기한다고 해야 문맥이 자연스럽다. **정답 (C)**

표현 정리 promotional 홍보[판촉]의 voucher 상품권, 할인권, 쿠폰 postpone 연기하다, 미루다 encounter 직면하다 issue (걱정거리가 되는) 문제, 주제, 쟁점

해석 오늘 아침 프린터에 문제가 발생하여 홍보용 상품권 배포가 연기될 것이다.

Part 6

문제 131-134번은 다음 메모를 참고하시오.

> 날짜: 6월 15일
> 수신: 모든 직원
> 발신: Susan Armstrong, 인사부장
> 제목: 교육 알림
>
> 친애하는 팀 여러분,
>
> 의무 교육이 시작됩니다. 첫 번째 교육은 6월 25일 월요일 오전 9시입니다. 오전 8시 30분에 감독관 Carl Taylor에게 출석 보고하십시오. 또한, 직접 입금 설정을 위해 사진이 부착된 신분증을 가져오십시오.
>
> 모든 직원은 6시간 동안의 오리엔테이션에 참석해야 합니다. 첨부된 양식에 서명하고 날짜를 기재하여 확인해 주시기 바랍니다. **양식은 팩스나 이메일로 다시 보내주시면 됩니다.**
>
> 협조해 주셔서 감사합니다.
>
> Susan Armstrong
> 인사부장

표현 정리 reminder [잊지 않도록 하기 위한] 알림, 암시 mandatory 의무적인, 강제적인 be set to ~로 예정되어 있다 session 회기, 세션 report 보고하다 supervisor 관리자, 감독관 deposit 예금, 입금 setup 설정 employee 직원 require 필요로 하다, 요구하다 attend 참석하다 orientation 오리엔테이션, 예비교육 kindly 친절하게, 부디 ~해주세요 confirm 확인하다 sign 서명하다 date 날짜를 기입하다 cooperation 협조, 협력

조치를 취하다 avoid 피하다 eviction 퇴거, 쫓아냄 residential 주거의, 거주의

135. 동사 어휘

해설 〈inform 알리다 / respond 반응하다, 대응하다 / recommend 추천하다 / announce 발표하다, 알리다〉 본문의 내용은 임대료가 밀렸으니, 해결하기 위해 전화를 하라는 것이다. 그러므로 최소 지불액이 연체되었다는 것을 '알려주기' 위해 편지를 쓰는 것이 자연스럽다. (D)의 'announce'는 '누구에게 알리다'라는 뜻으로 'announce' 다음에 사람이 곧바로 오는 구조로 사용하지 않는다. 즉, 'announce someone something(누구에게 ~을 알리다)'의 구조로 사용되지 않는다. **정답** (A)

136. 형용사 어휘

해설 〈monthly 매달의 / false 잘못된 / lengthy 너무 긴 / second 두 번째의, 다른〉 이 편지를 쓰는 것은 세 번째이고, 첫 번째는 4월 15일에 송장을 보낸 것이다. 그러므로 5월 15일에 보내는 것은 '두 번째' 공지라고 하는 것이 타당하다. **정답** (D)

137. 알맞은 문장 고르기

해설 〈lease 임대 / terminate 종료하다, 끝내다 / prompt 신속한, 즉각적인 / adjust 조정하다〉 빈칸 앞의 내용은 만일 돈을 내지 않으면 조치를 취한다고 되어 있기 때문에, 그 조치 내용이 구체적으로 무엇인지 말해주는 (A)가 가장 적절하다. **정답** (A)

해석
(A) 귀하의 아파트 임대는 6월 15일에 종료될 것입니다.
(B) 어제 신속하게 지불해 주셔서 감사합니다.
(C) 귀하의 청구서가 수령된 지불액에 맞게 조정되었습니다.
(D) 한 달 후에 귀하에게 다시 알려드리겠습니다.

138. 명사 어형

해설 〈represent 대표하다 / representative 담당자, 대리인, 대표자 / representation 대표〉 전화를 하면 응답을 하고 '논의하는' 것은 당연히 사람이기 때문에, 빈칸에는 사람을 나타내는 'representative'가 와야 한다. **정답** (C)

131. 동사 어휘

해설 〈attend 참석하다 / agree 동의하다 / answer 답하다, 응답하다 / report 보고하다, 알리다〉 교육이 시작될 때 감독관에게 왔다는 것을 알려줘야 하므로 '감독관에게 보고하다'라는 내용이 적절하다. 'attend to a person'의 경우, '돌보다'라는 뜻이 되기 때문에 오답이다. 'answer to a person'은 보통 '질문에 답을 하다'라는 의미로 사용되는데 본문과 의미가 통하지도 않고, 이때는 'answer a person'이라고 하는 것이 일반적이다. **정답** (D)

132. 전치사구

해설 〈in short 간단히 말해, 요약하면 / in addition 또한, 게다가 / nevertheless 그럼에도 불구하고 / namely 즉, 다시 말해서〉 의무 교육이 시작될 것이기 때문에 그에 관한 정보를 전하고 있는 문맥이다. 그러므로 정보를 추가할 때 사용할 수 있는 '게다가, 또한'의 단어가 적절하다. **정답** (B)

133. 동사 어형

해설 본문의 내용은 미래에 발생하는 의무 교육에 관한 내용이기 때문에 정해진 사실을 말할 때 사용하는 현재시제나 미래의 일을 나타낼 때 사용하는 미래시제를 사용해야 한다. 그리고 직원들이 '요구하는' 것이 아니고 참석하도록 '요구를 당하는' 것이기 때문에 수동태가 적절하다. **정답** (B)

134. 알맞은 문장 고르기

해설 빈칸 앞 내용이 첨부된 양식에 서명하고 날짜를 기입하라는 것이기 때문에, 그에 연관되어 작성을 마치면 '나에게 보내달라'는 내용이 가장 잘 어울린다. (B)의 'feedback'은 어떤 문제에 대한 '의견, 반응'이기 때문에 본문 내용과 관련이 없다. **정답** (A)

해석
(A) 양식은 팩스나 이메일로 다시 보내주시면 됩니다.
(B) 이 문제에 관한 여러분의 의견에 감사드립니다.
(C) 이 문제를 해결하는 데 기다려 주셔서 감사합니다.
(D) 여러분과의 인터뷰를 기대하고 있습니다.

문제 135-138번은 다음 편지를 참고하시오.

John Smith
123 Maple Street
Newark, 뉴저지 07101

6월 3일

친애하는 Smith 씨,

귀하의 잔고에 대한 최소 지불액이 연체되었음을 알려드리고자 이 글을 씁니다. 귀하의 임대료 지불과 관련하여 귀하에게 연락을 시도한 것은 이번이 세 번째입니다. 첫 번째 청구서는 4월 15일에 발송되었습니다. 그 후 5월 15일에 두 번째 통지가 발송되었습니다. 최소 지불액을 받지 못했기 때문에 조치를 취할 수밖에 없습니다. **귀하의 아파트 임대는 6월 15일에 종료될 것입니다.** 퇴거를 피하려면, 주거용 고객 번호 555-7890으로 전화하십시오. 담당자가 귀하의 지불 방법에 대해 논의할 것입니다.

Sarah Johnson
자산 관리

표현 정리 minimum 최소의 payment 지불(액) balance 잔고, 잔액 overdue 연체된, 지급기한이 지난 attempt 시도하다, 노력하다 contact 접촉하다, 연락하다 regarding ~에 관하여 rent 임대료 initial 처음의 invoice 청구서, 송장 notice 공지, 경고 take action

문제 139-142번은 다음 이메일을 참고하시오.

발신: Ava Chang
수신: 메일링 리스트
주제: 과학 엑스포
날짜: 5월 3일

여러분, 안녕하세요.

6월 12일 토요일 과학 엑스포에 손님(관람객)으로 오세요. 이 흥미진진한 행사는 오전 10시부터 오후 6시까지 Carter Park에서 열립니다.

과학 엑스포에서는 현지 과학자들의 최첨단 연구 프로젝트와 유명 연사에 의한 발표를 선보일 것입니다. 또한, 대화형 과학 워크숍, 어린이를 위한 발견 공간, 기술 시연 등이 있을 예정입니다!

모든 연령대를 위한 이 유익한 행사를 놓치고 싶지 않을 것입니다. 티켓은 입구나 웹사이트 www.scienceexpocarterpark.org에서 구입할 수 있습니다.

우리는 그곳에서 당신을 만나기를 고대하고 있습니다.

Ava Chang

표현 정리 expo 박람회, 전람회 **exciting** 흥미진진한, 흥분시키는 **showcase** 진열[전시]하다; 소개하다 **cutting-edge** 최첨단의 **presentation** 프레젠테이션, 발표 **renowned** 유명한, 저명한 **interactive** 대화식의, 쌍방향의 **discovery** 발견 **demonstration** 시연 **informative** 유익한, 정보를 제공하는 **purchase** 구매하다 **entrance** 입구

139. 명사 어휘

해설 〈volunteer 지원자, 자원봉사자 / performer (쇼 · 음악회 등에서 공연 · 연기 · 연주하는) 연기자[연주자] / sponsor 후원자 / guest 손님, 게스트, 관람객〉 본문은 과학 엑스포의 일시와 장소를 알려주고 있으며 이 행사를 놓치지 말고 티켓을 구매해서 오라는 내용이다. 그러므로 관람객을 위한 글이라는 것을 알 수 있다. **정답** (D)

140. 동사 어형

해설 〈take place (특히 미리 준비되거나 계획된 일이) 개최되다[일어나다]〉 관람객을 초청하는 글이므로 미래에 정해진 행사를 나타낼 때 쓸 수 있는 현재시제나 미래시제를 고려해야 한다. 'take place'는 그 자체가 능동태로 사용해서 주어(행사나 일 등이)가 '개최되다[일어나다]'라는 뜻이므로 능동태인 (C)가 정답이 된다. **정답** (C)

141. 명사 어형

해설 〈present 발표하다, 제시하다 / presenter 발표자, 제출자 / presentation 발표〉 빈칸 앞에 전치사 'with'가 있기 때문에 빈칸에는 명사형이 와야 한다. 그리고 내용상 유명 연사에 의한 '발표'라고 해야 문맥이 성립한다. **정답** (D)

142. 알맞은 문장 고르기

해설 이 글은 과학 엑스포에 초대를 하는 내용이고, 과학 엑스포에 오려는 사람이 알아야 할 기본정보인 일시, 장소, 내용, 입장권 구매 등에 관한 것을 기술했다. 그리고 글을 마치는 마지막 문장이기 때문에, 엑스포에서 보길 고대한다는 말이 가장 적절하다. **정답** (C)

해석
(A) 구매해 주셔서 정말 감사합니다.
(B) 담요와 피크닉 점심을 가져오는 것을 잊지 마세요.
(C) 우리는 그곳에서 당신을 만나기를 고대하고 있습니다.
(D) 우리 웹사이트가 곧 오픈할 예정입니다.

문제 143~146번은 다음 정보를 참고하시오.

Bloomington Adventure Rentals

Bloomington Adventure Rentals와 함께 스릴 넘치는 모험을 시작하고 우리 도시의 숨겨진 보석을 발견해 보세요. 역사적인 시내를 가로지르든지 Serene 강을 따라 경치 좋은 산책로를 탐험할 계획이든지, Bloomington Adventure Rentals가 잊지 못할 경험을 만들도록 도와드리겠습니다. **우리는 모든 라이더의 요구에 맞는 자전거를 제공합니다.** 우리의 크루저 자전거는 여유로운 라이딩에 적합합니다. 또한, 오프로드 여행을 원하신다면, 견고한 산악 자전거를 구비하고 있습니다.

각 자전거에는 헬멧, 튼튼한 자물쇠 등과 같은 필수 안전장비와 라이딩 중에 상쾌함을 유지해줄 물 한 병이 포함되어 있습니다. 또한 마을의 자전거 명소에 대한 길안내를 제공하게 되어 기쁘게 생각합니다.

표현 정리 embark 시작하다 **thrilling** 스릴 넘치는, 긴장감 있는 **adventure** 모험 **discover** 발견하다 **hidden** 숨겨진 **gem** 보석 **traverse** 횡단하다, 가로지르다 **historic** 역사적인 **downtown** 도심지, 시내 **explore** 탐험하다 **scenic** 경치 좋은 **trail** 산책로, 등산로 **unforgettable** 잊을 수 없는 **bike** 자전거, 오토바이 **leisurely** 한가한, 여유로운 **ride** (차량 · 자전거 등을) 타고 달리기[가기], 라이딩 **seek** 찾다, 추구하다, 모색하다 **off-road** 오프로드의, 일반 도로 · 포장 도로에서 벗어난 **excursion** 여행 **rugged** (장비 · 의류 등이) 튼튼한 **essential** 필수적인 **safety gear** 안전장비 **such as** ~와 같은 **sturdy** 튼튼한, 견고한 **lock** 자물쇠 **as well as** ~뿐만 아니라 **refreshed** 기분이 상쾌한 **be delighted to** 기쁜 마음으로 ~하다 **provide** 제공하다 **favorite** 아주 좋아하는

143. 접속사

해설 해당 문장에는 주절 'Bloomington Adventure Rentals can help you ~'가 있고 빈칸 바로 뒤에는 또다른 완전한 문장이(you're planning ~ Serene River) 오기 때문에, 이 두 문장을 연결할 수 있는 접속사가 필요하다. 종속절에 'or'이 있다는 것도 힌트가 된다. 'whether A or B(A이든지 B이든지 간에)'의 형태로 사용되었다. **정답** (B)

144. 알맞은 문장 고르기

해설 〈adjust 조정하다 / handlebar (자전거 · 오토바이 등의) 핸들 / ensure 보장하다 / offer 제공하다 / tailored 맞추어진, 맞춤의 / district 지역, 구역 / resident 주민 / commute 통근하다 / paved 포장된 / bike trail 자전거 도로〉 빈칸 다음에는 각각의 용도에 따른 'cruiser bikes' 'mountain bikes'에 대한 소개가 나오므로, 모든 라이더의 '요구에 맞는' 자전거를 제공한다는 (B)가 가장 적절하다. **정답** (B)

해석
(A) 완벽한 핏을 보장하기 위해 시트와 핸들을 조정할 수 있습니다.
(B) 우리는 모든 라이더의 요구에 맞는 자전거를 제공합니다.
(C) 저희 대여 사무실은 쇼핑 지역 근처에 위치해 있습니다.
(D) 많은 주민들이 포장된 자전거 도로에서 직장으로 통근합니다.

145. 과거분사

해설 문장을 분석해보면, 'with each bike'는 전치사구이다. 'such as a helmet and a sturdy lock'도 전치사구로 수식하는 역할을 하고 있다. 'as well as a bottle of water'는 추가적인 정보를 제공하는 부사구이고, 'to keep you refreshed during your ride'는 to부정사가 이끄는 부사구이다. 즉, 수식어구나 부사구 등을 제외하고 문장의 핵심어구만 정리하면, 결국 '------- is essential safety gear'라는 문장만 남는다. 이 문장이 맞으려면 빈칸에는 'Included'만 가능하다. 원래 문장은 'Essential safety gear (such as ~ during your ride) is included (with each bike)'인데, 주어가 너무 길기 때문에 'included'을 도치하고 주어를 뒤로 보낸 문장이다. **정답** (C)

146. 명사 어휘

해설 〈seasons 계절 / discounts 할인 / inspections 검사, 조사 / spots 장소〉 이 글의 주체는 자전거를 빌려주는 Bloomington이라는 업체이다. 그렇기 때문에, 자전거를 타기 좋은 장소에 대한 길안내를 해주는 것이 가장 적절하다. 'inspection(검사)'는 내용상 어색한데, 업체에서 자전거를 빌려줄 때 이미 자전거에 대한 정비를 다 마친 상태일 것이기 때문이다. **정답** (D)

TEST 18

Part 5

101. 소유격 인칭대명사

해설 빈칸 뒤의 명사 'opinions and ideas'는 participants의 것이어야 내용이 자연스럽기 때문에 소유격이 적절하다. **정답** (A)

표현 정리 participant 참가자 encourage 권장하다, 장려하다 voice (말로) 나타내다[표하다]

해석 회의에서 참가자들은 자신의 의견과 아이디어를 자유롭게 개진하도록 권장 받는다.

102. 전치사

해설 ⟨about ~에 관하여 / across ~전체에 걸쳐, 온 ~에 / under ~밑에 / opposite ~건너편[맞은편]에⟩ 수도권 '전역에 걸쳐' 있는 지역에 배포될 것이라는 내용이 와야 적절하다. **정답** (B)

표현 정리 announcement 발표, 공지 regarding ~에 관하여 distribute 배포하다, 분배하다 neighborhood 지역, 지방, 이웃 metropolitan 수도의, 대도시의

해석 매각에 관한 공지는 수도권 전역에 배포될 것이다.

103. 부사 어형

해설 빈칸 뒤에 과거분사를 꾸며주는 부사가 필요하므로 'neatly'가 정답이 된다. ⟨neat 깔끔한, 정돈된 / neatness 깔끔함 / neaten ~을 깔끔하게 하다, 정돈하다 / neatly 깔끔하게⟩ **정답** (D)

표현 정리 handcraft 손으로 만들다 design 디자인하다 decorate 꾸미다, 장식하다 dining room 식당

해석 Mr. Smith의 수공예 의자는 깔끔하게 꾸며진 식당을 위해 디자인되었다.

104. 과거분사 어휘

해설 ⟨reward 보상하다 / implement 시행하다 / provide 제공하다 / restrict 제한하다⟩ 기밀 정보를 공유하는 것에 대해 '제한을 받는다'라고 해야 문맥이 성립한다. **정답** (D)

표현 정리 government agency 정부기관 when it comes to ~에 관해 classified 기밀의 external 외부의 party 단체

해석 정부기관은 기밀 정보를 외부 단체와 공유하는 것에 관해 제한을 받는다.

105. 부사 어형

해설 ⟨definitely 분명히, 절대, 확실히 / definite 확실한, 분명한 / definitive 확정적인, 최종적인 / defined 정의된⟩ 형용사인 'definite' 'definitive'는 빈칸 뒤에 명사구 'the perfect time'이 오기 때문에 맞지 않는다. 내용상 '정말, 분명히' 완벽한 시간이라고 해야 한다. **정답** (A)

표현 정리 despite ~에도 불구하고 heavy rain 폭우 region 지역 outdoor 야외의 barbecue 바비큐 파티

해석 이 지역의 폭우에도 불구하고, 이번 주말은 야외 바비큐를 즐기기에 분명히 완벽한 시간이다.

106. 명사 어휘

해설 ⟨instance 사례, 예 / verification 검증 / assignment 과제, 임무, 배치 / exception 예외⟩ '보안을 위해 필터를 통해'라는 말과 가장 잘 어울리는 것은 '검증'이다. **정답** (B)

표현 정리 incoming 들어오는, 도착하는 be subject to ~을 받아야 하는[~에 달려 있는] content (어떤 것의) 속에 든 것들, 내용물 filter 필터 ensure 보장하다, 반드시 ~하게[이게] 하다 security 보안

해석 수신되는 모든 이메일은 보안을 위해 필터를 통해 내용 검증을 거친다.

107. 대명사

해설 '몇몇' 지점이 문을 닫는다가 가장 자연스럽다. 'Ones'가 아니고 'One'이라면 답이 될 수 있다. 'Every'를 사용하려면 'Every one of the company's branches'로 해야 한다. 'Other'는 형용사로 명사를 수식하거나, 정관사를 사용해서 'the other(다른 한쪽[나머지] 사람[사물])'의 형식으로 사용한다. **정답** (A)

표현 정리 branch (회사) 지점 temporarily 일시적으로 renovation 수리, 보수

해석 몇몇 회사 지점이 수리를 위해 일시적으로 문을 닫는다.

108. 부사 어휘

해설 ⟨early 초기에, 일찍 / periodically 주기적으로 / readily 손쉽게, 선뜻 / lastly 마지막으로, 끝으로⟩ 변화를 추적하기 위해 '정기적으로' 재고를 모니터링한다고 해야 문맥이 자연스럽다. **정답** (B)

표현 정리 inventory 재고 monitor 모티터링을 하다, 관찰하다 track 추적하다 stock 재고 demand 수요 availability 가용성, 유용성, 이용할 수 있음

해석 재고, 수요 및 제품 가용성의 변화를 추적하기 위해, 재고 수준이 주기적으로 모니터링된다.

109. 동사 어형

해설 'recognize'의 뜻은 '(~으로) 인정[공인]하다, 표창하다'이다. Mr. Jenkins가 인정을 해주는 것이 아니라 받는 것이니까 수동태가 맞다. 능동태라면 빈칸 뒤에 공로를 인정하는 대상자인 목적어가 있어야 한다. **정답** (B)

표현 정리 retire 은퇴하다 dedicated 전념하는, 헌신적인 farewell party 송별파티

해석 30년간의 헌신적인 근무를 마치고 은퇴하는 Jenkins 씨는 송별파티에서 공로를 인정받을 것이다.

110. 부사 어휘

해설 ⟨rely 의지하다, 의존하다 / reliable 신뢰할 만한, 믿을 수 있는 / reliably 신뢰할 수 있게, 믿음직하게, 의지할 수 있게 / reliability 신뢰성, 신뢰도⟩ 빈칸 앞 동사 'function'과 같이 쓰일 수 있는 부사가 필요하다. **정답** (C)

표현 정리 produce 생산하다 high-performance 고성능 function 작동하다 challenging 어려운, 까다로운 environment 환경

해석 TechPro는 까다로운 환경에서도 신뢰할 수 있게 작동하는 고성능 컴퓨터를 생산한다.

111. 동사 어휘

해설 ⟨enter 들어가다 / enhance 향상하다, 강화하다 / support 지지하다 / exceed 넘어서다, 초과하다⟩ 전 분기의 판매량을 '넘다'라고 해야 자연스럽다. **정답** (D)

표현 정리 quarter 분기 in a row 연속으로 project 예상하다, 추정하다 previous 이전의

해석 3분기 연속으로 그 기술기업의 매출이 전 분기를 넘어설 것으로 예상된다.

112. 부사 어휘

해설 〈presently 현재, 지금 / recently 최근에, 요즘 / mutually 서로, 상호 간에 / exponentially 기하급수적으로〉 동사의 시제를 보면 현재 진행형이기 때문에 '현재, 지금'이라는 부사가 가장 잘 어울린다. **정답** (A)

표현 정리 develop 개발하다 quality 품질 performance 성능

해석 IT팀에 의해 개발된 소프트웨어 프로그램은 현재 품질과 성능에 대해 테스트되고 있다.

113. 접속사 vs. 전치사

해설 〈besides 게다가, 그리고 / as a result 그 결과, 결국 / until ~때까지 / by ~에 의해서〉 완전한 두 문장을 연결하는 접속사가 적절하다. '동의할 때까지' 협상했다고 해야 문맥이 가장 자연스럽다. **정답** (C)

표현 정리 negotiate 협상하다 contract 계약 persistently 끈질기게, 고집스럽게 client 고객 term 계약조건

해석 Jane은 고객이 계약조건에 동의할 때까지 끈질기게 협상했다.

114. 부사 어형

해설 〈largely 주로 / large 큰 / largest 가장 큰 / largeness 큼〉 빈칸에는 뒤의 전시사구를 수식할 수 있는 부사가 온다. **정답** (A)

표현 정리 due to ~때문에, ~덕분에 innovative 혁신적인 collaboration 협업, 협력

해석 프로젝트의 성공은 주로 팀의 혁신적인 아이디어와 협업 덕분이었다.

115. 전치사

해설 'exempt'는 뒤에 전치사 'from'과 같이 쓰여서, 'be exempt from something((…이) 면제된, 없는)' 구조를 가진다. **정답** (D)

표현 정리 employee 직원 nonprofit 비영리적인 organization 조직, 단체 exempt 면제된 certain 어떤, 무슨(구체적인 정보 없이 사람·사물 등을 언급할 때 사용) fee 수수료, 요금 perk (급료 이외의) 특전

해석 비영리 단체의 직원은 그들의 직책에 따른 특전으로 특정 수수료를 면제받을 수 있다.

116. 형용사 어휘

해설 〈abundant 풍부한 / frequent 잦은, 빈번한 / eventful 파란만장한, 다사다난한 / skilled 숙련된, 능숙한, 기술이 좋은〉 포트폴리오에 풍부한 예술작품이 있어야 한다는 내용이어야 자연스럽기 때문에 'abundant'가 적절하다. **정답** (A)

표현 정리 applicant 지원자 provide 제공하다 portfolio 포트폴리오, 작품집 artistic 예술적인

해석 지원자는 자신의 예술작품 사례가 풍부한 포트폴리오를 제공해야 한다.

117. 과거분사 어휘

해설 〈produce 생산하다 / remove 제거하다 / direct ~(에게)로 보내다 / fluctuate 변동하다, 움직이다〉 고객문의는 지원팀으로 '보내어진다[전달된다]'라고 해야 자연스럽다. **정답** (C)

표현 정리 customer 고객 inquiry 문의, 질문

해석 모든 고객문의는 최고경영자의 출장기간 동안에는 지원팀으로 전달된다.

118. 재귀대명사

해설 주어인 팀원을 직접 받는 말이므로 재귀대명사가 와야 한다. 빈칸 앞의 전치사가 'on'이라면 'on her own'도 가능하다. 〈by herself 홀로, 혼자서〉 **정답** (D)

표현 정리 manage 매니저, 관리자 complete 완성하다, 끝내다

해석 부장은 팀원이 프로젝트 보고서를 혼자서 작성할 수 있는지 확신이 없다.

119. 형용사 어휘

해설 〈obvious 명백한, 분명한 / sensitive 민감한 / flexible 탄력적인, 융통성 있는 / potential 잠재적인, 가능성 있는〉 빈칸 다음의 내용인 '특별한 예방조치가 필요하다'는 내용과 어울리는 것은 'sensitive'이다. **정답** (B)

표현 정리 safety workshop 안전(에 관한) 워크숍 attendee 참석자 inform 정보를 제공하다 chemical 화학물질 require 필요로 하다 precaution 예방조치

해석 안전 워크숍에서 참석자들은 어떤 화학물질이 민감하고 특별한 예방조치가 필요한지에 대한 정보를 받았다.

120. 인칭대명사

해설 주어인 언어 학습자(language learners)를 받아주는 대명사가 필요하고, 전치사구의 수식을 받는 복수를 나타내는 대명사는 'those'이다. **정답** (C)

표현 정리 daily 매일의 progress 진전을 보이다; 진행하다 limited 제한적인 interactions 상호작용

해석 매일 연습하면, 언어 학습자는 상호작용이 제한된 학습자보다 더 빨리 발전한다.

121. 부사 어휘

해설 〈habitually 습관적으로 / considerately 상냥하게 / respectfully 공손하게, 정중하게 / slightly 약간〉 가장 적절한 것은 '약간 손상되었다'이다. **정답** (D)

표현 정리 reputation 평판, 명성 damage 손상시키다 food poisoning 식중독

해석 식중독에 대한 보도가 퍼진 후 레스토랑의 평판이 약간 손상되었다.

122. 전치사

해설 인근 식당의 점심 스페셜과 비교하는 문장으로 'below that'에서 'that'은 'lunch special'을 받는 대명사이다. 'lower'를 사용하려면 'lower than that of the ~'라고 해야 한다. **정답** (D)

표현 정리 special 특별 상품 nearby 인근의, 근처의

해석 점심 스페셜 메뉴의 가격이 인근 식당의 가격보다 저렴하다.

123. 접속사 vs. 전치사

해설 〈beside ~옆에 / with ~와 함께 / even if 비록 ~하더라도 / in case ~할 경우에 대비해서〉 본문의 완전한 두 문장을 연결하는 접속사가 필요하다. 접속사 역할을 할 수 있는 것은 'even if' 'in case'인데, 내용상 '초과근무를 하더라도'라는 말이 적절하다. **정답** (C)

표현 정리 construction crew 건설인력 work overtime 초과근무를 하다 ahead of schedule 일정보다 빨리

해석 건설인력이 초과근무를 하더라도, 일정보다 빨리 프로젝트를 완료할 수는 없을 것이다.

124. 명사 어휘

해설 〈contribution 기여 / arrangement 준비, 마련, 주선 / transaction 거래, 처리 / destination 목적지, 도착지〉 공항에 도착할 수 있도록 '준비'를 하는 것이 맥락에 적절하다. **정답** (B)

표현 정리 traveler 여행자 flight 항공편

해석 여행객은 항공편의 최소 2시간 전에 공항에 도착할 수 있도록 준비해야 한다.

125. 전치사 vs. 접속사

해설 〈as ~으로서(의) / if 만일 ~한다면 / as well as 뿐만 아니라 / now that ~이니까, ~이므로〉 빈칸 다음에 문장이 완전하지 않기 때문에 접속사 역할을 하는 'if'와 'now that'은 올 수 없다. 내용상 '유용한 자료로서' 의도되었다는 말이 적절하다. **정답** (A)

표현 정리 instructions 지침 provide 제공하다 guide 가이드, 안내서 be intended ~으로 의도되다, ~하려고 생각하다 resource 자료, 재료, 자원 basics 기본[기초] (원리 · 사실들) photography 사진술

해석 이 가이드에 제공된 지침은 사진의 기본을 배우는 초보자에게 유용한 자료로 만들어졌다.

126. 동명사

해설 전치사 'on' 다음이므로 동명사형이 와서 'the student'와 연결이 되는 것이 자연스럽다. 〈win (노력 · 경쟁을 통해) ~을 얻다, 획득[입수]하다〉 **정답** (C)

표현 정리 congratulate 축하하다 award 상

해석 이달의 학생상을 수상한 Johnson 군에게 축하를 드리고 싶습니다.

127. 부사 어형

해설 〈occasion (어떤 일이 일어나는 특정한) 때[기회/경우] / occasional 가끔의 / occasionally 가끔, 때로는〉 본문의 'typically'와 연결되어 부사인 'occasionally'가 적절하다. **정답** (D)

표현 정리 be advised 충고를 받다 conference 회의 capacity 용량, 수용력 daily 매일 typically 보통, 전형적으로

해석 회의실은 보통 10시쯤이나 때로는 다른 시간에, 매일 꽉 찬다는 것을 명심하시기 바랍니다.

128. 형용사 어형

해설 〈profession (특히 많은 교육이 필요한 전문적인) 직업[직종] / professional 전문적인 / professionally 전문적으로〉 명사 'cuisines'를 수식하는 형용사가 와야 적절하다. **정답** (C)

표현 정리 management 경영진, 경영, 관리 expand 확장하다 include 포함하다 cuisine 요리, 요리법

해석 레스토랑 경영진은 몇 가지 전문요리를 포함하도록 메뉴를 확장하기로 결정했다.

129. 명사 어휘

해설 〈factor 요소, 요인 / ability 능력 / composition 구조, 조립, 합성 / skill 기량, 기술〉 '중요한 요소'라고 해야 문맥이 자연스럽다. 'composition'은 가산명사로 쓰일 경우, '(음악 · 미술 · 시) 작품'이라는 뜻이기 때문에 본문에는 적절하지 않다. 대신, 'component' 'element' 'factor' 등을 사용하는 것이 적절하다. **정답** (A)

130. 과거분사

해설 〈eventual 궁극적인 / designated 지정된 / constant 변함없는, 끊임없는 / advanced 선진의, 고급의〉 악천후가 있을 경우 '지정된 장소'에 피난한다는 말이 와야 가장 적절하다. **정답** (B)

표현 정리 storm 폭풍 resident 주민 seek shelter 피난하다, 피난처를 찾다 in the event of ~할 경우에는 severe 극심한, 가혹한 weather condition 기상상태

해석 폭풍이 몰아치는 동안, 악천후가 발생하면 주민들은 지정된 장소에 피신해야 한다.

Part 6

문제 131-134번은 다음 이메일을 참고하시오.

수신: Emily Mitchell
발신: David Anderson
답장: 다가오는 이벤트
날짜: 4월 5일

Emily,

제가 휴가를 떠나기 전에, 다음 주에 두 가지 중요한 발표가 예정되어 있다는 점을 상기시켜 드리고 싶습니다. 첫 번째는 신제품 출시를 위한 마케팅 캠페인을 다루고, 두 번째는 지난 분기 재무보고서에 중점을 둡니다.

검토를 위해 발표 내용을 곧 보내 드리겠습니다. 부정확한 내용이나 누락된 부분을 발견하면 즉시 알려주시기 바랍니다. **세부내용을 살펴 주시기 바랍니다.**

질문이 있으면 저에게 이메일을 보내주세요. 저는 휴가 중이지만 이메일로 연락이 가능합니다.

친애하는,
David

표현 정리 head out ~으로 향하다, 출발하다 remind 상기시키다 vital 중요한 presentation 발표 cover 다루다 launch (새로운 제품이나 사업의) 출시 focus on ~에 중점을 두다 financial 재정적인, 재무의 review 검토, 평가 inaccuracy 부정확 omission 누락, 생략 immediately 즉시 on vacation 휴가중인 reachable 닿을 수 있는, 도달할 수 있는

131. 동사 어형

해설 〈anticipate 예상하다, 기대하다〉 다음 주에 발표가 있을 것이라고 '현재 기대를 하고 있는 중'이라고 말을 해야 가장 어울린다. **정답** (B)

132. 부사 어휘

해설 〈thoroughly 철저하게 / compactly 빽빽하게, 소형으로 / shortly 곧 / regularly 정기적으로〉 다음주에 발표가 있을 것이라고 1단락에서 말하고 있다. 2단락에서는 발표 내용(서류)을 보내줄 테니 검토해 달라는 내용이다. '곧 보내주겠다'라고 해야 말이 성립한다. **정답** (C)

133. 동사 어휘

해설 〈announce 발표하다 / notice 알아차리다 / move 움직이다 / prefer 선호하다〉 오류사항이나 누락된 부분을 '발견하면[알아차리면]', 곧바로 알려 달라는 내용이다. **정답** (B)

134. 알맞은 문장 고르기

해설 〈reschedule 일정을 다시 조정하다 / reconsider 재고하다, 고쳐 생각 하다 / approach 접근, 접근방식 / deadline 마감일 / attention 관심, 주의 / detail 세부사항 / appreciate 감사하다, 고마워하다〉 발표 내용을 보내면 서 문제점이 있는지 살펴달라고 부탁하는 내용이 빈칸 바로 앞에 있다. 그러 므로 '세부내용에 대한 관심을 주면 정말 고맙겠다'는 내용이 가장 자연스럽 다. **정답** (D)

해석
(A) 우리는 발표 일정을 다시 잡아야 합니다.
(B) 프로젝트에 대한 우리의 접근 방식을 다시 생각해 봅시다.
(C) 마감일을 지키는 것이 중요합니다.
(D) 세부내용을 살펴 주시기 바랍니다.

문제 135-138번은 다음 편지를 참고하시오.

> John Smith
> 123 Oak Street
> Rivertown, 뉴욕 10506
>
> 친애하는 Smith 씨,
>
> Fitness Club Plus에 오신 것을 환영합니다. 이 편지는 귀하의 회원자 격을 공식적으로 확인합니다. 피트니스 매니아로서, 귀하는 최첨단 시 설과 전문 트레이너의 혜택을 누릴 수 있습니다. 우리의 피트니스 프 로그램은 인증된 트레이너, 영양사, 운동선수에 의해 신중하게 설계되 었고 귀하가 최고의 지도와 지원을 받을 수 있도록 보장합니다. 특별 워크숍 및 이벤트에 대한 참여는 클럽 회원에게만 독점적으로 제공됩 니다. **일부 세션은 수요가 많아 이용이 제한될 수 있습니다.**
>
> 멤버십을 취소하기로 결정한다면, 멤버십 서비스에 연락하십시오. 남은 달에 대해서는 비용이 청구되지 않습니다.
>
> Lisa Davis

표현 정리 officially 공식적으로, 정식으로 enthusiast 열심인 사람, 광 state-of-the-art 최첨단의 facility 시설 expert 전문가의, 전문적인, 전 문가 carefully 신중하게 design 디자인하다, 설계하다 certified 인증 된 nutritionist 영양사 athlete 운동선수 ensure 보장하다 guidance 지도, 지침, 인도 access 접근 available 사용가능한, 이용가능한 bill 비용을 청구하다 remaining 남아있는, 잔여의

135. 동사 어형

해설 〈confirm 확인하다, 확정하다〉 빈칸 뒤에 'your membership'이라는 명사구가 있기 때문에 '~을 확인한다'는 능동태가 와야 한다. 그리고 편지가 '현재 확인해준다'는 의미이기 때문에 현재시제를 사용한다. **정답** (B)

136. 부사 어형

해설 〈exclusive 배타적인, 독점적인 / exclusiveness 독점, 배타성 / exclusively 전용의, 독점적으로 / exclusivity 배타성〉 회원들에게만 '독점 적으로' 사용될 수 있다는 부사 형태가 와야 된다. **정답** (C)

137. 알맞은 문장 고르기

해설 〈advantage 혜택, 장점 / additional 추가적인 / benefit 혜택 /

crucial 중요한) 빈칸 앞 문장에서 특별 워크숍 및 이벤트가 회원에게만 제 공된다고 되어 있기 때문에, 이 내용과 연결되는 '수요가 많아서 이용에 제한 이 있을 수 있다'가 가장 자연스럽다. 1단락을 보면 주로 회원으로서 누릴 수 있는 여러 장점을 설명하고 있다. 그러므로 만약 (A)가 장점을 나열하기 전 인 문단의 앞쪽에 있다면 자연스럽게 연결이 된다. 하지만, 장점을 다 설명해 놓고, 마지막에 '회원이 되면 다양한 추가적인 혜택을 받을 수 있다'고 하는 것은 어울리지 않는다. 이렇게 되면, 이 문장 다음에 또다시 그 '다양한 추가 적인 혜택'이 무엇인지 설명이 되어 있어야 한다. (A)가 어울리는 또 다른 방 법은 앞에 설명한 장점들을 받아서 'these'를 사용하게 되면 'Membership offers these various advantages and additional benefits.'가 되어서 단 락 마지막에 와도 적절할 수 있다. **정답** (C)

해석
(A) 회원이 되면 다양한 혜택과 추가 혜택을 받으실 수 있습니다.
(B) 귀하의 피드백은 우리 클럽의 발전에 매우 중요합니다.
(C) 일부 세션은 수요가 많아 이용이 제한될 수 있습니다.
(D) 귀하는 언제든지 다른 회원들과 귀하의 피트니스 팁을 공유할 수 있습니 다.

138. 동사 어휘

해설 〈cancel 취소하다 / send 보내다 / renew 갱신하다, 새롭게 하다 / apply 지원하다, 적용하다〉 멤버십을 취소한다고 해야 뒤에 있는 '남아있는 달에 대해 비용 청구를 하지 않겠다'는 말과 연결이 된다. **정답** (A)

문제 139-142번은 다음 편지를 참고하시오.

> 팀 여러분,
>
> Marketing Association의 연례회의가 11월 12일 오전 9시에 City Plaza 호텔 컨퍼런스홀에서 개최될 예정입니다. 모든 마케팅 직원 들의 참석을 권장합니다. 업계 트렌드에 대한 최신 정보를 얻을 수 있는 좋은 기회입니다. 또한, 경험이 풍부한 전문가들과 네트워크를 형성할 수 있는 기회이기도 합니다.
>
> **주요 주제가 의제에 있습니다.** 최신 마케팅 전략과 디지털 트렌드에 대해 논의할 것입니다. 또한 향후 마케팅 캠페인에 대한 귀하의 의 견을 듣고 싶습니다. 마지막으로 Sarah Miller가 협회 재정보고서에 대한 개요를 제공할 것입니다.
>
> 그곳에서 여러분을 만나기를 고대하고 있습니다.
>
> John Roberts
> Marketing Association 회장

표현 정리 association 협회 annual 연례의, 매년 conference 회의, 컨 퍼런스 encourage 장려하다, 격려하다 attend 참석하다 opportunity 기회 trend 트렌드, 동향 network 인적 네트워크[정보망]를 형성하다 experienced 경험이 많은 professional 전문가 latest 최근의, 최신의 strategy 전략 feedback 피드백, 반응, 의견 upcoming 다가오는, 곧 있을 provide 제공하다 overview 개요, 개관 financial 재정의, 재무의 look forward to ~을 고대하다, ~을 기대하다

139. 과거분사

해설 〈update ~을 최신식[최신의 것]으로 하다, (사건·상황에 대해서) 최 신 정보를 주다〉 본문에서는 이 편지를 받는 팀 멤버들이 '최신 정보를 받는' 것이기 때문에 수동형이 되어야 한다. **정답** (B)

140. 접속부사

해설 〈in contract 대조적으로 / meanwhile ~동안, 반면 / although 비록 ~일지라도 / moreover 게다가, 또한〉 1단락은 연례회의에 관한 일시, 장소

에 대해서 알려주고 그곳에 참석함으로써 얻을 수 있는 장점을 나열하고 있다. 그러므로 '게다가'라는 표현이 가장 잘 어울린다. **정답** (D)

141. 알맞은 문장 고르기

해설 〈challenging 어려운, 도전적인 / active 적극적인 / participation 참여 / enhance 강화하다, 향상시키다 / agenda 의제 / registration 등록 require 필요로 하다 / attendance 참석〉 빈칸 이후의 2단락은 3문장으로 이루어져 있는데, 각각의 문장은 어떤 주제를 논의할 지 설명하고 있다. 즉, '첫번째 문장 + also + finally'의 구조로 3문장이 형성되어 있다. 그러므로 이 3문장을 포괄할 수 있는 '주요 주제가 의제에 있다'는 말이 나오고 그 주요 주제(key topics)가 무엇인지 이하에 설명이 나오는 것이 가장 자연스럽다. **정답** (C)

해석
(A) 마케팅은 어려운 분야입니다.
(B) 적극적인 참여는 귀하의 경력을 향상시킵니다.
(C) 주요 주제가 의제에 있습니다.
(D) 참석하려면 등록이 필요합니다.

142. 대명사

해설 이 글은 팀 멤버들에게 보는 편지이므로 당연히 '당신'을 만나길 고대한다는 말이 와야 한다. **정답** (C)

문제 143–146번은 다음 기사를 참고하시오.

> Sunset Harbor가 유명 생활 잡지의 독자들로부터 호평을 받았다.
>
> Lifestyle Explorer는 연례 최고의 해안 휴양지 설문조사에서 처음으로 우리 해안 마을을 특집기사로 다뤘다. 잡지 독자들은 Sunset Harbor를 이 지역에서 다섯 번째로 좋아하는 해안 휴양지로 꼽았다. 상위 10개 휴양지는 잡지의 9월호에 소개될 것이다.
>
> 이 잡지는 지난 여름 설문조사를 실시했으며 구독자들에게 자신이 가장 좋아하는 해안 휴양지를 지명하도록 요청했다. 그 후 15군데의 최종 후보 목록이 잡지 웹사이트에 게재되었다. **독자들은 각 해안 휴양지를 20개가 넘는 범주로 평가했다.** 이 카테고리는 숙박시설, 식사, 레크리에이션 활동 및 지역 명소를 포함한다.
>
> Lifestyle Explorer의 인정은 우리 지역 관광산업을 활성화할 가능성이 높다. 지난해 방문객들은 Sunset Harbor와 주변 지역에서 18억 달러를 소비했다.

표현 정리 receive 받다, 수상하다 **acclaim** 호평, 찬사 **well-known** 유명한 **feature** [신문 등이] ~을 특집기사로 다루다 **coastal** 해안의 **for the first time** 처음으로 **annual** 연례의, 매년 **retreat** 휴양지 **survey** 설문조사 **rank** 위치를 정하다, 분류하다 **favorite** 가장 좋아하는 **issue** (잡지·신문 같은 정기 간행물의) 호 **conduct** 실시하다 **subscriber** 구독자 **nominate** 지명하다 **finalist** 결승전 진출자 **category** 카테고리, 범주, 항목, 부문 **accommodations** 숙박시설 **dining** 식사 **recreational** 레크리에이션의, 휴양의, 오락의 **landmark** 랜드마크, 주요 지형지물 **boost** 증가시키다, 활성화하다 **surrounding** 주위의, 주변의

143. 동사 어형

해설 〈profile 개요[프로필]를 알려 주다[작성하다]〉 주어를 보면 '상위 10개 휴양지'로 사물이기 때문에 수동태가 와야 하고, 9월호에 실리는 시점은 미래이기 때문에 (D)가 적절하다. **정답** (D)

144. 부사

해설 〈then 그 (바로) 뒤에, 그때 / still 여전히, 아직도 / also 또한 / barely 거의 ~않다, 겨우, 간신히〉 이 잡지가 설문조사를 실시한 것은 지난 여름이고 '그 뒤에, 그 후' 15군데가 웹사이트에 게재되었다는 것이므로 (A)가 정답이 된다. 해당 문장의 동사 시제가 과거라는 것도 힌트가 된다. **정답** (A)

145. 알맞은 문장 고르기

해설 〈rate 평가하다 / offer 제공되는 것, 혜택 / participant 참가자 / profit 이익 / award 상 / present 주다 / forthcoming 다가오는〉 빈칸 다음 문장이 '이 카테고리(The categories)'라고 했기 때문에, 당연히 앞에 '이 카테고리'가 무엇인지 설명이 되어 있어야 한다. **정답** (A)

해석
(A) 독자들은 각 해안 휴양지를 20개가 넘는 범주로 평가했다.
(B) 참가자들에게 특별한 혜택이 제공되었다.
(C) 지역 사업체들은 이익이 증가했다고 보고했다.
(D) 다가오는 시상식에서 상이 수여될 것이다.

146. 명사 어휘

해설 〈administration 관리[행정] (업무), 집행 / intention 의도, 의지 / recognition 인정 / testimonial (어떤 것의 품질에 대한) 추천의 글〉 이 글의 전체 내용은 잡지의 구독자들이 Sunset Harbor라는 장소를 5번째로 좋은 휴양지로 꼽았다는 내용이다. 그러므로 이 잡지가 '인정'을 해준 것은 관광산업에 좋을 것이라는 내용으로 가야 적절하다. 본문의 내용만으로는 이 잡지의 의도(intention)라거나, 어떤 제품을 사용해보고 그에 대한 후기를 (testimonial) 남긴 것이라고 보기에는 부자연스럽다. **정답** (C)

TEST 19
Part 5

101. 동사 어형

해설 동사 'require(요구하다, 필요로 하다)'는 'require someone to do something'의 형태로 사용할 수 있다. 목적어가 주어로 사용되었고 '~하도록 요구 받는다'라는 수동의 의미이므로 정답은 (C)이다. **정답** (C)

표현 정리 tourist 관광객 guideline 지침

해석 국립공원 내 관광객은 환경지침을 준수해야 한다.

102. 형용사 어휘

해설 〈equivalent 동등한, 맞먹는 / original 원래의, 독창적인 / substantial 상당한, 실질적인 / satisfied 만족한〉 제품을 '상당히, 크게, 실질적으로' 개선했다는 내용이 와야 한다. **정답** (C)

표현 정리 deliver improvements 개선하다, 향상시키다

해석 소프트웨어 회사가 제품을 크게 개선했다.

103. 명사 어휘

해설 〈agreement 계약, 협정, 합의 / compliment 칭찬, 찬사 / difference 차이 / supplement 보충(물)〉 사무실 공간에 대한 임대'계약'이라고 해야 문맥이 성립한다. **정답** (A)

표현 정리 review 검토하다 rental 임대의

해석 회사는 새로운 사무실 공간에 대한 임대계약을 검토했다.

104. 관계대명사

해설 빈칸 뒤에 주어가 없으므로 빈칸의 단어는 뒷문장에서 주어 역할을 하는 관계사가 필요하다. 'a critical task'를 받는 관계사가 필요하므로 'that'이 적절하다. 참고로 'when' 'where'는 부사 역할을 하기 때문에 주어 역할을 할 수 없다. **정답** (D)

표현 정리 require 필요하다, 요구하다 support 지원하다 critical 중요한 task 일, 업무, 과제

해석 Anderson 씨는 이번 주 말까지 완료되어야 하는 중요한 업무에 대한 지원을 필요로 한다.

105. 전치사

해설 〈as for ~에 관하여〉 본문은 '입장권'이라는 표현에 맞는 전치사를 찾는 문제인데, '입장을 위한 티켓(tickets for entry)'라고 표현을 할 수 있다. **정답** (A)

표현 정리 museum 박물관 request 요청하다 patron 이용자, 고객, 후원자 present 제시하다 entry 입장 exhibition 전시회, 전람회, 박람회 hall 홀, 회관

해석 박물관은 고객들이 특별 전시장 입장권을 제시할 것을 요청한다.

106. 동사 어형

해설 일반동사의 부정형은 조동사 'do'와 'not'을 사용하고 동사는 원형이 와야 하기 때문에 'did not meet'으로 표현해야 한다. **정답** (C)

표현 정리 dietary 음식의, 식단의, 식사의 preference 선호 customer 고객

해석 레스토랑의 메뉴는 고객의 식단 선호도를 충족시키지 못했다.

107. 부사 어휘

해설 〈eagerly 적극적으로, 열성적으로 / critically 결정적으로 / commonly 흔히, 일반적으로 / precisely 정확히, 정밀하게〉 'important'를 강조하는 부사로 'critically(결정적으로)'가 사용될 수 있다. 그 외에도 'vitally important' 'crucially important' 등도 사용된다. **정답** (B)

표현 정리 examine 검토하다, 조사하다 state 분명히 말하다, 명시하다 management 관리

해석 엔지니어가 프로젝트 계획을 검토했고, 프로젝트의 성공을 위해서는 시간관리가 매우 중요하다고 말했다.

108. 명사 어휘

해설 〈presence 있음, 존재, 참석 / tendency 경향 / operation 운영 / intention 의도〉 '운영 역량'을 강화한다는 말이 적절하다. **정답** (C)

표현 정리 enhance 강화하다 capability 능력, 역량 customer support 고객 지원 result in ~을 초래하다, ~을 낳다 customer satisfaction 고객 만족

해석 고객 지원팀의 운영 역량을 강화한 것은 보다 높은 고객 만족도를 낳았다.

109. 형용사 어형

해설 〈timely 시기적절한, 때맞춘〉 명사인 'processing(처리, 가공)'을 수식하는 형용사가 필요하다. **정답** (C)

표현 정리 management 경영(진) require 요구하다, 필요로 하다 expense 경비 submit 제출하다 accounting 회계 via ~을 통하여 processing 처리

해석 경영진은 모든 경비 보고서가 적시에 처리되기 위해 이메일을 통해 회계부서에 제출하도록 요구한다.

110. 동사 어형

해설 〈measure 측정하다 / measurable 측정할 수 있는〉 본문의 동사구가 'be designed to do something(~을 하도록 디자인되었다)'의 구조이므로 동사원형이 빈칸에 와야 한다. **정답** (B)

표현 정리 device 장치, 기기 design 디자인하다 precisely 정확하게 temperature in the room 실내온도 optimal 최적의 comfort 안락함, 편안함

해석 이 장치는 최적의 편안함을 위해 실내온도를 정확하게 측정하도록 디자인되었다.

111. 동사 어휘

해설 〈inform 알리다, 정보를 제공하다 / proceed 진행하다 / instruct 지시하다, 가르치다 / reimburse 상환하다〉 'medical expenses(의료 비용)'과 어울리는 동사는 '상환하다'라는 말이다. 동사 'inform'은 사람을 목적어로 취해서 그 사람에게 어떤 정보를 알린다는 뜻이고, 'proceed'는 [작업 등을] 계속[속행]하다'라는 의미로 사용되며, 'instruct'는 사람을 목적어로 취한다. **정답** (D)

표현 정리 insurance 보험 medical expenses 의료 비용 policyholder 보험 계약자 require 요구하다, 필요로 하다 emergency 비상(사태), 응급 treatment 치료

해석 보험회사는 응급치료를 필요로 하는 보험 계약자에게 의료 비용을 상환할 것이다.

112. 현재분사

해설 내용상 '심박수 모니터링 장치'라고 해야 맞다. 심박수를 모니터링한다는 능동의 개념이기 때문에, 현재분사인 'monitoring'이라고 해야 한다.
정답 (B)

표현 정리 install 설치하다　heart rate 심박수　device 장치, 기기　patient 환자

해석 병원은 모든 병실에 새로운 심박수 모니터링 장치를 설치했다.

113. 접속사

해설 〈now that ~이기 때문에 / instead 대신에 / when ~할 때 / as well as ~뿐만 아니라〉 빈칸 뒤의 'those'는 'services'를 받는 것이고, '온라인에 있는 서비스뿐만 아니라 체육관 시설에서 제공되는 서비스'라고 해야 문맥이 통한다. 'now that'과 'when'은 접속사로 적절하지 않고, 'instead'는 뒤에 명사를 받을 수 있는 'instead of'라고 하면 사용될 수 있다.
정답 (D)

표현 정리 privilege 특권, 특전　extend 확대하다, 연장하다　complimentary 무료의　offer 제공하다　facilities 시설물　available 사용가능한, 이용가능한

해석 회원 특전은 온라인에서 제공되는 서비스와 체육관 시설에서 제공되는 무료 서비스까지 확대된다.

114. 명사 어휘

해설 폭넓은 경험을 가지고 있다는 것으로 보아 Caroline Wong은 사람이라는 것을 알 수 있으므로 '대표'라는 뜻의 'representative'가 적절하다.
정답 (D)

표현 정리 main 주요한　extensive 광범위한, 폭넓은　international trade 국제무역

해석 회사의 홍콩 대표인 Caroline Wong은 국제무역에서 폭넓은 경험을 가지고 있다.

115. 전치사 vs. 접속사 vs. 부사

해설 〈yet 그러나 / since ~이후로 / furthermore 게다가, 더욱이 / nevertheless 그럼에도 불구하고〉 'yet'은 접속사 기능이 있지만 두 개의 내용을 연결할 때 문장 앞에서 사용되지 않는다. 'furthermore' 'nevertheless'는 단독으로 쓰이는 부사이기 때문에 빈칸 뒤의 'implementing its new ~'와 연결이 되지 않는다.
정답 (B)

표현 정리 implement 시행하다　loyalty program 고객 보상 프로그램　witness 목격하다　boost 증가　customer 고객　engagement 참여

해석 새로운 고객 보상 프로그램을 시행한 이후, Tech Hub 전자제품 매장은 고객 참여의 증가를 목격했다.

116. 전치사

해설 〈among ~사이에 / upon ~하자마자 / until ~때까지 / within ~이내에〉 목표를 이루면 또는 이루자마자 곧바로 급여인상에 대한 자격이 생긴다는 내용이므로 'upon'이 적절하다.
정답 (B)

표현 정리 eligible 자격이 있는, 어울리는　pay raise 급여인상　achieve 이루다, 성취하다, 달성하다　performance 성과, 실적

해석 직원들은 성과 목표를 달성하면 급여인상에 대한 자격이 있다.

117. 부사 어휘

해설 〈formerly 이전에 / typically 전형적으로, 일반적으로 / roughly 대략적으로 / effectively 효과적으로〉 작업 효율과 생산성을 높였다는 내용과 어울리는 단어는 'effectively'이다.
정답 (D)

표현 정리 workflow 작업 흐름, 작업 속도　efficient 효율적인　boost 증가시키다　productivity 생산성　prioritize ~에 우선 순위를 매기다　task 업무, 일

해석 그는 작업의 우선순위를 효과적으로 정하여 작업 속도를 더욱 효율적으로 만들고 생산성을 높였다.

118. 동사 어휘

해설 〈purchase 구매하다 / deliver 배달하다, 배송하다 / maintain 유지하다 / specify 명기하다, 구체화하다〉 소포라는 단어와 '선호되는 시간'과 가장 잘 어울리는 내용은 '배송'이다.
정답 (B)

표현 정리 fill out 작성하다　form 양식　indicate 나타내다, 가리키다　preferred 선호되는　package 소포

해석 양식을 작성할 때 소포가 배송되기를 원하는 시간을 표시하세요.

119. 접속사 vs. 전치사

해설 〈although 비록 ~일지라도 / unless 만일 ~하지 않는다면 / without ~없이 / after all 결국〉 어려운 일이라는 것과 일을 완료했다는 말이 연결이 되려면 '비록 ~일지라도'라는 접속사가 오는 것이 자연스럽다.
정답 (A)

표현 정리 challenging 어려운, 도전적인　manage 어떻게든 ~하다　complete 완성하다, 완료하다　ahead of schedule 일정보다 일찍

해석 어려운 일로 여겨졌음에도 불구하고 회사는 일정보다 일찍 프로젝트를 완료했다.

120. 분사구문

해설 〈associate 관련시키다, 연관시키다 / compare 비교하다 / acquire 얻다, 획득하다 / consist 이루어지다, 구성되다〉 'associate'은 'associate A with B(A와 B를 연관시키다)'로 사용된다. 'compare'는 전치사 'to' 또는 'with'와 쓰여 'compare A to[with] B(A와 B를 비교하다)'로 사용될 수 있다. 본문에서는 수동의 형태이므로 'compared to something(~와 비교하여)'의 형태가 정답이 된다. 'consist'는 전치사 'of'와 같이 쓰여 'consist of(~으로 이루어지다)'의 의미이다.
정답 (B)

표현 정리 quality 품질　outstanding 뛰어난, 눈에 띄는　alternative 대안, 대체(물)　available 이용가능한, 사용가능한

해석 이 제품의 품질은 시중의 저렴한 대체품과 비교해 뛰어나다.

121. 명사 어형

해설 〈propose 제안하다 / proposal 제안(서) / proposer 제안자〉 빈칸에는 'project'와 함께 어울려서 동사 'submit'의 목적어 역할을 할 수 있는 단어가 와야 한다. 'project proposal(프로젝트 제안서)'이라는 어휘가 가장 적절하다.
정답 (C)

표현 정리 submit 제출하다　revision 수정(작업)　in time 시간에 맞춰, 늦지 않게

해석 프로젝트 제안서를 더 일찍 제출하면, 팀은 필요한 수정작업을 늦지 않게 완료할 것이다.

122. 동사 어휘

해설 〈name 임명하다 / employ 고용하다 / decide 결정하다 / promote 승진시키다〉 'promote'은 'promote someone to something(~로 진급시키다)'의 구조로 사용되는 동사이기 때문에, 빈칸 뒤에 'to'가 있다면 정답이 될 수 있다.
정답 (A)

표현 정리 name somebody (as) something ~을 …로 지명[임명]하다

Marketing Department 마케팅 부서 following ~후에
departure 떠남

해석 Sanders 씨는 Johnson 씨가 떠난 후 마케팅 부서의 책임자로 임명되었다.

123. 동사 어형

해설 〈selected 선정된 / selection 선정 / selecting 선정하는 / selectively 선별적으로, 정선하여〉 패널 토론을 이끌도록 '선정되었다'라고 해야 문맥에 맞다. **정답** (A)

표현 정리 expert 전문가 environmental 환경의 lead 이끌다 panel discussion 패널 토론 sustainability 지속가능성 conference 회의, 컨퍼런스

해석 환경과학 전문가인 Miller 씨가 지속가능성 컨퍼런스의 패널 토론을 이끌도록 선정되었다.

124. 대명사

해설 목록이 있음에도 불구하고, '아무도 받지 않았다'라는 내용이 가장 적절하다. 'little'은 '조금, 약간'이라는 의미로 사용할 경우, 셀 수 있는 명사인 사람을 지칭하는 데 사용하지 않는다. **정답** (A)

표현 정리 despite ~에도 불구하고 potential 잠재적인 conference 회의, 컨퍼런스 receive 받다 invitation 초대 present 발표하다 event 행사, 이벤트

해석 잠재적인 컨퍼런스 연사 목록이 있음에도 불구하고, 행사에서 발표하라는 초대를 아무도 받지 않았다.

125. 부사 어휘

해설 〈usually 보통은, 대게는 / rarely 거의 ~하지 않는 / overall 전반적으로, 전체에 걸쳐, 종합적으로 / responsibly 책임감있게〉 경쟁사들을 '전반적으로, 전체에 걸쳐' 제쳤다는 내용이 가장 자연스럽다. **정답** (C)

표현 정리 known for ~으로 유명한, 알려진 innovative 혁신적인 leave someone [something] behind 추월하다, 앞지르다 competitor 경쟁자

해석 혁신적인 제품으로 유명한 InnoNex Corporation은 경쟁사들을 모두 제치고 업계 리더가 되었다.

126. 소유격

해설 빈칸 앞에 'to showcase'와 연결되는 명사는 'expertise'이므로 이 명사를 꾸며주는 소유격인 'his'가 적절하다. **정답** (A)

표현 정리 renowned 유명한 chef 셰프, 요리사 collaborate 협력하다, 협업하다 prominent 유명한, 뛰어난 showcase 소개하다, 전시하다 culinary 요리의 expertise 전문지식, 전문기술

해석 유명한 셰프가 유명 레스토랑과 협업하여 자신의 요리 전문지식을 선보였다.

127. 동사 어형

해설 〈contact 연락하다〉 본문은 명령문으로 문장의 동사가 없으므로 빈칸에는 동사원형이 와야 한다. **정답** (D)

표현 정리 in the event of 만약 ~의 경우에는 technical 기술적인 require 필요로 하다 assistance 도움, 지원

해석 기술적 문제나 도움이 필요한 문제가 발생하면 IT 부서에 연락하십시오.

128. 형용사 어형

해설 〈tradition 전통 / traditional 전통적인 / traditionally 전통적으로〉 빈칸 뒤의 명사 'practices'를 꾸며주는 형용사가 와야 하므로 'traditional'이 적절하다. **정답** (C)

표현 정리 environmentalist 환경운동가 value 소중히 생각하다, 높이 평가하다, 중시하다 practice 관행 eco-friendly 친환경의

해석 환경운동가들은 이 친환경 기업의 전통적인 관행을 높이 평가한다.

129. 명사 어휘

해설 〈collection 수집, 모음집 / dependence 의존, 종속 / demand 수요, 요구 / availability 가용성, 유용성, 이용할 수 있음〉 일자리[취업 기회]는 '있는지'에 대해서 말하는 것이 가장 자연스럽다. 주요 도시에 거주하는 장점은 일자리가 많다는 내용이 적절하다. **정답** (D)

표현 정리 significant 중요한, 상당한 advantage 장점, 이득 major 주요한, 큰 opportunity 기회

해석 주요 도시에 거주하는 것의 중요한 이점은 취업 기회의 가능성이 높다는 것이다.

130. 형용사 어휘

해설 〈relatable 관련시킬 수 있는 / preliminary 예비의 / unanimous 만장일치의, 합의의 / spacious 공간이 넓은〉 회계감사관이 수행하게 될 평가에 걸맞은 형용사를 찾아야 한다. '예비평가'라는 말이 가장 적절하다. **정답** (B)

표현 정리 assessment 평가, 조사 financial 재무의, 재정의 conduct 실시하다, 수행하다 auditor 회계감사관

해석 회사의 재무 건전성에 대한 예비평가는 회계감사관에 의해 수행된다.

Part 6

문제 131-134번은 다음 이메일을 참고하시오.

> 수신: 모든 직원
> 발신: Laura Michaels
> 날짜: 3월 15일
> 제목: 연례 팀워크 강화 행사
>
> 안녕하세요,
>
> 다가오는 연례 팀워크 강화 행사에 대해 상기시켜 드리고자 이 글을 씁니다. 올해 행사는 3월 25일 토요일 Greenfield Park에서 열립니다. 티켓 가격은 1인당 $400이며 입장, 점심 식사, 음료 한 잔을 포함합니다. **행사장에서 추가 식사를 구매할 수 있습니다.**
>
> 행사는 다양한 활동을 포함할 예정입니다. 야외 게임, 보물찾기, 팀전을 즐겨보세요. 마지막에는 경품 증정도 있습니다. 최우수상은 Riverbend Retreat에서 2인을 위한 주말 휴가입니다.
>
> 감사합니다.
>
> Laura

표현 정리 annual 연례의, 매년 remind 상기시키다 upcoming 다가오는, 곧 entry 입장 feature 포함하다, 특징으로 삼다 various 다양한 outdoor 야외의 scavenger hunt 보물찾기 giveaway 경품, 무료 증정품 at the end of the day 마지막에는 grand prize 최우수상 getaway 휴가, 휴양 retreat 휴양지

131. 동사 어형

해설 미래에 발생하는 행사에 대한 정보를 제공하고 있기 때문에 미래시제를 사용하고, 행사가 '개최되다'이므로 수동태가 되어야 한다. **정답** (D)

132. 알맞은 문장 고르기

해설 1단락에서는 행사에 대한 기본 정보를 제공해주고 있다. 장소, 일시, 티켓 가격과 티켓에 포함된 식사, 그리고 그에 덧붙여서 추가적인 식사를 구매하는 내용이 가장 자연스럽다. 왜냐하면 행사에 관한 정보이기 때문이다. (A)의 경우 2단락에서 경품을 비롯해 다양한 즐길거리에 대한 이야기를 하고 있기 때문에, 1단락에서 이 이야기를 꺼낼 이유가 없다. **정답** (D)

해석
(A) 행사에서 상품도 배부됩니다.
(B) 우리를 위해 해 주신 모든 일에 감사드립니다.
(C) 이는 참가자들의 안전을 보장하기 위한 것입니다.
(D) 행사장에서 추가 식사를 구매할 수 있습니다.

133. 명사 어휘

해설 〈discussion 토론 / effort 노력 / project 프로젝트, 계획, 기획 / activity 활동, 행위〉 빈칸 다음 문장에 보면 다양한 활동(게임, 보물찾기 등)을 나열하고 있기 때문에 이것을 포괄하는 단어인 'activities'가 자연스럽다. **정답** (D)

134. 전치사

해설 2인을 위한 주말 휴가라고 해야 하기 때문에 'for(~을 위한)'이 정답이 된다. 'with'는 (다른) 2명과 함께 휴가를 보낸다는 맥락에 맞지 않는 뜻이다. **정답** (B)

문제 135~138번은 다음 공지를 참고하시오.

> Green Valley 법률회사에 오신 것을 환영합니다! 저희는 법적 대리인을 선택하는 것이 중요한 결정이라는 것을 이해합니다. 저희는 귀하와 귀하의 법적 요구사항에 최고의 서비스를 제공하기 위해 최선을 다하고 있습니다.
>
> Green Valley 법률회사의 법률 전문가 팀은 가족법, 부동산, 형사 변호, 부동산 계획을 포함하여 다양한 법률 영역을 다루는 광범위한 서비스를 제공합니다. 저희를 선택하시면 귀하를 대신하여 일하는 법률 전문가로 구성된 전체 팀에 접근하실 수 있습니다.
>
> **저희는 다양한 산업 분야의 고객을 받아들입니다.** Green Valley 법률회사가 승인된 법률회사 목록에 있는지 확인하려면 고용주에게 문의하세요. 이를 통해 당사의 서비스가 귀하의 고용주가 제공하는 혜택이나 권장사항과 일치한다는 것을 확실히 해줍니다.
>
> 전문가와 협력하려면 1-888-555-9774로 문의하세요.

표현 정리 select 선택하다 legal 법률의 representation 대표, 대행 crucial 중요한 be dedicated to ~에 헌신하다, ~에 최선을 다하다 needs 필요사항, 요구사항 top-notch 최고의, 일류의 expert 전문가 offer 제공하다 a broad range of 광범위한 cover 다루다 various 다양한 family law 가족법 real estate 부동산 criminal 형사상의, 범죄의 gain 얻다, 획득하다 access 접근 entire 전체의 professional 전문가 on your behalf 귀하를 대신하여 employer 고용주 confirm 확인하다 approved 승인된 ensure 보장하다, 확실하게 하다 align 일직선으로 맞추다 benefit 혜택 recommendation 권장사항, 권고, 의견

135. 동명사

해설 〈provide 제공하다〉 빈칸 앞의 'be dedicated to'는 동명사와 같이 쓰이는 표현이다. **정답** (C)

136. 명사 어휘

해설 〈domain 영역, 분야 / goal 목표 / solution 해결책, 해법 / objective 목적, 목표〉 본문은 법률회사를 소개하는 글이고, 빈칸 이하를 보면 이 법률회사가 다루는 법률영역에 대해서 나열하고 있기 때문에 정답은 'domains'이다. **정답** (A)

137. 알맞은 문장 고르기

해설 〈specialize ~을 전문으로 하다 / client 고객 / multiple 다수의 / convenience 편의 / complete 완성하다 / intake 받아들임 / form 양식 / initial 초기의 / consultation 상담〉 빈칸 다음의 문장을 보면, Green Valley 법률회사가 승인된 법률회사 명단에(their approved list of law firms) 있는지 귀하의 회사(your employer)에 물어보라고 하고 있다. 그 이유는 회사들이 직원들에게 법률 서비스 혜택을 제공하는 경우가 많기 때문이다. 그래서 회사가 그런 혜택을 제공할 수 있기 때문에 Green Valley 법률회사가 고용주(your employer)의 승인 명단에 있는지 확인하라는 내용이다. 이 내용과 연결되는 것은 (B)밖에 없다. (A)의 경우는 이미 2단락에 설명이 끝났듯이, 전문영역으로 하는 것은 가족법, 부동산 등이다. **정답** (B)

해석
(A) 저희는 부동산 개발 및 투자를 전문으로 하고 있습니다.
(B) 저희는 다양한 산업 분야의 고객을 받아들입니다.
(C) 우리는 귀하의 편의를 위해 여러 도시에 사무실을 두고 있습니다.
(D) 첫 상담 전에 고객 접수양식을 작성하십시오.

138. 명사 어형

해설 〈profession 직업 / professional 전문적인, 전문가 / professionally 전문적으로〉 법률회사의 전문가들과 일을 하는 것이기 때문에 사람을 나타내는 'professionals'가 적절하다. 회사의 전문가는 당연히 여러 명일 것이고, 본문에서도 2단락에 'our team of legal experts'라고 명시하듯이 복수형태가 자연스럽다. **정답** (C)

문제 139~142번은 다음 편지를 참고하시오.

> 친애하는 Rodriguez 씨,
>
> 더욱 빠른 인터넷 속도를 경험하는 동시에 온라인 보안도 강화하고 싶으신가요? 업그레이드된 고속 연결을 통해, 사용량이 가장 많은 시간에도 원활한 스트리밍, 게임, 안전한 검색을 즐길 수 있습니다.
>
> 다음 달에 Net Guard는 모든 가입자에게 프리미엄 보안 기능을 제공하는 고급 온라인 보안 플랫폼을 출시할 것입니다.
>
> 이를 축하하기 위해, 월 5달러만 더 내면 고속 서비스로 업그레이드할 수 있도록 여러분을 초대하고 싶습니다! 지금 행동하고 24개월 동안 이 특별요금제를 확보하세요!
>
> **www.netguard.com에서 이 한정기간 혜택에 등록하세요.**
>
> Net Guard를 선택해 주셔서 감사합니다!
>
> Maria Hernandez
> 마케팅 이사
> Net Guard

표현 정리 experience 경험하다 enhance 강화하다 security 보안 upgraded 업그레이드된, 개선된 connection 연결 seamless 끊김 없는, 원활한 streaming 스트리밍(인터넷상에서 동영

상이나 음성 등의 멀티미디어 데이터를 다운로드하면서 재생하는 기술) **secure** 안전한, 확보하다 **browsing** 〈컴퓨터〉 브라우징 **peak** 절정, 피크, 정상 **usage** 사용 **launch** 출시하다 **advanced** 고급의, 진보한 **offer** 제공하다 **premium** 프리미엄의, 고급의 **feature** 기능 **rate** 요금

139. 접속사

해설 〈and 그리고 / until ~때까지 / while ~하면서, ~하는 반면에 / whereas ~임에 반하여, ~이지만〉 1단락은 보다 좋은 인터넷 서비스를 소개하는 내용인데, 빈칸 앞뒤로 긍정적인 내용이 오기 때문에 '~하면서 동시에'라는 'while'이 가장 적절하다. 참고로 'and'는 같은 요소를 연결해야 한다. 그런데 'and'가 연결하는 동사는 'experience'와 'enhancing'이기 때문에 맞지 않다. **정답** (C)

140. 명사 어휘

해설 〈institution 기관, 학회, 협회 / designer 디자이너 / subscriber 구독자 / representative 대표자, 대리인〉 1단락에서 'streaming, gaming, and secure browsing' 그리고 3단락에서 'just $5 more per month' 등의 어구를 보면 개인 가입자들에게 쓰는 글임을 알 수 있다. 그러므로 'subscribers'가 가장 적절하다. **정답** (C)

141. to부정사

해설 〈celebrate 축하하다〉 빈칸 이하에는 완전한 문장이 왔기 때문에 빈칸은 부사구라는 것을 알 수 있다. to부정사의 부사적용법으로 '~하기 위하여'의 형식이 적절하다. **정답** (B)

142. 알맞은 문장 고르기

해설 〈added 추가된, 덧붙인 / protection 보호 / appreciate 고마워하다. 감사하다 / sincere 진심의, 진지한 / feedback 피드백, 의견 / look forward to ~을 기대하다, 고대하다 / resolve 해결하다 / sign up 등록하다 / limited-time 한정기간의〉 본문은 보다 빠른 인터넷 서비스를 소개하는 글이다. 바로 이전 단락을 보면 5달러만 내면 이 서비스를 이용할 수 있다고 했기 때문에, 웹사이트에서 등록하라는 말이 나오는 것이 자연스럽다. (A)의 소프트웨어 업그레이드는 본문에 언급이 없는 완전히 새로운 내용이다. **정답** (D)

해석
(A) 추가 보안을 위해 소프트웨어를 업그레이드할 수 있습니다.
(B) 귀하의 진심 어린 의견에 감사드립니다.
(C) 우리는 이 문제를 해결하기 위해 귀하와 협력하기를 기대합니다.
(D) www.netguard.com에서 이 한정기간 혜택에 등록하세요.

문제 143-146번은 다음 편지를 참고하시오.

친애하는 Mitchell 씨께:

새로운 프로젝트를 위한 건축자재를 이렇게 빨리 배송해 주셔서 감사합니다. 우리가 받은 건축자재는 정확하게 우리에게 필요한 것이었습니다. 반면에 전기 부품은 제가 예상했던 것과 정확히 일치하지는 않았습니다.

귀하의 팀과 프로젝트 세부사항을 조정할 때, 전기 시스템에 대한 기술적 요구사항을 설명했습니다. 저는 구체적으로 고압 커넥터와 서지 보호기의 필요성을 언급했습니다. **그러나 도착한 부품은 이러한 요구사항을 충족시키지 못했습니다.**

우리는 항상 귀사와 협력하여 훌륭한 경험을 쌓아왔기 때문에 이러한 불일치에 다소 놀랐습니다. 전기 부품을 반송할 예정이니 지체없이 올바른 부품을 제공해 주시기 바랍니다.

John Anderson

표현 정리 construction 건축, 건설 **material** 재료 **building supplies** 건축자재 **receive** 받다, 수령하다 **exactly** 정확하게 **electrical** 전기의 **component** 요소, 부품 **on the other hand** 반면에, 다른 한편으로는 **anticipate** 기대하다, 예상하다 **coordinate** 조정하다 **detail** 세부사항 **indicate** 나타내다, 가리키다 **technical** 기술적인 **requirement** 요구사항 **mention** 언급하다, 말하다 **high-voltage** 고전압 **connector** 연결기, 커넥터 **surge** [전기] 서지 전압[전류]; 급격한 전압[전류] 변화 **protector** 보호기 **request** 요구하다, 요청하다 **provide** 제공하다 **delay** 지체, 연기

143. 동명사

해설 〈ship 배송하다, 수송하다, 운송하다 / purchase 구매하다, 사다 / oversee 감독하다, 감시하다 / inquire 조사하다, 문의하다〉 전체 내용은 건설자재를 받았는데, 일부 부품에 문제가 있다는 것이므로 '배송에 대해' 감사한다는 말이 가장 적절하다. **정답** (A)

144. 부사 어휘

해설 〈efficiently 효율적으로, 효과적으로 / specifically 구체적으로, 명확하게, 특히 / comprehensively 포괄적으로, 광범위하게 / routinely 일상적으로, 정기적으로, 언제나〉 2단락은 주문했던 부품에 대해서 어떤 점이 잘못되었는지 설명하고 있다. 빈칸 앞문장을 보면 '~ I indicated the technical requirements'라고 하면서 기술적 요구사항을 말했다고 설명하고 있다. 그 다음에, 그 요구사항이 무엇인지 해당 문장에서 설명하고 있으므로 '구체적으로'라는 단어가 가장 잘 어울린다. **정답** (B)

145. 알맞은 문장 고르기

해설 〈unfortunately 안타깝게도, 유감스럽게도 / install 설치하다 / properly 적절하게, 제대로 / necessary 필요한 / documentation 서류 / nevertheless 그럼에도 불구하고 / compatible 호환되는, 양립할 수 있는 / existing 기존의 / equipment 장비, 설비, 기기〉 3단락에 보면, 부품을 반송하면서 제대로 된 부품으로 다시 보내 달라는 요청을 하고 있기 때문에, '배송된 부품이 언급했던 요구사항을 충족하지 못한다'는 말이 가장 자연스럽다. (A)의 경우, 부품이 잘못 설치되어서 부품을 반송하는 것이 아니기 때문에 정답이 될 수 없다. **정답** (D)

해석
(A) 안타깝게도 시스템에 부품이 제대로 설치되지 않았습니다.
(B) 부품이 필요한 문서 없이 도착했습니다.
(C) 그럼에도 불구하고 부품은 기존 장비와 호환되었습니다.
(D) 그러나 도착한 부품은 이러한 요구사항을 충족시키지 못했습니다.

146. 명사 어휘

해설 〈discrepancy 차이, 불일치, 모순 / decision 결정 / assessment 평가 / protocol 프로토콜, 규약〉 주문한 내용과 도착한 부품 사이의 '차이, 불일치'에 대한 내용이므로 'discrepancy'가 가장 적절하다. **정답** (A)

TEST 20
Part 5

101. 소유격
해설 빈칸 뒤의 명사 'payment'를 수식하는 형용사가 와야 하기 때문에 소유격 'your'가 정답이 된다. **정답** (B)

표현 정리 reservation 예약 confirm 확정하다, 확인하다 upon ~하자마자 receipt 받음, 수령 payment 지불(액), 결제(액)

해석 결제를 하자마자 예약이 확정될 것이다.

102. 접속사
해설 〈later 나중에 / because ~때문에 / after ~한 후에 / until ~까지〉 전시장에 입장한다는 것과 입장권을 보인다는 내용을 자연스럽게 연결할 수 있는 것은 '입장권을 보인 후'이다. **정답** (C)

표현 정리 exhibit 전시, 전시회 entry pass 입장권 ·registration 등록

해석 방문객은 등록 데스크에서 입장권을 보인 후 전시장에 입장할 수 있다.

103. 형용사 어휘
해설 〈appropriate 적절한, 적합한 / accountable 책임이 있는 / additional 추가적인 / applicable 적용할 수 있는〉 음식의 재료를 언급할 때 적절한 단어는 'appropriate' 'suitable' 'relevant' 등이다. 'applicable'은 보통 규칙이나 법 또는 원칙 등을 말할 때 사용한다. **정답** (A)

표현 정리 chef 셰프, 요리사 ingredient 재료 preparation 준비 signature dish 요리사의 가장 유명한 요리

해석 셰프는 그의 대표 요리를 준비할 때 적절한 재료만을 사용한다.

104. 동사 어형
해설 본문에는 동사가 필요하고 문장의 주어인 '직원'들이 존경을 받는다는 내용이기 때문에 수동태가 와야 한다. 'respect'는 타동사이기 때문에 목적어가 필요한데, 본문에 목적어 역할을 하는 명사가 없다는 것도 힌트가 된다. **정답** (D)

표현 정리 organization 조직, 단체, 기관 employee 직원 exceptional 예외적인, 특별한, 뛰어난 dedication 헌신, 노력 respect 존경하다, 존중하다

해석 우리 조직에서는 성공적인 직원들이 팀 프로젝트에 대한 특별한 헌신으로 존경을 받는다.

105. 명사 어형
해설 빈칸 앞에 형용사가 있기 때문에 빈칸에는 이 형용사가 꾸며주는 명사가 와야 한다. 내용상 '투자자'에게 소개를 하는 것이기 때문에 'investors'가 적절하다. **정답** (D)

표현 정리 international 국제적인 innovative 혁신적인

해석 다음 주에 Rodriguez 씨는 우리의 혁신적인 제품에 관심이 있는 국제 투자자들에게 우리 사업을 소개할 것이다.

106. 접속사
해설 빈칸 앞으로 완전한 문장이 있기 때문에, 이 두 문장을 연결할 수 있는 것은 접속사이다. 〈due to ~때문에 / despite ~임에도 불구하고 / about ~에 관하여 / while ~동안에〉 **정답** (D)

표현 정리 handle 다루다, 처리하다 inquiry 문의

on business 업무차, 출장

해석 Patel 씨가 출장 중일 때는 Lisa Nguyen이 문의를 처리할 것이다.

107. 동사 어휘
해설 〈express 표현하다 / motivate 동기부여를 하다 / anticipate 예상하다, 예견하다, 기대하다 / qualify 자격을 주다〉 'motivate'은 'motivate someone to do something'의 구조로 사용한다. 'qualify'도 목적어로 사람이 온다. 증가하는 수요를 충족시키기 위해 업그레이드가 '진행될 것이다'라고 해야 내용이 자연스러우므로 '예상하다, 예견하다'의 'anticipate'이 와서 수동형으로 쓰이는 것이 적절하다. **정답** (C)

표현 정리 growing 증가하는 demand 수요 eco-friendly 친환경의 transportation 교통, 운송 upgrade 업그레이드, 개선, 상향

해석 친환경 교통수단에 대한 수요 증가를 충족하기 위해, 대중교통 시스템의 업그레이드가 예상된다.

108. 명사 어휘
해설 〈assistant 조수, 보조 / concept 개념 / component 구성요소, 부품 / estimate 견적, 평가〉 실험과 공급점을 연결할 수 있는 것은 '부품, 구성품'이 가장 적절하다. **정답** (C)

표현 정리 experiment 실험 inadvertently 우연히, 의도치 않게, 실수로 supply 공급

해석 실험에 필요한 일부 구성품이 공급점에서 실수로 누락되었다.

109. 형용사 어휘
해설 〈capable 할 수 있는 / focused 초점이 맞춰진 / important 중요한 / responsible 책임 있는〉 빈칸 뒤의 'of'와 자연스럽게 연결되는 문맥에 맞는 표현은 'capable(~할 수 있다)'이다. 참고로 'focused on ~' 'responsible for ~'이다. **정답** (A)

표현 정리 upcoming 다가오는, 곧 workshop 워크숍, 토론회 decide 결정하다 set 설정된 timeframe 기간

해석 다가오는 워크숍에서는 정해진 시간내에 어떤 프로젝트를 완료할 수 있는지 결정할 것이다.

110. 동사 어형
해설 〈educate 특정 주제에 대해 정보를 주다〉 내용상 to부정사가 와야 '방문객들에게 정보를 제공하다(교육하다)'라는 말이 되므로 동사원형인 'educate'이 정답이 된다. **정답** (A)

표현 정리 brochure 안내책자 obtain 얻다, 획득하다 information desk 안내 데스크 visitor 방문객 tourist attraction 관광명소

해석 관광명소에 관하여 방문객들을 교육하기 위한 안내책자는 안내 데스크에서 구할 수 있다.

111. 명사 어형
해설 〈construct 건설하다 / construction 건설〉 접속사 'once' 뒤에 완전한 문장이 와야 하는데, 주어 역할을 할 수 있는 명사가 필요하다. 'constructing'의 경우, '~ once constructing the solar panels is finished'로 하면 문법상으로는 가능하다. **정답** (D)

표현 정리 facility 시설 solar panel 태양광 패널

해석 Green Tech Innovations는 태양광 패널 건설이 끝나면 새로운 시설로 이전할 것이다.

112. 동사 어형

해설 주절에 보면 'this weekend'라고 했기 때문에 미래의 일에 대해서 언급하는 것을 알 수 있다. 또한 'we'가 취소를 하는 것이므로 능동태가 적절하다. **정답** (B)

표현 정리 weather conditions 기상조건 remain ～한 상태로 여전히 있다 unfavorable 호의적이 아닌 outdoor 야외의

해석 그 지역의 기상조건이 계속 좋지 않을 경우, 이번 주말 야외행사를 취소할 것이다.

113. 명사 어휘

해설 〈revisions 수정, 개정, 교정 / transcripts (구술된 내용을) 글로 옮긴 기록[인쇄/전사한 것], 성적표 / investments 투자금 / nominations 지명, 추천, 임명〉 보고서 작성이 끝났기 때문에 '수정'을 받기 위해 제출한다는 말이 적절하다. **정답** (A)

표현 정리 upon ～하자마자 submit 제출하다 document 서류

해석 보고서 작성이 완료되면 Patel 씨는 수정을 위해 해당 문서를 부서장에게 제출할 것이다.

114. 동사 어휘

해설 〈handle 다루다, 처리하다 / notify 통지하다, 알리다 / comprise 구성하다, 포함하다 / regard 간주하다, 생각하다〉 문서가 '취급된다'는 말이 적절하다. 'notify'는 보통 목적어로 사람이나 사물이 와서 '(사람에게) 알리다' 또는 '(사물을) 알려주다'의 의미이다. 본문에서는 사물이기 때문에 'notify the documents'인데, '문서를 알려주다'는 의미가 통하지 않는다. 수동태의 경우, 능동태로 바꾸면 의미가 명확해지는 경우가 종종 있으므로, 다양한 각도에서 문장을 보는 것이 필요하다. **정답** (A)

표현 정리 sensitive 민감한 document 문서 authorized 권한이 부여된, 정식으로 인가된, 승인된 personnel 직원, 인원

해석 모든 민감한 문서는 승인된 직원에 의해서만 취급되어야 한다.

115. 대명사

해설 빈칸 뒤의 단수동사 'is'와 어울리는 것은 'everyone'이다. **정답** (B)

표현 정리 conference 회의, 컨퍼런스 keynote 기조, 요지, 주안점 encourage 격려하다, 장려하다 attend 참석하다

해석 컨퍼런스에서 주제 발표는 오전 9시에 시작되며 모든 사람이 참석할 것을 권장한다.

116. 부사 어휘

해설 〈extremely 극도로, 지나치게 / readily 쉽게, 선뜻, 기꺼이 / hardly 거의 ～하지 않다 / potentially 잠재적으로, 아마도〉 고객과 협력하는 것은 '기꺼이' 한다고 해야 자연스럽다. **정답** (B)

표현 정리 customer 고객 collaborate 협력하다, 협동하다 client 고객 resolve 해결하다 inquiry 문의(사항)

해석 고객 서비스 팀은 고객의 문의사항을 해결하기 위해 고객과 기꺼이 협력한다.

117. 전치사

해설 〈inside 내부에서, 안에서 / among ～사이에서 / between ～사이에서 / about ～에 관하여〉 회의실안에 있는 팀이 논의를 한다는 의미이므로 정답은 'inside'이다. **정답** (A)

표현 정리 conference 회의 discuss 논의하다 upcoming 다가오는, 곧 있을 strategy 전략

해석 회의실에서는 마케팅 팀이 다가오는 캠페인 전략을 논의했다.

118. 형용사 어형

해설 〈intuit 직감으로 알다 / intuitive 직관적인, 직관적으로 인식하는 / intuition 직관 / intuitively 직관적으로〉 명사 'grasp'을 꾸며주는 형용사가 와야 하므로 'intuitive'가 적절하다. **정답** (B)

표현 정리 prefer 선호하다 candidate 지원자, 후보자 demonstrate 보여주다, 입증하다 grasp 이해, 파악 trend 트렌드, 동향 consumer 소비자 behavior 행동

해석 우리는 시장 동향과 소비자 행동을 직관적으로 파악하는 후보자를 선호한다.

119. 전치사 vs. 접속사

해설 본문에서 'weekend'를 받아줄 수 있는 전치사가 필요하다. 접속사인 'when' 'while'은 사용할 수 없다. **정답** (D)

표현 정리 several 여러, 몇몇의 offer 제공하다

해석 발렌타인 데이의 주말 동안 시내의 여러 레스토랑은 특별 메뉴를 제공한다.

120. 과거분사

해설 〈extend 연장하다, 확장하다 / extended 연장된 / extending 연장하는 / extension 연장, 확장〉 'business trip'을 수식하는 형용사가 필요하고, '출장'은 사물이므로 '연장된, 장기간의'라는 의미인 과거분사가 필요하다. **정답** (B)

표현 정리 manager 매니저, 관리자 headquarters 본사 business trip 출장 abroad 해외의

해석 Nova Corporation의 관리자 중 한 명인 Sarah Thompson이 연장된 해외 출장을 마치고 본사로 돌아올 것이다.

121. 동사 어휘

해설 〈raise 올리다, 높이다 / transfer 옮기다, 넘겨주다 / postpone 연기하다 / maintain 유지하다, 지속하다〉 '기술적인 문제'와 자연스럽게 연결되는 것은 '배포가 연기되었다'이다. **정답** (C)

표현 정리 distribution 배포, 분배, 유통 monthly 월간의, 매월의 newsletter 뉴스레터 subscriber 구독자 due to ～때문에 technical 기술적인

해석 구독자에게 월간 뉴스레터 배포가 기술적인 문제로 인해 연기되었다.

122. 명사 어형

해설 〈associated 연관된, 관련된 / associating 연결하는 / associate 관련시키다, 제휴하다, (사업·직장) 동료 / association 협회, 단체, 연합〉 'associate'은 명사로 사용되어 'sales associate(영업사원, 판매직원)'이라는 단어를 만들 수 있다. **정답** (C)

표현 정리 train 교육시키다, 훈련시키다 provide 제공하다 exceptional 예외적인, 뛰어난, 탁월한 assist 지원하다, 돕다 client 고객 purchasing 구매

해석 우리는 훌륭한 고객 서비스를 제공하고 고객의 구매 결정을 돕도록 판매직원을 교육한다.

123. 부사 어휘

해설 〈highly 매우 / neatly 깔끔하게, 단정하게 / efficiently 효율적으로 / mostly 대부분, 주로〉 최첨단이라는 말과 'be all recognized(모두 높은 평가를 받고 있다)'는 어휘가 오는 것으로 봐서 '매우'라는 강조의 의미가 오는 것이 적절하다. 'mostly(대체로)'는 본문의 'all(모두)'이라는 단어와 충돌이 일어난다. **정답** (A)

표현 정리 cutting-edge 최첨단의 recognize 인정하다, 인식하다 expert 전문가

해석 회사의 최첨단 제품은 모두 업계 전문가들로부터 매우 높은 평가를 받고 있다.

124. 의문사

해설 〈because of ~때문에 / how 어떻게 / as if 마치 ~인 것처럼 / what 무엇〉 'training sessions(교육 세션)'의 목적이 정보를 전달하는 것이라는 것을 염두에 두면, 소프트웨어가 '어떻게' 작동하는지 설명한다는 말이 가장 자연스럽다. 참고로 본문의 'works'는 3인칭 단수명사를 주어로 가지고 있는 동사로 사용되었고, 만약 'works'가 명사로 사용되면 보통 '작품'이라는 뜻으로 많이 사용된다. **정답** (B)

표현 정리 conduct 실시하다 regular 정기적인 session 기간, 시간 explain 설명하다

해석 인사부서는 회사의 새로운 소프트웨어가 어떻게 작동하는지 설명하기 위해 정기적인 교육을 실시한다.

125. 전치사구

해설 〈in order to ~하기 위하여 / so that ~하면, ~하기 위하여 / whereas 반면에 / as a result of ~의 결과로〉 본문을 보면 빈칸 뒤의 내용은 '명사구 + 전치사구'로 이루어져 있기 때문에 접속사는 올 수 없다. 'in order to'의 경우 동사원형이 뒤에 와야 한다. **정답** (D)

표현 정리 flight 항공편, 비행 delay 지연시키다, 연기하다 adverse 부정적인, 반대하는 weather conditions 기상상태

해석 공항의 악천후로 인해 항공편이 한 시간 지연되었다.

126. 동사 어형

해설 본문의 문장구조는 '주어 + must + 동사1 + and + 동사2 + 목적어'의 형식으로 이해를 해야 한다. 접속사 'and'는 'be submitted'와 'include'를 연결해주고 있다. **정답** (A)

표현 정리 application 신청 form 양식 scholarship 장학금 submit 제출하다 deadline 마감일 letter of recommendation 추천서

해석 장학금 신청서는 마감일까지 제출되어야 하며 추천서를 포함해야 한다.

127. 접속사

해설 〈since ~때문에, ~이래로 / otherwise 그렇지 않으면 / whether ~인지 아닌지 / for instance 예를 들면〉 본문을 보면 빈칸 뒤에 완전한 문장이 왔기 때문에, 빈칸에는 접속사가 가장 적절하다. 'otherwise'는 부사이고, 'for instance'는 전치사구이기 때문에 정답이 될 수 없다. 내용상 동사 'is assessing'의 목적어가 필요하기 때문에 명사절을 이끄는 'whether'가 자연스럽다. **정답** (C)

표현 정리 inspector 감독관, 검사관 currently 현재는, 지금은 assess 평가하다 foundation 기초 safety 안전 standards 기준

해석 건물 검사관이 현재 집의 기초가 안전기준을 충족하는지 평가하고 있다.

128. 명사 어휘

해설 〈color 색깔 / sale 판매 / duration 기간 / value 가치〉 환불은 안 해주지만 '교환(exchange)'은 해준다는 내용이므로 '동일한 가치의 품목'이라는 말이 적절하다. **정답** (D)

표현 정리 offer 제공하다 refund 환불 exchange 교환하다 equal 동등한, 동일한

해석 회사는 현금 환불을 해주지 않지만, 손상된 품목은 동일한 가격의 품목으로 교환할 수 있다.

129. 동사 어휘

해설 〈arrange 정리하다, 배치하다, 마련하다 / designate 지명하다, 지정하다 / establish 설립하다, 확립하다 / locate ~에 놓다, 위치를 찾아내다〉 본문은 'Smithson Motors'를 주어로 가지는 분사구문으로 'Smithson Motors'가 사물이므로 빈칸에는 수동 형태가 오는 것이다. 그리고 'Smithson Motors'는 회사이므로 회사가 '1950년에 설립되었다'가 가장 자연스럽다. 'located'의 경우 뒤에 장소가 오면 자연스럽게 연결될 수 있다. **정답** (C)

표현 정리 manufacture 제조하다 reliable 신뢰할 만한 vehicle 차량 for decades 수십 년 동안

해석 1950년에 설립된 Smithson Motors는 수십 년 동안 신뢰할 수 있는 차량을 제조해 왔다.

130. 부사 어휘

해설 〈partially 부분적으로 / clearly 명확히, 분명하게 / lately 최근에 / securely 단단히, 안전하게, 확실히〉 책장을 '안전하게, 확실하게' 조립한다는 맥락이 자연스럽다. **정답** (D)

표현 정리 attached 첨부된 instructions 설명서 provide 제공하다 precise 정확한 assemble 조립하다

해석 첨부된 설명서는 책장을 안전하게 조립하는 단계가 정확하게 설명되어 있다.

Part 6

문제 131-134번은 다음 이메일을 참고하시오.

> 수신: Jane Harlow
> 발신: Mark Wilson
> 날짜: 11월 5일
> 제목: 프로젝트 업데이트
>
> 친애하는 Harlow 씨,
>
> 지난 주에 있었던 생산적인 회의에 감사드립니다. 우리 조직에서 고객 참여를 향상시킬 수 있는 방법에 대한 귀하의 모든 제안에 감사드립니다. 저는 오늘 아침에 그것을 우리 부서장들에게 소개했습니다. 그들은 모두 고객 만족도를 높이기 위해 변화가 필요하다는 데 동의했습니다.
>
> 추천해주신 대로, 저희는 고객 피드백 프로그램을 구축하여 고객의 통찰력과 아이디어를 수집할 계획입니다. 고객은 온라인 설문조사를 통해 피드백을 제공할 수 있습니다. **누군가의 아이디어가 실행되면 그 사람은 약간의 보너스를 받게 됩니다.**
>
> 이러한 계획의 진행상황에 대해 계속 업데이트해 드리겠습니다.
>
> 친애하는,
> Mark Wilson

표현 정리 productive 생산적인 appreciate 고마워하다, 감사하다 suggestion 제안 enhance 향상시키다, 강화하다 customer 고객 organization 조직, 기관, 단체 present 주다, 소개하다, 발표하다 improve 높이다, 개선하다, 향상시키다 satisfaction 만족 recommend 추천하다 establish 구축하다, 수립하다, 설립하다 gather 모으다, 수집하다 insight 통찰력 provide 제공하다 survey 설문조사 progress 진행상황, 발전, 진전 initiative 이니셔티브, 새로운 계획, 조치

131. 명사 어휘

해설 〈training 교육, 훈련 / benefit 혜택, 이익 / participation 참여 / efficiency 효율, 능률〉 이 글의 전체 내용은, 2단락에서(customer feedback program) 힌트를 얻을 수 있듯이 고객이 어떤 방식으로든 '참여'를 하도록 만드는 것과 관련이 있다. **정답** (C)

132. 대명사

해설 빈칸은 바로 앞 문장에 있는 복수명사인 'suggestions'를 받아오는 대명사여야 한다. 'many'의 경우 단순히 'many'라고 하면 무엇의 'many'인지 알 수가 없으므로, 'many of them'으로 하면 가능하다. **정답** (C)

133. 접속사

해설 〈just as ~하듯이, ~처럼 / while ~동안에, ~하는 반면에 / until ~때까지 / even though 비록 ~일지라도〉 Jane Harlow가 추천한 대로 새로운 프로그램을 만들려고 하는 것이므로 'just as'가 적절하다. **정답** (A)

134. 알맞은 문장 고르기

해설 〈report 보고하다 / technical 기술적인 / issue 문제, 이슈 / implement 이행하다, 실행하다 / receive 받다 / modest (규모·수량 등에 관하여) (그다지) 심하지[많지, 크지, 높지] 않은 / bonus 보너스, 상여금, 특별수당, 덤 / save 절약하다 / considerable 상당한, 꽤 / regarding ~에 관하여 / handle 다루다, 취급하다 / utmost 최대한, 최고도의 / care 주의〉 2단락을 포함하여 이 글의 전체 내용은 온라인 설문조사 등을 통해서 고객의 의견을 듣겠다는 내용이므로, 그 흐름에서 벗어나지 않는 문장이 와야 한다. 기술적 문제가 있으면 IT 부서에 보고하라는 내용이나(A), 아직 피드백을 받기 전인데 상당한 돈을 절약했다는 것은(C) 글의 내용과 동떨어진 것이다. 또한 설문조사 자체에 관한 문제점은(D) 글의 핵심내용과 관계가 없다. **정답** (B)

해석
(A) 고객은 기술적인 문제를 IT 부서에 보고해야 합니다.
(B) 누군가의 아이디어가 실행되면 그 사람은 약간의 보너스를 받게 됩니다.
(C) 피드백 덕분에 저희는 상당한 금액의 비용을 절약했습니다
(D) 온라인 설문조사와 관련된 문제는 최대한 주의를 기울여 처리됩니다.

문제 135-138번은 다음 메모를 참고하시오.

수신: 모든 팀원
발신: John Harris
제목: 회의 일정 업데이트
날짜: 11월 15일

12월 5일 월요일부터 우리 팀의 새로운 회의 일정이 시행됩니다. 그 결과로, 모든 팀 구성원은 그에 따라 일정을 조정해야 합니다. 이번 일정 변경은 내부 팀 회의에만 영향을 미칩니다. 고객 회의에는 영향을 미치지 않습니다.

팀원들은 조정하는 데 2주가 주어집니다. 그 시점 이후부터는 이전

의 회의시간이 더 이상 내부 회의에 유효하지 않습니다. 업데이트된 일정에 대한 지침은 공유 드라이브의 '회의 일정표' 폴더에서 확인할 수 있습니다.

문의사항이나 설명이 필요한 경우 Jane Roberts에게 연락하십시오. 업데이트된 일정을 준수하는 데 협조해 주시면 매우 감사드리겠습니다.

John Harris

표현 정리 implement 시행하다, 실행하다 adjust 조정하다, ~에 맞추다 accordingly 그에 따라서 affect 영향을 미치다 internal 내부의 impact 영향을 미치다 client 고객 onward (특정 시간부터) 계속, 앞으로 previous 이전의 no longer 더 이상 ~아니다 valid 유효한 updated 업데이트된, 최신의, 갱신된 shared 공유된 inquiry 문의사항 clarification 설명, 해명 contact 연락하다, 접촉하다 adhere [주의·신념·약속·의견에] 충실하다, 추종하다, 고집하다 greatly 매우 appreciate 고마워하다, 감사하다

135. 전치사구

해설 〈as a result 그 결과, 결과적으로 / in fact 사실상, 실제로, 결국 / however 그러나 / on the other hand 반면에, 한편으로는〉 본문의 내용은 변경된 회의 일정(new meeting schedule)에 관해 팀원들(team members)이 알아야 할 여러가지 사항을 나열하는 글이다. 그러므로 회의 일정 변경이 있고 '그 결과로'라는 말이 이어져야 자연스럽다. **정답** (A)

136. 알맞은 문장 고르기

해설 〈attend 참석하다 / decide 결정하다 / revise 수정하다 / timeline 스케줄, 일정 / adapt 적응하다 / redesign 다시 디자인하다 / as well 또한〉 빈칸 다음의 문장을 보면, '그 시점 이후부터는(from that point onward)'라고 되어 있으므로, 빈칸에는 기준이 되는 시간이나 행위가 있어야 한다. 그리고 이 글은 일정 변경에 관한 것이라는 것을 염두에 두면 (C)가 가장 적절하다. (B)의 'project timeline'이라든지 (D)의 'Web site'를 다시 디자인하는 것 등은 본문의 일정 변경에 관한 전체적인 흐름과 동떨어져 있다. **정답** (C)

해석
(A) 일부 직원은 고객 회의에 참석해야 합니다.
(B) 지난 달 우리는 프로젝트 일정을 수정하기로 결정했습니다.
(C) 팀원들은 조정하는 데 2주가 주어집니다.
(D) 회사의 웹사이트도 다시 디자인될 것입니다.

137. 명사 어휘

해설 〈abbreviation 축약 / complaint 불평, 불만 / solution 해결책, 해법 / guideline 지침, 가이드라인〉 이 글은 변경된 일정을 공지하는 글이기 때문에 그에 관한 '가이드라인, 지침'이 공유 드라이브에 있다고 해야 자연스럽다. 이미 회의 일정이 확정되어서 공지를 하는 글에 '불평(complaints)'이나 '해결책(solutions)'을 공유 드라이브에 올려 놓는 것은 글의 흐름과 맞지 않다. **정답** (D)

138. 명사 어형

해설 〈cooperate 협조하다, 협력하다 / cooperative 협조하는, 협력적인 / cooperation 협조, 협력〉 해당 문장에서 주어 역할을 하는 명사가 빈칸에 와야 한다. **정답** (D)

문제 139-142번은 다음 편지를 참고하시오.

> John Stevens
> 234 Oak Street
> 시애틀, WA 98101
>
> 친애하는 Stevens 씨,
>
> 저는 Gourmet Creations에서 출판한 Foodie Delights라는 흥미롭고 새로운 요리잡지를 소개하고자 글을 씁니다. Foodie Delights의 사명은 열정적인 음식 애호가에게 영감을 줄 수 있는 다양한 레시피와 요리 팁을 제공하는 것입니다. 우리는 어떠한 식품회사나 광고주와도 아무런 제휴관계가 없습니다. **그것은 우리가 완전히 독립적이 되도록 유지해 줍니다.** 그리고 우리는 그런 식으로 유지하는 것을 목표로 합니다!
>
> 매달, Foodie Delights는 군침이 도는 다양한 레시피, 요리 트렌드에 대한 기사, 유명 셰프 및 음식 애호가와의 독점 인터뷰를 제공하며, 이 모든 내용을 당사 웹사이트에서 이용하실 수 있습니다. 게다가, 일상 음식 관련 블로그, 요리 영상 등 다른 신선한 콘텐츠를 즐길 수 있습니다.
>
> 지금 구독하시고 GCFOODIE 코드를 사용하여 15% 할인을 받으세요.
>
> Emily Thompson
> 편집장
> Gourmet Creations

표현 정리 introduce 소개하다 culinary 요리의 mission 사명, 임무 provide 제공하다 diverse 다양한 collection 모음 recipe 레시피, 요리법 tip 팁, 조언 inspire 영감을 주다, 고무시키다 passionate 열정적인 affiliation 제휴, 소속, 가입 corporation 기업, 회사 advertiser 광고주 aim 목표로 하다 feature (신문, 잡지 등이) ~을 특집 기사로 다루다 a variety of 다양한 mouthwatering 군침이 도는 article 기사 culinary 요리의 trend 트렌드, 경향 exclusive 독점적인, 배타적인 renowned 유명한 chef 셰프, 요리사 enthusiast 열심인 사람, 광 available 사용가능한, 이용가능한 additionally 추가적으로, 게다가 daily 매일의, 일상적인 content 콘텐츠 discount 할인

139. 과거분사

해설 〈publish 출판하다, 출간하다〉 빈칸 앞에는 완전한 문장이 있고 내용상 'Gourmet Creations'에 의해(by) 출간된다는 수동의 의미이기 때문에 과거분사를 사용해야 한다. **정답** (B)

140. 알맞은 문장 고르기

해설 〈charge 청구하다 / completely 완전히, 완벽하게 / independent 독립적인 / limit 제한하다 / cover 다루다 / purchase 구매〉 빈칸 앞 문장을 보면 기업이나 광고주와는 제휴관계가 없다는 말을 하고 있고, 빈칸 이후에는 계속 그렇게 유지하겠다는 말이 있기 때문에, 돈을 많이 청구하거나(A), 능력이 제한된다는(C) 것은, '그렇게 유지하겠다'는 말과 어울리지 않는다. 또한 제휴관계가 없는데 할인을 받을 수 있다는 것도 논리가 맞지 않는다. **정답** (B)

해석
(A) 그것은 우리가 귀하에게 많은 돈을 청구한다는 뜻입니다.
(B) 그것은 우리가 완전히 독립적이 되도록 유지해 줍니다.
(C) 그것은 중요한 문제를 다루는 우리의 능력을 제한합니다.
(D) 그것은 당신이 구매할 때마다 할인을 받게 해줍니다.

141. to부정사

해설 〈access 접근하다〉 빈칸 앞에 'for you'라는 어휘가 힌트가 된다. 그리고 'all'은 앞에 언급된 'recipes, articles, interviews'를 가리키는데, 'all' 앞까지 완전한 문장이기 때문에 (B), (C), (D)와 같이 동사가 올 수는 없다. **정답** (A)

142. 동사 어휘

해설 〈subscribe 구독하다 / contribute 기여하다, 공헌하다 / consider 고려하다 / renew 갱신하다〉 이 글은 새로운 잡지(Foodie Delights)를 소개하는 글이기 때문에 '갱신(renew)'은 될 수 없다. 그리고 단순히 '고려(consider)'한다고 해서 할인을 해주는 것도 어색하다. **정답** (A)

문제 143-146번은 다음 안내책자를 참고하시오.

> Digital Mate Tech는 캘리포니아주 샌프란시스코에 본사를 둔 소프트웨어 개발 회사입니다. 우리는 전문 프로그래머와 아마추어 프로그래머에게 최첨단 소프트웨어 솔루션과 IT 서비스를 제공하는 것에 자부심을 느낍니다. 기술 스타트업을 운영하든 기술에 정통한 개인이든 Digital Mate Tech를 선택하면 항상 경쟁력 있는 가격으로 최고의 지원을 받을 수 있다고 믿을 수 있습니다. 당사의 숙련된 전문가 팀은 귀하가 적합한 소프트웨어 솔루션을 신속하게 찾는 데 도움을 드릴 수 있습니다. **우리 지원팀은 일년 내내 이용 가능합니다.**
>
> 구매 또는 다운받자마자 다양한 소프트웨어 솔루션에 즉각적인 접근을 경험해 보세요. 우리 플랫폼은 소프트웨어에 대한 빠르고 안전한 접근을 보장하며, 귀하는 광범위한 서비스를 즉시 탐색하고 활용할 수 있습니다.
>
> www.digitalmatetech.com에서 당사에 대한 추가적인 세부사항을 확인하고 소프트웨어 및 서비스에 대해 알아보세요.

표현 정리 development 개발 headquartered in ~에 위치한 take pride in 자랑하다, 자부심을 느끼다 provide 제공하다 professional 전문적인, 전문의 amateur 아마추어인 cutting-edge 최첨단의 startup 스타트업, 벤처기업 tech-savvy 기술에 정통한, 최신 기술에 능한 top-notch 최고의, 일류의 assistance 도움 competitive 경쟁 있는 experienced 경험 많은, 숙련된 expert 전문가 assist 도와주다 immediate 즉각적인 access 접근 diverse 다양한 range 범위 upon ~하자마자 purchase 구매 download 다운받기 ensure 보장하다 secure 안전한 explore 탐색하다, 탐험하다 utilize 활용하다, 이용하다 instantly 즉시 discover 발견하다, 알아내다 further 추가적인, 더 이상의 detail 세부사항

143. 명사 어형

해설 〈programmer 프로그래머 / program 프로그램, 프로그램을 짜다〉 이 지문은 소프트웨어 솔루션을 판매하는 회사에 관한 내용이고, 이 회사의 제품을 구매하는 것은 사람일 것이기 때문에 'programmers'가 가장 적절하다. **정답** (A)

144. 접속사

해설 〈before ~전에 / even if 비록 ~할지라도 / when ~때 / how 어떻게〉 내용상 이 회사를 '선택할 때 최고의 지원을 받을 수 있다'고 해야 자연스럽게 연결된다. **정답** (C)

145. 알맞은 문장 고르기

해설 〈be committed to ~에 전념하다 / develop 개발하다 / shipping 배송 / handling 취급 / fee 요금, 수수료 / available 사용가능한, 이용가능한 / all year round 일년 내내〉 1단락의 내용은, Digital Mate Tech 회사를 첫번째 문장에서 소개한 후, 두번째 문장부터는 고객에게 어떤 서비스를 제공할 수 있는지를 나열하고 있다. 솔루션과 서비스를 제공하고, 최상의 지원을 하며, 솔루션을 빠르게 찾도록 도와준다. 그리고 빈칸이 나오는데, 당연히 이 회사가 고객에게 해줄 수 있는 내용이 나오는 것이 자연스럽다. 그런데, 우리는 프로그램 개발에 전념을 하고 있다거나(A), 수수료가 적용되거나(B), 피드백(생각과 제안)을 달라는 것(C) 등은 맥락에 어울리지 않는다. **정답** (D)

해석

(A) 우리는 소프트웨어 프로그램 개발에 전념하고 있습니다.

(B) 배송 및 취급 수수료가 적용됩니다.

(C) 우리는 귀하의 생각과 제안을 환영합니다.

(D) 우리 지원팀은 일년 내내 이용 가능합니다.

146. 형용사 어형

해설 〈comprehend 이해하다 / comprehensive 광범위한, 포괄적인, 종합적인 / comprehensiveness 포괄적임, 종합적임〉 빈칸 앞에 소유격이 있고, 뒤에는 명사 'range'가 있기 때문에 'range'를 수식할 수 있는 형용사가 가장 적절하다. **정답** (B)

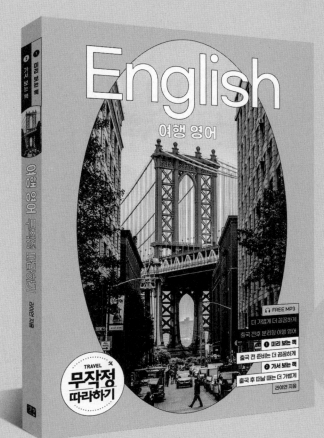

비즈니스 영어회화 &
이메일 표현사전

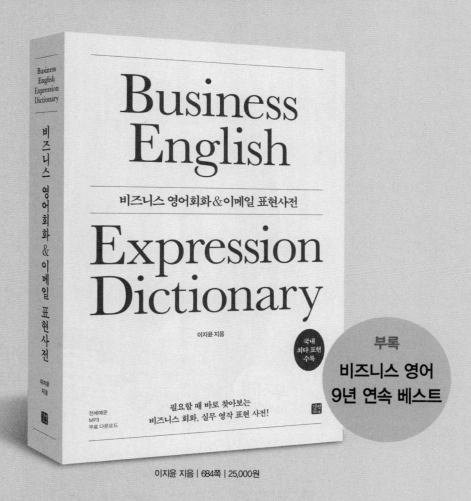

Business English Expression Dictionary

비즈니스 영어회화 & 이메일 표현사전

Business English Expression Dictionary

이지윤 지음

국내 최다 표현 수록

전체예문 MP3 무료 다운로드

필요할 때 바로 찾아보는 비즈니스 회화, 실무 영작 표현 사전!

부록
비즈니스 영어
9년 연속 베스트

이지윤 지음 | 684쪽 | 25,000원

필요할 때 바로 찾아보는 비즈니스 회화, 실무 영작 표현 사전!

난이도	첫걸음 초급 중급 고급	기간	다양한 비즈니스 상황에서 바로 찾아 쓸 수 있도록 목차를 구성
대상	업무상 영어를 쓰는 직장인	목표	필요할 때 맞는 표현을 찾아서 비즈니스 상황 적재적소에 사용